李保军 主编

芳草村志

中国出版集团
研究出版社

图书在版编目 (CIP) 数据

芳草村志 / 李保军主编. -- 北京：研究出版社，2021.2

ISBN 978-7-5199-0962-8

Ⅰ.①芳… Ⅱ.①李… Ⅲ.①村史 – 景泰县 Ⅳ.① K294.25

中国版本图书馆 CIP 数据核字 (2021) 第 000154 号

出 品 人：赵卜慧
责任编辑：张　琨

芳草村志
FANG CAO CUN ZHI

李保军　主编

研究出版社 出版发行
（100011　北京市朝阳区安华里 504 号 A 座）

河北赛文印刷有限公司　新华书店经销

2021 年 5 月第 1 版　2021 年 5 月北京第 1 次印刷
开本：787 毫米 × 1092 毫米　1/16　印张：37.25
字数：560 千字

ISBN 978-7-5199-0962-8　　　定价：198.00 元

邮购地址 100011　北京市朝阳区安华里 504 号 A 座
电话（010）64217619　64217612（发行中心）

版权所有·侵权必究
凡购买本社图书，如有印制质量问题，我社负责调换。

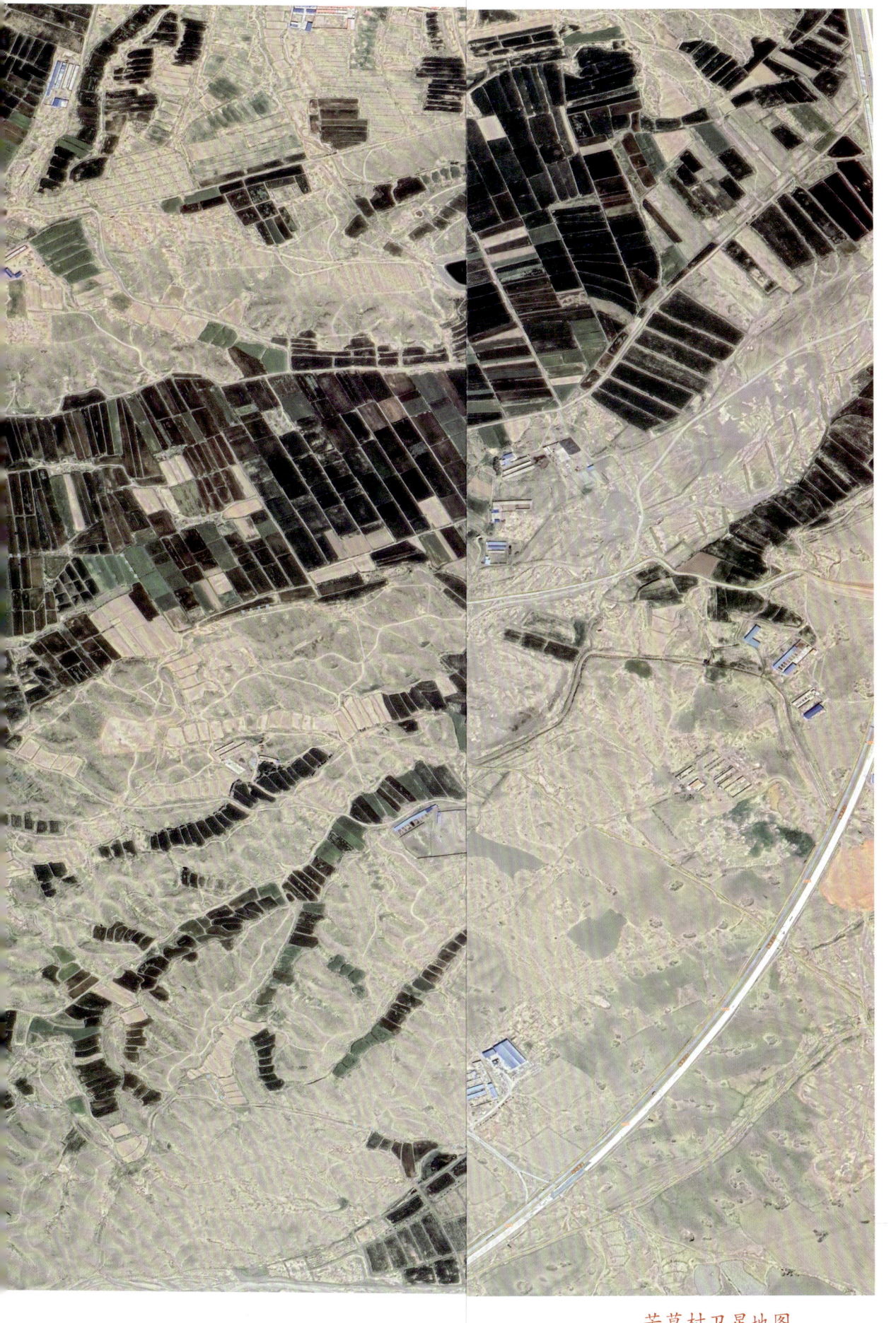

芳草村卫星地图

芳草村鸟瞰

后　垴

村庄一角

《芳草村志》编纂委员会成员及相关人士：

前排左起：田种刚、武克能、寇永祯、胡秉海、李有智、李保升、尚仁武

后排左起：马永禄、李明生、张义军、张文、张义安、罗文檀、李保军、李志鸿、李元安、屈占昌、赵斌文、李桂春、姚学竹、李保平

《芳草村志》顾问和编纂人员（部分）：

前排左起：胡秉荣、李作梁、李作身、寇永成、李文华、胡秉海、李有权、杨积潮、李有智

后排左起：李治权、李保军、张义清、李作福、李保升、李保平、张义安

《芳草村志》编纂人员讨论书稿

《芳草村志》编纂委员会

特邀顾问	李保卫　车安宁　高启安
主　　任	张　文
副 主 任	李保军　张义安　屈占昌　李桂春
委　　员	寇永祯　李保升　田种刚　李元安　李保平
	张义军　姚学竹（女）　李志鸿　赵斌文
	尚仁武　李明生　武克玉　马永禄　张治富
	李治权　胡秉宝
顾　　问	李有智　胡秉海　韦守仁　张有禄　寇永成
	焦万盈　李作福　李有权　张义清　李作身
	胡秉荣　李作梁　李文华（女）　杨积朝
主　　编	李保军
副 主 编	张义安　屈占昌　李桂春
工作人员	吴守红　武克能　张保林　李星生

序 一

◎ 李保卫

2018年清明回老家扫墓期间，听家人说起县上有几个村在编写"村史村志"。有关编写"村志"的事，以前真还没想过，感到很新鲜，很有意义。不知家乡芳草村的领导有无此意。当时也只是说说而已，没有太在意。但让我没有想到的是，村上几位年轻领导十分热心，在他们的支持和组织之下，编纂芳草村志的事，很快就紧锣密鼓地行动了起来。

经过将近一年的工作，他们就把《芳草村志》初稿转交给我，让我先看看，提点建议。2019年清明，回老家的当天晚饭时间，村支书把几位村志的"撰写人"请到一块，说要当面听听我的想法。此情此景，我真的很感动。感动年轻的村官对这件事有如此高的热情和担当；感动参与编写村志的几位同龄同学、退休干部和在职的年轻人，他们靠着对家乡的挚爱、热情、专注和奉献，不辞辛苦，四处走访，在没有任何历史文字记载可借鉴的条件下，很短的时间内就搜集、整理了那么多的资料，真的不易。

有关家乡的历史沿革，我虽生于芳草、长于芳草，除学生时代在寒暑假星星点点听老人们闲聊时的一点记忆外，知之甚少。有点记忆的，大都是20世纪五六十年代的一些亲身经历。

家乡，在儿时的记忆中，村庄不大，山不青，水不多，但很宁静、温馨。一眼泉水，一座集水涝池，一条小渠，年复一年，静静地从村庄穿过，涝池和水渠旁还有不少柳树、榆树和沙枣树，树上还有些喜鹊窝，为这个坐落在沙砾山坡上的小村庄增添了不少色彩和生机。

村西头的小山上有一座寺庙，四周围着土墙，庙内正面土台上供奉着几座神像，台下摆着几排小桌凳，四个年级、十多名学生都在这里上课，神像和学生同处一室，我的初小大部分时间就在这儿度过。

村中心有一座厚厚的土围墙堡子，围墙保存基本完好，南大门前有一土墙照壁。进入大门，一边是开发芳草的李氏家族豪华的瓦房，这是当时芳草唯一的"高档"建筑，门前有一座木头架起的戏台，村上逢年唱戏、开会、耍社火，农闲聚会都在这里。再里面还有几排整齐的土房，是早年制作水烟的作坊，叫"烟房"。土围墙还保留一些人工挖的洞穴，据说是当年西路军渡黄河后为防御马匪攻击挖的防护洞。

这些能够彰显芳草历史的遗迹，可惜如今都不存在了。

家乡，在童年的那个年代，民风纯朴，邻里和睦，乡亲勤劳，生活节俭。芳草人世代在这平静而清贫的土地上繁衍生息。这些最淳朴的民俗、民风，不仅印记在我童年心灵的深处，也伴随了我的一生。

家乡，那个时代生产条件还算不错，两眼泉水，灌溉着一些水地，还有些漫水地、砂田。那时村上人口少，和周边的几个村子比较，还属好一点的，一般年景，都有收成。在我的记忆中，芳草人因自然灾害而外流和讨饭的情况比较少，还陆续接纳了不少外乡移民。

家乡，最让我难忘的是老一辈芳草人的勤奋和坚毅。20世纪五六十年代，生产力还很落后，生活也很贫困。他们不畏困难、坚持数年，硬是以坚韧不拔的毅力和艰苦务实的精神创造了两大奇迹，至今都难以想象。它不仅应记入史册，更应成为今后的芳草人铭记、自豪、传承和发扬的精神财富。

一件是坚持不懈打串井引出地下水，改善生产、生活基本条件。一百多年前，先民就沿着大沙河开凿串井一百多眼，将地下水引到地面，浇灌芳草的农田。为了扩大水浇地，20世纪50年代，在一无资金、二无设备、三无钢筋水泥的条件下，全村男女老少，齐心协力，不畏困难，坚持不懈，硬是用手镐、铁锨和自制简单的辘轳车，在近十里的干沙河，挖出数十眼串井，又一次将地下水引到地面。当年热火朝天的生产场面，至今记忆犹新。这些串井，虽不及新疆吐鲁番"坎儿井"宏伟，但绝对是芳草发展历史上的一个奇迹。

另一件是老一辈芳草人不畏艰辛，抗争自然，铺压砂田，稳定粮食产量。在那个生活还十分困难的年代，人们为了提高粮食产量，继承前人与干旱少雨自然条件抗争的经验，持之以恒地大面积铺压砂田。带些炒面，背点凉水，鸡叫出工，夜晚回家，风雨无阻，数年坚持不懈，全村人用坚实的臂膀背出了几百亩的砂田。那个场面，那段经历，虽不及"愚公移山"那样神奇，但肯定是芳草发展史上的伟大壮举。

几十年后的今天，回想这些艰苦创业、战天斗地的精神，真是感慨不已。它应是芳草人的"传家宝"，是值得我们芳草晚辈大书特书、为之树碑立传、永远传颂的一种伟大精神。

编纂一部记录先祖艰辛创业、弘扬先辈们优秀传统的"村志"，它不但要承担"存史、资治、育人"的基本功能，更重要的是凸显芳草的历史特点，地理环境，人文特色，风俗人情。反映芳草人民战天斗地、改造自然、建设家乡、守护家园的历史，彰显芳草人独特气质的芳草精神。

呈现在我们面前的这部凝聚了编写者几年心血和汗水的家乡志，不但全面盘点了芳草村的地理、历史、经济、风俗、文化、教育、物产、人物等方面的状况，还比较详细地记录了当代乡村发展和变化，使得这部村志内容丰厚，真实连贯，体例规范，可读性强。所谓"前有所稽，后有所鉴"，在现代新农村建设的不断深化以及乡村风貌发生巨大变迁的今天，这部村志对于激励芳草子孙后代发扬传统、继往开来，一定会具有不可代替的借鉴意义和启迪意义。

随着时代的发展和科学的进步，芳草已不再是当年那个不起眼的小村庄，景泰川电力提灌工程从根本上改变了当地生产生活的基本条件，村容村貌有了很大提升，人民经济水平和生活条件也有了显著提高。特别令人欣喜的是，芳草人与时俱进，更加注重智力投资，重视对后代的教育培养，涌现了不少优秀人才，遍及五湖四海，为祖国建设贡献力量，他们是芳草的未来，也是祖国的未来。

面向新时代，衷心希望一代又一代芳草人"以史为鉴"，传承祖先自强不息、艰苦创业的精神，热爱家乡，看护家乡，珍惜家乡的一山一水、一草一木，把家乡建设得更好，更美。祝愿家乡父老乡亲生活得更幸福，更快乐。

2019年12月

李保卫 中共党员。1968年毕业于甘肃农业大学。曾任民勤县副县长、中共古浪县委书记兼景电指挥部副指挥、中共武威市委（今凉州区）书记、武威地区行署专员、中共武威地委书记。中国共产党甘肃省第七、八次代表大会代表；甘肃省第八届人民代表大会代表；甘肃省九届政协委员、常委、副秘书长。出版长篇纪实报告文学《基石》。

序 二

◎ 车安宁

乍一看到"芳草村"这个村名，便不禁想到了古人"天涯何处无芳草"的诗词名句，但上网一搜，这个村名还真的不多。以中国之大、村子之多来说，类似"李家村""张家庄"的村名比比皆是，以"芳草"取村名者着实有些雅致，特别是在地处西北干旱、半干旱地区的甘肃，就更是脱俗不凡。

有人说，中华文明之所以传承几千年而不断线，其奥秘之一就在于我们有续写各类史志的传统。这些史志卷帙浩繁，不仅记载了当时当地的国域疆土、行政建置、法规禁律、民族宗教、民俗风情、气候物产等，也有天文、地理、农耕、水利、交通、城郭、村寨、名人、民事、方言、词赋、轶事趣闻、工艺制造等等内容的记载，可以说属于今天的百科全书类型。史志在分类上有国史、方志、村志、家谱等。

曾经有人问我：村志是什么？怎样写？它与国史、方志、家谱相比，有哪些相同与不同？

我个人的看法是，相同之处在于以上四者都是对一定社会范围内的人和事、物的历史过程的真实记载，是留给后人借鉴和传承的宝贵资料，属于精神财富的范畴。其不同之处在于：

一、记载的层次不同。国史是站在国家之视野，宏观地记载一国之政治、经济、军事、外交等大事；而方志虽也涉及国家背景，但面对的是一方一域社会的中观视野；家谱则可看作是微观层面的家族史,是对社会细胞的记载。而村志则是介于中观之下、微观之上的记载。

二、记载的范围不同。国史的记载范围限定在一国之内,方志也有"越境不述"的传统。而家谱则可能因为族人分布的远近不同、迁徙变化等而跨区跨省,甚至跨国记载。村志则是记载一村一寨（庄）的发展变化历程和现状,其记述也包含着村内家族的兴衰变迁。

三、记载的内容不同。家谱最大的特点就在于记录具体家族的血脉关系的延伸,兼涉记事,一般不专门记述地理、物候、交通、行政管理等自然和社会背景,政治色彩尽量淡化。而村落作为最古老、最基层的行政建制,其志不仅包含了一般县乡志所具有的内容,主要是突出记述农户家庭的最基本的生活、生产变化境况,折射出一村一寨整体的荣辱盛衰。特别是现代村志,更是要反映出新时代社会主义新农村的新的精神风貌和物质生活的变化。

从历史上看,正是千千万万的中国农村村志,构成了一幅幅波澜壮阔的反映农村历史变迁的巨幅画卷,为后人留下了宝贵的历史财富。如果运用我们现在所讲的大数据概念来做分析,在中国历代浩繁的村志中,我们不仅可以找出中国社会发展中许多带有规律性的东西,而且还可以发现更多的有价值的人类学信息。

李保军先生是我的好友也是校友,过去由于工作关系,我们曾经就乡土文化的建设等方面的问题有过多次比较广泛的交流,几年前他也与我谈到过有关编写家乡村志的想法。而出乎我预料的是,事过短短两三年的时间,由他参与编写并主编的《芳草村志》的初稿就已经完成。也许是由于我在甘肃省地方史志办公室工作过十年的原因,他希望我就这部村志的修改、完善,提一些参考建议,同时邀我写一个序。但过去我们的方志工作,主要放在县志、市志、省志的编修上,而对村志的关注相对要少得多。我本人对于村志也确实是了解不多,研究也不够。从保军先生转给我的初稿来看,他们一班编写人员应该是下了很大功夫的,书稿脉络清晰,内容丰富,体例规范。全书行文中不仅透露着编写者对自己家乡的热爱,甚至迷恋,也反映出这个村子从上到下历代村民们的质朴风貌和建设家乡、保卫家乡、抗争自然、辛勤劳作、业余娱乐、传承教育的一股生活韧劲。从体例上讲,这本村志汲取和借鉴了近年来国内普遍修志的许多经验和范式,严格遵循志书的编纂规范。全书除了中国传统农村社会应有的记述,还突出记述了现代农村的交通、通信、电力、商贸流通、党政群团组织、文化教育、医疗卫生、环境保护、精准扶贫等,并专设有"大事记"和"艺文",平心而论,这在甘肃算得上是一部村志的经典之作,放在全国范围内,也不失为一部中国乡村史志的优秀作品。

近年来,随着社会的进步、人们生活水平的提高,以及现代乡村的迅速变化,乡村志的作用就日益显得重要起来。而各地村志、乡志编修工作也势必受到前所未有的重视而逐步开展起来。至2020年底,全国性的第二轮官修志书包括省志、市志、县志、行业志等基本完成。但大多的乡镇志、村志并没有列入官修的规划之中,都是由当地人自行决定修与不修。因此,村志的编纂虽然较多,但难免有些乱象。在一些地方由于经济的发展,"不差钱"了,所以就把修村志和家谱的工作委托给了所谓的专业公司。这些公司接活后,一般都以赚钱为目的,因此也就是七拼八凑,怎么好听怎么写。这就难免有些夸夸其谈,标榜个人,或避实就虚,溢美之词泛滥,偏离了客观真实的轨道,显得有些"不靠谱"。

修志也是一项繁复的工作,由于近几十年社会发展变化太快,也是中国以农业社会为主快速走向城镇化、工业化的过程,这是几千年来所没有的变化,中国东西部差距又比较大,因此要写好一部甘肃农村的村志,需要修志者既要具备时代眼光，更要立足本地；既要遵循修志规范，又要有所创新，突出地方特色，的确不易。但是，万变不离其宗，志书的编纂既不是单纯的讲好故事，也更不是商业宣传。这一点在本志中，可以说把握得比较好。

景泰县也是一个神奇的地方，位于著名的河西走廊东端，她虽然地处祖国西北的干旱地区，但也是黄河流经的地方，文化古迹甚多，名人才子辈出，芳草村坐落其中，也算是人杰地灵的宝地。多年来芳草村与周边各村落一样，文化传承延续，山水悠然，民风朴实，民众勤劳生生不息，注重教育遗风不减，乡村面貌焕然一新，有些村庄的新农村建设已经不逊内地，村民生活也逐步走向小康，这一点从本志内容就可以窥见一斑。

愿这部志书能够激励后人，奋发向上，承前启后，传承千古。愿芳草村今后的发展更加兴盛、美丽、富庶。

以上拙字，谨奉为序。

2020年4月

车安宁 中国民主同盟盟员，甘肃作家协会会员，甘肃省政府参事。曾先后任《兰州大学学报》主编、甘肃省文史研究馆副馆长、政协甘肃省委常委、民盟甘肃省委副主委、甘肃省武威市副市长、甘肃省地方史志办公室副主任等职。发表各类学术论文数十篇，发表文学作品及其他各类文章数百篇。出版有科普专著《管窥21世纪》《人类与水》，诗集《我拥有什么》《石羊河，我家乡的河》，学术专著《灾害学新论》，文学作品《寓言新说》等。

序 三

◎ 高启安

《芳草村志》初稿完成，保军兄命我为之一序，且言已有曾任中共武威地委书记李保卫一序，甘肃省地方志办公室原副主任车安宁一序。保卫先生是走出芳草村的第一个大学生、有成就的高级干部；车安宁先生是我大学时的老师。二序在上，煌煌耀眼，大有"眼前有景道不得，崔颢题诗在上头"之感，何敢造次聒噪。但保军兄主董其事有年，不时垂询且耳提面命找寻资料，亦曾参加过一两次商讨议论，执意推脱不惟有违兄令，亦且有扭捏作态之嫌，我虽未直接参与，由于多年来从事一些地方史的研究，于方志稍有涉猎，也应该极力推介才是。

众所周知，中华民族向有修志之传统，大到国史，小到家乘。但一村之修志书，产生得却稍晚。目前所见，最早以村志名者，当数清康熙二十四年（1685年）郎遂编撰的安徽池州《杏花村志》。其实，在这之前，已有集中叙述一地、一村历史文化名人、变迁、山水土地的志书，只不过不以"村志"命名者。一些学者也将此等志书划归到村志范围。开始有组织修撰村志，可能与晚清民国时期倡导修撰乡土志有关。

乡村是传统农耕文化重要的载体和社会基层组织，在社会结构中，起着不可忽视的作用，是数千年中国社会稳固的基石之一。

如果将国史、县志、家乘等作为系列志书有机组成部分的话，如果没有乡村志书，显然这个有机组成部分就缺少一环，且是非常重要的一环。因此，近代以来，有志之士，呼吁政府重视乡村，乡村志书就是在这种背景下，乘文明之东风，开始兴起。

我景泰县从皋兰县析出而设红水分县以来，向无志书和相关地方史籍，直至清末，才有《皋兰县红水分县采访事略》【高启安《〈皋兰县红水分县采访事略〉的成书背景及其价值》："《采访事略》成书于光绪三十四年（1907年）或稍后。"颜廷亮主编《景泰与丝绸之路历史文化》，甘肃人民出版社，2008，第62页】，且只有手抄本而未付印；民国十九年（1930）始有《创修红水县志》手稿，因战火动荡，今只存留卷二、三、四、五、六、七、十、十一、十二，缺卷一、八、九、目录和序言部分【《创修红水县志》，景泰县县志编纂委员会办公室校印，1989（内部资料）】。志书修撰之艰难可见一斑，古旧参考几如无有。

改革开放以来，政府大力提倡修撰志书，县政府设立了专门的修志管理机构，校注出版旧志、修撰新志蔚然成风。乡村志书也被提上了议事日程，一些乡村快鞭先着，已经撰修并出版了本村的村志。修撰乡村志书已成为新时代乡村文化建设的重要内容。

当今时代，中国社会结构正在经历前所未有之大变化，此大变化尤以村落的裂变、分化、废立为甚。许多传统村落居民因上学、工作、移民、养老、生态保护等搬离故土，一些村落因多种原因搬迁、重组，村落的历史、民俗、文化有被隔断、湮没的危险，亟需以乡村志的形式追溯、记录、保存。《芳草村志》在这样的背景下启动，其意义、作用和重要性自不待言。

芳草村，为景泰县芦阳镇的一个自然村。虽为形成时间不久（根据村志初稿资料，约为清代前期）的移民村，西距兴泉（喜泉乡兴泉村。此处当古丝路景泰境内另一支道必经处，有马滩汉墓群可证）数里，东到原县城芦阳十多里，西望寿鹿，南崎米山，丝路经界，媪围绕村，农耕自然条件相对较好。经数百年繁衍聚集，蔚然而成一大村落，民风朴实，人才间出。阅读其"人物"一章中所列贤良，可观察到一个显著现象：出类拔萃者，都是认真负责、踏实肯干、积极进取、勇于任事的担当者。改革开放后，年轻一代如井喷般外出求学、工作、从商，在不同行业、不同单位辛勤耕耘，卓有成就，这正是朴素踏实民风浸润下赋予子弟的品德使然！我统计了改革开放后芳草村获得硕博士学位和在读硕博士数量，其中博士和在读博士达到了十人之多。这个数字看似平淡，但已经超出了我所知的老红水一个乡……可见，芳草村精神正在释放出她的底蕴和内在动力，孕育出了一批精英。地名由原先的"荒草渠"变为"芳草村"，不正是村容村貌随着时代步伐发生巨变、子弟在新时代成才呈现出欣欣向荣态势的写照吗！

近些年来，各地纷纷修撰村志。读到有些志书特别是一些新修的族谱、家谱，仍然延续过去一些旧体例，内容上不乏一些与新时代格格不入的封建伦理道德取向，个别村志也有此苗头。目力所及，体例架构颇不一致，或重要内容缺失，此消彼长，详略失当。《芳草村志》则参酌已修诸多村志，根据芳草村特点，规范体例，严审内容，设立"大事记""艺文"等内容，且"人物"一改旧志官宦、节烈、贞女、愚孝等目，突出时代特色。我特别赞赏《村志》人物传记中对数位善良、质朴、在基层默默无闻的人物立传。如为村民义务接生一辈子的康秀英、自强自立的残疾人武克能等，他们身上，才体现了中华民族的传统美德和坚强品格。为他们立传，体现了志书抑恶扬善、提倡踏实奋斗、彰显新时代精神文明实质的价值取向。

保军兄是一位有着几十年出版工作经历、成就突出的资深编辑，在志书编纂方面有独特见解。其一贯的细致、专业和敬业精神，使《芳草村志》增色良多。我曾与《村志》的部分编纂人员座谈，也深为他们虔诚敬畏的修志积极性以及同声一气的团结精神所感佩，有这样一个编纂队伍，《芳草村志》无论前期收集资料，而后多次商讨，其资料之完备，内容之详实，体例之规范，超出了我浏览过的已经刊印的景泰数本村志。此可谓景泰村志的一个典范。至少在目前，我以为是景泰县最好的村志之一。其中一些条目，就存史而言，甚至超出了县志。比如"风俗民情"一章，不增饰、不臆造，真实可信。地方方言，历来是志书中难以记录的部分。迄今出版的数版县志及一些村志，方言部分收录内容很少，释读也有一些错误，乏善可陈，几不能反映景泰方言概貌。数年中，保军兄不遗余力收集方言词汇、俗语、谚语、歇后语，甄别、择字、辨音、释义，数量不菲，仅方言词汇就达到328个、谚语159条、歇后语108条之多，甚至超出了我的预计。一村能搜集如此多的方言俗语，可见搜集者用心。因篇幅所限，本志"方言俗语"只收录其中一部分，但即便此部分，也是目前所见出版物中景泰方言语素收录最多和释读最精确者，可为后来景泰志书方言目的一个重要参考。

《村志》列"艺文"一目，虽为旧目，但其收录均为本村人所写，读来贴近亲切。我以为此可列为将来村志的一个重要内容。观历来志书，尚有流寓、过路或其他人所撰写与之相关艺文作品，不知编纂者留意或收集否？另外，艺文目初稿中没有收录本村学者著作目录。我以为应该附录此部分，类似古代史籍《经籍志》，俾后人查阅。其意义无需多言，惟编纂者识之。

红水高启安

2020年5月9日于蜗蛙居

高启安 兰州大学历史学博士，日本京都大学人文科学研究所博士后，兰州财经大学教授，中国敦煌吐鲁番学会理事，甘肃省敦煌学学会副会长。主要从事敦煌学以及丝绸之路饮食文化研究，涉猎裕固族和地方民俗、岩画等研究。主持国家社科基金及教育部、甘肃省课题多项，发表相关论文180余篇，出版《唐五代敦煌饮食文化研究》《〈肃镇华夷志〉校注》和《信仰与生活——唐宋间敦煌社会诸相探赜》等多本专著。

凡 例

一、本志以甘肃省景泰县芦阳镇下辖行政村芳草村为记述对象，遵循以史为经、以事为纬、以实为体、以人为本的原则，坚持历史唯物主义与辩证唯物主义指导方针，实事求是，理性客观，力求全面、系统、准确地反映芳草村自然和社会的历史与现状，着重记录自中华人民共和国成立以来本村取得的历史性进步和发展。

二、采用章节性结构，设概述、大事记、建置、自然环境、农业、畜牧业、林业、商业流通、建筑业、水利电力、交通运输通信、人口、教育文化医疗、党政群团、乡村建设、风俗民情、方言俗语、人物、艺文等章。章下设节，节下设目。上限尽量上溯事物发端，下限截止于2019年12月（对此后新发生的历史事件，择其要者记录至正式付梓之时）。

三、记述的地域范围以国家正式划定界限为准；历史沿革和地域变迁以相关史料文献、历史档案、统计资料、家藏谱牒记载及经反复互证之口碑资料为依据。

四、大事记以编年体为主，辅以纪事本末体，按时序记录大事、要事。

五、以志为主，辅以图、照、序、述、记、志、表、录等体裁；采用规范的语体文、记述体；突出村志特色。

六、历史纪年用法：民国及以前的朝代纪年用汉字表述（括号加注公元纪年）；新中国建立后纪年一律用公元纪年。

七、行文所涉及的标点符号、数字书写、度量衡单位、称谓等，一律严格遵守国家相关机构颁布的规范标准。历史上使用的计量单位采用旧制，可换算今值者予以括注。计量单位一律使用中文全称。

八、人物分传、介、表三部分。遵循"生不立传"的传统，入传人物以对芳草村的建设、发展有突出贡献和重大影响者为主，兼收同等条件的客籍人物。人物传略以卒年先后排序，其他收录人物以生年先后排序。

九、本志参考资料来源于相关档案、史籍、公开出版物、专题调查及口碑，不一一标明出处。

目录 CONTENTS

序 一	
序 二	
序 三	
凡 例	
概 述	001
大事记	009
第一章 建 置	025
第一节 位置村域	027
第二节 历史沿革	028
第三节 村属地名及由来	030
第二章 自然环境	039
第一节 地质地貌	041
第二节 气候气象	042
第三节 土壤 植被 动植物	044
第四节 自然资源	046
第五节 自然灾害	048

第三章　农业　畜牧业　林业　051

　　第一节　农业发展概况　053

　　第二节　生产条件　057

　　第三节　农田建设　067

　　第四节　耕作方式　068

　　第五节　畜牧业　073

　　第六节　林　业　079

第四章　商贸流通　建筑业　085

　　第一节　商贸流通　087

　　第二节　建筑业　095

　　第三节　工　匠　101

第五章　水利　电力　107

　　第一节　水　利　109

　　第二节　电　力　118

第六章　交通　运输　通信　121

　　第一节　交　通　123

　　第二节　运输业　126

　　第三节　邮电通信　130

第七章　人　口　133

　　第一节　人口状况及变迁　135

　　第二节　姓氏来源及构成　140

　　第三节　计划生育　144

　　第四节　兵　役　146

第八章　教育　文化　医疗　　151

　　第一节　教　育　　153

　　第二节　文化艺术　　167

　　第三节　医疗卫生　　178

第九章　党政群团　　185

　　第一节　中共芳草村组织　　187

　　第二节　行政机构　　192

　　第三节　历届村组织的主要业绩　　198

　　第四节　历届景泰县人民代表大会芳草籍代表　　201

　　第五节　群团组织　　202

第十章　乡村建设　　207

　　第一节　村庄的形成与变迁　　209

　　第二节　房屋建筑　　215

　　第三节　街道、环境保护　　218

　　第四节　社会福利　　219

　　第五节　精准扶贫　　221

第十一章　风俗民情　　223

　　第一节　节日习俗　　225

　　第二节　礼庆习俗　　232

　　第三节　生活习俗　　238

　　第四节　丧葬习俗　　257

　　第五节　生活用具　　259

　　第六节　禁　忌　　269

第七节　游　戏　　271

　　第八节　亲属、亲戚关系及称谓　　277

第十二章　方言　俗语　　281

　　第一节　方　言　　283

　　第二节　谚语　歇后语　　303

第十三章　人　物　　314

　　第一节　人物传略　　316

　　第二节　知名历史人物　　327

　　第三节　定居芳草的红军西路军流落战士　　329

　　第四节　省级劳动模范　　330

　　第五节　优秀人物　自强自立模范人物　　330

　　第六节　人物简介　　335

　　第七节　人物表录　　378

第十四章　艺　文　　405

　　李志鸿　从条城到北山（散文）　　407

　　李有智　西路军在芳草（散文）　　415

　　尚仁武　爷爷和红军相处的半个月（散文）　　420

　　李有智　千里驼队援藏行（散文）　　424

　　李保成　从事革命工作（回忆录节选）　　430

　　李元安　一顶草帽的故事（散文）　　435

　　武克能　怀念老师张治安先生（散文）　　437

　　张义莲　我的语文老师（散文）　　441

　　尚仁武　我和干超修水泉（散文）　　445

张义安	赵家岘感怀（散文）	448
张　清	回望铁姑娘岁月（散文）	451
李桂春	故乡的记忆（散文）	457
李作泰	濯濯清渠，茵茵芳草（散文）	464
李保军	逝去的老房子（散文）	469
寇永祯	我的母亲（散文）	474
张义安	千里赴母危（散文）	479
李桂荣	一曲板胡余韵长（散文）	483
屈占昌	人杰地灵　文脉永续（散文）	486
张义军	家乡的沙枣树（散文）	490
屈占昌	扫煤渣（散文）	494
刘金春	被开垦的知青岁月（散文）	496
焦　清	心中有片芳草地（诗歌）	499
李保军	荒草渠（诗歌）	503
李保军	故乡行（八首）	507
李尚秀	翰墨青丹（树皮笔画）	510
李尚秀	和满天下（树皮笔画）	511
李尚仁	源远流长（树皮笔画）	512
李尚仁	墨雅（树皮笔画）	513
李尚义	富山贵水聚祥瑞（树皮笔画）	514
李尚义	水色清心（树皮笔画）	515
李尚义	祥瑞富贵（树皮笔画）	516
李有智	兰亭集序（书法）	517

李有智　景泰赋（书法）　　　　　　　　　　　518

　　胡秉海　冰清玉洁　梅放早春（水彩画2幅）　519

　　胡秉海　古诗四首（书法4幅）　　　　　　　520

　　焦　清　芳草　回乡偶书（书法2幅）　　　　521

　　马永泰　占尽人间第一香（国画）　　　　　　522

　　马永泰　牡丹图（国画4幅）　　　　　　　　523

　　李保平　心经（书法）　　　　　　　　　　　524

　　李保平　千字文（书法）　　　　　　　　　　525

　　何　迈　古诗四首（书法4幅）　　　　　　　526

附　录　　　　　　　　　　　　　　　　　　　527

　　一、清故徵君赵老夫子墓表　　　　　　　　　529

　　二、景泰县芳草赵氏源流总家史　　　　　　　531

　　三、光绪诰封李继颜建威将军、寇氏一品夫人制　534

　　四、恭颂诰封一品夫人张太夫人遗行表　　　　535

　　五、克服困难，奋发图强　　　　　　　　　　537

　　六、芳草村土改至70年代末住户统计　　　　　544

　　七、村规民约　　　　　　　　　　　　　　　548

　　八、为《芳草村志》捐款、为村史馆捐物人员名单　550

人名索引　　　　　　　　　　　　　　　　　　552

张　文　耕耘在希望的田野上（代跋）　　　　562

李保军　编后记　　　　　　　　　　　　　　566

概 述

芳草村，曾名芳草渠，又名荒草渠，属甘肃省景泰县芦阳镇下辖行政村之一，行政村亦为自然村。自古以来，在中国历史文化文献中，芳草一词，既是香草的代称（班固《西都赋》："竹林果园，芳草甘木。"），又多用以比喻品德高尚或忠贞贤德之人（屈原《离骚》："何昔日之芳草兮，今直为此萧艾也。"）。"芳草渠"作为本村村名，其源不详，但数见于清朝时人木主、墓表及家族谱牒，如清乾隆四十年（1775年）六月，芳草赵氏六世祖大业公连基木主有"葬芦城西南芳草渠"字样，同时期曾在当地开垦住耕的傅氏、洪氏、孙氏家族谱牒都有提及。可见芳草之名，由来已久。这是我们的先祖留给我们最具魅力的历史印记之一。

一

芳草村位居黄土高原向腾格里沙漠过渡地带的低山丘陵，地处景泰川南缘，东经104°074′，北纬37°116′，海拔1600~2000米。属温带干旱性气候。年均气温8.6℃。无霜期159天。常年以西北风居多。年平均降水量为182.4毫米，年平均蒸发量为2296.5毫米，蒸发量是降水量的12.6倍。

芳草村东去芦阳镇9公里；南临大沙河，再南5公里是海拔2040米的马场山（又称马昌山）；西望喜泉镇5公里；北距县城5公里，地势开阔，交通方便。

村域内有天然水道三条，分别是蓆芨沟、周家沙河、村南大沙河。

农作物主要以小麦为主，辅以谷子、糜子、大麦、玉米，还有土豆、黄豆、豌豆、蚕豆、扁豆、胡麻、油菜、甜菜、孜然、荞麦、油葵、西瓜、籽瓜、各种甜瓜等。主要蔬菜作物有白菜、西红柿、茄子、辣椒、芹菜、韭菜、胡萝卜、莲花菜、番瓜、黄瓜等。经济林木有苹果树、桃树、杏树、枣树、沙枣树等。用材树种有新疆杨、大冠杨、二白杨、小叶杨等。

由于严酷的自然环境，干旱缺水、风沙大，无霜期短，历史上的农业以雨养为主，自有洪家涝坝、下涝坝、新涝坝等涝坝之后，成为芳草人民生产生活的主要源泉。20世纪70年代初景泰川电力提灌工程建成，芳草村的大部分耕地得到黄河水的灌溉，为农业生产乃至全面发展注入了勃勃生机。

截至2019年，芳草村委会下设6个村民小组，有居民504户、1998口人，男性1062人，女性936人，分属李、杨、张、王、胡等85个姓氏。

二

根据相关家族谱牒记载，至迟在清康熙时期，就有零散家户在今芳草地区垦荒住耕。清乾隆年间，这种住耕的情况趋于频繁。有大芦塘傅氏家族曾在此垦荒耕植，今村北后塄有过傅家塄之名；后有大芦塘洪姓家族在此寻找水源、筑建涝坝以灌溉土地，又有"洪家涝坝"之名。其间还有孙氏家族居住于此，以耕作和练武、护镖为业；至清乾隆末、嘉庆初，今白银区所属蒋家湾李泗德偕子李继颜到芳草考察开发置业，买下洪家涝坝及后塄的大部土地，又开挖建成下涝坝；随着李氏家族及其亲戚的迁入，成为芳草渠村民的主要构成成分，形成芳草村落的基本雏形。

洪家涝坝及下涝坝，是先民在极端困难生产条件下，沿干涸上千年的媪围河古道（即今芳草大沙河），自西南向东北方向，开挖串井百多眼，兴建涝坝两座，灌溉良田八百余亩。这不仅是先民筚路蓝缕、艰苦创业、再造山河的伟大创举，更是为嗣后数百户芳草人奠定了在此耕作收获、繁衍生息的千秋基业。

清嘉庆初年，李泗德、李继颜等又筹集人力、财力夯筑堡寨，以图长居久安。此即芳草堡子。堡寨甫成，即成为芳草人生命和财产安全的重要保障。荦荦大者，是清同治时期有效阻止了叛匪的袭扰，以及20世纪30年代红军西路军以芳草堡子为屏据，击退国民党马步芳部的数次进攻，厥功至伟。

三

芳草村在历史上曾出现过对国家安定作出重要贡献的人物，如经历清道光、咸丰、同治、光绪四朝的芳草人李宗经，同治时期，组织乡民以堡子为据点，成功打退叛匪进攻，保护了芳草村民生命财产安全；又跟随时靖远县知县金麟自砂金坪攻打并克复被叛匪占领的靖远县城，以军功奖六品蓝翎；同治六年（1867年）春，出家资招募兵勇500余，率而西进，效力于哈密办事大臣文麟军前，负责河西、青海、新疆一带征剿。戎马二十载，屡建战功。光绪十六年（1890年），被保荐为总兵衔，曾领兵6500名。被诰封为一品"建威将军"。

芳草人民也曾为新中国的建立作出过贡献。1936年10月28日，中国工农红军西路军三十军的后勤医院、后勤部队进驻芳草村，并于11月2日、3日两次打退国民党马家军的围攻。芳草村先后为红军捐、征粮食一百多石，合一万多斤。并组建了以村民武发顺为主席，以李玮、李树荣、李文清、李焕堂、李树珍、尚步泰、张巨宝等人为委员（时称"八大委员"）的芳草筹粮委员会。其间，村民李文林多次为红军带路，很多村民自发掩埋战斗中牺牲的红军战士的遗体。

1951年，胡永义、李孝、李尚信等三人报名参加中国人民志愿军。中华人民共和国成立到2019年，先后共有74人服过兵役，在保卫祖国边防和社会主义建设事业中，贡献自己的力量。1953年初，中共中央西北局与中国人民解放军西北军区在兰州召开联席会议，决定成立骆驼运输队，向西藏运输粮食。村民屈作文、张义和、李尚银、李尚元、田种英等5人和西北五省一千多人的运粮队伍一起，参与了此次艰苦卓绝的特殊使命。

芳草人民一直具有重视教育的传统。清光绪二十年（1894年），镇守西宁的建威将军李宗经解甲归田，回到家乡即创办私塾，延请族叔李世璥任教。民国四年（1915年），庄主李林腾出三间铺面作为教室，聘请其族兄李长敦为先生，正式建立学堂。民国三十年（1941年），创办了芳草渠公立初级小学。1958年，芳草村办起了幼儿园。1959年，全村70%以上的适龄儿童入校读书，在校生人数达到115人，其中男生77人，女生38人。1964年，芳草村1名学生考取甘肃农业大学。1966年，芳草小学曾创下六年级16名学生其中15名考上初中的佳绩。截至2019年，适龄儿童入学率为100%。"文革"结束恢复高考第一次招考，分别考取1名大学生和1名中专生，嗣后陆续考取大学本科以上（含硕士、博士、博士后）文凭402人，其中获得及在读博士（博士后）学位10人，获得在读硕士51人，出国留学进修7人。有高级职称26人，中级职称50人。他们分布祖国各地，为国家建设和社会进步奉献力量。芳草教育场地从私人住所到村庙，再到2019年占地面积9109.2平方米、建筑面积993平方米、绿化面积1200平方米、运动场地面积2900平方米的规模，不能不说是一个翻天覆地的沧桑之变。在本村的教育事业中，涌现出李俊财、姚凤英、焦万盈等为之奉献了一生的优秀人物。

芳草村的医疗事业，也经历了一个从无到有、逐步发展的过程。1949年以前，主要是学过传统中医的李世璥、李长敦和熟知中医的李树梧（字正山）等民间乡医，前后数年一直为村民诊疗看病；还有用传统土方专门为小儿看病的村民。张治安年轻时就用自己掌握的医疗知识为村民服务，并成为新中国成立后芳草村第一代专业村医。他把自己的一生奉献给了救死扶伤、治病救人的事业。嗣后，先后有十多名乡村医生分别在村卫生站工作过，服务过，奉献过。

在过去缺医少药的年代，为产妇接生一直是既重要又具有一定危险性的工作。而村中的接生婆就担当了这一艰巨而光荣的职业。她们分别是原第一生产队康秀英、第二生产队王继英、第三生产队毛秀英等人。尤其是生于1929年的康秀英，从1949年开始，从事接生工作达四十多年之久。成功接生逾百例，而且从来不收取任何报酬。她的行为，称得起"无私奉献，慈母情怀"的赞誉。

芳草人历来有追求丰富精神文化生活的传统。1949年以前，村民就自发演唱传统秦腔、眉户剧。20世纪50年代末，村上修建第一座坐西向东的戏楼。村民中秦腔爱好者的秦腔表演水平一直比较好。芳草社火中的太平鼓、龙灯、旱船、狮子、腰鼓、秧歌，在周围村庄都有过一定的影响。

芳草李氏树皮笔画历史悠久。晚清至民国时期，芳草树皮笔画艺人李溪千、李文林父子继承和发扬了树皮笔的技艺，经不断改进工具和技艺，逐渐形成了别具一格的树皮笔画。改革开放后，这一技艺又得到发掘、继承和发扬，2017年，以李尚秀、李尚仁、李尚义兄弟三人为传承人的芳草树皮笔画，被命名为景泰树皮笔画，并被甘肃省人民政府列入第四批甘肃省非物质文化遗产代表性项目名录。

四

历史上，芳草村也有人从事其他行业并取得过显著成效。李宗经家族定居芳草后，将条城老家的水烟生意继续在景泰传承扩大，他们在芳草加工炮制的水烟，几乎销往全国各地，出口东南亚的马来西亚、泰国、新加坡等国。清光绪年间，其家族商贸活动达到了鼎盛阶段，在兰州、西安、苏州等地都成立了商号，主要经营丝绸、布匹、烟土等生意。另外还经营过庞大的军运驼队，在当时的景泰地区，名震一时。此外，早在清乾隆年间，孙氏家族就在孙家梁盐路旁开车马店、旅店，一方面给过路的商队提供食宿粮草等便利，一方面劳务输出给需要的商队护镖。民国二十五年（1936年）前后，李溪泰用芨芨草编制背篼、装粮食的大小筐子、笊篱等家具用于交易。还有民国末年，李楷的饭馆生意享誉芦塘、条山地区。李文俊在兰州、西安等地贩运绸缎布匹、日用百货，在河西地区往返景泰做胡麻油、菜籽油等食用油生意，等等。

民国三十年（1941年），五佛胡振炜家族迁居芳草，带来两链骆驼，主要用于运盐。每年冬天从内蒙古自治区的吉兰泰盐池、雅布赖盐场等处去转盐，到包头运碱。也到天水运核桃、柿子、布匹等日用百货。

1949年前，村上有4辆大车（大轱辘车），除了农忙时拉庄稼，农闲时则从条山盐仓往兰州运盐。还有四五户人家用毛驴参与运盐，返回时办点日用杂货，这便是间断性的运输业。由于历史原因，这种私人运输业被中断。

国家改革开放，为芳草村的全面振兴发展提供了机遇，一些村民走出芳草，走向社会，在不同行业作出了成绩，村民生活水平有了很大的提升。

由于城市建筑业的飞快发展，建筑业成为推动芳草经济发展的支柱产业；截至2019年底，芳草村有各种规模的建筑工程队9个之多，他们分别是胡秉荣、李桂铭、武克玉、胡秉宝、王吉杰、张文等，由于他们的带动，芳草很多人通过参与城市建设获得报酬，极大地提高了收入水平和生活水平。

同时，一部分人在村上从事商业活动，开小卖部，20世纪80年代，村上就出现了小型超市。也有更多的人走出芳草，在省城兰州及景泰县城从事商贸或其他经营性活动。他们无不以自己的聪明才智，在不同的行业艰苦奋斗，风生水起。

改革开放后，农业机械化程度大大提高，截至2019年，大多数村民都购买了各类大中小农机具，有4台大拖拉机（有两叶铧和八叶铧的）、康拜因收割机；小播种机基本普及。

2015年以后，结合精准扶贫户专项贷款，大力推广优良品种和玉米制种等农作物种植新技术，规模养羊、养猪、养鸡，加快芳草村养殖业发展。立足实际，因地制宜，充分发挥本村资源优势和区位优势，进一步加快产业结构调整。通过发展富民产业，切实提高农户收入。

改革开放后，芳草人民的生活水平有了本质性的变化。家家盖新房，几乎家家有小汽车、电动三轮车。尤其由于政策的变化以及新型合作医疗制度的深入人心，村民积极踊跃参加新农合，重大疾病的治疗有了保障，解决了村民看病难的后顾之忧。

2012年7月1日开始，全国建立城乡居民养老保险制度，在农村全面推行60岁以上老人按月每人发放60元以上养老金的政策。截至2019年，芳草村445位老人，都享受着不同层次的养老待遇，安度晚年。国家推行"两免一补"的教育政策以来，截至2019年，芳草小学百余名学生，都享受到免费教科书、免收学杂费,每人每天补助3元营养餐费的政策。同时,对经常有病、久治不愈的人群,对得了大病的村民,只要符合补助和救助条件的,都能及时得到补助和救助。截至2019年,已有52人分别受惠。

五

中华人民共和国成立以来,芳草村党支部、村委会认真落实党的各项方针政策。在几十年的发展历程中,带领全村共产党员、村干部和全体村民,战天斗地,改造自然,发展生产,多打粮食,建设家乡,共同创造美好生活,为实现小康的崇高事业而努力。在这一历史发展过程中,芳草村党支部多次受到县、乡(公社、镇)上级党委的表彰。1951年,芳草村建立了全县第一个互助组;20世纪60年代末,在全县铺压砂田大会战中,因投入人力多,组织规模大,铺压砂地成效显著,县上及芦阳公社先后在芳草大队召开铺压砂田工作现场会,村党支部受到县上和公社的表彰。改革开放以来,因地制宜调整种植结构,推行科学种田,提高粮食产量,增加农民收入,卓有成效。2004年,芳草村党支部被评选为先进党支部。20世纪80年代到2017年,芳草村先后有23名党员受到镇(公社)党委的表彰,被评为先进个人和优秀党员。从第一任党支部书记李树桂,到后来任职时间最长的党支部书记张万宝等,他们都以自己的实际行为,践行共产党员为人民服务的宗旨。

20世纪六七十年代,芳草村的民兵组织,在农业生产、农田改造、铺压砂田中作出突出贡献,尤其在组织训练方面,多次参加县、乡(公社)的比赛和表演,乡武装部总结推广过他们的经验;在1966年全县民兵射击比赛中,寇永宝以5发子弹命中50环的好成绩夺得第一名,个人受到奖励,民兵排也受到表彰。70年代,以民兵连为主要力量,参加景泰川电力提灌工程的建设,他们不怕苦,不怕难,不怕累,圆满完成任务,因工作成绩突出,受到民工团的表彰。

在芳草村的发展历史上,妇女一直发挥着半边天的作用,尤其20世纪六七十年代大集体时期,由于强壮男劳力都外出搞副业,妇女几乎承担了所有的农业生产任务。她们勇挑重担,奋战在农业生产第一线,在铺压砂田、平整土地、发展畜牧业等工作中发挥了积极的作用。改革开放时期，涌现出一批勤劳致富能手和多位孝敬公婆、和睦乡邻的好媳妇，如赵光花、李生香、马翠、王锡霞、黄玉香、卢玉霞等，她们的孝行受到村民的好评和上级相关部门的表彰。

1984年，胡秉荣捐资兴修芳草至条山道路北头梁约2公里路段。1994年，村党支部原书记、退休老干部李树桂出资修建村老人文化活动室。1994年，武克玉为芳草小学捐款2.5万元，用于校园建设。民营企业家多次为修路架桥、公益事业捐资捐款。村民还多次自发为由于重病而陷入困境的乡亲捐款，助人脱困。2020年初新冠肺炎疫情期间，有72名党员群众积极捐款，支援疫区抗疫。

六

芳草人自古以来就具备吃苦耐劳、坚韧不拔的品质，淳朴敦厚、乐善好施的情怀，兼容并蓄、开放豁达的胸襟，尊老爱幼、扶弱济困的美德，敢为人先、勇于担当的气质，重视教育、追求进步的精神，教育和影响着一代代后来者。

回顾历史进程，我们深深感到，每一代人都承担着自己的历史使命，在建设和发展家乡的道路上，都有义不容辞的责任。知史明志，今天的我们，有理由更多一点责任感和紧迫感，为家乡的建设和进步尽心尽力，出谋划策，以求永远无愧于我们的先辈，无愧于我们的后辈，无愧于时代和历史。

"吾庐何处，斜阳芳草村落"（清·朱彝尊），我们坚信，通过每一个芳草人的共同努力，建设一个和谐、安宁、富足、宜居的家乡，芳草的明天将会更加美好！

大事记

清

康熙年间

今芦阳傅氏家族之一支在芳草开垦、住耕。

乾隆年间

二十六年（1761年），孙氏家族从今中泉乡脑泉村迁到芳草居住，住地在今梁梁背后。

四十年（1775年）六月，赵氏六世祖大业公连基木主有"葬芦城西南芳草渠"字样，是为"芳草"地名见诸文字的最早记载。

大芦塘洪氏家族在芳草挖井找水、修建洪家涝坝，置水旱田住耕。居住地在今三塘台子沙河出口处。

赵氏家族迁入赵家岘居住、耕种。

嘉庆年间

今白银市白银区水川镇蒋家湾村人李继颜来到芳草考察开发创业。挖水置地，修建下涝坝，扩大水地面积。

李泗德、李继颜投资建筑芳草堡子。堡子为夯土版筑，占地总面积约二十亩。

十八年（1813年），李泗德聘大靖金火匠，铸钟一口，上有铭文一篇，记叙铸钟之由。

同治年间

初年，叛匪一再骚扰芳草。村人借助堡子，数次击退叛匪的袭扰。

六年（1867年），李宗经因协助靖远县县令金麟克复靖远县城有功，授以六品蓝翎。

同年春，李宗经出家资招募丁壮乡勇500人，率而西进哈密，投奔左宗棠麾下办事大臣文麟军前效力。

光绪年间

十三年（1887年），李宗经以花翎留甘尽先副将借补西宁南川营都司额腾依巴图鲁加四级。

十六年（1890年），诰授李宗经总兵衔，领兵6500人，诰封"建威将军"（一品）。

同年，光绪诰封李宗经祖父李继颜、父亲李世琪为"建威将军"，诰封其祖母寇氏、母亲张氏及两位夫人为"一品夫人"。

十七年六月（1891年），钦差署理西宁办事大臣甘凉兵备道奎顺、钦赐花翎备授商州协副将管带镇西右旗张世才等率西宁西南川绅民132人，制表叩拜李宗经母亲张氏荣封"一品夫人"遗行。

二十年（1894年），镇守西宁的李宗经解甲归田，创办私塾，请其族叔李世璇任教，是为芳草村教育事业之肇始。

中华民国

民国四年（1915年）

李林腾出三间铺面作为教室，聘请其族兄李长敦为先生任教，正式建立学堂。

民国九年十一月初七（1920年12月16日）

宁夏海源地区发生8.5级地震，芳草村有强烈震感。村内两间旧房倒塌，幸无人畜受损。

民国十八年（1929年）

李玮带领本村43户饥民扣下条城李彪从庄主李林家购买的三车18石3斗大麦，又从李林家强借大麦6石，按缺粮人口均分给各家。

民国二十五年（1936年）

10月28日，中国工农红军西路军三十军的后勤医院、后勤部队进驻芳草村（芳草堡子），动员群众筹备粮食支援红军，并组建以村民武发顺为主席，以李玮、李树荣、李树珍、李文清、李焕堂、尚步泰、张巨宝等人为委员的芳草筹粮委员会。

11月2日、3日，马家军两次围攻红军驻芳草村后勤部，后勤医院，红军组织力量反击，打退进犯之敌。

11月6日，在团长熊发庆指挥下，红军二三六团在上尖子击败敌骑兵。是日晚，一条山、蓆滩等地的红三十军经芳草渠向锁罕堡（今兴泉村）集结，做进军河西之准备。

民国三十年（1941年）

红磵上墩村李作林奉景泰国民政府公文，在芳草人的支持下，创办芳草渠公立初级小学。

是年，五佛胡氏家族迁居芳草村，为本地带来畜牧业和驼队运输业。

民国三十一年（1942年）

发生烈性传染病白喉，全村死亡多人，大多为婴幼儿和少年儿童。疫后，9人留下天花后遗症。

是年，景泰县政府文教科派一条山人张文蔚到芳草小学担任校长，从此，学校由国民政府文教科管理。

民国三十三年（1944年）

由李树荣主持，发动群众集资出力在今尕湾湾以东约300米处修建新庙。

民国三十四年（1945年）

国民党西北马家军抓兵拉夫，到宁夏修筑军事工事，全村前后有数十人次被抓过壮丁。

民国三十七年（1948年）

芳草小学迁入村庙。

中华人民共和国

1949年

9月12日，景泰县全境解放。

1950年

1月，芳草村成立农会。李焕堂任农会会长，李树桂、尚步泰、焦凤元等人为农会成员。

同期，李树祥任村长，韦守仁任副村长。胡永杰任村行政主任。

是年，村名正式定名芳草村。

是年，抗美援朝征兵工作开始，胡永义、李孝、李尚信等3人加入中国人民志愿军，其中李尚信奔赴抗美援朝前线。

是年，芳草组建全县第一个互助组，分为3个组；第一组寇世俊任组长，第二组张有禄任组长，第三组韦守仁任组长。

12月，国家发行胜利折实公债，芳草村大部分村民购买了公债。

1951年

3月5日，开展减租、减息、镇压反革命运动，并开始取缔一切反动会道门。

10月开始土地改革。没收地主的土地，分配给无地少地的农民。两个涝坝的水权归全体村民所有。并划分了阶级成分，全村66户，其中雇农19户，贫农32户，下中农3户，中农4户，上中农4户，自由职业2户，手工业1户，地主1户。

1952年

12月，李树桂加入中国共产党，介绍人吕子亮、赵生花。是芳草村的第一名共产党员。

是年，白墩子等地12户人移民到芳草落户并分到了土地。

是年底，土地改革工作结束。

土改后，尚有秀任村长。

1953年

《中华人民共和国婚姻法》宣传工作组进村，宣传新婚姻法。

是年秋，开始实行粮食统购统销政策，取消粮食自由买卖。

11月，村民屈作文、张义和、李尚银、李尚源、田种英等5人参加千余人进藏送粮驼队为驻藏部队运送粮食。

1954年

1月，县上在芳草村搞试点，互助组转为初级农业生产合作社，20户村民首先入社，李焕堂任主任。

10月，包兰（包头—兰州）铁路开工建设。

是年，开始实行义务兵役制，工作组进村宣传《兵役法草案》。

12月，赵经本、武发祥参加中国人民解放军，赴新疆服役。

1955年

3月，中国人民银行发行新版人民币，从村民手中兑换旧人民币。新币1元等于旧币1万元。

1956年

2月，芳草初级社转为高级农业生产合作社，实行土地、耕畜和大型农具作价（股份）入社，集体所有，统一经营。114户村民全部入社。李焕堂任主任。入社后社员留有少量自留地。

是年，成立一条山乡，芳草村隶属于一条山乡管辖。

是年，乡上建立党总支，芳草村李树桂、韦守仁、郝有铭三人为总支委员。

是年，李有祯任乡团支部副书记。

是年，村上安排张治安到条山卫生所培养学习。

是年，芳草村获得粮食总产968963斤的农业大丰收。

1957年

1月，经县委组织部批准，芳草社建立党支部，党员16人。李树桂任支部书记。

同时成立芳草村团支部，李有祯任书记。

是年初，全村党员为水利工程捐资，在群众中起到很大的鼓舞和模范带头作用。

是年，赵氏家族从赵家岘搬迁到芳草村，赵家岘1700多亩山地归芳草村。

下半年，新涝坝建成，村上将洪家涝坝水合并到新涝坝，后统称新涝坝。新涝坝蓄水量达到3500~4000立方米，灌溉土地面积500亩左右。

是年，五佛、芦阳、红光、条山等地19户村民迁移到芳草落户。

1958年

1月15日，出现-27.3℃的极端低温天气。

是年，芳草村开办大队卫生站，主要职责是办理全村预防接种、妇幼保健、传染病隔离和报告、环境卫生指导、卫生宣传及简易医疗和急救工作。

3月，条山乡并入喜泉乡，李焕堂任副乡长。

是年，寇世俊担任高级社主任。

是年，高级农业生产合作社改为条山生产队芳草小队。

是年，村上购置马拉式播种机、收割机各一台。

6月22日，喜降雨水，全体干部社员不分昼夜苦战三天，完成抢种糜子600亩。

7月，包兰铁路建成通车，自北向南横穿县境，全长112.5公里，设有10个火车站。其中，兴泉堡火车站距芳草仅5公里。

是年，芳草村开办幼儿园。

是年，十里沙河大部分杨姓居民回迁芳草村。

秋天，全国性大炼钢铁运动开始，村上组织社员到响水、红水等地炼铁。

秋天，全村实行食堂化，3个生产队开办3个食堂，全村男女老少都在食堂吃饭。

1959年

全村70%以上的适龄儿童入校读书，在校生人数达到115人，其中男生77人，女生38人。

11月，芳草生产大队成立，隶属芦阳公社管辖。

11月，全村由生产大队核算下放到由生产小队核算。

是年，全村社员在赵家岘进行大规模的山地垦荒，开垦耕地300多亩。

是年，大队建立土化肥厂，配备2名人员负责。

是年，在堡子外西南角处修建一座坐西向东、土木结构的戏楼。

是年，在全村社员中批判"资本主义冒尖人物"，反对"五匠"单干。

1960年

8月，郝有铭担任芳草大队党支部书记，李宽担任芳草大队长。

9月，芦阳公社党委宣布由张凤山负责芳草大队党支部工作。

是年冬，在全国范围内开始整风整社运动。

12月，食堂解散。

1961年

上级政府号召社员群众开展生产自救，允许社员外出自找粮食，补贴不足。

是年秋冬，部分社员到野外荒滩扫草籽（三角籽），以补充粮食不足。

1962年

1月，张万宝担任芳草大队党支部书记，郝有铭任大队长，张义气任监委会主任。

1月，成立芳草大队基干民兵排，武祥顺任排长。

3月，成立芳草大队管理委员会，韦守仁任管委会主任，委员有张万宝、韦守仁、郝有铭、寇世俊、李根堂、李文华、李树荣、焦凤元、李琴等。

9月27日，中国共产党八届十中全会通过《农村人民公社工作条例修正草案》（简称《农业六十条》），确立了"三级所有，队为基础"的管理制度。

是年，大队选定大队部西南面约6000平方米地一片地基，新建芳草村学校。

7月，"四清"运动在全国开展。

1963年

全村大力开展以铺压砂田为重点的基本农田抗旱工作。

1964年

1月6—11日，武威行署铺压砂田现场会在芦阳公社召开，会议组织与会人员在芳草石板咀铺压砂田现场参观。

是年，李保卫考取甘肃农业大学，是为芳草村历史上第一个大学生。

是年，卫生所搬到大队部，房屋三间，有中西药及简单的医疗器械，由张治安负责全村的医疗卫生工作。

是年，小儿麻痹病毒在芳草流行。

是年，粮食获得大丰收，总产达379.13吨，超额完成国家公购粮任务46.25吨。人均口粮257公斤。

是年底，为推动全县的铺压砂田工作，县上在芳草村召开压砂现场会。

1965年

芳草学校更名为景泰县芳草高级小学，学制六年，实行"四二"分段制，初级小学四年，高级小学两年。

3月，芳草大队成立民兵营。

6月，张万宝任党支部书记，韦守仁任管委会主任，郝有铭任监委会主任。

11月，景泰县农村"五好社队""五好干部""五好社员"表彰大会，表彰芳草生产大队，芳草第二、第三生产队为五好社队；张万宝、李根堂、李作文为五好干部；李贵石为五好社员。

1966年

6月，"文化大革命"开始，生产队干部受到冲击。

6月，部分村民拆毁庙宇，砸毁大部分神像。

6月，芳草高级小学成立以来的第一批学生毕业，16名毕业生，15名考上初中。

1967年

1月，大队成立贫下中农代表大会（简称"农代会"或"贫代会"）。

1968年

4月，成立芳草大队革命委员会，张万宝任主任，韦守仁任副主任，成员杨积礼、李有祯、寇永成、武正顺、杜梅兰。

是年，贫宣队进驻学校，领导管理学校。

1969年

3月，根据中苏关系恶化的现实，毛泽东主席号召"深挖洞，广积粮、不称霸"，全国范围内深挖防空洞预防核战争。包括芳草学校师生在内的全体村民紧急深挖地道，备战备荒。

是年，白银市农宣队来芳草指导抓革命促生产，和村干部及广大社员一同抓抗旱工作，组织社员在村域内寻找水源。

10月，景泰川电力提灌工程（简称"景电工程"）一期工程开工建设，大队组织专业队，参加工程建设。

初冬，在孙家梁挖出了水。由于水质差、水量小、提取成本高而放弃使用。

1970年

芳草小学实行五年一贯制，加初中两年，成为戴帽初中。

6月，芳草学校修建两间双坡式屋顶（人字梁）教室。

10月，组建芳草大队武装民兵连，武祥顺任连长。

1971年

9月，解放军某部一个加强营拉练过境景泰，在芳草村驻扎一月有余。

10月，景电工程一期工程上水到草窝滩。

是年，芳草大队开始使用柴油动力磨面机，逐步替代了石磨。第一台磨面机由朱延龙、张义气、李作贵负责管理。

是年底，全村砂田面积达到5490亩，人均近4.5亩。

是年冬至次年春，麻疹大流行，部分10岁以下的儿童患病，并有数名儿童死亡。

是年，全村兴起以平田整地、开挖渠道、林路配套为主要内容的农田基本建设热潮。

1973年

计划生育政策开始实施，兰州军区医疗队到芳草开展医疗工作，对部分育龄妇女施行绝育手术。

是年，芳草村引进墨巴六六、墨卡、高原三三八等春小麦优良品种。各生产队进行试种。

8月，村上第一次通电，大、小生产队办公室，学校，商店，卫生所等公共单位和95%村民使用上了电灯。

10月2日，景电工程的黄河水进村。当年冬灌1200亩，全村用水量244397立方米。

12月，第一批来自兰州的19名上山下乡知识青年到芳草落户。1974年12月和1976年4月，先后有景泰籍1名和白银籍32名知青来到芳草插队落户。

1974年

景电工程上水第二年，芳草村粮食总产量达到532.2吨，完成公购粮任务104.8吨。

1975年

1月29日，成立芳草大队调解委员会，李作鼎任主任。

是年春，县武装部派干部驻村，抓基干民兵训练试点工作。村上抽调青年民兵进行集中训练，历时半个多月。

7月，景泰县红专学校在芳草成立。

是年，芳草试行玉米带状种植。

是年，村上购进第一台手扶拖拉机，随后各小队都陆续添置。

是年，在村中心地段兴建一处综合性商店。

是年，粮食总产量达到635.7吨，完成公购粮任务165.2吨，受到芦阳公社表彰。

10月国庆节期间，芳草民兵营武装排参加芦阳公社武装部组织的实弹演习。

是年，芳草大队获武威地区"农业机械管理工作先进单位"，张万宝、赵贵成赴武威参加表彰会议。

1976年

9月9日，毛泽东主席逝世。在全国治丧期间，芳草大队设灵堂，供全体村民吊唁悼念。

10月，兰州知识青年招工返城。

1977年

贫宣队、工宣队撤出学校，学校教学工作逐步恢复正常秩序。

12月，国家恢复停招11年之久的高考制度。村上60多名高、初中毕业生参加高考；李保军、焦清分别考取兰州大学和武威师范学校。

1978年

2月，张万宝任大队管委会主任。

5月15日，芦阳公社召开"三年建成大寨式大队誓师会"，芳草大队被评为先进大队。

是年，为在"文革"中受到不公正待遇的人给予平反，恢复其名誉。

1979年

1月11日，中共中央《关于地主、富农分子摘帽问题和地、富子女成分问题的决定》，取消实行三十多年的农村阶级成分。村上地主分子被摘掉帽子，按人民公社社员对待。

10月，知识青年全部招工返城。至此，知识青年上山下乡工作结束。

1980年

9月，党中央发表《关于控制我国人口增长问题致全体共产党员、共青团员的公开信》，提倡一对夫妇只生育一个孩子。

是年，芳草生产大队将原来的3个生产小队分为6个生产小队。同时，根据人口数量，划分了土地，分配了集体财产。

1981年

拆除旧戏楼，在原戏楼的东北方修建一座坐北向南的戏楼。

冬初，实行家庭联产承包责任制，田地、农具、耕畜、羊只、树木全部分包到户。

1982年

初春，各生产小队与群众签订土地承包合同，合同期30年不变。

是年，胡秉荣组建自己的建筑队伍，是为芳草第一家民营建筑企业。

1983年

包产到户后，全村粮食获得丰收。粮食总生产量达529吨。

1984年

芳草大队改为芳草村民委员会,下设6个村民小组,隶属芦阳乡。

1985年

胡秉荣带领建筑队修建芳草至条山道路北头梁上约2公里路段。支付参与修路村民工资1.5万元。

8月,白银市恢复建市,景泰县由武威地区划归白银市管辖。

9月10日,在全国第一个教师节来临之际,时任村支部书记寇永成到学校参加庆祝活动,并代表村党支部为每位教师赠送一条毛毯。

1987年

秋,撤销芳草学校戴帽初中建制,小学由五年制改为六年制,使用六年制全国小学统编教材。

1988年

村上群众集资出力在原址重建村庙。

1990年

10月24日—1991年2月11日,连续无有效降水日数达111天。

是年,芳草小学开办学前班。

是年,10月20日和2000年6月6日,本地发生两次地震,中心都在寺滩乡山区,芳草一带震感明显。

1993年

7月20日,普降大雨,日最大降水量为40.9毫米。

是年,大风出现频繁,多达11次。

1996年

甘肃省人民政府为武克玉颁发捐资助学先进个人证书及"惠及桑梓"奖牌。

是年,延伸西七支渠4000米,扩大灌溉面积1300亩。

1997年

衬修西干七支渠、六支渠10千米。

1998年

1月,签订第二轮土地承包合同,包括灌区水地、砂地、旱坝地及赵家岘山坡旱地、沟坝地的承包。承包期至2027年12月31日。

是年，甘肃省计划委员会以工代赈项目下达景泰县城至芳草村道路建设资金30万元。

1999年

完成景泰县城至芳草村道路选线、征地及砂土路基建设工作。

2002年

用水泥预制U型槽衬砌渠道10千米（主渠道）。

2004年

中央1号文件决定取消农民粮食收购任务。

国家开始给农民发粮食直补，每亩水地直补16.4元人民币。

是年，村党支部被芦阳镇党委评为先进党支部。

是年，景泰县县乡公路管理站铺设芳草至条山村的小油路5公里。

是年，退休老干部李树桂个人出资，在村委会院内修建一处老年文化活动室。

是年，实行新型农村合作医疗制度。村民每人每年缴费8元。

2005年

在县上有关部门支持下，铺设输水管道，将上涝坝水引进村民家中。

2006年

1月，中央宣布农民不再交农业税。

是年，国家给农民改发农业补贴，每亩土地60元。

2008年

在县水利部门的支持下，衬砌农田渠道30多千米。

2010年

10月，中国华电集团在赵家岘建设安装马场山一期49.5MW风力发电工程，占地面积约12平方千米。

2011年

3月，在国家"一事一议"等项目政策支持下，新建村委会办公楼、芳草剧院，并建成1300多平方米的文化广场，添置篮球架和健身运动设备。

6月，芳草小学荣获芦阳镇学区儿童男子篮球运动会第三名。

8月，中国华电集团在赵家岘建设马场山二期49.5MW风电工程，占地面积约20平方千米。

10月，芳草小学获芦阳镇学区国庆教职工篮球运动会优秀组织奖。

2012年

8月，芳草村高中毕业生共考取本科学校28名，是芳草高考录取新生最多年份。

2013年

县管道站为芳草村至条山村的道路铺设柏油路面。

3月，永登清凉寺嘉样丹贝尼玛活佛为新修寺院净土寺开光。

4月，自来水入户二期工程动工。由县水务局负责，将英武水库的水引进村里。

11月，《中共中央关于全面深化改革若干重大问题的决定》提出"启动实施一方是独生子女的夫妇可生育两个孩子的政策"。

11月，链·家地产授予芳草小学"长征路上的爱心图书馆"称号。

年底，按照国家要求，脱贫攻坚战役正式启动，全村建档立卡户105户372人，贫困发生率为18.71%。

2014年

6月，芳草小学被评为芦阳镇学区少先队工作优秀中队称号。

9月，芳草小学被评为芦阳镇教育系统先进集体。

12月，芳草小学被评为芦阳镇学区教育质量管理先进单位。

2015年

甘肃省地矿局和景泰县农经站对包括芳草在内的全县所有土地进行航拍，为土地确权做好先期准备。

是年，甘肃省体育彩票管理中心授予芳草小学"公益体彩，快乐操场"称号，并捐助价值1.2万元的体育器材。

是年，白银市"农村义务教育薄弱学校改造现场会"在芳草小学举行。

12月27日，全国人大常委会表决通过人口与计划生育法修正案，全面二孩政策将于2016年1月1日起正式实施。

2016年

芳草小学正式附设幼儿园。幼儿园按年龄分为学前中班、学前大班和学前班3个教学班。

是年，县道路主管部门改造芳草村至县城的道路，并将通往十里村、三塘村的道路浇筑为水泥路面，全长13公里。

是年，县农业部门对全村土地进行确权到户，颁发土地经营证书。

2017年

5月，芳草小学获景泰县委、县政府授予少先队"红旗大队"荣誉称号。

5月，芳草小学获景泰县幼儿园自制教具、玩具大赛二等奖。

7月14日下午5时许，孙家梁、上塬、盐路一带遭受冰雹，时长20分钟左右，即将成熟的小麦、胡麻等作物损失严重。

7月，芳草小学六年级1班被白银市教育局评为优秀班集体。

10月，以李尚秀、李尚仁、李尚义兄弟三人为传承人的树皮笔画，被命名为景泰树皮笔画，并被甘肃省人民政府公布为第四批甘肃省非物质文化遗产代表性项目名录。

年底，按照"精准扶贫"要求，建档立卡98户365人。未脱贫43户139人，贫困发生率为6.99%。

2018年

4月5日，是日下午至次日凌晨，霜冻、大风天气，气温降至-4℃左右，大部分梨花、杏花冻落，致当年杏、桃、梨等水果绝收。

5月，村党支部、村委会决定修撰《芳草村志》。同期组建《芳草村志》编纂委员会，并启动相关工作。

是年，对全村砂地进行确权到户。

是年，脱贫35户118人，脱后贫困发生率下降至1.31%。

2019年

全村未脱贫3户8人。脱后贫困发生率下降至0.04%。

2020年

1月，芳草村委会迁到位于下涝坝东北面的新址。

是年1月9日一场中雪后，持续干旱无有效降水至8月29日才下了一场中雨。旱段长达230天。

2月，新型冠状病毒疫情暴发，村上采取封村封路方式，阻止人员流动。同时，有72名村民自发为疫区捐款。

7月，村委会组织村民维修、疏通新涝坝水源地下渠道。

9月，由村党支部、村委会策划，村志编委会编撰设计，建成"芳草村史馆"。

10月，在村委会北面建成面积2200平方米的灯光球场。

11月26日，横跨芳草沙河（由村东北向西南约5公里）的乌玛高速景中段建成通车试运营。

是年底，精准脱贫达到整村脱贫摘帽。

芳草村志

第一章
建 置

第一章 建 置

第一节 位置村域

景泰县芦阳镇芳草村，坐落于县中部平原地带。北与一条山村相连，距县城5公里，东与蓆滩、芦阳、东关等村毗邻，距芦阳镇9公里；西望喜泉镇5公里，与喜泉镇兴泉村、三塘村、新民村、南滩村接壤。南临大沙河（即古媪围河干涸河道），向南5公里，是海拔2040米的马场山。芳草村的地界，东起石板咀与城关村耕地苦苦滩交界，西至沈家沟沟、沈家大砂地西畔，北起秀水村南之沙河，南至大口子、大小盘坡为界，东西宽约8公里，南北长约10公里。地域面积约80平方公里。

界内有天然水道三条：蓆沟、周家沙河、村南大沙河。

因缺乏基本的文献记载，芳草村何时有人在此生活，何时形成村落，迄无确论。但据芳草一些家族家谱记载及老辈人们世代相传，此地曾名"傅家墒"，因大芦塘（今芦阳镇所在地）傅氏曾在此地开垦、住耕得名。其间有傅氏家族、洪氏家族、孙氏家族、罗氏家族、陈氏家族、金氏家族、马氏家族、化氏家族等户族先后在这里开垦、住耕。至清朝乾隆末年，由于自然条件等原因，上述傅氏等家族在这里的经营逐步衰落，其田产逐步易于从今白银市白银区蒋家湾来此开发的李氏家族之手，李氏家族在此开发、定居。因此芳草村形成以芳草堡子为中心的固定村落，是

▲ 芨芨草

从李氏家族定居此地后开始的，距今约有二百五六十年左右。后来李氏将"傅家塪"之名改称"福家堂"，以与原来在这里住耕的傅氏家族有所区别。

芳草村南面的大沙河，即历史上有名的媪围河流域，历史上曾经是常流河，河水流经大安、喜集水、喜泉、芳草、大芦塘、索桥等地后注入黄河。后因气候变化等原因，媪围河逐渐变为季节河，几乎每年雨季都有山洪下泄，而在平时就是一条干涸的河床，被称为"芳草沙河"（根据流经区域，大沙河又称喜集水沙河、大安沙河、芦阳沙河等）。先民们开挖渠沟，引流洪水灌溉土地，所挖渠道坝埂坚固，既宽又深，最著名的渠道有"深壕"（人工开挖，起于上尖子到尕湾湾）。深壕大坝上的芨芨草繁盛茂密，每到秋冬季节，十几条渠道的芨芨草一片金黄，格外引人注目。人们将这些渠道称为黄草渠，并逐步代指这个新生的村落。而这里的地名也由"黄草渠（荒草渠）"——"黄渠"——"芳草渠"——"芳草"演变而来。因此，自有人类居住以来，"黄渠""黄草渠"和"芳草渠"等村名一直都在交替使用，而芳草渠之名的出现，迄今最少也有八代人350年以上。

第二节 历史沿革

芳草村所在的景泰县芦阳镇（历史上的大芦塘）历史悠久，源远流长。距芦阳城东2.5公里的吊沟古城，经考证认为系汉朝武威郡媪围县城。芦塘城始建于明万历二十七年（1599年）。从原芦阳公社砖场（芳草村东2公里）出土的石器、陶器、骨器证明，最迟在4500年前新石器时代，境内就有先民繁衍生息。

第一章　建　置

景泰历史上战乱频繁，形成了别具特征的建置沿革。自西汉以来，曾四次立县，五置县城。其间归属多变，其中割据统治主要有四次，即东晋归前凉、西秦；唐大中、广德年间被吐蕃控制；宋朝隶属西夏；明朝万历年间被鞑靼所据。

夏、商、西周时期（前771年前），景泰地区为西戎占据地；春秋战国至秦属月氏，秦末汉初匈奴破月氏，县境内属匈奴休屠王之地。

汉元帝元狩二年（前121年），汉占据匈奴右地。景泰地区归汉朝疆域。

元鼎六年（前111年），县境内设媪围县，县城吊沟；隶属武威郡。东汉、三国、魏时，媪围县一直属武威郡。

西晋（266—316年），包括芳草在内的周边地区属武威郡。

东晋（317—420年），属金城郡（今兰州）。

南北朝时北魏（413—518年），属高平镇（宁夏固原）；后因高平镇改为原州，故属原州。

西魏（535—556年）时期至北周时期（557—581年），芦阳地区隶属会州（今靖远）。

北周保定三年（563年），设乌兰县，今芦阳、五佛一带属乌兰县（治所学界尚有争议）。

隋大业六年（612年），撤并乌兰县，原乌兰县属会宁郡鸣沙县。

唐武德九年（626年），恢复乌兰县；乌兰县北境到今上沙窝村白墩子。

唐广德九年（763年），乌兰县境陷吐蕃。

唐建中四年（783年），乌兰县域划归吐蕃。

唐宣宗大中三年（849年），芦阳地区复为唐所有，仍属会州（靖远）。

五代至北宋初，由于吐蕃与汉民杂居，景泰地区未能形成明确的政权管辖。

宋宝元元年初（1038年），景泰县境属西夏。

宋宝庆二年（1226年），蒙古族首领成吉思汗攻入西夏北部，景泰地区为蒙古族所辖。

元朝统一全国后，景泰地区属甘肃行省永昌路。

明初，芳草地区属临洮府兰州所辖。

明景泰年间以后，百余年来为鞑靼松山部落宾兔牧地。

明万历二十六年（1598年），抚臣田乐克复，逐松山部500余里，一条山等处属固原州的靖虏卫。

民国初改升红水县，治所先后在红水、宽沟；民国二十二年（1933年），靖远县北区（黄河以西）的大小芦塘、五佛寺、一条山、锁罕堡、老龙湾、胡麻水与原红水县合并成立景泰县，治所今芦阳镇。

1949年9月12日，中国人民解放军进驻景泰，宣告景泰解放；9月21日成立景泰县人民政府。县治芦阳，属武威专区。

1955年10月，国务院批准将武威专区并入张掖专区。

1956年1月，景泰县划归定西专区管辖。

1958年4月，撤销景泰县，并入皋兰县。同年12月，撤销皋兰县，原景泰县所辖7个公社划归甘肃省白银市。

1961年11月，恢复景泰县建制，治所芦阳，属白银市辖县。

1963年10月，白银市撤销，景泰县划归武威专区管辖。

1978年5月，景泰县治所从芦阳迁至一条山（一条山镇）。

1985年8月，白银市恢复建市，景泰县归白银市管辖。芳草村及所属芦阳镇仍归景泰县管辖。

第三节　村属地名及由来

芳草村所在地及所属地域，包含许多别致独特、富有寓意的地名。这些地名的产生及其演变，是芳草村域及芳草历史的一个重要组成部分。

一、村内部分

堡子　建于清朝嘉庆年间。由时贤李继颜出资，动员、雇请民众共同修筑。嘉庆十八年（1813年）竣工。夯土筑成，坐北向南，略呈正方形，南北长139米，东西宽136米。堡墙底层厚约4米，顶部2米许，总高度约15米（含女儿墙）。女儿墙站台宽1.5米左右。堡子四角各有9平方米的炮台。堡门分两层，上层瞭望楼，战事时可架土炮等军事设施。堡门正前方有一道高四五米、长16米的瓮城墙（照壁）。堡子竣工，李继颜特请古浪大靖金火匠铸钟一口，架于西南角炮台上。此钟铭文对捐资的庄户也作了记载，如李泗德、李继颜、李继渠、寇强、武国玖等。铭文落款处有嘉庆十八年竣工等说明，内容详备。20世纪五六十年代在芳草小学悬挂使用。该钟因毁于意外而无法详考。

▲ 堡子遗迹

上院 堡子建成后，李氏家族从陕西请名士绘制图纸，在堡内修建豪华四合大院，面积约占堡子总面积的四分之一，形成"堡中之堡"，俗称上院。上院坐西向东，院内有住宅房二十余间，院外有卫房、粮仓、库房等二十余间，由家丁日夜守护，负责安全。卫房的东南角设磨房一处，取"水行磨转"之意。上院的财门设于院子东北处，底层石镌，中层砖刻，顶部木雕，高档大气，富丽堂皇，俗称"花大门"。宅院的北面有大小两处灶房，家主和雇工们各居其所。

下院 在上院的北面，因地形低于上院而称下院。下院有碾盘一副，与上院磨房相对应，象征左青龙，右白虎。

厅房、学堂 出花大门左为厅房，右为学堂。厅房是接待一般客人的门房，有专职家丁若干人，负责上传下达、守门护院等事宜。大门右面的几间房子，本来是家主的私塾，后逐渐演变为芳草村的学堂。

烟房 居堡子的西北角，是加工水烟的厂房，俗称烟房。李氏家族定居芳草村之后，既农又商，加工炮制水烟。产品几乎销往全国各地，出口东南亚的马来西亚、泰国、新加坡等国。芳草水烟厂是当时景泰县境内为数不多的民营企业之一。

随着时代变迁，随着村庄的扩大改变等人为因素，芳草堡子包括堡内上述四处建筑，只有名称，实物已损毁不存。

园子坝 下涝坝两条水渠之一，经过村子南沿梁梁背后自西向东，先浇灌

芳草堡子复原图

制作：曹龙　谢洋

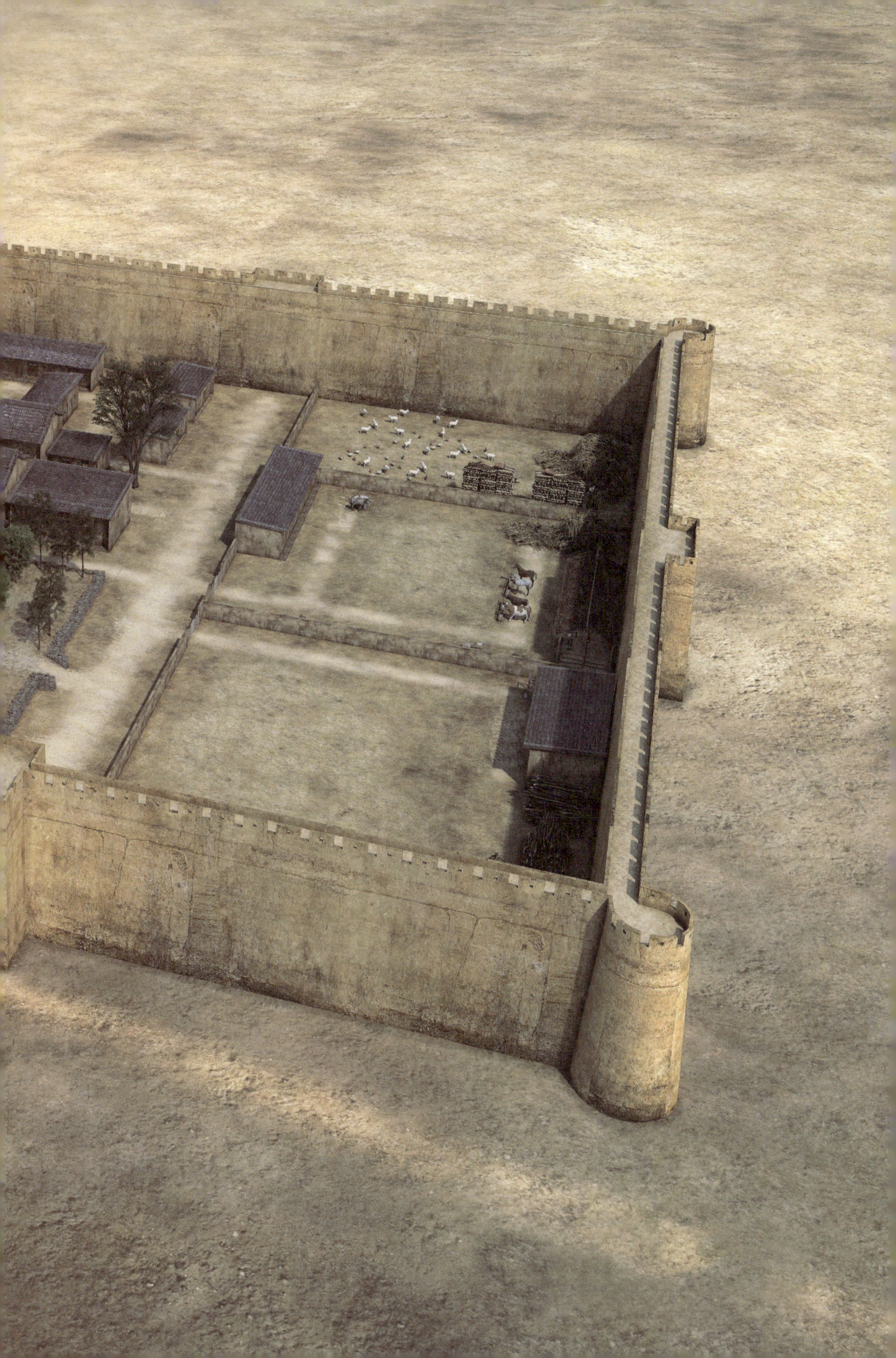

大园子，故名。

桥子坝　下涝坝另一条水渠流经村中心由西南向东北而去，过石桥到后垧，故名桥子。

金家圈圈　位于村东北角，系早期居民金氏家族修筑的小堡子，占地面积约有6亩，原堡子内房屋高大阔绰。后金氏家族迁离芳草，堡内建筑及堡子几经易手后逐渐败落。

堡子后头　芳草堡子建成后，大门开在南边，人们根据习惯将堡子北面墙外一带称为堡子后头。

田家湾湾　原堡子西北面的一片半坡地带，早期田姓人家在此居住，故名。

大圈（juan）　学校西南面一带，早期村民李文珍家在此处修建一饲养圈，饲养从天祝购买来的几匹马，被称大圈。

大园子　原村子中心偏西南一个占地约10亩的菜园子，园子内除种植各类蔬菜外，还栽种很多沙枣树，间有少量桃树、杏树、椿树等林木。后为第二生产队的菜园子。

骆驼圈　东临大园子，李氏家族喂养骆驼的饲养圈，后第二生产队也在此处养过骆驼。

新院　原李氏家族多在堡子内居住，后李文俊、李文英兄弟在堡外西南500米处修建房子居住，区别于堡内旧居，故名。

大圈圈　位于堡子西面，早期居民李继丑修筑的居家大院子，后李继丑迁居外地，人们将这个院子的位置称为大圈圈。

地窖子滩滩　在村庄西面原李忠家大门外偏东南一带，原庄主在此处修建过一个很深的地窖，用于隐藏财物。地窖前有一片约3亩大的平地，习惯上被称为地窖子滩滩。

上羊圈　位于堡子西面，原李诚家西面有一座占地约5亩的羊圈，后人们将李诚家居住的这个位置叫上羊圈。

鸡爪子梁（庙梁）　以村中心梁向西、向北有几道山梁，形如鸡爪，被称为鸡爪梁。后因在梁顶修建村庙，又称庙梁。

羊圈槽子　在村庄西南角一片槽型地带，20世纪50年代三个生产队的羊圈都建在这里，故名。圈墙都为黄土夯筑。

二、村外部分

赵家岘 原名土岘，位于村南方向约7公里处，因明、清、民国时代赵氏家族在此居住，由此得名。赵家岘东至米家山西梢榆树沟、喜鹊沟山顶，南面以咸水井沙河为界，包括罗家圈、沙渠湾。东南以金坪阳屲水北沙河为界。西至长槽子西梁。北面以马场山主岭（后电视塔岭），总面积约50平方公里。

赵家岘全境由至少40个以上地名组成，其中有倒流槽（倒朵槽）、米山坟湾、西山梢坡地、阳屲地（卢家陪嫁地）、老庄槽子、冰草槽子、马圈掌、庙梁、老坟沟沟、刘家大掌、煤沟沟、甜水井、罗家圈、沙渠湾、咸水井、咸水井沙河、咸水井沟、长槽子、圆肚屲、西撇子、天生窝窝、窑槽子、榆树沟、坟湾掌、圆朵罗掌、牛粪岘、五道岭、石圈沟、大掌窝窝、北界岭（电视塔岭）、大拐子（大块地）、羊腰窝、上台子、中台子、下台子、独石头沟、车路沟、车路槽子、胡麻台子、石峡、天生坟沟、羊圈沟、东坡掌、石峡泉沟等。

▲ 赵家岘地形图（尚仁武 绘）

随着20世纪50年代赵氏家族迁居芳草村，赵家岘再无常居人口。

石板咀 村东2公里处，北面与八大块地相连，南过沙河与胡家地沟相望。此处有一个圆包石山，因此得名。芳草人祖祖辈辈在此取炕板石。至21世纪，石山已夷平不存。

野鹿梁 村东南约3公里处。据传曾经有鹿在此处出没。

寇家沟沟 村东南角约2.5公里处。清代寇家人在此地垦荒耕种。

马尕子滩滩 与寇家沟沟毗连。民国时期，红磜村民马尕子在此处耕种过两三年。

胡家地沟 村东南面约2公里处，因芳草胡家在此开垦旱坝地而得名。

台子梁 也叫李诚台子，位于沙河对岸的东南角。民国期间，村民李诚一直在此耕种。

蓆笈沟 村南约2.5公里处。蓆笈，即芨芨草，因此处芨芨草生长旺盛而得名。

蔡家磆 沙河南沿。曾经有蔡姓人家在此开垦。

杏树沟 村南约2公里处。东与蓆笈沟、西北与蔡家磆毗连，此地曾有杏树若干棵。

前头梁 人们习惯上将堡子南边看作村子的前头，因此将沙河南、城路北、东至台子梁头、西至蔡家磆的这一道梁称为前头梁。

城路槽子 村南面约1.5公里，包括芳草前头梁南坡路沟从十里沙河到蔡家磆梁岘顶，从锁罕堡（今喜泉镇）到芦阳城的大路（城路）从中而过。

李宝沟沟 位于沙河南岸。村子正南。曾由村人李宝开垦此地。

沙河 也称芳草沙河（即古媪围河干涸河道），其源头为老虎山南侧的响水沟，流经大水窖、红岘、拉牌、雷家峡、大安、喜集水、兴泉，经芳草村南面贯流至蓆滩村南的蓆滩沙河交汇流入芦阳沙河，是芦阳沙河的主要支流之一。沙河芳草段长约20公里，平均宽约300米。属季节性河道，平时干涸无水，夏秋季上游下大雨多有洪水流过。景电提灌工程黄河水上来以前，沙河两岸多修整沟坝地、引洪漫地等农田。河床开阔平坦，沙层厚，沙质好。上涝坝、下涝坝泉水经沙河下修筑棚拱引入涝坝。因河道沙质优良，村上人长期开采拉运，用于铺压砂田、修路建房。进入21世纪，由于大量采沙取沙，超采乱取，河床被完全破坏，沙河的生态和景观均受到严重损毁。

梁梁背后 村子南面沙河北面下涝坝以东地段。

大口子 村南3公里处，即蓆笈沟、野鹿梁相对峙的沙河通道，被称为大口子。

大盘坡 在大口子正南2.5公里处，是芳草进入马场山到达赵家岘的一条盘旋道路，可以行马车。

小盘坡　距离大盘坡正东约2.5公里处,是进入马场山的另一条道路,相对路途较短,但狭窄陡峭,只能供单人行走。

张家台子　三塘台子以东、沙河南岸靠山坡的砂地,张姓人家曾在此居住。

白石头拉牌　在上涝坝西沿、沙河北边,距上涝坝0.5公里。此处的岩石表面有一层约8毫米厚的白色石面。

洪家涝坝　乾隆年间,由芦阳洪姓人家勘探、挖掘。主要灌溉上尖子大片土地。20世纪50年代,村上开挖上涝坝,将洪家涝坝并入上涝坝。

上涝坝　也称新涝坝,位于村西约2公里的上尖子处。建于20世纪50年代。涝坝蓄水量约3500～4000立方米。

上尖子　村子西面,南与沙河、北与上涝坝梁形成一个三角夹角。上端到上涝坝跟前,下端到下涝坝以西。

下涝坝　即村西南角的涝坝,相对上涝坝而名。水源在村西南5公里外的三塘台子红土地附近,通过采取挖串井和开挖明渠相结合的办法,将地下水引进村子。在自来水入户之前,一直是村上人畜饮水的主要来源;在黄河水上来之前,下涝坝水主要灌溉后墒、梁梁背后、下滩等处数百亩农田。

陈家沟　村西南约2.5公里处。与马家渠毗连,西面与胡家滩接壤。陈姓人曾在此开荒。

马家渠　村西面约2.5公里处,西面与胡家滩毗连。清朝时期,锁罕堡马家人和芳草庄主李家商议,在盐路边开凿一道引洪沟,将沙河洪水拦挡到盐路以东,由于地质结构原因,不易开凿,半途而废。嗣后人们将这一地段叫马家渠。

尕台台　村西北1.5公里处,原名山坡台台,李宗经墓在此。

尕湾湾　村西南面梁坡上,树树沟南面,清代芳草的先民曾在这里居住。

树树沟　村西北角,尕弯弯的正北面,即后墒上段南北相通的一条渠沟。因曾经生长数棵高大粗壮的榆树而得名。又名金家大坝。

上墒　村西北面,东西长约5公里,南北宽约8公里。地界东到条山大涝坝,北面以土沟壕为界。民国时期,芳草尚家一直在此种地。

胡家滩　在芳草村西4.5公里处,也叫双箍窑滩、胡家箍窑。芳草胡氏家族曾在此放牧。

尚滩　与胡家滩、转头壕毗连，清朝时期长窑子尚家人（后定居芳草）在此耕种，故名。

转头壕　村西北角约2公里处，西与胡家滩接壤，北与尚滩毗连。民国时期常有土匪在此出没，盐商闻信则转回条山村躲避，因此得名。

孙家梁　村西北角约2公里处，与胡家滩、上滩毗连。也叫转头壕梁上。芳草孙家曾在此处居住。

九沟沟　村西北面，后塪边沿上。因芳草李继玖曾在此处藏身而得名。

北头梁　村北面的山梁，后塪的正北边沿。也叫北头子。

化家长沟　位于村东北角1公里处。与后塪下段八大块毗连，因条山村化家在此埋过祖坟而得名。清道光十五年（1835年）乙未科进士、翰林院庶吉士、督水司，大芦塘（今芦阳）人戚维礼葬于此。

半天水　后塪原属于金家的两档田地，以前庄主李家允许金家每个月浇灌半天下涝坝的水，因此得名。

摆坝　在村子北面。是桥子坝通向北头梁畔的一道水渠，渠坝高达3米多，被称为摆坝；摆坝的北边被称为摆坝北头，南边被称为摆坝南头。

后塪　在村子北面。曾名傅家塪，是芳草村面积最大、土质最好、地势最平坦的一片耕地，原芦塘傅家曾在这里开垦耕种，故名。后庄主李家全部买下后，改名后塪。

下滩　村子东面的大片农田。

赏树湾　下滩东北面，紧邻化家长沟南梁的农田。

新八大块　赏树湾东面，有生产队新平整的八块水地，每块约在30亩左右。总干五支渠开通后，公社以渠为界划拨给邻村。

张银匠　化家长沟沟口以南，新八大块西北的农田，从前张银匠在此耕种。

东梁　村子西面10公里处，今寺滩乡玉川村界内。有芳草村砂地80亩，确权给第三、四村民小组两户村民各40亩耕种。

芳草村志

第二章
自然环境

第二章 自然环境

第一节 地质地貌

  芳草村位于黄土高原与腾格里沙漠过渡地带。地质构造上受米家山、马场山和寿鹿山的影响；地势呈西南高、东北低。属山前洪积倾斜平原。自寒武纪以来，各个时期发育了不同的地层、地貌。米家山、马场山两山北侧山脉从西南向东北延伸至村庄所在地。寿鹿山西侧余脉以东向延伸至红沟以东，到兴泉一带形成山前冲积平原，再东延至芳草三山二脉相交之处，就是芳草村庄所在。海拔1600～2000米。冲积平原地表层上覆有三叠系、二叠系全新统亚沙土，厚度在1～1.5米左右，最厚可达3米多。其下为砂石岩、砾岩、灰岩等。

  在漫长的地质演化中，由内、外营力互相作用形成了不同地表形态，根据地表地貌特征，划分为三种类型：

  1.赵家岘黄土山区 西起牛粪岘、长槽、五道梁，东至米家山、狼儿沟，南接沙井台，北邻石峡沟口，南北长约9.5公里，东西宽约8.5公里，海拔1700～2000米，是全村海拔最高的地区。区内黄土高坡在干燥气候环境下，受各种外力长期作用，形成了各种大小不等的梁、峁、崾岘、偏坡等，高低起伏，沟壑纵横，连绵不断。

  2.浅山丘陵地区 分布于大盘坡、小盘坡、大口子以北一带，芳草沙河以南，三塘、青崖村以东，红光村、十

▲ 上尖子远眺

里村以西。系马场山、米家山的余脉残丘，地势大致由西南向东北缓慢倾斜，海拔1500~2000米。

3.山前洪积倾斜平原区 分布在老虎山山前、兴泉滩以东边缘地带。区内地势起伏不大，由西向东倾斜，是经洪水长期冲积、沉积而成。其地质结构属山前洪积平原，海拔1600~1700米，是全村海拔最低地区，也是全村主要农耕区和村民居住区。

第二节 气候气象

芳草属于温带干旱大陆性气候，主要特点是冬冷夏热，昼夜温差大；干旱少雨，蒸发量大；风沙多，日照时数长。

1.光照 据1990—2000年近十年气象资料分析，平均全年光照时数2718.5小时。日照百分率为61%。

其中1992年为2558.8小时，为最少年；1997年为3028.7小时，属最多年。

季节分布明显，夏季日照时间长，冬季日照时间短，春秋日照时间适中，有利于农作物生长。

2. 年平均气温 历史年平均气温为8.6℃。1991—2000年的平均气温上升到9.1℃。冬季寒冷，夏季温热，春秋季气温多变。

其中，最高年平均气温10.2℃（1998年）；最低年平均气温8.3℃（1992年）。极端最低气温-24.5℃，为1991年；极端最高气温38.6℃，为2000年7月24日。

初霜日约在9月3日，终霜平均日期为4月30日，霜期为206天，无霜期159天。

有记载的最低气温历史值为-27.3℃，出现在1958年1月15日。

3. 降水量 年平均降水量为182.4毫米。降水量最多年份为253.6毫米（1994年）。降水量最少的年份为108毫米（1991年）。降水量分配不均，主要集中在7、8、9三个月，占全年降水量的80%左右。冬季降水量较少，占全年降水量的10%。

日最大降水量为40.9毫米，出现在1993年7月20日。

截至2020年，最长连续无有效降水日数为230天，出现在2020年1月9日—8月29日。

4. 蒸发量 年平均蒸发量2296.5毫米，是年平均降水量182.4毫米的12.6倍。

5. 风 常年以西风为主，其次是北风。各月最多风向除3—4月为北风、7—9月为南风，其他各月为西风。年平均风速1.9米/秒。1993年大风出现较频繁，共11次。2000年仅为1次。

6. 地温和冻土 根据县气象资料测记：县城周围地区年平均地面温度10.5℃。最热月平均地温26.4℃；最冷月平均地温7.6℃。极端最低地温-29.4℃（1975年12月12日和14日）。

冻土最大深度990毫米。冻结日期100毫米深度（1月27日），300毫米深度（12月9日）。解冻期分别为2月26日和2月27日，冻结日期天数100毫米为93天，300毫米为30天。

第三节　土壤　植被　动植物

一、土壤

土壤的形成受老虎山、马场山和米家山三山地质结构的控制，虽然经过了各个时期不同程度的发育，但因为区域面积不大，成土母质不太复杂，土壤类型不多。根据地势地貌划分为以下三种类型：

1. 黄绵土　独立分布在赵家岘黄土山区。母质为黄土或次黄土。在干旱、少雨、多风、日照强烈的自然环境下，淋溶作用降低，物理风化作用增加。风成性明显，但土壤没有水平层理，成交错层理。以粉砂粒为主，质地均匀，疏松宜耕，适应多种植物生长。

2. 洪漫灰钙土　洪漫灰钙土是在长期的地质演变中，地表受雨水的冲刷、切割、搬运和风力的侵蚀下，形成高低不平的丘陵、"U"型沟谷地、台地、荒坡等。这类土地主要分布在芳草沙河以南，大盘坡、小盘坡以北地带。全部为旱作土地，多为"撞田"，有雨就种，无雨就轮歇。土壤有效土层一般在500～1000毫米左右，但从不施肥，土壤肥力较低。

3. 灌溉灰钙土　这类土壤地表覆有500～2000毫米左右的沙土或灰黄土，其下面为砂砾或灰岩。耕层多为轻壤质，耕性良好。由于人为耕作影响，土壤中速效氮、有效磷、钾，有机质含量较高，保水保肥性能好，属于最好的农业用地。主要分布在后塆、尕台台、石板咀一带，海拔1600～1800米。

二、植被

1. 草原荒漠化群落和干草原的过渡地带　主要植被有短花针茅、驴驴蒿、合头草等，高度50～200毫米。

2. 干旱荒漠群落　海拔1600～1900米。由于区内气候干旱，蒸发强烈，降水量少，植物种类也较少，主要有盐瓜瓜、珍珠、合头草、假木贼、刺叶柄、刺豆、唐古特白刺、霸王等小灌木和半灌木。其次有散生的戈壁针茅、沙生针茅、荒漠细柄茅、多根葱、猫头刺等。

3. 砾石荒漠群落 质地为石山表、石块。只形成稀疏的荒漠植被。在裸露的岩石和粗骨性土壤上，植被群丛主要有合头草、刺旋花、木本铁红线等。

4. 人工植物群落

主要农作物有小麦、玉米、谷子、糜子、大麦、洋芋、黄豆、豌豆、蚕豆、扁豆、胡麻、油菜、甜菜、孜然、荞麦、油葵等。

蔬菜作物有白菜、西红柿、辣子、芹菜、香菜、菠菜、韭菜、白葱、蒜、胡萝卜、莲花菜、番瓜、茄子、黄瓜、西瓜、籽瓜、各种甜瓜等。

▲ 油葵

绿肥作物有草木栖、毛苕子、箭舌豌豆、苜蓿等。

农田杂草有灰绿、灰碱蓬、野燕麦、灰绿藜、苍耳子、龙葵、稗子草、扁蓿、狗尾草、虎尾草、冰草等。

经济林有苹果、桃树、杏树、枣树、沙枣等。

绿化树种有新疆杨、大冠杨、二白杨、小叶杨、白玫瑰等。

三、动物、禽类及昆虫

芳草村界内动物资源大都以干旱山区，黄土山区（赵家岘）为主。

家畜、家禽类：马、牛、驴、骡、骆驼、猪、狗、羊、猫、兔、火鸡、鹅、鸽子、鹌鹑。

野生动物类：猞猁、狼、狐狸、黄羊、石羊、旱獭、刺猬、野兔。

野禽类：雁、乌鸦、沙鸡、鸽子、鹞鹰、老鹰、喜鹊、野鸡、麻雀、猫头鹰、白头鹰、红嘴鸭、斑鸠、锦鸡。

爬行动物类：蛇、蜥蜴（俗称"沙老鼠"）、蝾螈、青蛙、田鼠、蝎子、蚂蚁、介壳虫。

昆虫类：蚜虫、食蚜蝇、七星瓢虫、蜻蜓、红蜘蛛、灰夜蛾、粘虫、蝗虫、蜜蜂、蚊子、蟋蟀、杨毒蛾、蝴蝶、柳树毛虫、菜蜻虫。

水面动物类：利用泉水和黄河水池养殖，有鲤鱼、水鸭、青蛙。

第四节　自然资源

一、太阳能资源

1.年太阳总辐射量　河西走廊是甘肃省太阳能最丰富的地区，而芳草村位于河西走廊的东端，年太阳总辐射量为5381.42兆焦/平方米。太阳总辐射的四季分配以夏季最多，冬季最少，春季大于秋季。

2.年日照时数　河西走廊日照充足。芳草村位于河西走廊东端，年日照时数2718.5小时。这是一项非常丰富待开发利用的资源。

二、风力资源

根据气象统计，当地年平均风速1.9米/秒。月平均最大风速出现在4月，为2.5米/秒。月平均最小风速出现在10月，为1.5米/秒。7~8级大风年平均出现27.7次。风力资源利用潜力较大。

本地风向受季风影响，季节性变化较强。冬季多西北风、夏季多东南风。

三、土地资源

1.闲置土地　景电工程上水以后，能发展为水浇地的旱地、砂地、沟坝地都平整发展为保灌水地，而且农民把主要精力都倾注在水浇地的劳作上，一些难以利用的荒山荒坡、薄地、老砂地、沙砾梁等处于撂荒弃耕状态。这部分土地是发展畜牧养殖业的较好资源。

2.耕地　全村总耕地面积13025亩，由于耕作技术、土地投入、田间管理等因素的影响，单位面积的产值仍然不高，存在较大的开发增值空间。这部分土地土层深厚，质地适中，保水保肥性能好，只要有适宜的产业项目带动，将会给全村农民带来一笔可观的经济财富。

四、土特产

1. 咸水胡萝卜　由于本村泉水矿化度高,各种微量元素含量丰富,产出的瓜、叶菜、韭菜等品质好、味道佳,尤其是咸水胡萝卜口味甜、营养高、色泽好,明显好于黄河水产出的产品。

2. 咸水韭菜　专指用下涝坝水浇灌生长成的韭菜。因为下涝坝泉水中富含铁、锌、钙、钾等盐分,pH值也适合韭菜生长。特别是大园子里的韭菜叶片长而宽,叶色深绿,叶肉厚,味道好,质量明显优于用黄河水等软质水浇灌生长起来的韭菜,是芳草村的特产菜。

3. 发菜　这是一种天然野生的真菌类,丝状,很像人类的头发,故名,又叫头发菜。只要有适合的水分、湿度、温度和光照,菌丝就可萌发生长。并以菌群状生长在荒山荒坡、碱柴垛、化柴蓬等植物下面。菌丝长到5~10厘米左右,人们用耙子拾回来捡干净即可食用或者出售。芳草村的荒山荒坡很适合发菜生长,且土壤表层微量元素丰富,发菜菌丝长,品质好,韧性好,是一道难得的山珍美味。因发菜产量少、价格高,村民们一般都很少食用,多数出售变现。

4. 蓬灰　是一种用水蓬烧成灰后趁热压实结块而成的食物碱。水蓬,学名白茎盐生草,是一种含碱度较高的一年生草本植物,子生。对土壤要求不严,喜沙质土壤,耐干旱和盐碱。芳草村周围的荒山荒坡、沙河台地、弃耕的老砂地都适宜生长。如果遇到秋雨较多的年份就会发芽生长,到了10月份,就可

▲ 烧制蓬灰的原料——水蓬

以选择长势好的水蓬,将其拔下来,垛成1米多高的小垛自然风干,等到冬闲时就地集中堆放到一起准备烧灰。

烧灰前先选择一处土层在1米左右、通风良好的土坡,挖直径0.5~1米大小、深度1米左右的圆形灰窖。烧灰一般都选择在傍晚,但必须天晴无风,由两人轮换用钢叉把透干的水蓬点燃后一点一点地挑在灰窖中,充分燃烧。全部

烧完后趁热用铁器或石器夯实压紧成块。使用时根据用量加水适量熬成灰水即可。蓬灰广泛用于做牛肉拉面、灰豆面饭、蒸馒头等食品加工。

芳草周围的荒山荒坡地带表层土体中钾含量都比较高，同时钙、锌、铁、钼、磷等多种元素含量丰富，经植物生长吸收后而构成植物体，通过烧灰而成石蓬灰供人们食用。

5. 二毛皮　二毛皮也就是滩羊的羔羊皮。二毛是指毛的长度，即旧制尺寸的二寸长的毛，也是芳草村的特产之一。

景泰县在历史上是比较适合滩羊养殖繁育的地方，20世纪80年代初，景泰县被确定为甘肃省滩羊选育基地。芳草村的荒山荒坡表层土壤含微量元素丰富，草质硬，滩羊吃了上膘快，母羊的奶质也好，羔羊吃了以后发育生长好，羊皮羊肉等都是优等货。特别是羔羊毛色纯白，毛股清晰，花穗美观，花弯规则，弯数一般都可以达到9道弯左右，适宜做裘衣。

第五节　自然灾害

主要气候灾害有干旱、霜冻、低温冻害、大风、冰雹、地震。

一、干旱灾害

是最主要的气候灾害，每年都不同程度、不同时间发生。

1. 春旱　4—5月份内连续2个旬降水量偏少5成以上，两场好雨降水≥10.0毫米的间隔≥15天。

2. 春末初夏旱　5—6月份内连续2个旬的降水量偏少5成以上，旱段≥15天。

3. 伏旱　7月中旬到8月中旬有一个旬的降水偏少5成或以上，旱段≥15天。1991年全县遭受夏旱，芳草村也未幸免，作物受灾严重。

1997年发生伏旱。

2018年5月9日一场喜雨，至5月19日又一场中雨，相隔仅10天。但从5月20日至7月1日未降一次雨，旱段40天时间，且气温一直较高，给小麦灌浆和玉米的幼穗分化造成严重灾害，凡不能及时灌水的田块减产15%~20%。

2020年1月9日下了一场中雪，由于新型冠状病毒疫情暴发，同时出现罕见的旱灾，直到8月29日下了一场中雨，旱情解除。旱段长达230天，春旱、夏旱、伏旱相连，田野里地干草枯，灾象严重，印证了民间"大疫之后必有大灾"的说法。

二、霜冻、低温冻害

两种冻害一般都是同时发生，春秋两季易出现。如：2018年4月5日清明节下午至4月6日凌晨，霜冻、大风，气温降至-4℃左右，大部分梨花、杏花冻落，损失严重，造成当年瓜果市场没有地产梨、杏销售。

秋季早霜冻起始的日期在9月下旬和10月上中旬。春季晚霜冻的结束时间在4月中下旬和5月上旬。

三、大风

大风主要出现在春季，其次是夏季。秋、冬两季中，小级别的风也是经常发生。3—5月份风速最大。特别4月份年平均风速在4.2米/秒。对春播作物幼苗期危害大。民间有"一年一场风、从春刮到冬"的说法。因为地处戈壁沙漠边缘，地势平坦，每遇大风则沙尘飞扬、天昏地暗。

四、冰雹

冰雹一般以带状和点、片状造成局部危害。每年5—10月尤以6—8月最多。如：2017年7月14日下午5点左右，孙家梁、上塌、盐路一带遭受一场突如其来的冰雹，时长20分钟左右，对即将成熟收割的小麦、胡麻等作物造成严重损失。2019年4月27日下午5点左右，天空中云层翻滚，紧接着雨水夹着冰雹倾泻而下。樱桃大的、豌豆粒大的，个别有鸽子蛋大的冰雹下了6分钟时长，地面上雨水冲着来不及融化的冰雹到处流淌。刚长出的树叶被打得满地散落。如此猛烈的冰雹，是十几年内没有发生过的。据冰雹后了解，芳草村域内普遍受害，尕台台、上塌一带受灾较重。特别是胡麻、孜然、豆类等双子叶植物受害严重，造成损失在10%~15%左右。农户对有些受害严重的地块进行了改种。此次雹灾因发生时间较早，小麦玉米正处在出苗期，影响不大。

据多年气象资料记载、研究观察，冰雹的发生源和路径主要是发源于祁连山东段的乌鞘岭和古浪一带，穿过寿鹿山、昌灵山到达景泰县境内。

五、震灾

景泰县地处国家南北地震带北端，位于海源老虎山、中卫裂带之内，是地震多发地带，但一般震中都在山区中，芳草多受到波及。如：1990年10月20日和2000年6月6日的两次地震，中心都在寺滩乡山区，芳草一带震感明显。

芳草村志

第三章
农业 畜牧业 林业

第三章 农业 畜牧业 林业

第一节 农业发展概况

芳草农业生态环境复杂，土地类别多，水地、水旱地、山地、旱地、砂地并存。气候干旱少雨，日照充足，一年一熟有余。农作物品种多样，种植作物有春小麦、冬小麦、大麦、玉米、糜子、谷子、胡麻、向日葵、孜然、菜籽、荞麦、棉花及蔬菜、瓜类、豆类等。风调雨顺则丰，干旱缺雨则歉。

自先民移居以来，垦荒拓地，铺压砂田，修渠引水。上、下涝坝可常年浇灌耕地，为农业生产提供基础保障。

1952年土改完成后，农民户户拥有土地、耕畜、农具等生产资料。全村成立农业生产互助组8个，参加农户41户。互助组积极发展农业，成效显著。

1954年，芳草村率先在县内试点建立初级农业生产合作社，93户入社。

1956年，转为高级农业生产合作社，114户全部入社，主要生产资料归集体所有，耕畜、农具和羊只等折价入社，实行统一调配、统一管理，各尽所能，按劳分配，完成对农业生产资料私有制的社会主义改造。

60年代初，大量铺压砂田，抗旱生产。1964年，秋季雨水适时，粮食获得丰收，超额完成国家公购粮任务。年底，县上在芳草召开铺压砂田现场会，推动全县压砂工作。

1973年，景泰川电力提灌一期工程建成上水，水浇地面积增加，农业生产条件得到根本改善，粮食单产、总产逐年提高。

1975年底，芳草大队被武威地区评为农业机械管理先进单位。

1978年5月，芦阳公社召开三年建成大寨式大队誓师会，芳草大队被评为先进大队。

1981年，实行家庭联产承包责任制，土地包干到户，牲畜、农具、羊只分配到户。农户拥有经营自主权，生产积极性提高，粮食产能逐步提升。

改革开放40多年，积极调整农业种植结构，完善农田基础建设，引进先进农机具，推广优良品种、地膜覆盖、间作套种、农家肥化肥配合施用等先进农业生产技术，农业经济稳定发展。2019年，全村粮食播种面积4944亩，粮食产量达到2763吨，为建设小康社会奠定了坚实的基础。

表 3-1-1　1953—1979年粮食种植面积及产量分配情况

单位：亩、斤

年份	播种面积	平均单产	总产	公购粮 小计	占总产的%	公粮	购粮	储备粮	籽种	饲料	社员口粮	人均粮食	户数	总人口	其他
1953	2651	100	321560	67425	20.97	35425	32000		26789	45000	182346	327	93	558	
1954	2668	162	432350	43710	10.11	39210	4500		27900	46373	273867	478	93	573	
1955	2870	162	465450	66559	14.30	29710	36849		27900	57670	313321	511	100	613	
1956	3549	273	968963	188228	19.43	46401	141827		38550	157890	584285	856	114	683	
1957	2557	175	449206	110785	24.66	52346	58439		46477	92261	199683	276	119	718	
1958	4063	174	708910	92370.8	13.03	45518.8	46852		50000	75000	491529	599	119	822	
1959	2777	213	595366	176274	29.61	41266	135705		51258	46620	304486	367	122	830	
1960	5097	119	516311	164070	31.78	51820	112250		67639	11171	244840	315	144	862	
1961	3258	50	162887.8	65507	40.22		65506		54004.8	23630	75787	87.4	162	902	
1962	4150	84	350281	75360	21.51	37351	38009	2800	65710	37832	167819	178	165	941	
1963	3793	54	203091		0.00				58941	32207	111943	115	166	968	
1964	4691	161	758259	92503	12.20	32326	60177	15048	56215	81885	512608	514	165	997	

055

续表

年份	播种面积	平均单产	总产	公购粮 小计	占总产的%	公粮	购粮	储备粮	籽种	饲料	社员口粮	人均粮食	户数	总人口	其他
1965	5054	78	396271	76014	19.18	33796	42218		33748	64284	218604	212	169	1029	
1966	2865	71	204821		0.00				65656	55759	57321	53	170	1058	
1967	5978	128	766459	111754	14.58	46161	65593	30325	75133	82050	460267	426	178	1078	
1968	6135	67	411037	2474	0.60	2474			47352	75146	268246	235	183	1126	
1969	4292	89	382156	46161	12.08	46161			72421	74788	187138	160	183	1164	
1970	5840	142	829345	118330	14.27	46161	72169	18000	59473	88402	535053	437	193	1222	
1971	6055	93	565397	50366	8.91	46167	4199		69798	89440	355793	282	199	1258	
1972	5832	110	639716.5	70149	10.97	46206	23943		88888.5	84005	292881	301	206	1301	3793
1973	4334	120	520686	46161	8.87	46161			104200	82852	287053	212	226	1357	420
1974	5715	186	1064435	209545	19.69	46172	163373	2474	150023	104168	590270	416	247	1412	10429
1975	4709	265	1271365	330379	25.99	46161	284218	45219	161838	161531	604758	423	261	1422	
1976	4325	281	1293229	320856.5	24.81			7000	157807.5		643987	440	267	1449	1785
1977	4697	290	1416634	300000	21.18	46160	253806		156962	157710	696488	473	267	1464	13940
1978	4914	295	1437993	310000	21.56	46160	264014		152431	184833	739173	500	266	1478	44381
1979	4506	212	962663	179731	18.67	46161	133580		156142	169032	451408	307	249	1473	6360

1980—2019年农作物播种面积及产量统计表

表3-1-2

年份	总播面积（亩）	粮播面积（亩）	粮食亩产（公斤）	粮食总产量（吨）	公购粮（商品量）（吨）	化肥实物量（公斤/亩）	农用化肥量（吨）	地膜面积（亩）
1980	5067	4308	138	594	13.9	3.9		
1985	4378	3404	202	689	23.1	14.5		
1990	5124	3948	154	609	92.5	27.0	33.0	
1995	4455	4083	203	829.4	202.9		65.2	
2000	5021	4385	329	1441	94.448		144.0	241
2005	3660	3225	406	1309.62		40.1	190.0	855
2010	3568	3083	435	1340			328	428
2015	4875	3616.3	434	1569.8			360.86	
2019	6744	4944	559	2763			308	

注：化肥主要用于水浇地，以有效灌溉面积为使用面积。

第二节 生产条件

一、耕地

1.引黄灌溉前 50年代，山地、砂地依靠雨水耕种，主要分布在赵家峁、上塌、孙家梁、前头等处，面积2700多亩，占耕地面积的70%以上；水旱地依靠泉水灌一个冬墒水、降雨或夏秋季引洪漫灌耕种，面积330多亩，占耕地面积的10%左右；老水地依靠泉水灌溉，面积1000多亩，约占耕地面积的20%，年内冬灌一个墒水、夏（秋）灌三个苗水。主要分布在后塌、尕湾湾、下滩等处。60年代开始，大量铺压砂田，1970年砂田面积达到5400亩，人均砂地4.4亩。

2. 引黄灌溉后 将部分老水地、水旱地、砂田整理成灌溉水浇地。1975年，耕地面积6764亩，其中水浇地3040亩，人均水地2亩。至此，靠天吃饭的被动局面结束。80年代开始，土地分户经营，耕地面积基本稳定，农户精耕细作，粮食产量逐年增加。

2018年，完成土地确权工作，耕地面积12869.29亩，其中：水浇地8478.91亩，分布在陈家沟、马家渠、上塆、孙家梁、㞞台台、树树沟、后塆、北头梁、化家长沟、下滩、石板咀、上尖子、梁梁背后等处；旱砂地4390.38亩，分布在台子梁、前头梁、蔡家磅、上塆、孙家梁等处。

芳草村耕地图

图例
芳草村水浇地
芳草村旱地
邻村水浇地

芳草村

赵家岘

1953—2019年耕地统计表

表3-2-1　　　　　　　　　　　　　　　　　　　　　　　　　　单位：亩

年份	年末耕地面积	1.水浇地	其中：①河水灌溉地	②井泉灌溉地	③水旱地	2.旱地	3.山地	4.砂地	备注
1953	2651								
1956	3792	1028		688	340	1059		1705	
1960	5360	1478		1478		1221	604	2057	
1970	8147	1257		394	863	887	603	5400	
1972	7060	1355			673	98	603	4331	其中：四好条田275亩
1974	6673	1470	1310	160		409	603	4191	
1975	6764	3040	2659	381	150	202	603	2769	其中：自留地358亩（水地154亩、水旱地79亩、砂地125亩）
1976	6634	3040	2886	154		326	603	2665	索桥划去砂地130亩
1980	6669	3040	2886	154		326	603	2700	
1982	6819	3040	2886	154		326	603	2850	新增铺压砂田150亩
1990	6669	3040	2886	154		326	453	2850	
2000	6529	2900				沟坝地779		2850	
2010	6729	3100				3629			
2019	13025	6100				6925			

注：年份节点主要以铺压砂田、一期工程上水、土地承包等因素变化整理。年末耕地面积=1+2+3+4；1971年以前水浇地=②+③；1972年以后的水浇地=①+②。

二、劳动力及农业新型经营主体

（一）50—70年代，以16～60岁的劳动者为主要劳动力，占总人口的40%

左右。劳动力文化程度低，劳动工具简单，劳动技能主要从生产劳动实践中不断提高。

（二）家庭联产承包责任制以后，劳动力年龄段不明显，全家男女老少都参加劳动。1986年以后，劳动力占总人口的50%左右，另一半逐步向建筑、商贸、服务等行业转移。

（三）2000年以后，随着农业科技和机械化的发展，劳动效率提高，全年劳动的工作日相对减少，青壮年劳力大部分为季节性劳力。简单农活主要由妇女和老人来完成。

（四）随着市场经济的发展，技能型人才应运而生，农业集约化经营步伐加快，专业化、社会化服务逐步完善，出现农民专业合作社、农机专业大户等农业新型经营主体。2013年1月，首家农民专业合作社成立。至2019年，有种养殖专业合作社11个、村经济合作社1个、农机专业合作社2个。

2019年，全村总人口1996人，其中：乡村劳动力资源总人口1012人，乡村从业人员825人，其中：男444人，女381人。劳动力文化程度，高中以上330人，初中409人，小学66人，文盲半文盲38人。

1953—2019年每户人口、劳动力统计表

表 3-2-2　　　　　　　　　　　　　　　　　　　　　　　　　单位：人

年份	总人口	劳动力总人口	农林牧副渔人口	劳动力占总人口比例%	男	女	高中以上	初中	小学	文盲、半文盲
1953	558									
1956	615	288		46.8	148	140				
1960	829	311		37.5	170	141				
1970	1222	476	465	39.0						
1980	1570	682		43.4	344	338				
1990	1791	1055	614	58.9	530	525	114	325	431	175
2000	1995	900	401	45.1	466	434	127	331	320	122
2010	1735	1083	502	62.4	553	530	150	487	414	31
2019	1996	1012（乡村从业825）	842	51.5	444	381	330	409	66	38

2019年规模经营专业合作社统计表

表3-2-3

序号	合作社名称	理事长姓名	登记注册时间	成员（人）	贫困户成员（户）	合作社标牌	有无办公场所或库房、经营加工场地	经营规模及现状
1	景泰文翔养殖专业合作社	张 文	20130127	8	1	有	有	羊300只，鸡400只，鹿26只
2	景泰县鑫鑫养殖专业合作社	寇永宾	20150722	5	0	有	有	羊500只，连产带销
3	景泰县文润农牧专业合作社	李建文	20150605	5	21	有	有	羊1000只，连产带销
4	景泰县芦阳镇芳草村经济合作社	张 文	20161128	500	97	有	有	集体经济运营
5	景泰九鼎农牧专业合作社	赵天宏	20141112	5	0	有	有	猪400头
6	景泰鸿顺农牧专业合作社	赵全有	20151109	5	0	有	有	猪150头
7	景泰县盛鑫养殖专业合作社	李治金	20141201	5	0	有	有	羊500只
8	景泰县万事发农牧专业合作社	田发俭	20150625	5	0	有	有	猪400头
9	景泰县元森养殖专业合作社	李元森	20140421	5	0	有	有	猪400头
10	景泰县宗稳农牧专业合作社	李宗文	20181225	5	0	有	有	羊140只
11	景泰县绿韵农牧专业合作社	王昭升	20190621	5	0	有	有	羊70只
12	景泰县机利农机服务专业合作社	屈占虎	20171205	5	0	有	有	农机设备租赁运营
13	景泰县陇农农机专业合作社	李元朝	20190103	5	0	有	无	农机设备租赁运营
14	景泰县银珠农业发展有限公司	王 珠	20181030	5	0	有	无	羊1000只

三、农具与农业机械

(一) 农具

1. 传统耕作农具

犁 俗称桄子,是最古老的耕地农具之一,由犁辕、犁身、扶手和撑杆、犁铧组成,除铧是铸铁外,其余为木制品。犁身与扶手为一体,由两头牛抬着木杠牵引,又叫"二牛抬杠"。有的驾两匹马或骡,有的驾两头驴或马、骡、驴互相搭套。耕犁土层深度为15厘米左右。

▲ 犁

1957年,大队购置双轮双铧犁1部。之后逐步推广5寸、7寸步犁,转头犁和双轮双铧等新式犁。耕作方式和老桄子一样,一对牲畜一天最多耕地一亩多。80年代开始应用机引犁。

耖耧 由双扶手连双耧腿、耧辕和耧铧组成。用于砂田耖地除草,松土保墒。70年代以前,耧腿和耧辕都是木制品,之后逐步由钢管和钢筋代替。

耙 由铁耙齿和长约1.1米、宽0.5米的木制框架组成,耙齿向前固定在耙框上,畜力牵引,用于松土、碎土,耙深5～8厘米。框架逐步由钢管、槽钢或三角钢等代替,耙齿由钢筋代替,有钉子耙、铁耙。

2. 整地、播种农具

耱 古老农具之一,由柳条或硬质灌木条加3根木质耱杆、3根木质耱鱼连接编制而成,形如梳篦,畜力牵引,用于耱碎和耱平地表土层。土块大时,在耱上放上石块或土袋,以增加压力。

刮板 由几块木板粘合而成,用于刮平地块表土层。

石碌 大青石做成的一种石器农具,呈圆柱体,一头大,一头小,两头的中间有碌眼,

▲ 耧

直径30~40厘米，长120~150厘米。用于小麦、胡麻脱粒和土地镇压保墒。

籽耧 播种有独脚耧、双脚耧、三脚耧3种。由扶手、连耧脚、种子箱、辕杆和耧铧组成，耧铧铁制，其余均为木制，畜力牵引。

3.中耕锄草农具

长期沿用的有锄头、铲子。

4.收割、脱粒、清选农具

传统收割工具主要是镰刀，由铁制刀和木把组成；脱粒工具主要是石磙子和棒槌等；清选工具有木锨、大扫帚、木杈、铁杈、竹筛、簸箕等。

5.运输农具

驮鞍 早期用于大牲畜驮东西的木制衬背支架，50年代普遍使用，70年代末基本结束使用。

独轮推车 由车轮、车架组成，全木结构，后发展为胶轮木架、胶轮铁架推车。由一人推行，用于短途运输。

架子车 分人力车和畜力车两种，人力车较小，畜力车较大。其结构大同小异。由车辕、车厢和胶轮组成。

胶轮马车 由一匹辕马和二三匹挽马（骡）牵拉。50—70年代，是主要的长途运输工具。

6.其他小工具

铁锨 由铁制锨头和木把构成，用于翻、平土地，扛埂、修渠，装、卸沙土等。

镢头 由铁制镢头和木把组成，挖、刨沙土。后多用洋镐。

铡刀 由木制铡墩和铁制铡背、铡刀及铡栓组成。两人操作铡饲草。

撬杠 用粗钢筋制成，一端呈窄扁形，一端呈人脚形。直径3厘米左右，长度1.6米左右，用来撬动、破碎。

▲ 铡刀

（二）农业机械及配套机具

1.动力机械

拖拉机、农用汽车 1975年，成立拖拉机站，组建芳草大队机管小组，由李作鼎任组长，张义气、刘延来、李作福、赵贵成为成员，赵经宇、胡秉民、赵贵成、武克福、杨生海、杨生祥等人为驾驶员。后来村上购置东方红40、50胶轮拖拉机3台，总马力为130马力。随后各小队添置10马力手扶拖拉机。包产到户以后，手扶拖拉机、小四轮车逐步代替牲畜作为牵引动力，由15马力更换到20～30马力，用于耕种收、打场、运输等作业。2019年，全村有304到1104、2004、2204等大中型动力机械15台左右，农用汽车38辆。

柴油机、电动机 1970年，村上购进10马力柴油机1台，通电后电动机替代柴油机，用以磨面、碾米、榨油、粉草和提水灌溉等。2019年有电动机5台。

2.整地机具

铧式犁、翻转犁 90年代开始，以铧式犁为主，机械牵引，翻耕深度达25厘米左右，土块破碎更细。2019年村上农机专业合作社购置液压翻转犁4部、条幅灭茬液压翻转犁2部。

钉齿耙、圆盘耙 钉齿耙的耙框、耙齿均为钢筋制作，大部分农户仍在使用。圆盘耙多用于农场租赁作业。

▲ 农业机械

旋耕机 与拖拉机配套完成耕、耙作业。小型旋耕机主要用于枸杞、果园和蔬菜地中耕作,人工操作,耕深10厘米左右;中型旋耕机用于地块播前耕耙,耕深12～16厘米。2019年有微耕机3台,中型旋耕机20台。

深松机 与大马力拖拉机配套使用,用于深层(30～45厘米)土壤耕作,打破犁底层,上下土层不翻转,蓄水保墒。2019年,有深松机(IS-300)4台。

激光平地机 2019年8月,购置激光平地机1台,平整土地精度高、性能好、实用性强,自动或手动控制,使田间土壤移动水平较佳。

镇压器 圆管实心(直径42厘米,长1.4米)、圆管空心(管壁0.6厘米)、钢筋磙子(用16根钢筋箍成),用于镇压保墒、打场。

3.种植机械

小麦播种机 1958年,购置马拉式播种机、收割机各1台。80～90年代,使用畜力三行播种机。2000年,引进分层隔离施肥条播一体机。2019年,有小麦种肥一体播种机20多台。

玉米播种机 手提式点播枪1000多个,每人每天可种1～3亩;滚筒式穴播机300多个,每人每天种10亩;机械牵引穴播机10台,每天播种20～30亩;2013年以后,购置玉米精量播种机6台,每台每天播种40～50亩。

马铃薯联合作业机 播种、中耕培土、杀秧、喷药、收获联合作业机械2部,其中无人驾驶作业机1部,实现精准对行、规模化作业。

4.田间管理机械

有背负式手动或电动的喷雾器,用于喷施农药。2018年开始,租用多旋翼植保机(植保无人机),防治玉米病虫害。

5.收获机械

1957年,购置马铃薯收获机1部。2000年前后,小麦收获雇用跨区作业的联合收割机(俗称康拜因)。2010年以后,村上农机大户购置小麦收获机(康拜因)4台,玉米收获机(收获果穗)8台。至2019年,有玉米脱粒机80台、秸秆切碎还田机5台。

第三节　农田建设

一、垦荒、造田

先民迁移到此，不断垦荒。1959年在赵家岘开荒300多亩；景电一期工程上水后，农户在田边地角和农田与荒滩边缘地带零星拓荒造地；80年代末，七八户人家在前沙河淤地、垫土造田120多亩，在孙家梁平整土地80多亩，在北大荒等地开荒50多亩。2012年后，在上尖子以南沙河边垫土造田300亩左右。

二、铺压砂田

1961年秋季开始，在垦荒的基础上，铺压砂田。大队选择土滩平、砂质好、离村近的尕台台、盐路梁、下滩等处，历时四年，进行大量铺压砂田，至1965年初铺压新砂田1419亩，年末砂田面积3207亩，人均3亩。80年代末，部分村民铺压新砂田50多亩。

砂田铺压主要由人背、驴驮、车拉（架子车），发展到用大牲口、皮车压砂。用装载机、大型拖拉机、农用汽车等大中型机械铺压。压砂方法：一是选择土层较厚、较平整的压砂滩底子（又叫土母子）；二是压砂前将土母子上的杂

▲ 砂地

草铲净、清理；三是选择取砂地点，砂质要净，不准带土，拣掉大石头；四是铺砂、撒匀，砂层厚度为4~5寸（15厘米左右）。农家肥充裕时，在平整干净的土母子上撒一层肥料后再压砂，培肥地力。

砂田具有抗旱、保墒、增温、压盐碱的作用，使用周期一般为50~60年。至90年代，由于气候干旱，降雨少，加之砂田渐渐老化，种植面积逐渐减少。

三、平田整地

景电一期工程上水时，按照"五好"（好条田、好渠道、好林带、好道路、好居民点）农田的规划和要求，大规模开展平田整地。把原来高低不平、大小不等、形状不一的旱土地、部分荒地、老水地、水旱地及部分砂田整成条田。包产到户以后，用三轮车、四轮车平田整地。到21世纪，采用激光平地机，隔4~5年平整一次。解决农田大平小不平、节约用水、用养结合等问题。同时，随着国家基本农田建设投资的加大，采取中低产田改造、高标准农田建设等措施，逐步实现渠、路、林、田配套建设。

第四节 耕作方式

一、种植方式

50、60年代，夏田主要为小麦、大麦、胡麻等，秋田主要为糜、谷、荞麦、菜籽、麻子、马铃薯等。水地、水旱地采取"三倒茬"种植模式，即"大麦→糜谷→水旱麦"轮作，第一年种植大麦，灌一个冬水、三个苗水；第二年种植糜谷或马铃薯，灌一个冬水、三个秋水；第三年种植水旱麦，只灌一个冬水，苗期全靠降雨。山地、砂地广种薄收，有雨耕种、无雨歇息。主要采取"和尚头小麦→糜谷→瓜类（西瓜、籽瓜、南瓜等）"轮作模式。

景电一期工程上水以后，水浇地面积增加，夏田占70%~90%，夏秋比例失调，灌水矛盾突出。政府积极引导调整种植结构，80年代引进玉米种植、地膜覆盖栽培，大搞带状种植，推广小麦/玉米带田、玉米/豆、小麦/胡萝卜等间套复种模式，变"一年一熟"为"一年两熟"，种植作物多样化，粮食产能不断提高。

90年代，发展"两高一优"农业，玉米、马铃薯、胡萝卜等秋作物面积扩大，夏秋灌溉调整为6∶4，用水矛盾缓解，农业种植结构趋于合理。

进入21世纪以后，玉米制种、经济作物面积逐步扩大。随着耕、种、收规模化的发展，种植模式为小麦→玉米→胡麻（向日葵、孜然、番茄）轮作。

二、耕作方式

1.旱砂田　传统做法是耖地、播种、除草、收割。收割后，耖第一遍灭茬，耖第二遍除草，封冻前耖第三遍保墒。雨水一般的年份，采用轮歇法，即种几年歇一年，以恢复地力。土地承包到户后改用拖拉机带铁齿耙灭茬保墒。

2.旱地、山地　作物收获后，随即深翻1遍灭根茬、晒垡。如有秋雨（或洪漫）后，待地面呈现大白背时，再犁1遍除草，用耙、耱碎土整平地块。封冻前镇压1～2遍保墒。翌年春天耙耱、播种春小麦。如果没有秋雨，第二年4、5月降雨后耙耱造墒，秋天种植糜谷。

3.水浇地　作物收获后，小麦、玉米秸秆粉碎还田，随即深翻耕25～30厘米。灌冬水后，地面呈现大白背时，用铁齿耙碎土整平或用钢轨磨平，封冻前镇压保墒。翌年春季，当表土化冻时进行顶凌耙地或浅旋耕后播种。地膜连用的地块，可将玉米秸秆直接覆盖地表、免耕，翌年春季土壤解冻时，清理秸秆后播种。

三、品种推广

1.小麦　由自选自留到购买商品种子。自选自留种子，主要采取块选、穗选、粒选的方式，单打单藏。块选以土壤肥沃、出苗整齐度较好的地块留作种子田；穗选是在灌浆期由专人负责田间去杂，选择优良壮实穗子，留作种子；粒选时用簸箕、筛子等工具，将收获的籽粒拣去杂草种子、瘪粒，选择饱满完好的种子后贮藏。

50、60年代，主要有和尚头、阿勃、半截芒、齐头、806号、杂交白玉皮等，亩产量50～75公斤；70年代，引进甘麦8号、墨巴六六；80年代，墨巴六六、墨卡大面积种植，旱地引进高原602，水地引进永良4号；90年代至20世纪末永良4号为主导品种，搭配品种有宁春13号、宁春18号、甘春20号，亩产量达到350~500公斤；至2019年，永良系列的4号、15号、39号为主导品种，亩产量达350~600公斤。

2. 大麦 50、60年代主要有六棱子、牛尾梢等，亩产量70~80公斤；70、80年代，引进匈84，亩产量明显高于传统老品种；90年代，引进甘啤3号、甘啤4号，亩产量400~600公斤。2000年以后，随着当地加工企业的逐步停产，大麦种植逐年减少。

3. 玉米 80、90年代，引进推广中单2号、凉单1号、烟单14号、酒单，亩产量500~600公斤；21世纪初，引进郑单958、先玉335为主栽品种，亩产量600~800公斤，搭配品种有正德系列、酒单、垦玉等。

4. 糜、谷 景电工程上水前，糜子品种有疙瘩红、锦川红、黑糜子、小糜子、红糜子等。谷子品种有老来变、大黄谷、大白谷、竹叶青谷子、小谷子等。水地糜子最高亩产200公斤左右，旱砂地亩产量25~40公斤。

5. 马铃薯 景电工程上水前，主要品种有深眼窝、红川白、六月揣、八月白等，亩产量500公斤左右。上水后，主要品种有克新6号、陇薯系列、大西洋等，亩产量2000~2500公斤。

6. 油菜籽、麻子、胡麻、油葵 50、60年代菜籽品种有毛脚巴、小油菜、大菜籽等，亩产量50~70公斤。麻子以油用品种为主，亩产量100~150公斤。80年代以后，以胡麻陇亚7号、天亚6号、陇亚10号、天亚10号为主，亩产量100~150公斤。90年代油葵种植面积增加，品种有美国G101、内葵杂2号等，亩产量150~200公斤。

7. 砂田"和尚头"小麦、瓜类 "和尚头"小麦是本地无芒小麦的俗称，其成熟后口紧、不掉籽、面粉筋道、味佳、延展性好，是做拉条子的最佳原料，雨水正常年份亩产量100公斤左右。景电工程上水前是村民的主要口粮之一。旱砂田瓜亩产量1500-3000公斤，7月底到8月初上市，市场价格1.2~2元/公斤；籽瓜成熟略迟于西瓜。

五、播种

1. 小麦、大麦 3月中旬开始，在土层解冻10厘米左右、土表日消夜冻时顶凌播种。景电工程上水前，以畜力播种为主，水地小麦亩播量15公斤左右，大麦亩播量15~17.5公斤。水旱地小麦亩播量7.5~10公斤。上水后，小麦亩播量20~25公斤。

2.胡麻、豆类 3月下旬至4月上旬播种。胡麻亩播量7.5公斤，扁豆亩播量12.5公斤，用小麦播种机播种。

3.玉米 4月下旬至5月初播种，亩播量3公斤，人工点播或机械播种。

4.糜谷、棉花、马铃薯 糜、谷5月份播种，水地亩播量1~1.5公斤，砂地糜谷亩播量2~3.5公斤。水地、旱地棉花亩保苗2500~3000株。马铃薯4月下旬至5月上旬播种，亩用种量200公斤左右。

六、施肥

历史上仅施用农家肥。70年代，施用化肥和腐植酸肥料，种植绿肥，施用少量的微肥和植物生长调节剂。21世纪以后，在施用氮磷钾肥的基础上，调整施肥结构，配施中微量元素肥料，改进施肥方式，逐步施用商品有机肥、专用肥等。

1.农家肥、有机肥 50—70年代，以农家肥为主，商品肥料为辅。积肥造肥运肥是农业生产中的一件大事，农业生产获得丰收，必须在冬季施足农家肥。在泉水地种植大麦时亩施农家肥1500~2500公斤。肥源主要有人畜粪、土杂肥、厩肥、草木灰、炕土等。水地创建高产田、丰产田，在施用农家肥的基础上，在土壤中掺加细沙肥田。60、70年代成立土化肥厂、引进腐植酸肥料使用。80年代中后期，大力提倡"有机无机相结合、用地养地相结合"的培肥工作方针，采取"人有厕、畜有圈"、"城粪下乡、羊粪下山"、灰土混合堆积制造、秸秆过腹还田、种植绿肥等积肥培肥措施。2010年以后，小麦、玉米秸秆还田成为土壤培肥的重要措施。收获后，小麦全部秸秆、玉米40%左右秸秆直接粉碎翻压还田。商品有机肥在经济作物上逐步开始推广应用。

2.绿肥 1976年，推广种植毛苕子、草木樨等绿肥作物，以小麦间作毛苕子为主，小麦浇三水时撒播，小麦收割后毛苕子继续生长，开花后打药翻耕，以培肥地力。包产到户后，绿肥种植逐渐减少。

3.化肥 50年代，使用少量的硝铵，施肥方式是把肥料放在进水口，随水冲施。70年代后，按照粮油定购任务，水浇地由公社统一分配供应化肥使用。

肥料品种有硝铵、碳铵、磷肥、尿素、磷酸二铵，亩用量10~20公斤。基肥人工撒施后翻耕，追肥灌水前撒施或随水冲施。80、90年代，磷酸二铵、尿素、过磷酸钙广泛应用，亩用量20~30公斤。21世纪以后，进行配方施肥，调整氮磷肥施用比例，增加钾肥用量，配合施用中微量元素，推广专用配方肥。基肥用机械深施，追肥用追肥枪、机具条施、水肥一体化、随水撒施等方式，亩用量50公斤左右。

4.微肥、植物生长调节剂 80年代以后，引进使用稀土、磷酸二氢钾、锌肥、锰肥、钙镁肥等。植物生长调节剂有叶面宝、吨田宝、碧户、动力2003等。按不同作物需要、不同生长阶段施用。

七、浇水

景电工程上水后，水浇地种植作物以小麦、玉米为主，灌水方式为大水漫灌。一般夏、秋灌苗水3~4个，每次100~120方，冬灌墒水1个、150方。灌水轮期20~25天。

八、农田管理

1.耕地土壤培肥、恢复地力 土地承包以前，主要采取轮歇、施用农家肥、加细沙肥田、种植绿肥、平整土地、轮作倒茬等方式；土地承包到户以后，主要采取精耕细作、轮作倒茬、秸秆还田、肥水管理等方式，推广测土配方施肥、病虫害绿色防控、农田节水、深松耕等技术。

2.农田保护 大力宣传基本农田保护政策，与农户签订基本农田保护协议。提倡禁止焚烧秸秆、撂荒，禁止农膜、废弃物、重金属等污染。落实农田保护项目，逐步建设渠、路、林、田配套，旱涝保收的高标准农田。

九、病虫害防治

景电工程上水前，小麦、大麦、糜谷连茬种植，主要病虫害有黑穗病、叶锈病、蚜虫等。黄河水灌溉初期，用赛力散、粉锈宁拌种防治小麦黑穗病，用轮作倒茬和清盐水喷雾防治黄矮病。用六六粉等拌种防治糜子灰穗病。除草用手拔、铲子锄、锄子拉。用点燃堆好的杂草防霜冻。

随着种植水平的提高，农作物品种多样化、抗病、抗逆性品种增加，轮作倒茬合理，加之农技部门加强技术宣传培训，灌区农户普遍认识常见病虫，能够进行及时有效的防控。

1. 小麦病虫害 70—90年代初，由于种植单一、连作严重，小麦根腐病有零星发生，病情严重时可减产30%以上，主要通过轮作倒茬防治；小麦条锈病、白粉病、蚜虫、粘虫等，因气候条件均有不同程度的发生。采取粉锈宁拌种防治条锈病、白粉病，用滴滴涕、六六六、抗蚜威拌种或苗期用草木灰、石灰撒施处理防治蚜虫，采用诱杀或杀虫剂喷施防治粘虫。2000年以后，选用小麦良种，轮作倒茬较合理，农户种田水平高，病虫害发生较轻，主要采取"预防为主，药剂防治为辅"的原则，进行土壤处理、拌种、头苗水喷施除草剂、抽穗初期"一喷三防"等防治措施。

2. 玉米主要病虫害 开始种植玉米，蚜虫、红蜘蛛相对发生轻，用水胺硫磷喷施1~2次防治。2010年以后，玉米种植面积扩大，连茬现象严重，玉米大、小斑病，褐斑病，茎基腐病，锈病，红蜘蛛，蚜虫，粘虫，玉米螟等开始发生危害，主要采用包衣种子、土壤处理、清洁田园、苗期化学、生物药剂预防等措施。

第五节　畜牧业

清康熙年间，畜牧养殖业伴随着种植业发展而发展。是农业生产和农村经济发展重要支柱，也是人们赖以生存的基础。

1941年，胡氏家族从五佛迁移到芳草，带来羊1000多只，牛16头，骡马4匹，骆驼10峰，驴7头。

1949年以前，畜牧养殖业集中在大户家族，一般小户人家仅有一二头耕畜甚至养不起大牲畜。

新中国成立后，畜牧业和养殖业都有了新的发展。李根堂曾担任大队饲养主任，负责全村畜牧和养殖工作。各小队都建有大牲畜饲养圈、羊圈、猪圈等。各家各户允许少量地养羊、养猪和养鸡，也有个别家庭私人零星饲养大牲畜。

张义升、李有义等长期为村民提供劁猪、杀猪、为猪治病等服务。

一、畜牧养殖业的分类

1. 大家畜 以马、骡、驴、牛、驼为主,成年畜又叫役畜。大家畜均为草食动物,役畜只有在投入农耕、运输等生产过程中,才添加一定量的精饲料(主要以大麦、玉米、豆类为主),平时,均以农作物秸秆混合铡碎喂养。牛、驼为复胃草食反刍动物,消化功能较强,对所有农田作物秸秆都有很好分解和消化吸收的功能,在饲养管理上较为粗放。

2. 小畜禽 以猪、羊、鸡为主。猪、鸡以精饲料为主,适当添加一些青饲草和农副产品下脚料,如麸皮、酒糟等。羊为草食动物,主要靠青草、青贮和玉米秸秆粉碎喂养。只有母羊产羔期间适当添加一些精细料。

二、畜禽的主要品种

1. 马 最早为蒙古马类型,先后又引进甘肃地方良种,天祝一带的岔口驿马和甘南地区河曲马。经过优选杂交改良后的马,体型增高,挽力增大,属于挽乘兼用型。马作为役畜之首,很有灵性,不论耕地、拉运、乘骑,得心应手。马的发展最好时期是1978年,达到45头。

2. 骡 有两类。一类为马骡,一类为驴骡。公马与母驴杂交的后代为驴骡。公驴与母马杂交后代为马骡。骡自身无繁殖能力,马骡、驴骡因杂交优势明显,体健力强,少病易养,料口小,耐力强。骡的发展最好时期是1984年,达到59头。

▲ 骡

3. 驴 性情温驯,使役广泛,饲养经济,属凉州驴类型。20世纪70年代又引进关中驴进行改良,大部分驴为杂交驴,其特征是体型增高,耐力增强。不论磨面、碾米、农田耕作都较为方便,因此,发展较快。80年代初,发展到138头,平均两户就饲养一头驴。

4. 牛 主要是黄牛,属蒙古牛品系。作为役畜,犁地、耙地耐力强,性温和,疾病少,易饲养。

其次是犏牛。犏牛是公黄牛与母牦牛杂交的后代,杂交优势极为明显,使

074

役耐力更强，后劲足，易饲养。牛发展最好时期是1965年，达到63头。

5. 骆驼 属于蒙古系统，驼峰中等，属关内沙漠型。1949年以前，骆驼以驮运为主。骆驼耐寒、抗热、抗风沙、耐力强。1949年后，随着生产的需要，骆驼由原来的长途贩运变为役畜。骆驼养殖最高峰是1970年，达到了84峰。

6. 羊 有绵羊和山羊两个品种。绵羊为粗毛羊，品种为"滩羊"，系甘肃地方保护的优良品种。山羊又称"羺羝"（音julv），品种为"沙毛山羊"。滩羊体质结实，耳有大、中、小三型，公羊有螺旋形大角，一般体重40~50公斤，母羊无角，一般体重30~40公斤，毛色为白色，毛股长度7~8厘米，波浪形弯曲。均有三角形脂尾。2000年先后引进山东小尾寒羊和澳羊陶赛特良种进行改良，变年产一胎为多胎。山羊易放牧，耐粗饲；性格活泼，喜欢爬山，皮毛多为白色，成年公羊体重45公斤左右，成年母羊30公斤左右。

7. 猪 以地方土猪为主。地方猪具有耐粗饲、适应性强、产仔多等优点，但生长较慢，出栏率低。为了提高商品率，猪的品种改良主要依托省畜禽良种场，引进国外良种巴克夏、约克夏、苏大白、杜洛克，与地方猪进行二、三代杂交，培育出肉脂兼用型新品种，出栏率由原来"隔年猪"到以后的饲养半年内即可出栏，提高了商品率和经济效益。

8. 鸡 以散养为主，一般家庭养鸡3~5只不等，以地方土鸡为主，年产蛋80~100枚。改革开放后，养鸡品种主要靠引进产蛋型种雏为主，如来航、京白、星杂288、芦花、罗斯、新狼山等良种，年产蛋在200枚以上，商品率和经济效益明显提高。

三、主要畜产品

1. 羊 一是绵羊，成年育肥羊一般平均每只产肉20公斤以上。绵羊一年可以剪收春秋两季毛，个体产毛1.5公斤左右。羊毛用途广泛，细毛可加工羊毛衫。粗毛制褐，可加工口袋、地毯，经久耐用，最实惠的是羊毛毡，既防潮又暖和。羊皮可做皮制品。用羊皮加工皮夹克，皮大衣、皮手套等，质地柔软，有档次，也畅销。成年羊皮可制作皮袄。羊羔皮也叫二毛裘皮，羔羊产后40天左右，毛股长2寸左右宰杀剥皮，毛穗呈水波浪，花型以串子花、软大花居多，笔筒花、卧蚕花较少，弯环均匀，一般在9道弯以内。用二毛裘皮制作的大衣，毛色雪白漂亮，轻巧保暖，属高档服装。羯羊肉膻味小，肉质细，滋补身体。羊羔肉嫩而味鲜。

二是山羊，个体平均产肉13公斤左右，产毛0.4公斤，产绒0.25公斤上下。山羊肉质较细，肌肉脂肪均匀，膻味小。沙毛羊羔肉味美肉香，别有风味。沙毛裘皮是羊羔产出40天左右，毛长7～8厘米，宰杀剥皮。沙毛羔皮花型仅次于二毛裘皮，但毛股紧，皮板厚，毛色洁白，光亮滑润，制作的皮大衣美观大方，深受欢迎。山羊绒是制作高档羊毛衣服的主要材料，销路广泛。景泰曾经加工的羊绒衫，行销省内外。山羊皮是加工皮制品的上等原料之一。

2. 猪　主要产品是猪肉。改革开放前，猪个体平均产肉50～70公斤左右，年景好的年份，每逢过年，几乎每家都杀一头猪，增加年味。改革开放以后，农民养的新品种猪个体平均产肉100～130公斤，大部分进入市场销售。养猪或不养猪的农民一年四季都能吃上新鲜猪肉。

3. 驴　主要产品一是驴皮，可以加工药用阿胶，是大补名贵中药材之一。二是驴肉，个体平均产肉90公斤左右。三是"驴鞭"，又叫"金钱肉"，民间认为可滋阴壮阳，十分抢手。

4. 骆驼　主要产品一是驼毛，骆驼个体产毛4公斤左右，粗毛可制褐、加工炕单、口袋、门帘；细毛可絮棉衣、棉裤，制毛衣、袜子。二是驼绒，加工制作驼绒衫，为高档服装。三是骆驼皮，可做皮制品。骆驼个体平均产肉150公斤以上，可食用。

5. 牛　产品一是牛皮，是加工高、中档皮制品最佳原材料之一。用牛皮加工皮鞋、皮包、马靴、皮沙发等生活用品。二是牛肉，个体平均产肉120公斤左右，因含高蛋白，低脂肪，营养价值高。

6. 畜禽粪便　畜禽产生的粪便，含有一定的有机物和磷，经过熟化，作为有机肥料，能有效改良土壤，促进农作物生长，产品绿色环保。

四、畜牧养殖业发展的主要阶段

1952—1956年，芳草在全县率先成立生产互动组，发展畜牧养殖业积极性空前高涨，尤其是各级政府出台了一系列增畜保畜政策，"严禁宰杀耕畜"，"奖励农业和畜牧业生产"，加快发展养猪等惠农政策，促进了畜牧养殖业发展。

1956年，大家畜发展到166头，比1949年83头增长100%；羊达到了1350只，比1949年的1200只增加了150只。

1956年，全村实现高级农业合作社，农户养殖的牲畜低价入社，统一管理，集中喂养。

1958年，开展人民公社化运动，社员家庭饲养的猪、羊、鸡等小畜禽作为"资本主义尾巴"被割掉，畜牧养殖发展缓慢。

1959—1961年连续三年自然灾害，农业歉收，社员缺粮，牲畜缺草，畜牧养殖业发展呈下降趋势。

1961年，全村大家畜存栏139头，比1956年减少27头，下降了19%，羊只存栏526只，比1956年减少824只，下降了156%。

1962年，国家对人民公社化"一大二公"规模进行适当的政策调整，确立了"三级所有，队为基础"的经营体制，放宽小自由，允许社员分户包养牲畜，允许部分大家畜合理作价，处理给社员饲养，家庭养猪、养羊、养鸡政策进一步放宽。经过三年的努力，养殖业得以恢复和发展。1965年，大家畜发展到230头，比1961年的139头增加91头，羊898只，比1961年526只增加了372只。

1966—1976年"文革"期间，限制农户养羊不能超3只，收缴了社员的自留地、自留畜，禁止社员家庭养殖，由生产队集中饲养。70年代，3个生产小队曾分别兴办3个养猪场，因诸多因素，无法经营，很快就停产歇业。

1981年，农村实行联产承包责任制，原集中饲养的牲畜全部折价到户，保本保值饲养。家庭养猪、养羊、养鸡数量不限，农民有了经营自主权。

1981—1991年，连续10年，畜牧养殖业保持健康、稳定、发展态势。

1990年后，大家畜养殖逐步退出。

2014年，国家对畜牧养殖业出台新的惠农政策，从养殖母猪给补贴，到养殖小区建设给补助，促进了畜牧养殖业向集约化经营、规模生产、企业化管理方向发展，民营养殖企业成为畜牧养殖的主要形式。截至2019年底，在陈家沟、尕湾湾、前头梁一带，养殖户自己拉电通水，兴建猪羊鸡养殖小区十余户；养羊大户李建文在蔡家磴建成养殖小区，基础设施齐全，养羊600多只。其家族几代人从事养羊,积累了丰富的经验,收到了良好的效果。养猪大户赵天宏两次投资建厂,兴建养猪小区,引进良种公猪杜勒克、长白猪,基础母猪60多头。

全村发展民营养殖企业13个,其中养羊企业5个,养猪企业8个,生猪饲养量1268头,养羊2713只,分别占全村养殖户95%和90%。

五、疫病防治

1949年以前,由于缺医少药,没有兽医,畜禽疫病主要靠土办法防治。新中国成立后,各级人民政府非常重视畜禽疫病防治工作,经过20多年的发展,逐步建立起县乡村三级防疫体系。1972年,李有义担任兽医,负责牲畜疫病的防治。1990年后,随着大家畜的逐渐退出,防疫工作重点转移到对猪、羊、鸡的疫病的防治。按照防重于治的原则,由于村社重视、养殖户支持,猪、羊、鸡的疫病免疫密度达到90%以上,有效地控制了三瘟(猪瘟、鸡瘟、猪肺疫)、五病(口蹄疫、布氏杆菌病、羊痘、猪丹毒、羔羊痢疾)和畜禽体内外寄生虫病。

根据县畜牧业务部门对全县范围畜禽传染病调查发现,主要传染病20多种,其中人畜共患的传染病有炭疽、布氏杆菌病、结核病、破伤风、狂犬病、放线菌病、李氏杆菌病、乙型脑炎、猪丹毒、禽流感等。

猪的传染病有猪瘟、猪肺疫、猪丹毒、猪喘气病、仔猪副伤寒等。

羊的传染病有羔羊痢疾、羊快疫、羊肠毒血症、羊口疮、羊口蹄疫等。

鸡的传染病有鸡瘟、鸡霍乱、雏鸡白痢、鸡传染性喉气管炎、鸡的马立克氏病等。

畜禽的主要有寄生虫病肺和肠道的线虫病,如猪的绦虫病,羊的鼻蝇蛆、羊疥癣、猪螨、羊的脑包虫、肝包虫;鸡的球虫病。

20世纪五六十年代,畜禽疫病防治主要依托县、公社两级畜牧站负责。1972年,开始计划免疫,每年主要针对猪瘟、猪肺疫、鸡瘟为主的春、秋两季防疫注射,羊三连苗也大面积使用,取得了良好的效果。1981年,猪瘟、鸡瘟、羊痘等传染病曾在全县六乡八村不同程度地流行,造成猪、羊、鸡死亡严重。村上个别养殖户,猪、羊、鸡疫病也有轻度感染,死亡猪10头左右,羊20

余只，鸡50只。针对疫情发生的程度，防疫工作者逐户进行消毒和疫苗注射，并对死亡的畜、禽尸体进行深埋，把疫情造成的损失降到最低程度。

2000年以后，芦阳镇养殖场发生猪瘟流行，条山村芳草梁养鸡小区发生了较大面积的鸡瘟传播，给畜、禽养殖造成了较大的损失。芳草的猪、鸡只有零星死亡，损失不大。

对畜禽的寄生虫病，坚持体内驱治、体外药浴等方法，用驱虫净对生猪的蛔虫病进行驱治，用左旋咪唑、抗蠕敏对羊肠道线虫驱治，用来苏水对羊鼻蝇熏蒸或喷鼻，用敌百虫、灵丹乳油、疥癣灵等药对羊体外寄生虫药浴，均收到较好效果，明显地降低了寄生虫的感染，提升了畜禽的经济效益。

第六节　林　业

芳草村居民世代农耕为本，与林为伴，重视植树造林。涝坝水渠旁、水浇地渠边、坑洼积水处，宜植则栽。20世纪70年代，景电灌区开始林网化建设，林带沿渠、路布设，构成林网。又推广栽种白杨树等经济用材树种，所有农渠都栽种白杨树，树木成林。扩大了林木面积，林木拥有量大大增加。植树造林工作达到高峰。

一、20世纪60年代前植树造林情况

芳草村有两处泉水，形成上下两个涝坝，植树造林一直与水源紧密联系，有泉水的地方及泉水流经的渠道旁边，村民自发栽植树木，围绕泉水眼至下涝坝入口处及涝坝沿、上涝坝和下涝坝灌溉流经的渠道两旁宜林地带栽植比较多。

泉水眼至下涝坝入口处、涝坝沿一带，以沙枣树、柳树居多，涝坝水水质好，水源充沛，栽植后成活率高，生长速度快，人为破坏少，树龄大，一般直径都在30厘米以上，粗的可达到40～50厘米。树干高、树冠大、遮阴多，沿渠绿树成荫，郁郁葱葱，蔚为壮观。

下涝坝有两条水渠，一条叫桥子坝，自村庄西南向东北方向蜿蜒而去，经堡子西向北流到后塬，桥子下面的渠水可自流引入堡子；另一条叫园子坝，在

村庄南面自西向东。两条渠道旁边主要种植沙枣树、柳树。根据土质情况，各渠段栽植不同树种，沙枣树生长最好。大园子内，除沙枣树以外还栽有少量柳树、杏树、椿树等。

上涝坝渠线较长，各渠段土质复杂，栽植的树种有沙枣树、榆树两种。树树沟和上尖子的树木长势最好，特别是树树沟有几棵老榆树，直径约在30～40厘米，成为树树沟地名的主要标志物。

沙枣树成渠连片集中在上坝（尚家门前）、双坝、摆坝、胡家门前等地，整个渠道两旁沙枣树，贯通南北，有一里多长。

大园子、涝坝沿、村庄中桥子旁、后埫南孙家门前有5棵百年古树，树径在50厘米以上，成年人伸开双臂无法合抱，挺拔参天，苍翠雄伟。20世纪五六十年代，桥子旁、孙家门前的两棵树，曾作为军事信号树被加以保护。

据1964年8月统计，全村有树木1332棵，其中沙枣树1191棵，柳树40棵，榆树95棵，杨树6棵。

各种树木统计明细表（1964年）

表3-6-1

地名	沙枣树 大	中	小	小计	柳树	杨树	榆树	合计 大	中	小	小计	备注
泉水脑			23	23			39			62	62	
涝坝沿		150	97	247	30	2	5		182	102	284	包括中渠南北
大圆子	5	7	2	14	4	4	3	5	11	9	25	
桥子坝		18		18	2				18	2	20	
园子坝			27	27	3		31			61	61	包括胡家房后
上 坝		60	48	108					60	48	108	
双 坝		152	89	241			3		152	92	244	包括尚家门前
摆 坝		200	94	294					200	94	294	
胡家门前		103	100	203					103	100	203	
上尖子			9	9						9	9	
树树沟			7	7	1		14			22	22	
合 计	5	690	496	1191	40	6	95	5	726	600	1332	

农业合作化后，林木归集体所有。随着生产条件的改变，林业生产也随之发展，主要区域仍然在泉水眼临近和涝坝水灌溉流经的渠道两旁。泉水眼至下涝坝入口处发展了两片沙枣树和柳树的混栽林。后来几条灌水渠旁都栽上了沙枣树，树木长势最好的地段是摆坝、上坝、双坝和胡家门前头，起到了农田防护林的作用。另外，树树沟、孖湾湾、梁梁背后、上尖子等地段，先后栽植沙枣树并搭配栽植少数榆树、柳树。这些树种抗旱耐冻，病虫害少，生命力强，适宜干旱少雨地方生存。沙枣可食用，生活困难时用以充饥度日，这也是村民大量种植沙枣树的主要原因之一。

▲ 沙枣树

沙枣树是20世纪五六十年代全村唯一可以分配果实的树木，每当沙枣将要成熟时节，生产队都要抽调老人看管沙枣林。沙枣成熟后，把树分配到户，一种是根据家庭人口多少，沙枣树大小，户分几棵树不等；一种是把树编号标贴，村民按户抓阄，对号分树。集中一天，全生产队的男女老少统一采摘沙枣。

二、景电工程引黄灌溉后植树造林

20世纪70年代，景电工程上水后，全灌区开展大规模的平田整地工作。芳草村开始对几百年以来的老水地田块、渠道、道路、林带进行重新规划，统一布局。大力开展平田整地，扩大水浇地面积，实行水地条田化、水渠网格化。

景电灌区紧连腾格里大沙漠，为了抵御风沙，保护农田，在工程建设初期，各级政府和工程管理部门对农田防护林建设非常重视，每年有计划，有安排。下达目标，落实任务，调运苗木，层层落实造林责任。灌区实行林网化建设，林带沿渠、路布设，凡支渠、斗渠、农渠旁分别按8行、4行、2行植树，渠渠林带相交、渠路林带相依，构成林网。村上按照林跟水走，田、渠、林、路配套的原则，合理利用农田四周、渠路两旁、屋前屋后、村边闲滩等宜林地带大力营造农田防护林。芳草村域海拔低，光照资源丰富，灌溉方便，并有雨水补充，经过几年的大力营造、管理，基本形成了地平、渠通、林成的局面。各条农渠两旁、道路两旁、田边地角处的宜林地，推广栽种白杨树等用材树种，引进大冠杨、大叶杨、新疆杨等杨树家族树种，所有农渠、林带都栽种白杨树，树木成林。扩大了林木面积，农田防护林基本形成。每当夏秋季节，树木枝繁叶茂，一片绿色。这一时期，年年植树造林，村村植树造林，形成植树造林工作的高潮。

在这个过程中，一是平田整地、开挖渠道、修建道路中大量砍伐挡路的树，二是由于木材紧缺，各生产队砍伐了一些成材树木，用于制作平田整地中急需的架子车，传统老树被砍伐严重。三是缺乏保护意识，没有根据传统树木的分布对渠道进行适当的调整利用。因此对原有的传统林木带来毁灭性的破坏。而以新兴经济用材树种白杨树取代了传统树种。

林木管护方面，县、乡、村层层重视，景电工程管理部门大力支持林带灌溉，每年作物春灌前，先安排春灌林带，以保证栽植林木的需要。农田冬灌后安排树木过冬灌水。林业技术部门指导防治各种病虫害。各生产队固定专门护林人员，严禁林地内放牧。一旦发现，严肃处理。每年冬季来临，村上组织群众用石灰水刷树木根部及以上1.2米部分，以杀虫灭菌，防止牲畜啃咬树皮，保护树木越冬。李尚忠担任村上护林员，为时8年多。

农村实行家庭联产承包责任制后，林权确定到户，谁家地头的树谁管理，谁所有，谁受益。对成材树木的砍伐，需经林业部门实地勘察审批，打完钢印方可砍伐。未经审批擅伐者，一旦发现，酌情处罚。

这一时期的林业发展，存在最大的问题是，单纯发展农田防护林、用材林，而忽视了经济林的发展。

包产到户时，大量的成材杨树被分配到户，随之被无序砍伐。村民单纯追求土地经济效益，农田蚕食林带，忽视植树造林。同时由于新栽植树木需求，在大量调运苗木的过程中，一些苗木的病虫害随之大面积侵入。尤其是一种叫杨树毒蛾的外来昆虫，危害极烈，致使大面积杨树的干枯或死亡。经林业技术部门组织专家会商决定，将受害林木全部砍伐销毁。林业发展受到重创，植树造林工作进入低谷。至此，宜林地基本不见树木，传统树种更是寥寥无几。

三、21世纪新时期的林业生产

进入21世纪，在保护环境、治理生态的新形势下，县政府提出动员全社会，坚持高产、优质、高效持续的原则发展林业。坚持从实际出发、因地制宜、林跟水走、科学布局的原则，围绕"绿起来、活起来、富起来"的发展目标，推进林业生产向前发展。大力提倡四旁（宅、村、水、路旁）义务植树，积极人工造林，不断扩大林地面积，地头渠边，广栽树木。

自从2005年村上实行自来水入户工程以后，家家户户在房前屋后建成小菜园，在解决吃菜问题的同时栽树增绿，庭院栽植苹果树、梨树、枣树等经济林木，庭院经济林得到发展。

2019年春季植树造林，为鼓励村民分散种植、精心养护，形成全体村民都讲究美化、净化、绿化的良好风尚，村上给村民发放松树苗700株、槐树苗600株、柳树苗300株。

这一时期，个人成片造林成为农村植树造林的主体，一些村民投资开垦荒地，培育经济林，营造观赏林，出现了3个以个人投资兴建的集绿化、观赏和经济园林为一体的园区。

这3个园区都集中在北头梁上。其中一处修建果园、林带25亩，栽植各种观赏树木和果树共21个树种1900多棵。特别是将银杏、金银花、榆叶梅、黄金榆、观赏红叶、毛桃、云杉、塔松、油松、樟松、丁香等南方树种和国家名品树种引进试种成功，取得了很好的探索和技术积累。另外一处平整林地400多亩，铺压新砂田20亩，将盐碱地改造成为宜林地。共栽植各类绿化树种2.1万株。还有一处在芳草村通往县城大路旁，企业门前采用乔、灌结合，国槐和玫瑰间种，带动沿路住户栽植松树、槐树、柳树等观赏树种。

从2018年开始，村上统筹规划、筹措资金，在村庄中间新建文化广场一处。将原来一、二队打麦场改建成村内成片林地；村委会办公室迁到原五、六队打麦场，同时在此处新建休闲健身广场，对周边进行绿化，共栽植松树、丁香、槐树、柳树等绿化树种600多株。

芳草村志

第四章
商贸流通　建筑业

第四章 商贸流通及建筑业

第一节 商贸流通

一、清末至民国

清朝时期，李宗经家族长期在全国各地做生意。嘉庆年间，在村内开办水烟厂，是景泰县境内为数不多的民营企业之一。从李继颜到李林，水烟生意历经清朝嘉庆、道光、咸丰、同治、光绪、宣统和民国时期，上百年从未间断。水烟销往全国各地，出口马来西亚、泰国、新加坡等国。

李宗经家族商贸活动鼎盛阶段，在兰州、西安、苏州等地都有商号，主要经营丝绸、布匹等生意。他们从苏州到山东威海的商队，曾由京师武林名侠大刀王五的镖局护镖。

清末至民国，其商队从中卫出发，沿冬青沟、营盘水、大靖到河西地区，时称"北大路"。当时李林家号"福家堂"。运输驼队规模庞大，头驼已在锁罕堡，尾驼还在芳草，号称"十里驼队"。

清朝乾隆年间住在孙家梁的孙氏家族，傍依盐路商贸大道，在盐路旁开车马店、旅店，一方面给商队提供食宿粮草等，一方面提供护镖。当时孙家五兄弟个个练有武功，身手不凡，号称"五只虎"，常年为商队护镖。

民国二十五年（1936年）前后，李溪泰用芨芨草编制背篼、大小筐子和笊篱等，运到一条山集市销售；后来在孙家梁窑里蒸猪肉包子、羊肉包子，到芦阳、兴泉、盐路边出售，店号"三星和"。

民国末年至20世纪60年代，李楷在芦阳、条山盐务局集市开包子馆，他的羊肉包子和糖油糕味道鲜香，很受欢迎。

民国时期，李文俊在兰州、西安等地贩运绸缎布匹、日用百货。往返河西地区和景泰做胡麻油、菜籽油等生意。

1941年，胡氏家族有骆驼20头左右，往返于景泰至天水、内蒙古包头一带。外出驮盐，回来带布匹、百货等日常用品。同年，韦跃武手摇拨浪鼓，走村串巷，经营纽扣、顶针、针头线脑、豆豆糖等。

民国末年，张正（外号张古董）挑着货郎担，做针头线脑的小买卖，同时也卖水果、包子、驴肉、牛肉等。杨瑞山、张正麟等做过短期的货郎担小生意。

二、新中国成立后

1954年，村上在第三生产队队部创办代销点，属一条山村分销点管，日常商品进货要从一条山村的分销点进。代销点的营业员实行工分制。由于周转资金不足，曾发动群众入股。村上选派有文化、会算账的李忠做售货员。代销点主要供应一些日常用品，如火柴、蜡烛、煤油、食盐、黑白糖、水果糖、黑砖茶、学生用的本子、铅笔、毛笔、墨汁、毛巾、纸张等。后来，代销点搬迁到大队部附近，在原堡子内两间房子营业，供应的商品比原来丰富。村上对营业员进行调整，由第二生产队村民朱延龙接替。由于国家经济困难，物资供不应求，很多商品要凭购物证、布票等票证才能购买，如布匹、棉花、煤油等。

▲ 芳草村最早的综合性商店

1971年，代销点正式变为分销点，由芦阳供销社直接管理，营业员也成为芦阳供销社的正式员工，实行工资制。在提供生活用品的基础上，增加了一些生产工具，如耧铧、架子车配件等。因原营业室面积太小，村上又在大队部院内新建三间营业室,并把分销点改名为商店,由第一生产队贾积福担任营业员。

1975年,在村中心地段兴建一个集仓储、营业于一体的综合性商店,形成了县、乡、村三级供销服务网络,为群众生活、农业生产的发展服务。

20世纪70年代初至90年代,段好奎、王钰、王银、李成铭、张荣泰等先后任芳草综合商店营业员。

计划经济时期,个体私营经济受到严格限制,但也存在个别民间个体商贸活动,如李树珍、王万禄等村民,将本地烧制的蓬灰偷偷贩运到兰州、西宁等地出售;这一时期芳草的商贸活动比较少。

三、改革开放初期

改革开放后,个体私营经济兴起。1982年,李有权在大队院内一间办公室摆货架销售一些日常生活用品。之后,村上陆续开设小卖部五六家,商品越来越丰富,经营范围越来越广泛。

这一时期,各生产队的磨面机也变卖给村民。李作玉、朱延龙、赵铭等分别从事磨面、碾米、榨油等工作,同时有村民开始经营压面条、烤饼生意。

与此同时,一些村民走出芳草,到县城、省城甚至外省区从事商业贸易活动。

20世纪80年代初,一队的韦秉海携家人在县城编织簸箕、筥篮(装粮食的筐)等进行销售。并修建房屋,开设旅店,出租铺面。韦秉海18岁左右就在老家学习编织技术。1957年移民芳草定居。20世纪50—70年代,他白天在生产队上工,晚上在家里偷着编,成品在村上和周边村子卖,换些小麦、黄米、小米或少许的钱。所用编织材料主要是沙竹,这是一种在内蒙古一带沙漠上生长的野生植物,柔软坚韧,编织出来的簸箕、筐等经久耐用,深受客户青睐。后将手艺传给长子韦兴勇。截至2019年,景泰从事这种编织生意的,仅其一家。

90年代,刘建国在县城成立景泰宏建汽配销售中心,销售轮胎、钢板等汽车配件;李元乾在兰州市的民贸城、义乌城开始做纺织布料、日常百货、婚庆用品等商品的批发零售,从浙江温州、义乌、江苏、福建等地进货,立足兰州,生意辐射甘、青、宁等地区;田发荣、田发贵兄弟常年做贩猪生意,从景泰收购生猪,贩运到兰州、武威等地销售;老石匠赵俊之孙赵和有继承祖业,在县城创办石材公司，利用现代生产工具，加工包括墓碑系列、房屋建筑台阶、石条系列等各种石材产品，所用石料材质是汉白玉、花岗石等。

四、21世纪的商贸流通

1.百货服装

进入21世纪，村上大大小小的百货店开了十多家，截至2019年，继续经营的有5家：尚立忠的"天河百货批发店"（原芦阳供销社芳草商店）；李治权百货部；王天龙的"龙兴百货部"；田武的"好运来商店"；杨生乾的"生乾百货店"。规模和营业面积较大的仍然是"天河百货批发店"。有些店在经销百货、蔬菜等商品的同时，还为村民开展移动手机缴费、农村信用社助农取款、存放快递包裹等服务。

在景泰县城经营百货的有：李正生的"喜洋洋百货超市"；杨生军、杨生恒的"生军纸行""庆忠纸行"；王英萍的杂货店；杨作懿的百货店；李成龙的"春江源白事大全"等。

2.食品加工、酒类销售

在县城糖酒食品加工行业经营的有梁真龙的"双玉食品"、张治国的烤饼店，主要加工烤馍、糕点、麻花、酥饼、蛋糕、千层饼、玉米糕、点心、面豆等食品。

在酒类行业，杨生普的"盈盈百货批发部"销售系列啤酒饮料。

3.酒店餐饮娱乐

从事酒店餐饮娱乐服务业且形成一定规模的，有李桂铭的"景泰蓝大酒店"，张文的"芳草田园农庄"，何文的红白事流动餐厅，王万军的"巨龙宾馆"，杨生清的"顺源招待所"，武克发的"麦浪娱乐"等。

4.花卉蔬菜

在县城经营花卉蔬菜生意的有：李财生的"财生蔬菜批发部"，李元飞的蔬菜零售，李树虎的"芳草豆芽"，李元善的"甘肃群芳园林绿化工程有限责任公司"，李金伟的"景泰满园春花卉有限公司"等。

李财生最早开始蔬菜生意是拉着架子车在县城内大街小巷零售，后又换成机动三马子车沿街叫卖，后从事蔬菜的批发业务。他从宁夏、兰州、武威、靖远甚至从河北、西安等地贩运时令蔬菜批发。李元飞每天早上4点从芳草开车到县城，零售蔬菜。

李树虎豆芽菜作坊设在村上自己家里，作坊离下涝坝的泉水眼仅几十米。他采用芳草传统的生豆芽技术，利用芳草泉水泡制出优质的豆芽菜，直接命名"芳草豆芽"。

李元善、李金伟主营花卉生意，从广州、兰州等地进货，面向全县批发零售；同时还涉足县上、白银等地的市政绿化、园林景观、假山造型等工程设施。

5. 文化教育商品

李明生在县上经营"景泰世纪书店"，主要经营中小学教辅、幼儿及青少年读物、各类书籍以及办公用品、学生文创产品，也为农家书屋图书馆装备配书；在兰州成立的"甘肃明生图书发行有限公司"，面向甘肃、青海、宁夏等地区，经营批发各类社科、青少读物和小学、初中、高中、高考等优质教辅产品。

6. 农机服务及修理

改革开放以后，农机服务及农机服务合作社等服务业在芳草逐步发展起来，从业者主要有赵经宇、屈占虎、李元雁、李元成、杨生海、赵贵成、李元朝等人。其中李元朝的"景泰县陇农农机专业合作社"和屈占虎的"机利农机服务专业合作社"，接受主管部门的技术培训和监管，购置配备各型较先进的农业机械设备，主要从事规范操作耕、犁、耙、种、收、土壤深松整地等农机服务作业。

在电焊、农机修理服务方面，较早的有李尚秀、李有川等，后来有杨生海、杨延财等；还有胡广成的水暖安装修理、李学国的金属结构及管道焊接安装、赵军友的手机修理等。

7. 农副产品购销

李富强和李宗生一直专业进行农副产品购销业务。他们在自家场地设立收购点，并置办收购设备，常年购销村上甚至外村的小麦、玉米、油葵、孜然、扁豆等农副产品，销往内蒙古、宁夏、县内外的养殖场、饲料厂、农产品加工企业等地区厂家。

8. 建筑材料制售

武克堂加工销售建筑装饰涂料、刮墙腻子粉以及贴砖保温使用的自制砂浆。2017年在芳草新建车间，继续生产销售相关产品。

9. 照相摄影

1980年，马永禄进入景泰县国营照相馆工作；2005年照相馆改制为个体民营，改名以马永禄为法人的"光影照相馆"。主要经营范围是摄影摄像、彩色照片冲洗以及婚纱摄影光盘制作等。

10. 电子商务及现代物流

梁真龙以电子商务为平台，在网上注册自己的电商网店，面向全国各地销售自己系列加工的"双玉"食品系列。

李志荣部队复员后，2018年在深圳和几个朋友入股成立"国银盛世物流有限公司"，购置11台大货车，外包顺丰快递的广东省业务。

11. 家政服务

改革开放后，芳草人也尝试从事家政服务行业。做的时间较长的有段好秀（张红雷之妻），除了承担月嫂服务之外，还承担月嫂培训服务，担任"景泰县贴心家人家政公司"技术指导。做得比较好的还有陈文霞（杨生俭之妻）、马登霞（杨生江之妻）等。

12. 规模以上商业企业——武威恒通集团

2000年4月，李平创建以汽车销售、修理养护、驾驶员培训等项目为主要经营业务的"武威市恒通商贸有限责任公司"，随着企业的发展壮大，2009年更名为"武威市恒通投资有限公司"，2014年更名为"武威恒通实业有限公司"。同年，集团公司通过了ISO9001质量管理体系认证，使公司步入了现代化管理的轨道。2015年，公司开始在兰州拓展生态园林公墓经营业务。逐步形成跨行业的投资经营模式，成为集汽车整车销售、汽车修理养护、机动车驾驶员培训、机动车安全检测、物业管理、房地产开发等于一体的多元化、多领域发展的实业集团。集团公司下辖11个子公司。

五、大集体时期的副业生产

1. 开采石膏和煤矿

20世纪50年代末至80年代初村集体经济时期，开采石膏和煤炭是当时大队和三个生产小队的一项主要经济收入，也是当时社员到村外搞副业增加收入的主要渠道。

50年代末，村上最早开采石膏的矿山在喜集水村附近的青崖村，将开采出的石膏用马车拉运至喜集水火车站，发往外地。当时在喜集水产区挖膏的有闫得福、胡永信、张耀玉、陈国有、李贵石、干超等人。60年代中期，喜集水矿山枯竭，芦阳公社将县石膏矿所属小红山产区的一处矿山分给芳草，大队先派李作文到矿区任开采队队长，后来王吉泰接任。干活基本上都实行包工制，每人必须完成当日既定的工作量，每天记11分工、补助0.4元，队长每月多给3个工、多补助1.2元。一般是上半天班，活紧张就两班倒。

开采出来的石膏由马车或骆驼车运到小红山火车站专门分给芳草大队的站位上，由公社和产区专门人员负责统计装车发运，销往河北、山东及东北三省。货款由公社的会计结算给大队，大队再根据各生产队产量结算给各小队。由于经济和生活条件都比较差，而搞副业能挣上较高的工分和微薄的补助，因此社员们都争着去矿上干活。各生产队根据各户的情况轮换安排劳力到矿上干活，长者两月，短者一月。

早期到小红山产区挖石膏的，一队有李作才、寇永良、李桂森、胡秉凯、张义清等人，二队有刘兴汉、屈作文、李文苍、张忠福、尚凤武等人，三队有王万福、田种玉、赵经乾、王万禄等人。

80年代实行包产到户后，打破了原来生产队的统一安排、集体劳作方式，石膏矿管理随之松散。1984年，李尚虎个人承包经营小红山石膏矿，直至1988年由县石膏矿收回。

20世纪60年代中期开始，村上各队组织人力，最早在大格达开采煤炭，70年代中期又在响水、前黑山、后黑山、十里沟、料马咀子等处开采，初期由韦守仁负责管理三个生产队的开采工作。后来各队分开各自开采。每人每天记12分工、补助0.6元，后期每天补助半斤至1斤粮，给火车装煤每吨能挣0.3元。

没有集体灶，吃饭各做各的。生产队长根据队上各户的家庭情况，轮流安排社员到煤矿挖煤。开采出来的煤炭用马车或骆驼车拉运至营盘水、大格达火车站，发运至兰州、酒泉等地。收入归集体所有。

早期到各矿点挖煤的，一队有沈玉林、李强、李作福等人，二队有尚有运、田种广、李武、武克华等人，三队有赵经乾、赵雄、田种玉、李尚宽等人。

包产到户后，村上将各处小煤窑分别承包给杨生清、杨生泰、胡秉奎等村民开采。90年代中期，国家出台相关政策，禁止滥采滥挖，小煤矿全部关闭。

2. 大队缝纫部

20世纪60年代初，移居芳草的莫淑秀使用缝纫机给村民缝制衣服。60年代末，杨积风购买缝纫机在家里为村民做衣服。70年代初，大队专门腾出一间办公室成立缝纫部，购置2台缝纫机和1台锁边机等设施，调一队张学珍、二队谈玉珍为社员缝制衣服。由于活量大，又调三队杨积风到缝纫部，主要缝制军便服、中山装、衬衫、床单、妇女流行服装等。"六一"儿童节为学生缝制白衬衫、红领巾及春节前为村民缝制新衣，是缝纫部最忙的时候。

给村民做衣服，每件收取加工费1元左右；工作人员每人每天记7分工，无其他补助。

80年代初，实行包产到户，大队缝纫部随即解散。后来杨积风以300元钱购买缝纫部的锁边机，在家里为村民缝制衣服，收取少许加工费，一直到1992年结束。

六、大集体时期的芳草信用站

20世纪50年代末，为促进农村经济和农业生产的发展，方便大队、各生产队及社员群众的存贷款，县农村信用合作社在芳草大队设立信用站，主要面向大队及各生产队开展农资流转贷款，石膏矿、煤矿及建筑工程等处副业款的存取、发放等业务。信用站在芦阳信用社的管理和指导下开展存贷款业务，月汇总上报一次。

信用站聘用村上有文化人员兼职信贷员。信贷员先后有尚有秀、李忠、李有祯、李有权等人。李有权从1966年11月当信贷员，一直干到2003年信用站撤销。

信用站成立之初，发动群众入股，入股群众持有景泰信用合作社社员股金证，年底结算分红，并将当年收益分红情况在股金证上记录。由于经济相对困难，虽然收益较少，社员仍然踊跃参股；随着生活条件的好转，人们逐渐退股。到80年代初群众全部退出。

包产到户后，信用站的业务扩大了，在吸收村民存款的同时，向村民开展化肥、籽种、农药、水费等农资和农业机械的贷款事项，还拓展至村建筑业、商贸领域的存贷款业务，用户提出申请，大额的需要报批，小额的可以直接办理。

大集体时期，由上级主管社向信贷员每月发放15元的工资，信贷员同时参加生产队的劳动，挣取工分。包产到户后，信贷员根据存贷款的额度提成，年收入3000元左右。

随着改革开放和金融行业的发展，村民的存贷款流向外面，信用站的业务逐渐萎缩，直至撤站。

第二节　建筑业

一、建筑队伍的组建与成长

20世纪70年代初，随着景电工程黄河水进村灌溉，旱地变水田，农产量不断提高，水费、化肥、农药、机耕等农业费用的支出越来越大，芳草大队暨三个生产小队按照以副补农、协调并举的思路探索生产发展方向，各生产队都在副业方面寻找突破口。

第三生产队主要在铁路沿线砸石砟、挖石膏、修公路等方面挣钱。第一生产队因为胡秉荣有建筑方面的技术专长，就组建副业建筑队，也就是芳草最早的建筑工程队。

1972年，胡秉荣带领建筑队给

▲ 芳草人在建筑工地

白银针织厂农场盖了一栋厂房。房子体量比较大，四根砖柱子都由胡秉荣一个人完成。建成后甲方比较满意。1973年，又承揽条山农场在一座山顶修建水池的任务。为了保证工程质量，甲方专门派来一位名叫张正福的技术指导，独立担当池底的抹灰工作，生产队派专人边做服务边用心学习业务，既保证了工程质量，又使得工程队整体技术水平得到迅速提高。

1974年，生产队在管理建筑队的方法和形式上进行尝试和改进，与胡秉荣个人签订承包合同，合同规定从生产队派往建筑队的劳动力每人每天向生产队交回3元钱，生产队记一个工日。并且规定，建筑队所需要的普工技工全部用本生产队的劳力，不能外招外聘。当年建筑队给生产队里挣回3.4万元。年终决算时，第一生产队的工值最高，每个工值0.8元，全队用于决算的现金是1.14万元。

1975年，芳草大队统一组建建筑队，由胡秉荣担任负责人。是年，建筑队承建景泰县汽车队的办公室、宿舍共3栋砖木结构平房。签订合同前，大队专门抽调卫生站的张治安配合管理。由于是边干边学，严把质量关，因此速度很慢，用了半年时间才将房子盖起来，甲方通过组织现场验收，对工程质量非常满意。当年国庆和中秋两节期间，甲方单位领导带人带着瓜果和月饼到工程队进行慰问。

1976年，芳草建筑队承揽省水利水电工程局施工单位一栋二层办公楼的修建任务。该单位负责景电工程的设计施工等所有技术方面的工作，各方面的专业人才聚集，技术水平高，施工、监理都非常严格。这也是景泰县新县城区域内的第一栋楼房，以完成这一工程为标志，从此芳草建筑队在景泰建筑行业有了一席之地。

嗣后几年，芳草建筑队陆续在工程局、景泰县造纸厂、景泰农业银行、景泰县种子公司等单位、企业承建了一些大中型车间、营业室、库房蓄水池等高难度工程任务。

二、民营建筑企业的兴起

1. 胡秉荣建筑队 1982年，胡秉荣凭借在建筑方面积累的社会人脉、技术信息、管理经验等优势，组建自己的建筑队伍，这是芳草第一家民营建筑企业。

建筑队克服一没资金、二没设备、三缺少专业技术人才的困难，组织施工，高薪聘请两名江苏籍技工到工地上边干边教、带学徒。并选派企业中文化程度高、热爱本专业、有一定实践基础的年轻人参加市县建设部门举办的培训班，接受专业培训学习，同时有针对性地提高技术工人的工资，激励年轻人尽快掌握专业技术，在施工中担当重任。通过三年的派出去、请进来传帮带的形式培养学习，包括砖瓦工、钢筋工、架子工、抹灰工和预算识图等方面一批年轻人迅速成长起来，成为芳草村民营企业发展的生力军和技术骨干。

1984年，芦阳公社任命胡秉荣为芦阳建筑工程队芳草分队队长。

2.李桂铭建筑队　1983年，李桂铭组建建筑工程队。

1985年，李桂铭和武克玉共同承揽景泰县北滩水泥厂的新建工程，两人组建一个工程队，采取统一施工、统一费用、统一核算、利润各半、风险共担的合作形式。用三年时间，顺利完成一期建设任务。

1988年，单独组建工程队。1999年，修建景泰蓝大酒店。

2006—2009年，开发新建新庄园住宅小区五栋楼房1.8万平方米。承接景泰县法院大楼、景泰县检察院大楼的建设任务，承建景泰县公安交警大队、景泰保险公司、景泰县人民银行、中国人民建设银行景泰分行、景泰县人民武装部、烟草公司等处的办公楼房。

2013年，在白银市工商行政管理局登记成立"甘肃银湖建筑装饰工程有限公司"，将业务重心转移到白银市市政道路工程建设。

3.武克玉建筑队　1985年，与李桂铭合伙承接景泰县北滩水泥厂的新建工程。1987年单独管理自己的建筑队。

1988—1990年，在景电二期工程承接渠道、泵站管理房建设。

1991—1996年底，承担北滩水泥厂二期工程及景泰县乡镇企业局家属楼、景泰县妇幼保健站和县城农贸广场等工程建设。

2011年，任芳草村村长期间，引进资金1100万元，在芳草梁新建"甘肃中玉种业有限责任公司"。承担所有土建工程。

2013年，在景泰县环城路新建万豪大酒店、盛世豪门大楼。

2016年，承建景泰县廉租房1、2、5、7号楼工程。

4. 王吉杰建筑队　组建成立于1984年。成立之初承包景泰县乡镇企业局石膏板厂新建工程。

1987—1990年，修建县二轻公司、税务局、乡镇企业局、农村道路管理站等机关和企业的办公室和家属宿舍。承建景泰县农业技术推广中心办公楼。

1992—1999年，承包景泰县房地产开发公司住宅楼，负责修建县城第一市场的四合院楼房和西楼、南楼工程。承建景泰县电力局家属楼、车间，承建景泰县二期工程指挥部办公楼、景泰县气象局家属楼和县农副公司办公楼。

2002年4月，成立"景泰县市政建设工程有限责任公司"，王吉杰为企业法人代表。承包景泰县水泥厂、兴泉水泥厂两个厂日产千吨水泥生产线扩建工程。同时还建起寿鹿小区2栋住宅楼、县种子公司办公楼等。

2003—2004年，修建农业发展银行景泰支行营业楼、家属楼。在县城南郊购置建设用地20亩，开发新建"景泰杰达清真食品有限公司"。

2005—2013年，承建景泰县人社局、景泰县老干部局家属楼、上沙沃中学、陈庄中学教学楼、景泰县委党校教学楼。

5. 胡秉宝建筑工程队　1988年，在甘肃农垦一条山农场建筑公司名下注册登记。承建条山农场石膏粉厂。

1992年，以"景泰县第一建筑有限责任公司"项目部名义，承建一条山农场地标性建筑玉液酒楼和条山酒厂库房。

1996—1999年，承建白银供电局皋兰供电所。

2000—2009年，承建黄河石林景区、兰炼羊场、条山农场办公大楼、景泰县土地局办公楼。

2009年，成立"宝泰房地产开发有限责任公司"。2010年，开发修建景泰县城第一幢高层住宅金典坐标小区。2012—2016年，开发平贵A区和兴泰花园小区。

2019年，在芳草梁实施小流域治理工程一处。建成3万立方米小水库一处。衬砌渠道2000多米，平整林地、小梯田50多亩，辅压砂田、改良盐碱地十多亩。

6. 田种林建筑工程队　组建于1984年。当年承建中泉公社水泥厂。1987年承建大安公社水泥厂。

三、建筑业的兴盛时期

芳草村几家民营企业从1995年开始兴盛至2014年渐入低潮，历时20年时间。

1. 工程总量逐步扩大　从1995开始，由于景电二期工程建设和城区建设工程量增加，建筑业市场火热，各建筑工程队每年承揽的工程量不断加大。李桂铭、胡秉宝、武克玉、王吉杰四个建筑队在整个景泰建筑市场占有重要的一席之地。凡是有建设任务的行政机关、企事业单位，几乎都有芳草人的参与。每年建筑队都有2~3个建设项目，且工人都是芳草村民。每个建筑队工人都在五六十人上下，最多时达到百人以上。

2. 业务范围不断拓展　各企业由以前的单纯承包工程发展为承包工程和房地产开发同时进行。按照县城统一规划要求，几个企业法人在城区征得土地自己开发建设房产，自己出售或经营。

3. 在发展中创新机制　出现了富有活力的总公司负责下的项目经理部，产生了张文、李治祥、胡广良、胡广勤、胡广智、李忠泰、王万奎等一批项目经理。每个项目经理部为一个实体单元。芦阳建筑公司下属的张文项目经理部，2006年以来先后承建了金润小区，云宇B区，瑞丰A区、B区、C区，方舟苑住宅楼，旌达小区，禾丰源种业有限公司等工程。工程队用工人员都是本村村民，每年根据工程量大小不同，吸纳上岗的人数多少不等，一般都在50~60人。2010—2011年最多达到120人。人员工资由以前的每人每天80~100元，改变为按工程质量挂钩按工程量支付报酬或按时间计算工程量等灵活多样的形式。2019年，工人日工资达到小工120元、大工260元以上。

2011年，胡广顺开发建设翔合住宅小区；2016年7月，成立"甘肃顺翔建筑工程有限公司"，在建筑工程、公路工程、市政工程、建筑装饰工程、园林绿化工程等领域开展经营活动。

2000年，李桂铭成立"景泰蓝商务有限公司"，2012年，武克玉成立"景泰县宏成商务有限责任公司"，经营住宿、餐饮、KTV等服务产业。

随着芳草村建筑产业的发展崛起，十多年时间，大小民营建筑工程队发展到12个之多。还有一部分建筑行业自由技术人才，以个人的一技之长，专门承接房屋内装修，铺地板砖、贴墙砖等工匠细活。一般都是男人带着妻子，男人是技工，妻子当小工。两个人的日平均工资都在500元以上。

截至2019年，全村从事建筑业方面的人数在400人左右。加上各种车辆的拉运，每年仅建筑业一项，给芳草村民带来收入1000万元以上。

四、民营企业家为家乡捐资情况

胡秉荣 1984年冬，捐资1.5万元，整修芳草梁道路2公里；之后捐助116块1.2米长的楼板，铺盖桥子坝水渠58米；为学校资助水泥2吨。

李桂铭 2011年，为新修剧院捐款3万元；2014年，为社火会捐款1万元，为修建佛寺捐款3万元。

武克玉 1994年，为学校捐款2.5万元；2011年，为新修剧院捐款3万元。

王吉杰 1984年，为学校捐助课桌、板凳60套；1988年，为村庙捐助木材2立方米；连续3年为西路军战士干超遗孺、贫困户陈俊家及聋哑人寇永明共捐助煤炭10吨和农用化肥1吨。

胡秉宝 2011年，为新建剧院捐款3万元；2012年，为春节社火捐款1万元；2013年，为春节社火捐款1万元。

张　文 2011年，为新建剧院捐款2万元；2014年，为社火会捐款1万元，为修建佛寺捐款5000元；2015年，为学校捐款7000元。

胡广良 2011年为新建剧院捐款1万元。

胡广智 2011年为新建剧院捐款1万元。

武克堂 2011年为新建剧院捐款1万元。

胡广勤 2011年为新建剧院捐款1万元。

胡广顺 2011年为新建剧院捐款2万元。

李忠泰 2011年为新建剧院捐款1万元；2014年为佛寺捐款5000元。

李志祥 2011年为新建剧院捐款5000元。

第三节　工　匠

芳草立村二百多年，一代传一代，孕育出许多分工明确的各种类型的匠人，分别有木匠、石匠、铁匠、毡匠、皮匠、画匠等等。

一、木匠

所有加工制作木质器物的人统称为木匠。如加工制作各类木制农具、各种木制生活用品以及房屋建筑方面包括木制门窗在内的所有木工构件等。木匠使用的工具主要有锯子、刨子、斧头、凿子、锛子、墨斗、直角尺等。而锯子根

▲ 刨子

据用途分大锯、小锯、线锯等。木匠工作的程序大体是这样的：在计划制作桌椅或者门窗箱柜之前，先将一根圆木经过直角尺（方尺）测量，算出这根圆木有多少板材、多少撑、多少档。测算好之后，用墨斗画上线，用大锯锯成板材，俗称解（解，方言读gai）木头。拉大锯需要两个人的通力合作，技术要求很高，稍有不慎就会锯歪木板。一个好木匠的重要标志是：解完所需材料后，所剩边角料废料越少越好。解好板材，再将其解成条木，用刨子刨光。板与板之间的连接需要用胶粘合。过去用的胶是用驴皮熬制而成，黏性非常好。如果用方木条件做框架，木条之间的连接则是卯榫，过去的木匠极少用到钉子，即便是用到，也只用木钉。

能够制作水桶、水梢、鼓、澡盒子、木函的木匠是最好的木匠，尤其是制作圆柱形的水桶，能够达到"箍桶箍梢，不用扛（方言抹的意思）胶"的程度，这样的木匠几乎就是一个全能的匠人，特别受到人们的尊重。

芳草村出现最早的木匠是武发顺，1949年前后在村上做木工活，在他之前的木匠及其师承已无可考。武发顺因做活细致认真，在村子及周围都有名气，后来被吸收到芦阳手工业社工作。

木匠最活跃最集中的时期是20世纪60年代至80年代大集体时期。大队的3个生产小队，各小队专门指定木匠在小队所在的办公室院子里做队里所有需要的木工活，实行劳动工分制。木匠的作用，主要是制作、修理生产队农业生产所需的包括犁、耙、种耧在内的传统农具，还有架子车，马、骡、骆驼拉庄稼的皮车，桌椅板凳，以及修修补补。村民新建房屋，木匠都是抽时间做。一队的木匠有杨积银、胡秉银、李作义、李春生等；二队的木匠有刘延来、李有礼、杨积苍、尚凤武等；三队的木匠有李有禄、李诚、赵经纪、李成新等。

20世纪80年代，随着土地承包到户，原生产小队的木匠铺也随即解散。从20世纪90年代至21世纪初，由于国家的经济发展，人民物质生活水平逐渐提高，居住条件也随之改善，村上大规模拆旧房，建新砖木瓦房，从事木工的人越来越多，有李孝义、李元福、李作安、刘建国、郝廷军、杨生军等等。

2000年以后，随着城镇化进程的不断加快，加之芳草离县城近的城郊优势，楼房及其他建筑设施的装潢产业逐渐兴起壮大，尤其随着各种木工材料及加工工具的改进，传统木匠的市场优势逐渐萎缩，新型装潢加传统木工技术逐步取替了传统木工。出现一些新型木工装潢匠人，在县城揽活。陆续成立装潢公司的有王世虎、李元宝、焦虎、李元春、李金春等。

二、铁匠

即加工铁器的工匠。铁匠加工铁器，分锻和铸两种。锻铁是将铁块放在火中烧至变软，用铁钳子从火中取出来放在砧子捶打成需要的形状。锻铁被称为"打铁"。铸铁则是将铁在专门用耐火材料制成的容器中烧成液体，然后倒进根据需要做成的模具中，冷却后即成为需要的铁器。锻打的铁叫熟铁，强度和硬度都比较低，可以锻打成各种形状。而铸铁则强度和硬度比较高，被称为生铁。

铁匠工作固定场合叫铁匠铺，主要设施是一座用来煅烧铁坯的火炉，一个手拉风箱，以及必要的煤炭。铁匠的主要工具有小铁锤（引导锤）、大铁锤、铁钳（夹烧热了的铁坯）、砧子（打铁的支撑台）等。铁匠锻打较大的铁器，必须由两个人合作，一般都是师徒关系。打铁的时候，师傅用钳子将烧好的铁坯放在铁砧上，学徒用大铁锤，在师傅引导锤的引导下，将铁坯锻打成如镢头，锄头、铁铲、铁叉、錾子、凿子、门栓等用具。铁匠最重要的经验是抓火色和淬钢。打铁前,把铁烧在火里,由风匣吹出的风力决定炉子里的火候。打好铁器后是淬火,淬火俗称蘸,就是将加工好的铁器迅速浸在水或油中冷却,以增加硬度,有经验的铁匠锻打出来的铁器,蘸火合适,经久耐用。

▲ 铁砧

有些铁器需要铸造,如犁地用的犁铧就是铸造的,铸造铁器先烧制耐火的土罐子,即坩埚,将生铁块放在坩埚里,在火上烧成液体,倒入犁铧的模子内,冷却之后就可以用了;也可以用同样的方法接铧尖,即在模具中倒入铁液,再把断了铧尖的犁铧烧红插入,即告成功。

生产队的铁匠铺均设在各队的办公室附近,铁匠实行工分制,除打制以上铁器外,还要打铁马掌,然后把铁马掌钉到马或骡子的蹄子上,钉马掌主要是为了延缓马蹄的磨损,还使马蹄更坚实地抓牢地面,有利于使役。铁匠的工作还有用铁皮、铁条等加固马车、架子车以及加固商店、库房的大门等。

芳草最早的铁匠可追溯到清朝道光、咸丰年间的李玉嘉(李文林的祖父),李玉嘉将技术传承给儿子李溪千和孙子李文林,1949年后,李文林又将技术传给李保兴、李尚秀、李尚忠等。

1949年以后,合作社成立之初,设立第一个集体所有的铁匠铺,归合作社管理,打制供应全社所需的生产生活铁器工具,师傅是李文林,徒弟是李保兴。人民公社成立后,3个生产小队分别建立铁匠铺。一队的铁匠是武发强、李作栋、何沛英;二队的铁匠是李尚忠、杨积苍;三队的铁匠是李保兴、赵雄。包产到户后,集体铁匠铺宣告结束。后来李保兴等人在自己家里开了铁匠铺。随着机械化程度的提高,传统铁器使用大大减少,同时市场流通的各种成品铁器逐渐丰富,传统的铁匠手艺逐渐消失。

三、石匠

石匠就是专门制作加工磨盘、碾子、石碌等各种石料工具以及维修这些石料工具的匠人。历史上,芳草石匠使用的石料一般都来自赵家岘的石窝。

最早在芳草从事石匠工作的是杨北林。20世纪50年代，赵俊从赵家岘迁来芳草，成为芳草村的第二任石匠，自此石匠一直由赵家人传承。

截至2019年，赵俊的孙子赵和有继续从事石器加工生意。

石匠使用的工具有大锤、锤子、尖子、锋子，后来被电锯、电凿、电锤代替。

四、画匠

画匠是将绘画作为一门专业技能，制作具有使用价值的绘画作品的艺人。过去的画匠一般都是为人画相框、箱柜、各种家具及棺材等。

芳草最早的画匠是李溪千（李尚秀的祖父），其绘画技艺被本家族后人一代一代传承了下来。

另外一位早期的画匠是杨瑞山，他在民国时代就从事画匠行业，擅长雕塑和彩绘神像等。直到年迈体弱才停笔。

20世纪60年代，第二生产队的村民李尚秀用油漆画箱柜。他的画擅长写真，别具特色。后与其弟李尚仁、李尚义在传承祖父绘画技术的基础上，专门研究树皮笔画，作品以山水、花鸟为主，树皮笔画及绘画技法被公布为甘肃省非物质文化遗产保护项目。

从事美术创作的还有胡秉海，他擅长国画山水、花卉。是甘肃省书法协会会员。马永泰的工笔画，张治顺的人物素描、刻章等也很有功底。

五、皮匠

即可以鞣制皮革并能用皮革制作用具的手工艺人。皮匠需要专门的作坊，主要设施有两口大缸、一个作为工作面的炕面。其余还有刮刀、铲子、剪子、针等。鞣制皮革的过程俗称"熟皮子"，也就是通过一定的工艺将生皮变成可使用的皮革。熟皮子时，将糜面、芒硝原料等按比例放入缸内，使缸内产生高温，再把皮子放入缸中，两小时翻动一次，两三天后将皮子取出吊在梁上，用刮刀将皮子上肉和油脂刮干净。然后在皮子上面撒上硝面和碱土，包起来放在太阳下暴晒。晒一两天后再刮，反复多次

▲ 刮皮铲

才能成功。

芳草村的皮匠有李根堂、李瑄、闫得财、闫有信等，他们在不同时期用羊皮为芳草人制作冬天御寒的皮袄，在生产队时期用牛皮制作皮绳、龙套等。

六、毡匠

使用动物毛主要是羊毛、牛毛以及骆驼毛制作毛毡和其他制品的手艺匠人。制作毛毡，俗称擀毡。工序包括弹毛、铺毛、压边喷水、卷粘帘、捆毡帘、擀帘子、洗毡、解帘子压边、晒毡等。完成这些工序，都需要相应的工具，如弹毛弓、弹毛台、尺杆、竹条、竹帘子、撒杖、铁钩、木手掌、毡帽模子、毡靴模子、毡袜模子。

做毡首先要弹好毛，铺开帘子，带上弹瓦，拿起洒掌，将毛均匀地铺在帘子上。为防止风吹动羊毛，匠工喷几碗清水，卷起帘子，用6根或8根1米长的绳子，把帘子捆成一个长棒，用脚蹬着帘子棒，不停地转动。感到脚下帘子内的毡坯子硬了，摊开帘子，将毡坯子边沿折回，在毡正面放好"卍"（万字）、寿字或"富贵不断头"的图案花样，然后上面薄薄铺一层面子毛，再卷起帘子棒，不停地转动。匠工感到毡坯成功了，去掉帘子，折好毡坯，卷成毡棒，放在平面木板上，浇上热水，两个工匠坐在长条板凳上，手拉着毡带，脚蹬着毡坯，挤干水分。这样翻转数次，一条毡就擀好了。

手艺好的毡匠也可以做毡袄、毡靴、毡帽等。

最早的毡匠是尚步衡。后来有韦跃武、尚有秀、尚有运等。70年代有李有川、尚学武等。

▲ "寿"字图案毛毡

芳草村志

第五章

水利 电力

第五章 水利 电力

第一节 水 利

芳草村地处腾格里沙漠向黄土高原过渡地带，域内风沙大，气候干燥，年降水量少且蒸发量大，水资源贫乏，没有大小河流经过，也没有深井，虽有大面积土地，但由于缺水无法耕种。

村南的芳草大沙河（属古媪围河干涸河道），西自喜集水、兴泉而下，经村南面贯流蓆滩、芦阳、响水一路流入黄河。沙河在芳草段宽300米左右，河床开阔平缓，属季节性河道，一般夏秋季上游发大雨有洪水流过，平时都干涸无水。

清康熙时期，芳草地区就有人居住。曾经有傅氏、洪氏、孙氏、金氏、陈氏、罗氏等人家在芳草开垦、住耕，并寻找水源、开渠引水、修整土地，是芳草最早的开拓者。其中如乾隆二十六年（1761年），孙氏人家迁徙来到芳草，在沙河北沿收引一股地表水至梁梁背后住地附近，并修筑了涝池，后人称尕涝坝。因水质差，味苦咸，不宜人饮用，后来流入沙河消失。

清嘉庆初年，李氏家族自条城迁徙来芳草，先后合伙投资、单独投资开挖水源，修渠整地，筑庄定居，建立了村落。芳草村世代繁衍生息的历史，就是以寻找地下水、蓄住天上水、引来黄河水为主要内容的发展史。水利经历了从无到有、从小到大、从解决人畜饮水到发展灌溉农业的漫长过程。

一、泉水

芳草村共有三股可灌溉利用泉水，分别属于马场山、老虎山山体松散岩类裂隙水，水位埋深地下10～20米，三泉水质有差异，矿化度1.3～2.4克/升，随着地表水的补充，特别是景电提灌工程的建成上水，泉水的水量有所增大。

1.洪家涝坝　洪家涝坝水源系老虎山山前第四系洪积平原河谷阶地冲积层内潜水，水质较好，属于微咸淡水。

清乾隆年间，芦阳洪姓人家在村西寻找到一股地下水，挖掘引出地面，修筑涝坝，即洪家涝坝。洪家涝坝水量充沛，主要灌溉上尖子大片土地。开出三条灌溉渠道，即中渠、里排、外排，以中渠为最大。三条水渠时常淌水，水渠两边以芨芨草为主的野草生长十分繁茂，高可达两三米，牛马驴等大牲畜赶进渠里放牧看不见身影。后洪家将水权及土地转给李家所有。为了扩大灌溉土地面积，李家又开挖了尕湾湾深壕一段渠道，在四五米厚的红锈砂山梁开凿通了一条输水渠道，工程量大，难度大。渠道开通后将水引到树树沟、尕湾湾一带。后来李家又购买傅姓人家傅家堉（今后堉的部分地）的田地，灌溉面积扩大到350亩以上。

2.下涝坝　该水水源发于马昌山北侧山脉末端三塘台子红土地旁。李氏家族在完成洪家涝坝泉水工程后，又组织人力寻找新的水源，在村西5公里外的三塘台子红土地附近找到了下涝坝的水源，采取挖串井和开挖明渠相结合的办法，把水引到了村子附近。由于水源埋藏较深，为了减少工程量，引水时开挖100多眼串井。串井，俗称塀（音ping）子，先挖好竖井深度，竖井与竖井间相距3～5米，然后在竖井底部再打通串道连通，找出纵向坡度，采用块石砌成矩形渠道，后用精心泡制加工的黄胶泥土抹缝子以防渗漏，再加以石板盖封。水流引出地面后又开挖近500米的明渠，把水引至村子西南角的涝坝中，既解决了村上人畜饮水，又可灌溉农田。灌溉轮次是25天一个轮次，也称作25天水，灌溉控制面积约300亩左右。下涝坝主要灌溉今后堉、梁梁背后、下滩等处土地。为了充分利用有限的水资源，在灌溉制度上把土地分为保灌地和水旱地两类，水旱地就是利用涝坝水在秋后或冬季灌一次墒水，苗水不保灌，根据天气情况，雨多多收，雨少少收，也是增加粮食产量的一个途径。

下涝坝和洪家涝坝两股泉水，浇灌水地面积达到650亩以上。为了充分利用有限的水资源，在灌溉制度上把土地分为保灌地和水旱地两类，水旱地就是利用涝坝水在秋后或冬季灌一次墒水，苗水不保灌，根据天气情况，雨多多收，雨少少收，也是增加粮食产量的一个途径。

下涝坝出水口下分两条渠线，一条是园子坝渠，从村南自西向东绕村而过；一条是桥子坝渠，从村庄中自西南向东北至向塬，主要灌溉后塬、梁梁背后、下滩等处土地。

新中国成立后，洪家涝坝和下涝坝两股泉水的水权收归村上集体所有。

3. 上涝坝 上涝坝也称新涝坝，位于村西约2公里的上尖子西端。20世纪50年代，为了解决日益增长的人口吃饭问题，村上在原有基础上继续寻找新的水源。后又在兴泉村东芳草沙河段内找到一处新的水源，该水系盆地洪积层水系，埋深20多米，水质属微咸淡水。因水源流出地面与洪家涝坝相距不远，为了集中水源，便于管理，减少水的浪费，1957年下半年，在新涝坝建成后，村上又将洪家洪坝水合并到新涝坝，后称新涝坝，灌溉面积500亩左右。

▲ 上涝坝

上涝坝出水口后分两条渠，一条向东即中渠，一条向北经过深壕渠，主要灌溉上尖子、孖湾湾和树树沟大片土地。

开挖新涝坝时，条山村也投入了一定的劳力，因此在受益面积中也分给条山村部分灌溉土地。

1969年，白银市下派农宣队到芳草村帮助指导工作，农宣队根据村上的情况，提出了寻找新水资源、抗旱促生产的思路，最终在村西孙家梁上寻找到新水源一处，与村上共同组织大小队干部和群众进行挖掘。其间农宣队在物资上给予帮助支持。从1969年冬季开始，历时两年时间，挖出串井20多个，将水引至孙家梁坡下并挖成机井坑，安装10马力柴油机和配套水泵一台，将水提到了地面。后因黄河水上来，加之该机井水的水质差、水量小、提水费用高等原因，因此被放弃利用。

在开挖修建泉水工程中，在普遍缺吃少穿、缺医少药、劳动工具十分落后的条件下，全体村民付出了很大的代价，在工程开挖过程中流汗流血，有的伤腰断腿，造成终身残疾。20世纪五六十年代，为了支持兴修水利工程，在开挖兴建新涝坝时，国家为水利工地的村民每人每天补助一碗小米，极大地调动了村民的劳动积极性。补助少，劳动强度大，但村民们不旷工、不偷懒，踊跃参与水利工程建设。村上也发动党员、干部带头捐资捐物支持水利工程建设，1957年初，由全村党员参加举办了一次为水利工程捐资专门活动，共产党员带头，在自家生活都非常困难的情况下，进行了捐献，钱物虽少，但在群众中起到很大的鼓舞和模范带头作用，就连十来岁的学生也上水利工地参加义务劳动。同时村上动员党员干部参与水利建设投资，得到了响应，积极报名参与投资。参加报名投资的党员名单如下：

张有禄 20元　张万宝 20元　尚有文 6元　田种玉 20元

李树恩 10元　李有义 15元　寇世英 20元　李作才 5元

李树桂 20元　尚有秀 10元　郝有铭 5元　寇世俊 10元

李　宽 2元　李根堂 20元　韦守仁 45元

全体村民以实际行动书写了一段光辉而又艰苦的水利工程建设史。

新涝坝和下涝坝两股泉水，暗渠线路是沿沙河自西向东修建的，暗渠和串井曾多次被洪水冲毁损害而后又进行修复。2018年8月，下涝坝的暗渠又被冲坏一次，村上及时进行修复。2018年，国家投资30万元，村上将使用了200多年的下涝坝改修为水泥涝池，提高了水的利用率，新修涝池库容也增加到3000立方米以上。

2018年初以来，上涝坝来水量逐渐变小，至2019年，涝坝基本干涸，2020年6、7月间，村上组织人员沿水路进行勘察，查找到上游兴泉村附近，大量树木根系的生长，堵塞了地下棚拱，导致泉水渗入沙河。村上对被毁棚拱进行了维修，更换ø300新型管材（波纹管）1400米，包括人工、机械、管材等费用8万余元。维修后的水量得到恢复。

二、雨水

芳草地区的年降雨量在180毫米左右，而且分布不均匀，主要集中在7、8、9三个月。虽然降雨量较少，但有的年份还会发生暴雨洪灾现象。村民们根据这种天气、气候和降水规律，经过长期实践和摸索，积累了很多收集利用雨水的经验和措施，以满足生活生产所需。最主要的有修建沟坝地（引洪漫地）和铺压砂田等工程措施。

1. 沟坝地 沟坝地也称洪漫地，遇降雨量大发生地面径流时，大量泥土、牲畜粪便带入整修后的田地，肥沃土壤，满足了农作物生长所需的水分和养分，再通过打糖保墒等农耕措施，第二年就有一茬比较好的收成，亩产一般在200斤左右。墒情好的地，亩产在300斤以上至400斤；雨水少没有进水的地，则间歇不能种植。沟坝地的种植与降雨量的大小和引洪多少有很大的关系，随机性也很大，是一种典型的靠天吃饭的农田。

▲ 沟坝地（洪漫地）

种植沟坝地的历史较久，自有人在村域内居住，就开始修整和利用沟坝地种植粮食作物。村上沟坝地主要分布在村子四周浅山地段的槽沟、平塌里和沙河沿岸。

沟坝地主要由两部分组成，一是耕地，二是引洪坝。芳草人称引洪坝为引洪摆。耕地按照地形地貌修整，地块有大有小，形状有方有圆；引洪摆是人工用石块砌成石墙，拦截洪水，引入田间。用石块夹干草砌成的坝，叫土摆。后来用水泥浆砌块石修筑，结实牢固，有长有短，有高有低。修摆时一般深挖地下一米多，地上高出一米多，下宽上窄呈梯形状，摆的尾部和引洪渠相接。其作用主要是拦截和分流洪水，保护河堤和耕地。洪水小时全部拦截，水大时分流一部分，以保证耕地不被冲坏。芳草沙河上至上尖子、尕湾湾，下至下滩、石板咀一带，都有不同时期修筑的引洪摆。

清朝末期，马氏家族耕种马家渠沟坝地一百多亩。为了利用芳草沙河的洪水灌溉，该家族从洪家涝坝沙河附近修摆、开渠引洪至马家渠、盐路一带。渠线翻梁越沟，总长两千米多，是芳草村水利史上最早最大的引洪灌溉工程，马家渠的地名也因此得名。

▲ 摆坝（引洪摆）

沟坝地面积最大时接近千亩，为芳草村人们的生活生存做出了贡献。黄河水上来后，能灌上水的沟坝地都改造成了黄灌地，灌不上水的沟坝地基本弃耕。进入21世纪，又有部分村民在沙河沿岸新整修了部分洪漫地。

2. 砂田 砂田是一种没有任何水利设施和田间地埂的农田，因此是完全意义上的雨养农田。其功能是利用地面所铺压的砂砾接纳天然降雨，且不产生地面径流，使雨水有效收集在砂田中，砂砾能有效减缓水分的蒸发，达到保水保墒作用，提供农作物生长所需的水分和养分。

三、黄河水灌区

1969年10月15日，景泰川电力提灌工程正式动工建设。按照上级要求，芳草大队组建了民工连。民工连由三个民工排组成，即一个生产小队一个民工排。芳草民工连主要参加一泵站的草土围堰，二泵站基坑开挖，五泵站、六泵站管道安装及部分渠道的开挖和预制工程等。在三年的水利工程建设中，芳草民工艰苦奋斗，吃苦耐劳，按时保质超额完成分配的工作任务，受到上级有关部门的好评和表扬。

参加工程建设的民工每两个星期休息一天（时称大礼拜），民工每人每天由工程上补助0.6元生活费。

提灌黄河水是一件开天辟地、前无古人的大事，千年的荒滩变良田，芳草村民和全县人民一样，欢欣鼓舞。在温饱还没有全面解决的情况下，需要进行大规模的平田整地，改良土壤，兴修渠道、田间道路等基本农田建设。水初上时是一边整地，一边修渠，一边种植。当时正值全国农业学大寨运动的高潮，芳草村同全国农村一样，大搞群众性的生产劳动运动，因此也推动了灌区建设的速度。由于长期受吃饭问题的煎熬，黄河水的上来，群众看到了美好生活的希望，在灌区建设中，群众积极性、创造性极高，春节也不放假休息，过革命化的春节。一天三出勤，不论男女老少、不论城乡知青都踊跃参加，组建了各种专业队、突击队、铁姑娘队等形式，投入劳动生产。人力架子车是最主要的劳动运输工具，拉土运肥，平地修渠，车来车往，到处是一派热火朝天的劳动场面。

1973年10月2日，黄河水到了芳草村。当年冬灌全村用水量244397立方米，灌地约1200亩。芳草村受益于总干五支渠、西干三支渠、西干六支渠和后来延伸的西干七支渠等4条支渠。

1973年全村冬灌用水量

表5-1-1　　　　　　　　　　　　　　　　　　　单价：0.042元/立方米

	总五支		西三支		西六支		合计	
	水量	水费	水量	水费	水量	水费	水量	水费
一队	3258	136.84	55521	2331.88	31418	1319.56	86979	3651.44
二队			43489	1826.54	23081	969.40	69828	2932.78
三队	16244	682.24	46212	1040.90	24605	1033.41	87061	3656.55
学校			569	23.90			569	23.90
小计	19502	819.08	145791	6123.22	79104	3322.17	244397	10264.67

黄河水刚上来，除在本村大搞基本农田建设外，还要承担受益的总五支、西三支和西六支三条支渠分摊的建设任务。这三条支渠渠线长、距离远，分摊的任务重，包括渠道开挖、衬砌、沿途道路修整等工程，村上在劳动力缺少的

情况下，以大局为重，抽调强壮劳力，按时完成任务，确保按时上水。

随着生产和经济的发展，对斗、农渠渠道也逐年进行衬砌改造。20世纪90年代后期，县上提出"土渠不跨世纪"的目标和要求，增加水利投资，芳草村也乘势而为，对各支渠的主要斗、农渠进行衬砌改造。由原来的预制块衬砌逐渐改进为U型槽渠道，水口安装闸板，实现斗、农渠衬砌的更新换代。进入21世纪，渠道衬砌又加快建设速度，2014年改衬2000米；2015年改衬4000米，并在西干七支大垫方安装了长150米、口径60厘米的钢管架桥；2016年改衬8000米；2017衬砌5000米。全村90%以上的斗、农渠得到了改衬，大大提高了输水能力并方便了群众。

▲ 西干三支渠北头梁段

根据测算，未衬砌渠系水有效利用率在65%以下，衬砌后渠系水有效利用率为85%以上。黄灌区的灌溉依水管部门的统一要求，计划配水、按亩定量、限额灌溉、计量到斗、配水到组、凭票供水、按方计价。灌区统一定额亩用水量全年为355立方米，即冬灌125立方米，一苗水75立方米，二苗水80立方米，三苗水75立方米。

初上水时，因地块大而不平整，大都是大水漫灌，定额水量一般都不够用，特别在苗水期间用水量非常紧张，好多小麦地只灌两个苗水，对粮食单产有很大的影响。为解决用水矛盾，县上和灌区水管部门提倡科学用水、节约用水、作物夏秋比例调整，要求以6∶4的比例来缓解夏季用水紧张的矛盾，起到很好的作用和效果。

黄灌区经过四十多年的运行、改造、建设，逐步走上制度化、规范化、科学化。始终坚持节约用水，大力提倡渠道衬砌、土地复平、大块改小块、作物结构调整、间作套种、垄种覆膜等措施，全面提高灌区水的利用率和经济效益。

1992年，村上申请延伸西干七支渠5000米，扩大灌溉面积1300亩，其中新发展改造旱地和砂田650亩，改善原有老水地低产田650亩，费用13万元。

黄灌区的水费最初为0.042元/立方米，四十多年来经多次上调，2019水费为0.38元/立方米。

截至2019年底，全村灌区面积为6100亩。

四、人饮自来水入户工程

1. 一期入户工程 2005年，在县扶贫办、县水土保持站的支持下，村上首期兴建了自来水入户工程，利用上涝坝水作为水源，安装ø110PE主管道6000米左右，ø25支管道多条共8000米左右，入户200户。因村民都居住在砂梁上，地下都是砂石岩，在开挖主管道、支管道时都比较困难，费工费时费资金。管沟深度在1.2米左右，宽度约0.5米。

自来水入户工程的建成，从根本上解决了村民饮水问题，结束了长期以来吃水靠人抬、肩挑、畜驮及后来的车拉等落后方式。农户用水不仅非常方便，而且不收取任何费用，因此很多用户除人饮以外，在院落里外建一个小菜园，种植蔬菜供自己食用。

2. 二期入户工程 由于一期入户工程利用上涝坝的水源，水质达不到国家饮水安全标准。2013年，景泰县兴泉村饮水安全巩固提升工程项目包含芳草村在内，接"引大入秦"延伸景泰供水项目净水厂水源。芳草段工程于2013年4月动工，9月底竣工，配水主管从包兰铁路喜集水村桥涵下面接水，主管总长14.12千米，芳草支管道ø110UPVC管1540米，分支管ø32UPVC管8140米，改供了水源，提高了水质标准，解决了芳草村296户1917人和芳草小学师生350人的安全饮水问题。

第二节 电 力

　　1973年8月，芳草村架通了高压输电线路，给群众的生活带来了光明。初通电时以照明为主，大、小生产队办公室，学校，商店，卫生所等公共单位和部分村民使用上了电灯。

　　芳草村的电力经过孙家梁输电线路出线送到村上，架设了约3000米6千伏输电线路，高压线主杆共31根，安装30KVA变压器一台。1974年底，全村95%以上农户都通上了电。

　　20世纪70年代，村民白天参加生产劳动，晚上还要开会学习。因为有了电，集体活动也方便多了。通电后，村上使用了十多年的以柴油机为动力的磨面机也改成电动机带动，极大地提高了效率。不再有群众磨面排好几天队的现象。

　　芳草村用电由白银供电局景泰供电所管理，下对村上；村上又以各生产队为主，三个生产队各自管理各队用户，包括安装、维修、抄表、电费收缴等工作。运行一段时间后，到1981年，用电由村上统一指定专人负责管理；到2006年以后，用电由供电部门直接对农户，一户一表，减少了中间环节。

　　初通电时，因为一是管理经验不足，二是用电量逐年增加，输电线路和变压器经常发生跳闸等故障，特别在春节期间，晚上用电量大增，多次发生除夕晚上跳闸黑灯的现象，磨面加工也常常出现电压低带不动机器的现象，严重影响群众的生活质量和生产活动。

　　随着社会和经济的逐步发展，国家对农电线路的提升改造非常重视，多次投入资金进行电路改造。20世纪90年代中后期和21世纪初，多次具体实施改造，农电线路也由初期的6千伏提升为10千伏，大大提高了输电能力。2015年，供电线路也由原孙家梁改为条山110KV环东变117环城线路芳草支线供电。截至2019年，村上有50KVA变压器1台、100KVA变压器2台、200KVA变压器2台、315KVA变压器1台，完全满足了照明、加工生产、养殖等用电的需求。

▲ 中国华电赵家岘风力发电厂

在供电、用电管理上也更加完善和规范化。磨面加工、粉草粉料、洗衣做饭、电视电话等全面实现了电气化。

通电初期，照明用电的电费为0.20元/度，磨面加工等电费为0.80元/度，提高到2019年的照明用电0.51元/度，加工等用电0.95元/度。

2010年10月，中国华电集团在马场山芳草村属赵家岘建设安装马场山一期49.5MW风电工程，安装55台风力发电机组、塔架及配套电气设备，占地面积约12平方千米。

2011年8月，中国华电集团在赵家岘又建设马场山二期49.5MW风电工程，安装25台风力发电机组、塔架及配套电气设备，占地面积约20平方千米。

赵家岘两期风力发电厂的投资、建设、运行管理，都由华电集团企业自行管理，建设中占用村民耕地的，按有关规定给予补偿。

为了让光伏发电事业造福于人民，甘肃金大地新能源工程有限公司，在芳草村村民屋顶示范安装容量为1000伏的光伏发电设备。村民除自己用电外，剩余电力上网外输，外输电费收入前期主要由投资企业折扣投资发电设备费用，投资费用收回后，电费收入可按企业占60%、农户占40%的比例进行分配，直至合同终止。

2016—2017年，共有9户村民两年分两次安装了光伏发电设备。

芳草村志

第六章
交通 运输 通信

第六章 交通 运输 通信

第一节 交 通

芳草村地处甘肃中部、河西走廊东端，位于景泰县城南9公里处。村道向四周延伸，出行较为方便。向东经芦阳、五佛可到达靖远等地，向西南可到白银、兰州，往西通往天祝、古浪、武威；往北经景泰县城可达宁夏、内蒙古。历史上景泰属边塞要地、交通要冲。据《景泰县志》记载，古代的丝绸之路自西汉以来在景泰县境内有三条道，都从芳草村附近通过，一条是东起黄河古渡索桥，经响水、吊沟、芦阳、条山、寺滩、白茨水入古浪去往河西；另一条是从营盘水到兰州的马车大道，途经草窝滩、一条山、芳草、兴泉、喜集水、大安、沙河井、皋兰等地，被称为盐路。第三条是从靖远去武威的马车大路，在靖远三角城、虎豹口渡过黄河，经过刘川、吴家川进入景泰尾泉、中泉、赵家水、野狐水、东梁、永泰一带，西行入古浪去往河西。

一、铁路

包兰（包头—兰州）铁路1958年7月建成通车，自北向南横穿景泰而过，在景泰境内10个火车站，其中兴泉堡火车站距本村5公里，景泰火车站距本村10公里。芳草人乘坐火车远行，一般都选择在这两个站上下车。如果乘坐普快列车就在兴泉火车站上下车。如果乘坐快速列车就选择在景泰火车站上下车。

在包兰铁路建设过程中，村上三个生产小队都派出人员、马车在建设工地劳动、拉运道砟。铁路建成后，仍然常年在大格达、白墩子、小红山三个火车站开挖拉运石膏、煤炭、石料、石渣等建设材料，发往外地。尤其是20世纪60年代，村民生活困难，部分村民到宁夏中卫逃荒乞讨、背米背粮，因为当时灾民大都是免费乘坐，因此来去都乘坐火车。

二、公路

在近代芳草村境内有两条主要公路通过。一条是南北走向从村西面经过的"盐路"，另一条是村南面东西走向的"城路"。

1. 盐路 是从内蒙古盐湖起，经过宁夏中卫、景泰，经过一条山村，再向西南穿过芳草村的孙家梁到兴泉，最后到达兰州。这条大道当时主要承载的功能是把内蒙古盐湖的食盐运至甘肃省城兰州，故称盐路。当时村上孙姓人家在孙家梁居住并在此处开设店铺，为过往客商提供沿途服务。清朝咸丰年间，清政府为防止食盐走私，在一条山村设立了盐务局，加强对食盐生产销售的管理。1969年，705战备公路建成后，盐路被废弃。

2. 城路 是从兴泉村起，向东经三塘村、芳草村南的蔡家碛到红光村（十里沙河村），再到旧县城芦阳，因此称为城路。新中国成立后，景泰县政府将该路延伸修建到喜集水村、大安村、黄崖村、川口村到达正路村，全长70公里，命名为芦正公路。由于经济条件所限，公路路基以土路、沙河天然河床为基础修建而成。

进入20世纪90年代，随着国家对交通运输投入的不断加大，芳草村境内及周边附近的公路越来越多。基本消灭了低等级公路及断头路。由乡乡通公路逐步向村村通公路发展，公路的等级逐年提高，带动路网形成。芳草村融入到以国家干道为动脉的干支相连、城乡沟通、内外畅通的交通体系。

三、村道的发展

20世纪70年代，景泰县城由芦阳迁至一条山镇后，原来村上通往景泰火车站的车道，演变成芳草村与县城连接的主要通道。该道路依自然地形形成，出村后翻北头梁穿过条山村到达县城。有三个方面的弊端：一是路面高低不平，曲折多弯、坡大有斜度，梁顶上有两个深壕呈"W"形，给车辆行驶造成困难，遇到下雨天，常常发生翻车打滑、无法行驶的现象；二是道路从一条山村中穿过，弯道多且视线差，牲畜、车辆胡乱穿行，通行秩序混乱，安全隐患多；三是改革开放以后，一条山村被确定为生猪屠宰点。屠宰后丢弃的废脏器较多，十多条流浪犬常年在此地觅食，给村民的通行带来很大困扰。所以整修平路、改道取直成为人们殷切的期盼。经过村委会努力、政府支持、个人捐助，这段道路经过整修路面、取直改道、路面提级三次大的建设。

1985年冬春季节，时任民营建筑队队长胡秉荣出资1.5万元，将这段路线上的北头梁顶陡坡扁梁和两个"W"形深壕沟削高填低、挖梁填沟，将路面进行了平整修理、提级改造，有2公里多。

随着社会经济的发展，这条道路成了十里和芳草两个村村民通往进城的主要干道，人流车流不断增多。村上决定，通过争取国家项目扶持的办法拓宽道路，当时在县上工作的李元安、田种刚、李保平、张义安等人，一边积极与县上有关部门沟通，获准编报可行性论证报告和项目申请报告并报至省市相关部门，一边和村上领导一起联系时任武威地委书记的李保卫，争取得到他的帮助。1998年，甘肃省计委在以工代赈项目内戴帽下达景泰县城至芳草村道路建设资金30万元。项目实施前，县上将18万元项目经费作为县上统筹资金，只下达12万元用于项目实施。

该项目全程9公里，涉及芳草和条山两个村。两个村三位德高望重的老人杨生伟、李树桂、杜有德是项目实施的最高指挥，县道管站负责路线勘测、改道的选定。有关土地征用的审批手续比较难办，杨生伟老人表态："你们把最佳路线选定好，要直、要平，土地审批的事情我在县上协调解决。"1999年春季，由时任芦阳镇党委书记常守斌主持，在条山村召开两个村负责人及道管站等相关人员参加的协调会议，研究决定土地征占、房屋拆迁、资金使用等具体问题，保证项目顺利实施。在项目实施中，取直线到从芳草村经条山村与县城至芦阳的公路相连。由于资金未足额到位等问题，只完成了沙土路的建设。工程最后阶段资金有缺口，致使北头梁上西三支桥洞修建工作无法进展。田种刚和张义安了解到情况后，二人各捐资2000元，完成了剩余工程。

2014年，县道管站铺通条山村到芳草村的柏油路面。由于车流量多、吨位大，两年内，柏油路面被碾压损坏严重。2016年，结合村村通项目的实施，将路面重新整修铺油，提级改造。

四、乡道及村村通道路

芳草村向东南、西南方向有两条通乡公路。向东南出村，过沙河、翻过台子梁到十里村，再一直朝东到达芦阳镇。全程7公里多。2016年，建成水泥硬化路。芳草村朝西南过沙河绕过三塘村到达喜泉镇，全程5公里左右。2016年，水泥硬化路建成三级乡村道路，成为村村通联交网的主干道路。

截至2019年，芳草村通向周围的三塘、十里、蓆滩、芦阳、条山、石城、陈庄等邻村的道路，都已连接县、乡道路干线网络，四通八达。路面完全水泥硬化，达到国家公路标准4级以上。

五、省道

1. **兰营公路（代码S101）** 1969年建成通车，当时叫705公路，是兰州经宁夏通往内蒙古的主要干线，因战备需要，又称为战备公路。90年代经过拓宽改造，成为西北地区的主要交通运输线之一，这条公路从芳草村的西边通过，距村庄最近处只有3公里左右，人们出行或拉运货物都比较方便。

2. **景中高速（代码1816）** 2017年开工兴建，2020年11月26日建成通车试运营，在县境内长69.4公里。这条高等级公路自东北向西南过境芳草5公里左右，向西南延伸到中川国际机场、兰州新区到达兰州。

第二节 运输业

一、早期运输

芳草村自有人类定居以来，最早的出行方式主要靠步行，条件好一些的赶着毛驴晓行夜宿，往返兰州、武威、中卫等地，来回一趟少则十天半月，多则一个月左右。因受到各种条件的制约，民间运输十分落后。短途运输靠马驮、人背、肩挑，长途运输靠牲畜驮运。轱辘车的拉运是最先进的运输工具。根据本村赵氏家谱记载，清乾隆年间，赵氏家族就从河西玉门昌马湖千里之外租车运送亲人灵柩回乡安葬，沿途40多天扶柩而行，历尽艰辛，创造出长途运输的奇迹。

当时骑驴跨马出行是长途运输的主要形式。木轮车、铁轮车等逐渐成为运输工具，本村最早是李宗经家族置有马车两辆，作为货运客运；另有走马一匹是李林的坐骑。李家还添置过一辆羊拉小轿车，辕里驾一只大羊，前面驾三只羊，作为小轿车的动力。每逢走亲访友、双龙寺庙会等场合，都会驱车前往，成为当时一道独特的风景。同村的李尚荣、李尚义家也各置有一辆马车。村上另有十余辆牛拉车，主要从事农业生产、拉运和近距离的物流货运。

清末至20世纪三四十年代，村上出现过李氏、胡氏等家族的骆驼长途运输队。李家经营的骆驼运输队规模庞大，首尾绵延近十里长，号称"十里驼队"。据称驼队首链已到兴泉村界而尾链刚出芳草村。驼队主要为政府和军队运送物资，踪迹遍及西北各地区。

40年代初，五佛胡氏家族迁居芳草村。该家族也经营相当规模的骆驼队，主要从事商业运输，从内蒙古的察汗将食盐驮运到一条山盐务局入仓进账，然后再转运到兰州、陕西汉中、宝鸡等地。返回途中又采集日用百货，贸易流通，常年如此。

二、1949—1979年的运输业

从新中国成立到改革开放前的30年间，芳草村的交通运输工具得到较大发展。随着集体经济不断发展壮大，大牲畜得到大量繁殖、改良和使用，特别是骡、马、牛、驼的增多，促进了畜力胶轮车的推广使用，结束了人背肩挑、畜力驮运的历史。三个生产小队分别购置了3~4辆畜力胶轮车，主要用于农事活动中的拉粪、拉草、拉粮食等农活。农闲时出外搞运输。村民们冬天烧饭取暖的煤炭都是用马车从黑山煤矿、响水沟拉运回来。畜力架子车也是一种简车轻运的形式。

1975年，芳草大队先后购买了两台东方红40、50型拖拉机。芦阳公社又调拨支持了一台东方红40拖拉机，各生产队陆续购买了手扶拖拉机，用机械动力代替人力、畜力运输。截至1979年底，芳草大队共有大型拖拉机4台，马车和骆驼胶轮大车10辆，大小架子车70多辆。

除货运外，客运工具也随着经济条件的改善有所改变。首先是自行车的使用和推广，逐渐代替了靠人力步行和骑骡马骑驴的出行方式。不论是走亲访友、进城办事、平常劳动干活，有条件的村民都购买自行车。当时品牌有上海的凤凰、永久、飞鸽和天津的红旗等自行车。

随着时代的发展，拖拉机本来是用作田间耕作和农业运输工具，但由于行驶速度快，使用方便快捷，村民就用来载客运货。每遇远距离干活及外出搞副业，或村上婚丧嫁娶、接客送人，都用拖拉机。拖拉机成为一个时期内客货两用的多功能运载工具。

三、改革开放以后运输业的发展

20世纪70年代末，芳草村的交通运输业得到迅速发展。由于交通运输工具的更新，极大地推动了芳草村货运和客运事业的长足进步。

1.货运业 1979年秋，村民李有川从兰州购置一辆二手货车，这是芳草村有史以来第一辆购买的汽车。从80年代初开始，村上实行家庭联产承包责任制以后，大中小型的拖拉机进入农家，除了耕种土地以外，有相当一部分时间都用来跑运输，搞副业。农忙时犁耙耕种，种完地就搞拉运，往建筑工地运送砂石、砖瓦、水泥，成为当时主要的运输工具。随着建筑业发展兴起和城市安全、环保等要求。大卡车、翻斗车又取代了拖拉机。村民中又出现了王占兵、张治良、张勇等卡车经营户。也出现了刘学泰、赵建民和张治民等经营的散装水泥罐车，专门往景泰县城、兰州、青海等地的建筑工地拉运水泥。同时有人根据全国正在兴起的物流业而购置大型长途货运车，走南闯北，来回找脚（货源）。起步较早的有李成龙、赵斌等人。贩运户张治全专车拉生猪活羊，运往兰州等地市场。

2.客运业 改革开放以来，随着村民经济收入的不断增长，带来了交通工具的更新换代，从而促进了交通运输业的不断发展。

从80年代初开始，进城务工的人越来越多，自行车成为大多数人的交通工具。随着生活水平的提高和新型交通工具的出现，人们又购买摩托车和三码车使用。21世纪初，电动摩托车和电动三轮车上市，由于其经济节能、环保清洁，又逐渐代替了燃油摩托车和三码车。

1986年，朱桂祖购买一辆客运汽车，开通第一条景泰至白银的个体客运线路；截至2019年，共运营景泰、白银、古浪、兰州、天水及西宁等地之间的客运线路多条。同时期，郝延在县汽车运输公司经营通乡村客运班车。

1998年，李治国购置一辆中巴客运车辆，经营芳草—县城—龚家湾村的客运路线，每天早、中、晚三趟。之后由李治奎经营，一直运行到县上成立景泰公交运输公司，将专业户运行改为公交公司运行管理。通车班次由每天早、中、晚3班次增加到2018年的每天5班次，2019年5月份开始增加至每天10班次。从早晨7点开始到晚上7点结束，每小时发一班。

四、改革开放以后村民的出行方式

1.飞机出行　出远门旅游、上学、打工等，越来越多的人选择坐飞机出行。还有一些中老年人没有乘坐过飞机，有机会外出，家人就专门安排坐一次飞机，体验乘坐飞机的感受。

2.乘坐高铁出行　到周边省市旅游或上学等，乘坐高速列车出行，也是村民的一种选择方式。

3.自驾家庭小轿车出行　随着村民物质生活条件的改善，很多村民都购买了家用小轿车。在节假日、农闲时节出去旅游或拜访亲朋好友，都是自驾出行。这已成为村民们一种消费时尚。截至2019年底，全村家用小轿车拥有数量为147辆。

4.公交出行　村民往返县城乘坐公交车十分方便。60岁以上老人办卡免费乘坐，中小学生半票乘坐，普通村民也是低价乘坐。这些惠民政策由人民政府补助承担。进县城公交班次每天10趟，每小时一趟，准点准时。每天早上7点钟首趟公交车进村，有些老人乘公交车到县城，和城里人一起跳广场舞，锻炼身体，晨练结束后吃一碗牛肉面，然后再坐公交车返回家中，构建起了城乡生活圈。

第三节　邮电通信

一、邮电

1949年前，芳草村没有专门传递送信的人和邮政之类的业务。最原始的信息传递是靠人的步行或捎带口信，都是专人专程。如有中长路途的就骑马专程传送，费时费力。到了近代社会也没有多少改善。家中若有人外出谋生或被抓去当兵，有的人一去就十几年几十年无法联络，生死无讯。

20世纪50年代初，芳草村开始通邮。县邮电局在一条山村设立邮电所，离芳草村较近，所有办理报刊发行、信函、包裹、邮寄、长途电话服务、电报发送等业务都在该所办理。并派一名专门邮递员开始给芳草村送信送报。村上设立了邮政信箱，村民们发送信件，只要在信封上贴好邮票投入信箱内，邮递员就可按时取走发送。送来的报纸信件交到大队文书处，由文书代收代转。重要一些的信函包裹都互相签字转交，明确传递过程和查询、查找方式。邮递员每天派送一次（星期天休息）信件。

最早跑芳草村的邮递员，名叫袁祥林，50岁左右，人们都亲切地称他"袁老汉"。一身绿色工作服，一辆绿色专用自行车，服务态度好，责任心强。一直工作到退休年龄才由年轻一代接班。村民如果有包裹邮寄、电报发送、打长途电话等业务，一般都要前去条山邮电所亲自办理。

1976年，随着邮电业的不断发展，邮递人员由骑自行车改为骑摩托车投送信件。邮递员每天投递路线延长，芳草村作为一个投送点一直通邮。1997年，由于实行企业改制，邮电、通信分家，邮电业由以前的政府公办改制为企业自负盈亏。加上通信设备先进技术的应用和覆盖，人们互相用电话、手机多了，信件邮寄业务相对减少，村上的投递业务受到影响。报刊、信件等投送就变成隔日投送。

进入21世纪，随着快递业务的兴起，芳草村快递业务又有了发展，方便广大村民的生产生活需求。

二、通信

1965年，芳草大队办公室安装了一台手摇式电话机。这是村上有史以来第一次使用现代化通信工具，由于通信线路使用金属导线连通，所以通话声音清晰度较差。主要用于村上、公社和县上有关机关单位的公务联系，村民有紧急事情也可以往兰州等地打长途电话，因为在接通过程中需要人工转机，通话费时费劲。

▲ 手摇电话机

随着通信线路的架通，村上也实现有线广播的进村入户，并很快得到普及。这对于村民及时了解国家大事及上级各级政府部门贯彻宣传政策精神提供了方便。也为村民享受文化生活提供了一个平台。

1992年，景泰县电信局开通了程控电话业务，芳草村离县城距离较近，此项业务很快进入村民家中，中国电信公司景泰分公司和中国铁路通讯公司景泰分公司两家公司都架通了县城通往芳草的电缆线路。在芳草村安装程控电话机220多台。

1997年，移动通信业务在景泰地区全面开展，有条件和工作需要的村民陆续办理模拟手持电话。随着通信技术的迅速发展，网络通信、光纤数字传输系统在芳草村逐步推广，使用手机人数不断增多。

2012年，县移动公司架通村上的宽带网线，农户安装村村通卫星接收锅，每户一口锅就可以接收多个频道的电视节目，很快推动网络电视的覆盖率，截至2019年，网络电视在村上入户率达到95%以上。会使用电脑的年轻人、学生、企业都安装了电脑，开始上网。手机成了人们日常生活的必需品，全村90%以上村民（除儿童外）都有手机，人们除了打电话，还可以上网、购物、视频聊天。

2017年，村上设立电子商务服务室，为村民购进生产资料和产后销售农产品提供了方便。

芳草村志

第七章

人 口

第七章 人　口

第一节　人口状况及变迁

芳草村东与蓆滩村接壤，西与兴泉村田水相连。根据蓆滩村砖厂出土的一处新石器时代的文化遗存和兴泉村古汉墓出土等人类活动史的证据，可以推断出蓆滩、芳草、兴泉一带最早古人类活动，应该在汉代开始就有先民在这里繁衍生息。另据村上有关家族族谱记载，到了明末清初开始就有居民来这里定居，距今已有500年历史。明隆庆年间赵氏家族就耕占赵家岘，以农为主，耕读传家。明崇祯年间芦塘傅氏家族在芳草村耕种务农。芦塘洪氏家族在清初乾隆年间到芳草开凿泉水、拓荒置田、发展产业。先后陆续有孙、罗、李、金、马、化、陈、张氏等家族迁来居住。这一时期住户有10户左右，总人口约在50人左右。清代中后期，随着李继颜家族迁徙而来定居打庄、置田挖水、修筑堡子，其亲戚、朋友不断迁来。而先来的家族又选择陆续离开。傅氏家族和洪氏家族在芳草村居住200年后，洪氏家族回到了芦塘，而傅氏一支从芳草离开后去向不明；罗、马、化、陈、金、张氏几个家族都陆续离开。截至清末，芳草全村共有18户居民。到民国初年有20多户，总人口100人左右。民国十八年（1929年）有40多户。大灾荒后有20多户逃荒、迁居到外地。

一、1949年至1958的人口状况

截至1949年，村上有60多户人家。1952年土地改革运动中，接纳来自县内白墩子乡10户50多人和兰州等地的零星迁移户。1956年，国家实施人口疏散政策时，接纳来自县内五佛乡西源村、泰和村、老湾村和芦阳镇条山村、十里村及河南省周口市沈丘县等地移民。随着两批移民的迁入，1958年，全村增加至119户、718人，其中男369人，女349人。

二、1959年至1979年人口状况

三年困难时期（1959-1961），第三批移民从甘肃临洮县、民勤县、榆中县、古浪县及本县内精简下放、投亲、婚姻等因素迁入。

截至1979年，全村人口增至247户、1463人，其中男740人，女723人。

三、1980年至2019年人口状况

1979年以后，影响人口变化最主要的因素就是计划生育。截至2019年底的近40年中，总户数增加至504户，总人口增至1998人。从2000年开始，由于计划生育政策深入人心，加之年轻一代生育观念的转变，村上人口发展平缓，并出现下降趋势。

四、人口年龄构成

根据1964年全国第二次人口普查和1990年全国第四次人口普查得出的数据，芳草人的年龄构成情况如下：

1. 1964年人口年龄构成（总人口968人）

0—19岁　　544人，占总人口56.20%；
20—39岁　　236人，占总人口24.38%；
40—59岁　　143人，占总人口14.77%；
60—70岁　　45人，占总人口4.65%。

2. 1990年人口年龄构成（总人口1790人）

0—19岁　　788人，占总人口44%；
20—39岁　　652人，占总人口36.42%；
40—59岁　　245人，占总人口13.69%；
60—70岁　　101人，占总人口5.64%；
80—90岁　　4人，占总人口0.022%。

五、知识青年上山下乡插队芳草

根据毛泽东"知识青年到农村去，接受贫下中农再教育"的指示，村上先后于1973年12月、1974年12月、1976年4月三次接收来自兰州19名、县内1名和白银32名知识青年插队落户。

从1973年第一批知识青年来到芳草，生产队安排知识青年住在有多余新房的农户家里，一家三四人，设有专门的灶房。生产队统一提供粮食蔬菜、采购煤炭、供应燃料，抽调专人做饭。住有知青的家庭主妇主动帮助他们生火烧炕，提供生活用水，保障他们生活方便安全。翌年春天，根据上级要求，村上安排三个生产队组织村民在各队的中心地带为知青新建房屋。每个知青点有房屋十多间，有两间会议室（学习室）、两间灶房、一间库房，宿舍八九间，每间二三人，并购置床板、炉子、桌椅等。院子里有厕所、院墙、大门，白灰粉墙、青砖铺地、玻璃窗户、油漆门窗，是当时村里最漂亮的房子。

知青安插到农村生产队，服从安排，按时参加集体生产劳动，和普通社员一样挣工分、分红分口粮、分布票等。

1976年10月，兰州知青招工返城；1979年10月，知青全部招工返城。

三批知识青年插队情况统计：

第一批（1973年12月） 兰州知识青年19名，其中分配第一生产队10名：（男5名）李建华、于斌、冯建明、李吉武、张永林，（女5名）李玉春、贾菊花、程燕丽、关凤霞、朱景花；第二生产队9名：（男6名）王翟、苏建国、张建宁、李长春、杨昌辉、金海涛，（女3名）郑军花、付云霞、安庆。

第二批（1974年12月） 景泰知识青年1名（男）：陈晓聪（二队）。

第三批（1976年4月） 白银知识青年32名，其中第一生产队9名：（男5名）张玉会、李春华、姜东林、郭刚、隋立华，（女4名）刘金春、张漪清、张凤英、王淑香；第二生产队9名：（男5名）高鹏远、郑金海、柴伟、齐玉林、王胜东，（女4名）刘宝林、马桃芬、苑玉英、张惕；第三生产队14名：（男8名）雷卫星、杨俊山、冯忠良、王建忠、王占兵、乔国强、张国辉、张堪，（女6名）李海梅、张淑杰、李桂婷、孙明英、王丽霞、牛红。

芳草村户数、人口变动情况表

（1955—2019）

表 7-1-1　　　　　　　　　　　　　　　　　　　　　单位：户、人

项目 年度	总户数	总人口	男	女	出生 人数	出生率‰	死亡 人数	死亡率‰	人口自然增长率‰
1955年	76	440							
1956年	99	615	311	304					
1957年	107								
1958年	119	718	369	349					
1959年	127	822	426	396					
1960年	144	857							
1961年	145	896							
1962年	165	941	495	446	20	21.25	1	1.06	20.19
1963年	169	963		446	43	44.65	12	12.46	32.19
1964年	169	997	531	466	40	40.12	7	7.02	33.10
1965年	169	1029	546	483	44	42.76	8	7.77	34.99
1966年	170	1058	556	502	45	42.53	8	7.56	34.97
1967年	178	1077	571	506	35	32.50	7	6.50	26.00
1968年	183	1125			38	33.78	9	8.00	25.78
1969年	183	1164	612	552	44	37.83	12	10.32	27.52
1970年	193	1215	641	574	63	51.85	5	4.12	47.74
1971年	199	1258	664	594	50	39.75	11	8.74	31.00
1972年	206	1297	682	615	55	42.41	8	6.17	36.24
1973年	234	1370	722	648	58	42.34	11	8.03	34.31
1974年	248	1408	767	641	43	30.54	5	3.55	26.99
1975年	246	1401	711	690	22	15.70	12	8.57	7.14
1976年	267	1443	737	706	30	20.79	3	2.08	18.71
1977年	245	1467	749	718	33	22.49	7	4.77	17.72
1978年	266	1478	752	726	22	14.88	6	4.06	10.83
1979年	247	1463	740	723	23	15.72	6	4.10	11.62
1980年	253	1500	754	746	29	19.33	11	7.33	12.00

续表

项目\年度	总户数	总人口	男	女	出生人数	出生率%	死亡人数	死亡率%	人口自然增长率%
1981年	254	1523	765	758		0.00			0.00
1982年	273	1570	787	783	41	26.11	7	4.46	21.66
1983年	282	1595	801	794	41	25.71	7	4.39	21.32
1984年	269	1630	825	805	35	21.47	14	8.59	12.88
1985年	301	1662	831	831	41	24.67	6	3.61	21.06
1986年	317	1670	838	832	38	22.75	10	5.99	16.77
1987年	325	1684	846	838	42	24.90	17	10.08	14.82
1988年	345	1717	864	853	31	18.05	6	3.49	14.56
1989年	361	1743	883	860	52	29.83	7	4.02	25.82
1990年	370	1791	901	890	32	17.87	10	5.58	12.28
1991年	370	1830	925	905	38	20.77	6	3.28	17.49
1992年	373	1866	940	926	50	26.80	13	6.97	19.83
1993年	419	1898	967	931	51	26.86	14	7.37	19.48
1994年	437	1910	977	933	42	21.99	5	2.62	19.37
1995年	464	1918	976	942	39	20.33	11	5.74	14.60
1996年		1950			25	12.82	9	4.62	8.21
1997年	457	1987	1000	987	25	12.58	9	4.53	8.05
1998年	457	1987	1003	984	16	8.05	5	2.52	5.54
1999年	465	1988	1004	984	18	9.05	10	5.03	4.02
2000年	464	1995	1002	993	13	6.52	6	3.01	3.51
2001年	470	1992			16	8.03	5	2.51	5.52
2002年	477	1977			18	9.07			9.07
2003年	477	1938			18	9.32			9.32
2004年	477	1917			6	3.13			3.13
2005年	477	1946			9	4.69			4.69
2006年	477	1939			11	5.67			5.67
2007年	477	1946			31	15.88			15.88
2008年	477	1940			21	12.12			12.12

续表

项目\年度	总户数	总人口	男	女	出生人数	出生率%	死亡人数	死亡率%	人口自然增长率%
2009年	486	1895			22	12.44			12.44
2010年	400	1957			32	17.74			17.74
2011年		1957			22	11.96			11.96
2012年		1978			17	9.09			9.09
2013年		2006			22	11.52	9	4.71	6.81
2014年		2035			30	15.33	10	5.11	10.22
2015年		2053			12	6.29	6	3.15	3.15
2016年	503	1990	1036	954	27	13.39	7	3.47	9.92
2017年	506	2000	1036	964	11	10.58	8	7.69	2.88
2018年	501	1998					9	4.50	−4.50
2019年	504	1999							

第二节 姓氏来源及构成

芳草居民基本上是明朝以后迁至甘肃移民的后裔，有随肃王朱楧驻甘守边而来的幕僚和士兵的后代，有明朝大迁移移民的后代，有从陕西等省逃难、逃荒者的后代。

根据1991年档案资料统计，全村共有370户1786人，以户主姓氏统计，有30个。至2017年底统计，新增姓氏55个，达到85个姓氏。其中李姓124户，占总户数的33.5%；10户以上的姓氏177户，占总数的47.84%；10户以下的姓氏69户，占总数的18.65%。人口上百的李、杨、张、王、胡姓，人口总和为1007人，占全村总人口的56.38%；其余26个姓氏的人口为779人，占总人口的43.62%。进入21世纪新增的姓氏，均为婚姻关系迁入。人口上百的姓氏基本上都是落户早，长期繁衍，宗族聚集，因而占全村人口的大多数。姓氏全部为单姓，无复姓，且全为汉族。

芳草村姓氏来源及氏族传承

表 7-2-1

序号	芳草始祖	自何时来	从何处来	缘由	世数	现存人口 男	现存人口 女	材料提供人
1	赵进福之高祖	明隆庆年间	景泰县芦阳镇	垦荒	17	104	79	赵天喜 赵斌文
2	孙仓	乾隆廿六年（1761）	中泉镇脑泉村	走镖	10	24	20	孙正泰
3	李继颜	嘉庆年间	白银区水川镇蒋家湾	创业	8	23	28	李志鸿
4	李乾德	嘉庆年间	白银区水川镇	投亲	8	47	38	李志荣
5	李继孝	嘉庆年间	榆中县青城镇	投亲	9	61	55	李保升 李富生 李明生
6	李得玉	清朝中期	兰州市城关区盐场堡	盐务	8	46	57	李有智
7	李发荣	嘉庆年间	白银区水川镇	逃荒	8	166	156	李元平 李尚仁 李元能 李尚成 李元安 李尚平 李尚宝
8	张存明	道光年间	白银区水川镇	投亲	8	58	38	张义安
9	武国玖	道光年间	靖远县平堡镇平堡村	投亲	8	66	56	武克堂
10	郝洪孝	咸丰年间	喜泉镇兴泉村	贸易	8	29	41	郝廷建
11	李谭宗		白银区水川镇	投亲	6	18	16	李作贵
12	闫福海	咸丰年间	古浪县大靖镇	佣工	9	13	14	闫立海
13	杨学俭	同治年间	中泉镇羊尾巴村	避难	9	88	68	杨生茂
14	寇强	同治年间	中泉镇脑泉村	佣工	10	64	55	寇永桢
15	李世璇 李世琼	光绪四年（1878）	榆中县青城镇	种水烟	6	94	52	李作泰 李作满 李治祥
16	赵俊	光绪年间	白银区水川镇	逃荒	8	13	14	赵富成
17	张锐	光绪年间	古浪县新堡乡嵩沟村	逃荒	10	24	15	张武

续表

序号	芳草始祖	自何时来	从何处来	缘由	世数	现存人口 男	现存人口 女	材料提供人
18	李福元	光绪年间	白银区水川镇蒋家湾	投亲	5	15	9	李桂春
19	金玉明	1928年	白银区水川镇	逃荒	4	8	8	金得富
20	焦生库		喜泉镇三塘村	随地迁入	6	19	23	焦万录
21	郭　辉		芦阳镇蓆滩村	投亲	5	2	3	郭永文
22	杨生福 杨生禄	1929年	喜泉镇大安村	投亲	4	15	8	杨延荣
23	尚步泰	1930年	中泉镇常生村	佣工	7	89	34	尚仁武
24	王世普	1931年	靖远县石门乡小口村	投亲	5	13	8	王　银
25	李世忠		白银区水川镇	投亲	5	12	9	李树豹
26	杨瑞山	1940年	金昌市永昌县	逃荒	4	14	7	杨有元
27	李正山	1941年	榆中县青城镇	投亲	6	8	5	李学忠
28	胡振炜	1941年	五佛乡泰和村	随牧搬迁	5	88	69	胡秉海 胡广谋
29	韦跃武	1942年	靖远县平堡镇平堡村	货郎落户	5	7	8	韦兴忠
30	张　正	1946年	靖远县水泉镇陡城村	货郎落户	4	2	3	张德明
31	干瑞堂	1947年	四川省资阳市	红军流落	3	2	4	干桂森
32	张耀玉	1947年	中泉镇三合村	佣工	3	5	11	张兴炎
33	张宗庆	1947年	中泉镇野狐水村	教书	6	5	4	张宝林
34	周积德	1948年	中泉镇羊尾巴村	投亲	5	19	12	周应发
35	李兴财	1948年	白银区水川镇蒋家湾	投亲	4	13	12	李桂森
36	曾希孝	1949年前	芦阳镇十里沙河村	投亲	4	9	7	曾振安
37	朱　璋	1949年	兰州市安宁区	做生意（裁缝）	5	15	12	朱文祖
38	王怀珉 王怀智	1952年	上沙沃镇白墩子村	土地改革	4	30	26	王　珠 王吉荣
39	田有忠 田有智	1952年	上沙沃镇白墩子村	土地改革	4	53	43	田种刚
40	梁德才	1952年	上沙沃镇白墩子村	土地改革	4	19	15	梁兴龙
41	屈万寿	1952年	上沙沃镇白墩子村	土地改革	5	8	7	屈占昌
42	王科举	1952年	上沙沃镇白墩子村	土地改革	5	9	11	王仲武

续表

序号	芳草始祖	自何时来	从何处来	缘由	世数	现存人口 男	现存人口 女	材料提供人
43	沈序林	1952年	上沙沃镇白墩子村	土地改革	4	5	11	沈渭民
44	刘振汉 刘兴汉	1952年	上沙沃镇白墩子村	土地改革	4	11	4	刘兴汉
45	张永盛	1952年	上沙沃镇白墩子村	土地改革	4	5	7	张世礼
46	张廷艺	1957年	喜泉镇三塘村	因婚迁入	4	3	4	张兴德
47	刘文奇	1957年	河南省周口市沈丘县	人口疏散	4	8	10	刘向云
48	罗希仁	1957年	芦阳镇条山村	人口疏散	6	14	13	罗玉兴
49	张正麟	1957年	芦阳镇十里沙河村	人口疏散	4	18	5	张宏海
50	李铜	1957年	五佛乡西源村	人口疏散	4	12	11	李孝德
51	陈忠万	1957年	五佛乡泰和村	人口疏散	4	6	2	陈俊家
52	陈国有	1957年	五佛乡老湾村	人口疏散	3	6	2	陈富山
53	王开玉 王开倍	1957年	五佛乡老湾村	人口疏散	4	16	7	王明树
54	贾大兴	1957年	五佛乡泰和村	人口疏散	4	3	11	贾继福
55	韦秉海	1957年	五佛乡西源村	人口疏散	4	14	16	韦兴勇
56	王有义 王朝义 王朝德	1957年	五佛乡泰和村	人口疏散	5	29	27	王朝全 王世龙 王万存
57	李存道	1957年	五佛乡西源村	人口疏散	5	14	16	李绥
58	胡永涛	1957年	五佛乡泰和村	人口疏散	4	5	10	胡广文
59	沈玉林	1957年	五佛乡兴水村	人口疏散	4	10	13	沈渭虎
60	沈渭涛	1957年	五佛乡老湾村	人口疏散	4	12	13	沈祥云
61	杨意清	1959年	芦阳镇条山村	搬迁	3	4	6	杨意清
62	马成仁	1960年	临洮县洮阳镇	精简下放	4	8	9	马永福
63	刘延来	1960年	民勤县双茨科乡	精简下放	4	7	5	刘建国
64	何沛英	1962年	芦阳镇芦阳村	人口疏散	3	3	4	何睿
65	孙勤	1976年	靖远县石门乡	随母迁入	2	4	2	孙勤
66	王忠	1981年	芦阳镇响水村	因婚迁入	3	2	1	王占斌
67	李奋银	1991年	榆中县青城镇	投亲	3	4	5	李奋银
68	石生强	2000年	靖远县石门乡	因婚迁入	2	3		石生强

续表

序号	芳草始祖	自何时来	从何处来	缘由	世数	现存人口 男	现存人口 女	材料提供人
69	冯宜宾	2004年	古浪县新堡乡	因婚迁入	2	2	1	冯宜宾
70	李 钧	2011年	四川省资阳市安岳县	因婚迁入	2	2	1	李 钧
71	雒有祥	2013年	榆中县园子岔乡	因婚迁入	2	2	1	雒有祥
72	吴克智	2015年	芦阳镇王庄村	因婚迁入	2	2	1	吴克智
73	卢昌平	2016年	中泉镇胡麻水村	因婚迁入	2	1	2	卢昌平
74	苏方旭		湖北省襄阳市	因婚迁入	2	2		张丛炎
75	付廷海	2017年	芦阳镇城北墩村	因婚迁入	2	2	1	付廷海

第三节 计划生育

20世纪60年代以前，芳草村和全国各地一样，生育呈自由生育状态，受"多子多福""不孝有三，无后为大"等传统意识的影响，一对夫妇生育七八个子女者屡见不鲜，生育四五个子女者属常态。

从50年代国家开始提倡并宣传计划生育工作，但计划生育的具体措施并没有落实，人口生育率逐年上升。到1970年，全村人口出生率高达51.85‰，自然增长率达到47.33‰。

从1972年开始落实计划生育措施，先从育龄妇女中已生育多胎和有男有女者并自愿落实节育措施的开始推行。凡做了结扎手术的，生产队补给一定量的工分，并休息一个月；放节育环者也补给一定量的工分，休息一到两周。同时为了鼓励已做手术的和即将面临手术的育龄妇女，生产队提供一定数量的肉食和食用油等营养品；丈夫不在家的，生产队指派其他妇女进行护理。

计划生育工作经历了先易后难、稳步推进、最终实现目标的发展过程。1973年，北京医疗队在村上积极开展宣传教育，干部和群众的认识逐渐提高，节育率逐年提高，人口出生率和自然增长率逐年下降。到1975年底，人口出生率下降到15.70‰，自然增长率下降到7.13‰。

1976年，芳草村人口自然增长率有所回升，县委和县革委会及时向全县发出号召，适龄青年实行晚婚晚育，农村青年男25岁、女23岁结婚，提倡一对夫妻只生2个孩子，胎次间隔4~5周岁。对已生过2个孩子但有残疾者，经群众讨论，大队、生产队加注意见，报县计划生育办公室批准可再生1个。对生了1个孩子已放环的妇女，胎次间隔符合"稀"生的要求，及时取环安排生育。

在响应上级号召的同时，村上贯彻落实国务院1978年28号文件，中共中央69号文件和省、地、县有关规定，如1979年武威地区下发《关于实行"计划生育卡片的实施办法"的通知》；1981年县政府下发《关于计生问题的若干意见》和随后县政府下发的《关于计划生育有关问题的补充规定》等文件精神，认真贯彻一对夫妇最好生育1个、最多2个的政策。1978—1980年三年人口出生率分别保持在14.88‰、15.72‰、19.33‰；自然增长率保持在10.82‰、11.62‰、12.00‰。经过1983年1月和1984年1月两个计划生育宣传月活动和县上各单位包乡、包村的办法，有力促进了计划生育工作。在包村单位的帮助下，计划生育各项措施得到落实。但由于50年代生育高峰出生的男女青年进入婚期，结婚人数逐年增多，加之重男轻女思想根深蒂固，超生、强生增加，导致全村生育率回升，1985—1987年三年，人口出生率分别增长到24.67‰、22.75‰、24.89‰；人口自然增长率回升到21.06‰、16.76‰、14.82‰。

进入90年代，基本控制了计划外多胎生育，纯女户结扎也开始有了突破。加之县包乡包村单位配合工作，定期不定期组织突击检查，产生了较强的促进作用，同时芦阳镇及时下发关于加强计生工作的决定，制定了相应的强制性政策措施。如：凡1996年1月之前超生抢生二胎和三胎以上者，按省计划生育条例38条规定，强行征收14年的超生费；农民超生者，在5~7年内不得享受社会救济，不划宅基地并收回一人承包地；合同工、临时工、招聘干部、民办教师等一律辞退；第一孩出生后必须放环，控制间隔，否则进行罚款；怀孕间隔不够，必须人流，否则强行罚款等。为了落实政策措施，村上推行计划生育工作责任书管理，一孩放环率达70%，二孩结扎率90%，超生费征收95%。

21世纪以来，随着社会进步和经济发展，人们思想观念逐步转变，计生工作基本转入常态化。

村上2002年计生工作责任书明确规定：

人口计划管理　持证率100%，出生率14‰，自增率7.5%，计生率85%，放环结扎率90%，及时率85%，二女户累计结扎95%。

统计管理　填报月报告单，"一卡六册一单"准确率100%，宣传教育、依法管理、当年社会抚养费征收50%以上，历年征收达100%。

村级管理服务　一是成立村工作室，二是建立自管小组，三是入户访谈，四是做好合格村建设，五是实现村民自治，六是做好环孕情服务，七是做好生殖保健服务，八是搞好培训工作。对二女户养老也有明确规定。村上成立计生领导小组、计生协会，村支部书记作为第一责任人，担任小组长和协会主任，配备专干一名，各小组设一名宣传员。

经过多年的政策引导和实践，村上人口控制大见成效，步入"少生优生优育，生男生女都一样"的发展轨道。计划生育已基本成为人们自觉而理性的选择。2015年，中央全面放开二孩生育，但少生、优生、优育，已成为人们的共识。

第四节　兵　役

1949年中华人民共和国成立，完全结束旧时代征兵"抓壮丁"的历史。1951年，实行志愿兵役制。抗美援朝运动中，适龄青年报名参加志愿军，胡永义、李孝、李尚信被批准入伍；后李尚信赴朝参加抗美援朝战争。

1954年，全国开始实行义务兵役制，武祥顺、赵经本、李钰应征入伍。

1955年，按照《中华人民共和国兵役法》，全面实行义务兵役制，建立了定期征兵、退伍制度。年满18岁的青年公民，不分民族、种族、职业、社会出身、宗教信仰、文化程度，都有服兵役的义务。

1984年以后，实行以义务兵役制为主体的义务兵与志愿兵相结合、民兵与预备役相结合的兵役制度，征兵一般每年一次，多在冬季进行，也有在春季征

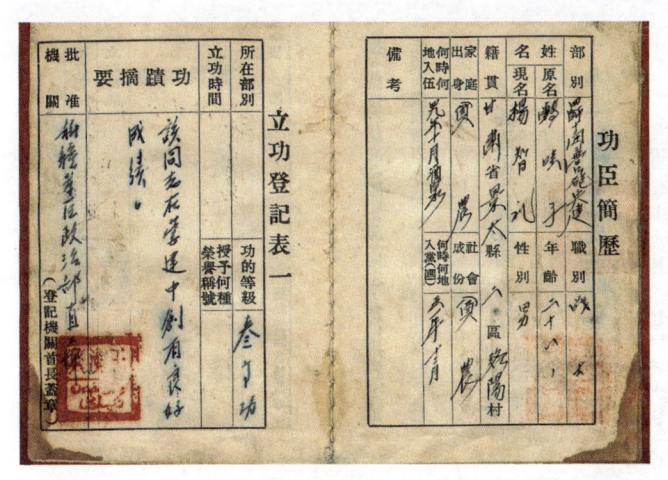

▲ 杨积礼立功登记表　　　　　　▲ 武发祥参军证明书

集的，从1951年开始至2019年，全村共有75人应征入伍。

对中国人民解放军退出现役分配到地方工作的干部和实行志愿兵役制时集体转业的战士，县人民政府按照国家的方针、原则和政策进行安置。到2017年，共安置芳草村转业军人25名。凡服役期满退出现役的一般兵员，根据哪里来哪里去的原则，回乡参加生产。截至2017年，共复员40名，他们在社会主义物质文明和精神文明建设中，在做好民兵预备役工作等方面，保持了人民军队的优良传统，起到了积极作用。

芳草村历年参军转业退伍人员统计表

表7-4-1

序号	姓名	性别	入伍时间	转业时间	退伍时间	转退伍安置情况	机关或回乡	服兵役所在部队
1	胡永义	男	1951.2			安置	兰州	省公安部队后勤部
2	李尚信	男	1951.2			安置	兰州	
3	李 孝	男	1951.2			回乡	芳草	
4	李 钰	男	1954.12			回乡	芳草	
5	武祥顺	男	1954.12			回乡	芳草	0024部队

续表

序号	姓名	性别	入伍时间	转业时间	退伍时间	转退伍安置情况	机关或回乡	服兵役所在部队
6	赵经本	男	1954.12	1958.12		安置	芦阳农机站	0024部队
7	郝廷玉	男	1960.3	1964.12		安置	县汽车队	8064部队
8	李文茂	男	1960.3	1964.12		回乡	芳草	8064部队
9	寇永祯	男	1964.12	1982.2		安置	县检察院	84819部队
10	王积祥	男	1964.12	1969.3		安置	县邮电局	8037部队
11	李作静	男	1966			安置	县医院	
12	李元义	男	1966			安置	景电管理局	
13	赵天禄	男	1966			安置	兰州	新疆喀什军分区
14	李作国	男	1968.1	1987.9		安置	市公交公司	西藏定结县人武部
15	李保升	男	1968.3	1981.12		安置	景电	新疆军区独立5团特务连
16	张治林	男	1969.3		1973.1	回乡	芳草	
17	武克俭	男	1970.1	1984.6		安置	武威监狱	基建工程兵013部队
18	李桂林	男	1970.1	1980.6		安置	深圳市政公司	基建工程兵013部队
19	杨延荣	男	1971	1976		安置	石膏矿	020基建部队
20	郝廷建	男	1972.12	1993.1		安置	县人大	89800部队
21	王明月	男	1973.1		1977.3	回乡	芳草	89800部队
22	王朝顺	男	1973.1		1976.3	回乡	芳草	89800部队
23	田发顺	男	1974			安置	条山农场	201部队
24	朱文祖	男	1976.2			回乡	石膏矿	39569部队
25	尚元武	男	1976.12	1983.5		安置	黄河石林	南京部队8支队
26	郝廷成	男	1976.2	1989.11		安置	省电力公司	空军航空兵部队
27	赵双文	男	1976.2	2004.12		安置	陕西省人社厅	空军航空兵部队
28	杨布元	男	1977.1		1983.1	回乡	芳草	00083部队
29	杨生安	男	1978.2		1980.12	回乡	芳草	84870部队

续表

序号	姓名	性别	入伍时间	转业时间	退伍时间	转退伍安置情况	机关或回乡	服兵役所在部队
30	周应弟	男	1979.12		1997.12	回乡	芳草	00083部队
31	李成财	男	1979.11		1983.11	回乡	芳草	84745部队
32	张志荣	男	1981.1		1985.1	回乡	芳草	84865部队
33	李元顺	男	1981.10		1987.1	回乡	芳草	84806部队
34	武克起	男	1982.10	2000		安置	县法院	36920部队
35	王 孝	男	1983.10	1992.4		安置	民航安检局	甘肃边防总队
36	沈富云	男	1983.1		1983.1	回乡	芳草	
37	胡秉尚	男	1983.10	1985.8		安置	兰州地税	武警甘肃总队
38	杨生成	男	1984.1		1988.1	回乡	芳草	青海武警部队
39	赵天敏	男	1985.10	1988年		安置	南关社区	36175部队
40	胡秉祖	男	1986.10	1997.7		安置	省轻工业联合会	84748部队
41	李元嘉	男	1986.11			回乡	芳草	84727部队
42	朱臣祖	男	1987.11		1990.12	回乡	芳草	63105部队
43	李桂海	男	1990.12			回乡	芳草	武威武警支队
44	马 俭	男	1991.12		1994.12	回乡	芳草	36173部队
45	胡广学	男	1993.12		2003.10	回乡	芳草	武警甘肃总队
46	武承杉	男	1994.12		1997.12	回乡	芳草	36027部队
47	王天虎	男	1995.12		2000.12	回乡	芳草	69322部队
48	杨生奇	男	1995.12		1998.11	回乡	芳草	36127部队
49	胡广全	男	1996.12		1999.12	回乡	芳草	第一批驻港兵
50	李治润	男	1997.12		2000.12	回乡	芳草	69224部队
51	寇宗友	男	1998.12		2000.12	回乡	芳草	武警宁夏后勤部队
52	李金全	男	1999.12		2004.12	回乡	芳草	69214部队
53	李媛媛	女	1999.12	2001.12		安置	景电管理局	兰州军区第一技术侦查局
54	刘俊玲	女	1999.12	2006.12		安置	武威交通局	63676部队
55	李治成	男	2002.1		2009.12	回乡	芳草	68321部队

续表

序号	姓名	性别	入伍时间	转业时间	退伍时间	转退伍安置情况	机关或回乡	服兵役所在部队
56	沈榆云	男	2002.12		2004.12	回乡	芳草	68321部队
57	王昭升	男	2003.12		2008.12	回乡	芳草	广东武警部队
58	张 雁	男	2003.12		2008.12	回乡	芳草	63655部队
59	赵慧有	男	2004.12		2006.12	回乡	芳草	66043部队
60	王永红	男	2004.12		2006.12	回乡	芳草	66043部队
61	寇宗鹏	男	2005.12		2007.12	回乡	芳草	95948部队
62	沈文云	男	2006.12		2008.12	回乡	芳草	69290部队
63	王天慧	男	2006.1		2008.2	回乡	芳草	武警新疆建设兵团
64	张治虎	男	2007.12		2012.12	回乡	芳草	拉萨森林大队
65	王玉昌	男	2007.12		2009.12	回乡	芳草	武警汉中支队
66	张永东	男	2007.12	2010.12月		安置	县安监局	77298部队
67	赵仁有	男	2007.12		2010.1	回乡	芳草	63666部队
68	田 健	男	2007.12	现役				西宁市32356部队
69	赵博有	男	2011.9	考入军校				银川市
70	尚立生	男	2011.12	现役				海南省
71	李国武	男	2012.12			回乡	芳草	
72	寇宗银	男	2013.9		2015.9	回乡	芳草	63601部队
73	王鹏昌	男	2014.9		2016.9	回乡	芳草	武警部队
74	周富杰	男	2019.9	现役				新疆阿克苏市
75	李金泽	男	2020.4	大学参军				新疆博乐市

芳草村志

第八章
教育 文化 医疗

第八章 教育 文化 医疗

第一节 教 育

一、清末时期的教育

清光绪二十年（1895年），李宗经解甲归田，在堡子里面创建私塾。私塾设在李府一间厢房里，左面为客厅，右面为私塾。刚开始私塾先生为李宗经的退休幕僚，后来又由其族叔李世璈担任先生。宗经的儿子李林和其他几个家境较好的孩子一起学习。教材以《三字经》《百家姓》《四书》《五经》等为主。教学内容以忠孝仁义礼智信等儒家思想为中心，先生对弟子施以灌输式教育。这是芳草村学校教育的开端。

1903年，清政府颁布《奏定学堂章程》，这是中国近代教育史上第一部以法令形式公布并在全国推行的学校教育章程，但没有推及芳草村。

1905年，根据朝廷诏令，私塾改为学堂，学生逐年增多。

二、民国时期的教育

1912年，中华民国临时政府教育部颁布《学校系统令》，规定初等小学四年为义务教育。但该规定在当时并没有得到落实。

1915年，李林腾出三间店铺作为教室，聘请其族兄李长敦为先生，正式建立学堂，学生有武发顺、李文珍、李诚、李焕堂、郝有智、李树祥等。

1919年，学堂改为学校，办学规模扩大，教材内容更新。课程为国语、社会、算术、美术、体育等。

1936年，由原来春季开学改为秋季开学，本村张宗庆任教。学生有李作柱、张万宝、李忠、寇世杰、李作祯等。

1937年，民国政府教育部颁布《学龄儿童强迫入学暂行办法》，这是现代义务教育的雏形，概念为强迫教育。

1940年4月，民国政府教育部制定《国民教育实施纲要》，规定国民教育分为义务教育和失学民众补习教育两部分，两种教育同步实施，课程为国语、算术、唱游等。重视对学生的思想和品行教育，坚持忠孝、仁爱、信义、和平等传统教育。

1941年，红磜上墩村李作林奉景泰县政府公文，创办芳草渠公立初级小学，李作林没有在芳草任教。

1942年，景泰县文教科派一条山人张文蔚到芳草小学担任校长，学校正式由国民政府文教科管理。具体事务多由乡绅组成的校董会管理协调，李焕堂、李诚、尚有秀等曾担任过校董会成员。教师待遇实行"米津制"，每人每月领小麦60斤，由县政府和校董会筹集。

1943年，县上委派教师的待遇名称改为"公教粮食"，教师每月领小麦135斤，校长兼教员薪俸每月90元（法币）；村上聘用的老师薪酬由校董会决定。学校曾设在堡子西南张维成家的三间上房里，新中国成立前夕搬到堡子西面的村庙里。村庙坐西向东，大门朝东，中间三间正殿作为教室，北面三间厢房为教师宿舍。学生为数不多，使用木桌凳。先后担任教师的有本村人张宗庆、胡永杰，青崖人尚步权，常窑子人尚有信及外地人欧阳怡君等。课程为公民训练、国语、算术、唱游、美术等。考试采用百分制，课堂教学基本沿用传统的教学方法，提倡启发式教学。1949年以前毕业生有李有仁、胡永义、李钰、李尚元、李尚杰、李作文、寇世全、尚有文、尚有运等。

三、中华人民国和国成立以来的教育

1.新中国成立初期

1949年中华人民共和国成立后，学校更名为景泰县芳草初级小学，教学活动仍在村庙进行。因学生逐渐增多，在村庙南面新建三间教室，以土台搭木板作桌凳。大多数学生起初没有课本，只有单字本。教师每天教几个字和词，次日测试后继续教新字新词。四个年级实行复式教学，逐渐步入正轨。一、二年级开设国语、算术、美术、唱游；三、四年级开设国语、算术、美术、常识、音乐、体育。每周24～29课时，考试实行五分制。教师由政府和村上统筹安排，有民办公助教师和民办教师两类。

1952年，改国语为语文，美术为美工。1953年将美工改为图画，增设珠算。1958年秋季，一年级语文开始教汉语拼音。

1953年以后，根据中央人民政府"整顿巩固，重点发展，提高质量，稳步前进"的方针，参照苏联经验，改进学校教育，强调学生全面发展，加强学校政治思想教育，调整课程，建立和健全规章制度。在教学方法上，采用苏联凯洛夫教学模式（组织教学、检查复习、讲授新课、巩固新知识、布置作业等五个环节）。其间，刘家模、化成、王怀恩、李明高、王富仁等先后担任校长。教师住在村庙，吃在村民家里。

1958年，开始推行"精讲多练、因材施教"的教育方法，记分法由五分制改为百分制。开展以勤工俭学、教育与生产劳动相结合为中心的教育革命，师生注重参加体力劳动，课堂教学有所放松。大炼钢铁时期，根据上级要求，教师李有权带领高年级学生步行到响水村抱矿石。没有地方休息，学生们晚上只能住在响水小学的教室里，趴在桌子上睡觉。现场负责的大队书记李树桂担心小学生劳累过度，让老师把学生带回学校上课。

其间，学校除了搞好正常的教学工作，还承担扫盲任务。中午和晚上开设扫盲班，中午以家庭妇女为主，晚上以青壮年为主。除了学校老师亲自上课外，还以亲帮亲、邻帮邻、小学生教成人、识字人教文盲等多种方式进行，通过不懈努力，扫盲工作取得明显成效，许多人会记工分，能进行简单的读写。

1959年，青壮年扫盲率达65%。

芳草村志

　　李开先担任校长期间，在大队的积极支持下，全体教师走家串户，动员适龄儿童入学读书。学校成立家长委员会，具体研究解决不同家庭孩子的入学问题。针对重男轻女、家里没人看孩子的现象，学校征得大队同意，采取暂时免收困难家庭孩子的学费和书费的办法。对个别坚持让学生辍学挣工分的家庭，生产队采取不给学生记工分的办法，敦促适龄儿童入学读书。1959年，适龄儿童入学率在70%以上，在校学生达到115人，其中男生77人，女生38人。有15名中学生、13名完小生分别在芦阳、条山、兴泉就读。

　　1962年，政府加大办学力度，大队在堡子西南面正式修建学校，占地面积约6000平方米。校门朝西，校园东面两个大教室，后面是操场；南面一个大教室，西面是教师宿舍和办公室；北面一个大教室和宿舍。木桌凳和土墩桌凳并用。教师数量不断增加，复式教学改为四个年级分班授课，教学成绩不断提高。

　　1964年6月，李保卫考取甘肃农业大学。这是芳草历史上的第一个大学生。

　　1965年，芳草高级小学成立，学制六年，实行"四二"学制，初级小学四年，高级小学两年。班级增多，教室不足，五、六年级改在村庙上课，开设语文、算术、珠算、历史、地理、自然、农业生产知识、体育、图画、手工等10门课程。全年教学时间为9个半月，考试分平时、期中、期末三种，成绩占比分别为20%、30%、50%。

▲ 芳草学校旧大门

同年，学校成立耕读班。学生上午参加生产劳动，下午上课，耕读结合。家庭拖累较大的学生允许带弟妹上学，可以延迟到校，提前离校。耕读班主要开设语文、算术，担任耕读班的教师先后有

▲ 1966年首届高小毕业照

寇永财、张义平、王天有等。老师除上课外，还负责辍学生劝返任务。当时学生年龄参差不齐，老师让大龄学生负责小龄学生的学习、纪律，并协助老师批改作业。

1966年，学校送走高级小学成立以后的第一届毕业生，共16名，1名学生因跟随母亲外出讨饭，未参加考试，其余15名学生全部顺利考入初中，升学率为100%。

2. "文化大革命"时期

1966年"文革"开始，少先队改称"红小兵"。参加"红小兵"一是政治上合格，不能是"地、富、反、坏、右"的子女；二是在学校表现好，要有雷锋精神，常做好事，帮助别人；三是学习成绩好。

1969年，根据"学制要缩短，教育要革命"精神，上级要求把学校办到家门口，让农民子女就近上学，普及七年教育（小学五年加初中两年）。学校附设初中班，称为戴帽初中，由秋季开学改为春季开学。小学开设毛泽东思想、语文、算术、文体、科学常识等课；1970年春初中开始招生，开设毛泽东思想、语文、数学、物理、化学、农业基础知识、历史、地理、革命文艺、军体、卫生常识等课。虽然学习内容精简、学制缩短，但在普及基础教育方面成效显著，全村适龄儿童入学率达到80%。

1969年3月，根据毛泽东《五七指示》精神，贫下中农管理学校成为学校管理的重要形式。原学校领导班子把学校印章、公文、财产等，移交到大队。经芦阳公社革命委员会批准，成立芳草小学革命委员会，由寇永成（大队领导）、焦万盈（学校领导）、张子忠、武克荣（教师）、李孝义（学生）5人组成，寇永成担任主任，焦万盈担任副主任。学校日常工作焦万盈具体负责。贫协委员李尚福、李孝、李莲英定期不定期到学校参加会议和各种活动。学校开展一系列的忆苦思甜活动。经常请贫下中农代表李树恩、武兴顺等到学校做报告，安排学生吃忆苦思甜饭（清水煮的野菜里掺些麸皮）。除了校内活动，还安排学生到贫农家里了解旧社会生活情况，理解新旧社会的差别，接受贫下中农再教育。

▲ 1972年初中班毕业照

1972年，建成两个人字梁土木结构大教室。根据"以学为主，兼学别样"的要求，学校在村子南面建砖窑，办砖厂。尽管花钱不少，费力不少，但从来没有烧出合格的砖。学校还养猪，种20亩学田，组织学生在生产队干农活。学校新建两栋4个土木结构教室、图书室、阅览室和5间教师办公室，校门朝北开。

1974年，开展批林批孔运动。学校除参与一些批判会、社会调查、访贫问苦等活动外，大队党支部还组织一支由基层干部、农技人员、老农民、民兵、知识青年、卫生员共9人组成的兼职教师队伍。学校采取"请进来、走出去"的方法，把学校小课堂与社会大课堂结合起来，请工农兵登台讲课。

1975年，学校革委会把教学工作作为重点。组织公开教学，教师互相听课。定期评比检查，举行成绩总结会。保证上好军体课，坚持做课间体操，成立篮球队、武术队、舞蹈队、小乐队等，丰富校园文体活动，加强卫生教育。合理安排劳动时间，一、二、三年级每周两小时，四、五年级每周半天，初一、初二每周1天。定期召开大队干部、贫下中农代表、家长代表座谈会，汇报学校工作，了解学生在社会和家庭的表现，听取各个方面对学校工作的意见。

是年，芦阳公社派拖拉机站的推土机平整校园南面的大操场。

是年，景泰县红专学校在芳草小学成立，招收全县初中毕业生。

1977年，经中共芦阳公社革委会批准，周世伟任芳草学校革委会主任，张万宝、付才安为革委会副主任，教师代表寇永财、学生代表刘学淑为委员。为了不影响农业生产劳动、方便家长照顾孩子，学校调整作息时间，尽量与村民吃饭、劳作时间一致。早上学生到校先跑操，操后上1节课，然后师生回家与家人一起吃早饭。上午上3节课，12点多回家与家人一起吃饭。下午2节课后，上一节课外活动和一节自习课，下午6点左右回家。

"文革"期间，民办教师是教学主力。由学校或大队推荐，芦阳公社审批，不列入国家教师编制。家庭成分不好或表现不好不允许当老师。50年代后期，民办教师享受同等劳动力工分（每天10分工），1961年至1965年，除工分外，国家拨款，每年发给一定数量的生活补助费。60年代后期，民办教师的国家补助部分每人每月平均6元；70年代增加到每月10～15元。农村实行生产体制改革后，除承包一份责任田外，社队补助15～20元，国家补助20元；1979年，国家补助增加到40元。1979年以后，屈占昌、李有智、胡秉海、寇永财、李作身、李俊财、闫有义、马珠兰等陆续转为公办教师。

"文革"十年，国家推荐工农兵上大学，依据"自愿报名、基层推荐、领导批准、学校复审"的政策，通过推荐考试，马永福、李元安、张义安进入大学学习，赵天理、尚仁武、孙国泰、尚灵武进入中专学习。

3. 恢复高考制度后

1977年12月恢复高考，李保军考入兰州大学，焦清考入武威师范学校。

1978年，从一年级和初一开始使用全日制十年制国家统编教材。是年，少年儿童组织恢复中国少年先锋队的名称，学龄儿童入学均佩戴红领巾，成为少先队员。少先队由大队辅导员负责,辅导员由专人担任。每年"六一"儿童节都要开展庆祝活动,有文艺表演、故事会、诗歌朗诵会等。

1980年开始,学校在课间做眼保健操。

1982年秋,县教育局撤销学校戴帽初中的建制。1984年,改为全日制六年制小学。全年上课34周,复习考试3周,寒暑假12周,国家规定的节假日1周。1985年,学龄儿童入学率达到95%以上,在校学生的巩固率达到97%以上;毕业率达到80%以上。

1985年9月10日第一个教师节,国家提倡尊师重教,各级政府举行庆祝表彰活动。村上在学校召开教师座谈会,给教师发纪念品,表彰优秀教师。从此,教师节的活动成为惯例。

20世纪80年代,培养"三个面向"(教育要面向现代化,面向世界,面向未来)"四有新人"(有理想、有道德、有文化、有纪律)成为教育目标。学校落实《中小学生守则》,要求做合格的中小学生。同时根据少年儿童的身心特点,进行一系列中华传统美德、爱国主义、集体主义、遵纪守法教育。1986年人数最多,在校学生达380多人,教职员工15人。

1986年4月,《中华人民共和国义务教育法》颁布,要求义务教育课程难度适当降低,学习任务适当减轻。1987年,学校实行班级教学质量责任承包制,每个年级语文、数学、英语按上年度的成绩定指标,即平均成绩、及格率、优秀率应分别达到规定标准。达到或超过有奖,达不到要进行批评、处罚。是年,县教育局、村上、小学各投资1万元翻修学校,拆除土木结构教室和办公室,建成砖混结构教室9个、办公室9个,植树种花绿化校园,校园整齐宽阔,校门朝东开。

1990年,执行六年级小学课程:语文、数学、自然、常识、思想品德、周会、图画、音乐、体育,每周30～32课时,早晚各有1节自习,每天有课外活动1节。是年,开设学前班。

1993年,《中国教育改革和发展纲要》发布。秋季实行九年制义务教育课程方案,使用义务教育教学大纲和教材。1994年8月,学校执行每周5天半新工时制度,课程除原有课程之外,增加晨会、科技文体活动、班团队活动、地方课程等。学生成绩考核实行期中、期末考试，以百分制计算。衡量教学质量的主要指标是语文、数学两科成绩均在60分以上的学生与全体学生之比。学校落实教学常规，把跟不上的学生留一级，各年级成绩有所提高。

1994年，学校增建1幢二层办公楼和5个学前班教室，同时改建灶房、厕所等设施，硬化校园。校园总建筑面积1504平方米，绿化面积600平方米，操场面积2500平方米。购置130套单人桌凳及音体美器材、综合实验器材，完善音乐、美术、体育、实验、少先队设施。学校被列为县教育局窗口学校和省项目管理学校。1996年通过"两基"及白银市示范化学校验收。

1998年秋季，学校执行新工时制，每周上课5天。1999年6月，中共中央、国务院作出《关于深化教育改革，全面推进素质教育的决定》，要求学校由"应试教育"向"素质教育"转轨。2003年4、5月，学校重视"非典"防控工作，加强对师生的晨检、午检工作，对外来人员实行隔离观察。9月开学，新课程改革实验开始全面实施，"教学大纲"改成"课程标准"。"课程标准"在关注知识和技能目标的同时，关注学生学习的过程、方法、情感、态度及价值观；突破学科中心，为学生终身发展打基础。增加科学、信息技术、地方与学校课程、综合实践活动等课程。学校严格教学制度，教案由校长审批，实行推门听课制度。实行科任老师、辅导时间、辅导对象三落实的学生转化制度。此后，各个年级教学成绩处在芦阳学区前列，每年升学考试成绩名列前茅，曾三次受到学区的奖励。2004年白银市教育局评定为园林化学校。2005年县委、县政府表彰为教育系统先进集体。

2006年，义务教育阶段学生开始免收学杂费和书费，小学科学、音乐、美术、信息技术等教科书循环使用。增添图书500多册。

2010年7月，《国家中长期教育改革发展规划纲要》提出"把教育摆在优先发展的战略地位"，"把促进公平作为国家基本教育政策"。

2012年4月，一至六年级学生开始享受农村义务教育营养餐。

是年，"高效课堂"建设开始全面实施，教学活动加强小组建设，注重"自主、合作、探究"。6月，获芦阳镇学区儿童男子篮球运动会第三名、学区国庆教职工篮球运动会优秀组织奖。

2013年11月，被北京链家地产授予"长征路上的爱心图书馆"称号。

2014年，政府和社会共投资174万元（农村义务教育薄弱学校改造补助资金144万元，北京链家地产捐资30万）翻修学校，新建大门、围墙331米，辅助用房185平方米，教学及办公用房面积752平方米，硬化校园5410平方米。是年，被评为芦阳镇学区少先队工作优秀中队、镇教育系统先进集体、学区教育质量管理先进单位。

2015年，国家投资70万元，新建幼儿园围墙52米、教室252平方米，硬化幼儿园面积1510平方米，增添保教设备10万元。配备音、美、体器材各一套，价值9万元，监控设备一套，价值4.2万元。是年，被甘肃省体育彩票管理中心授予"公益体彩，快乐操场"的称号。年底，白银市农村义务教育薄弱学校改造现场会在学校举行。

2016年，正式附设幼儿园，可容纳120多名幼儿。按年龄分为幼儿小班、中班和大班。

2017年，小学一、二、三年级学生开始接受U来公益实施的"在线直播课"。上海的音乐和美术专业老师通过在线教育平台，每周按教学大纲以及学校的课表直接给学生上课，孩子们享受优质教育资源。是年，获景泰县委、县政府少先队"红旗大队"荣誉称号、县幼儿园自制教具玩具大赛二等奖；六年级1班被白银市教育局评为优秀班集体。学校腰鼓队多次赴县城参加各种活动，是年暑假，赴北京参加链家地产庆典活动。

截至2019年，学校服务芳草、十里两个自然村，服务人口约3000人，服务半径3000米。有小学生及幼儿99人，教学班8个，学前教育班3个，教师16人，其中本科学历5人，大专学历8人，小学高级教师4人。其中，在芳草学校任教30年左右的代课教师李富彩、李新莲、张晓虹、李成凤等，于2020年10月前全部转正。

学校占地面积9109.2平方米，建筑面积993平方米，绿化面积1200平方米，运动场地面积2900平方米。学校设有会议室、德育室、少先大队部、实验仪器室、多媒体教室、图书室、心理咨询室，音乐、体育、美术教室各1个，学生宿舍1个。图书室藏书4000余册，音体美及实验仪器室都是按国家规定标准进行配备。每个教师配有工作电脑,每4个教师配置一台打印机。

4. 捐资助学情况

多年来,社会各界为学校发展注入不少力量。1996年,甘肃省人民政府为武克玉颁发捐资助学先进个人证书及"惠及桑梓"奖牌。

2014年,北京链家地产捐赠图书2000册,文体用品一批,共计1.72万元;2015年捐资3.2万元,购置教师办公室设施;2016年4月捐赠师生校服132套,价值1.5万元;8月捐赠"链·未来"电脑教室,配置电脑30台,价值6万元;2014至2016年共资助贫困学生6人次,捐助资金4800元。2015年,中国体彩捐助体育器材11种,价值1.2万元。

芳草教育经历了从无到有、从私塾到学校、从个别人读书到人人求学的历程,已形成在村里接受学前教育、小学教育,在镇上、县城接受初中教育,在县城接受高中教育,在全国各地乃至国外接受大学教育、研究生教育的成长系列。教师经历了从家长聘请、村上安排到政府统筹安排的过程。教师学历经历了从小学、初中、高中毕业到中专、大专、本科毕业的递升过程。办学硬件从简陋一室、教无定所发展到环境优美、功能室齐全、教学设备完善的国家规定标准。家庭条件经历了供不起到供得起、供得好的历程。家长观念由"念不念

▼ 芳草学校(2020年)

无所谓"发展到"不念书没前途"的认识高度。为了让孩子发展得好，大人不怕吃苦受累、不惜代价。为了让孩子上好学，很多家长在县城租房、买房，爷爷、奶奶专门伺候孙子，母亲专门伺候孩子读书的现象十分普遍。截至2020年，有在读大中小学生300多人；大学生毕业生240多人；在读和毕业的研究生61人（含博士生10人），充分反映了社会进步、教育普及、均衡发展的时代特征，也体现了芳草人吃苦耐劳、尊师重教的道德风尚和追求知识、奋发向上的精神气质。

芳草学校历任校长名录

表10-1-1

任期	姓名	性别	在任时间	籍贯
第一任	张文蔚	男		芦阳镇条山村
第二任	张宗庆	男		中泉镇野狐水村
第三任	胡永杰	男	1945—1949	芦阳镇芳草村
第四任	刘家模	男	1950—1951	芦阳镇芦阳村
第五任	化 成	男	1951—1952	喜泉镇兴泉村
第六任	王怀恩	男	1952—1953	喜泉镇兴泉村
第七任	李明高	男	1953—1955	景泰县五佛乡
第八任	王富仁	男	1955—1957年冬	景泰县五佛乡
第九任	李开先	男	1958年春—1961年夏	甘肃省民勤县
第十任	焦万盈	男	1961年秋—1964年夏	芦阳镇芳草村
第十一任	马如杰	男	1964年秋—1969.2	景泰县芦阳镇
第十二任	焦万盈	男	1971.8—1978.8	芦阳镇芳草村
第十三任	周世伟	男	1969年秋—1978年夏	景泰县芦阳镇
第十四任	焦万盈	男	1978年秋—1990年夏	芦阳镇芳草村
第十五任	寇永财	男	1990年秋—1994年夏	芦阳镇芳草村
第十六任	刘在贵	男	1994年秋—2000.2	景泰县中泉镇
第十七任	曾树堂	男	2000.3—2012.2	芦阳镇十里村
第十八任	曹新安	男	2012.3—2017.2	景泰县正路乡
第十九任	王 永	男	2017.3—	景泰县芦阳镇

芳草学校历任教导主任名录

表 10-1-2

任期	姓名	性别	在任时间	籍贯
第一任	张承先	男	1958年春—1961年夏	芦阳镇条山村
第二任	胡秉海	男	1961年秋—1964年夏	芦阳镇芳草村
第三任	张好学	男	1964年秋—1968年夏	景泰县芦阳镇
第四任	李有智	男	1968年秋—1982年夏	芦阳镇芳草村
第五任	胡秉海	男	1982年秋—1984年夏	芦阳镇芳草村
第六任	王永奎	男	1984年秋—1987年夏	景泰县芦阳镇
第七任	赵天理	男	1987年秋—1989年夏	芦阳镇芳草村
第八任	寇永财	男	1989年秋—1990年夏	芦阳镇芳草村
第九任	李作身	男	1989年秋—1994年夏	芦阳镇芳草村
第十任	宋杰锋	男	1994年秋—1999年夏	芦阳镇条山村
第十一任	李 锋	男	1999年秋—2001.2	甘肃省会宁县
第十二任	沈景林	男	2001.3—2006.2	芦阳镇沈庄村
第十三任	王 永	男	2006.3—2017.2	景泰县芦阳镇
第十四任	张永山	男	2017.3—	景泰县正路乡

芳草学校历任教师名单

一、本村教师

李世璈　李长敦　屈万寿　李有权　李尚秀　张义气　刘美英（女）

李俊财　王吉泰　张承芳（女）　姚凤英（女）　王天有　寇永祯

张义平　张学珍（女）　李保升　沈玉兰（女）　李作福　武克荣

马珠兰（女）　闫有义　尚灵武　张义清　屈占昌　胡秉国　李尚全

何沛英　李作芳（女）　焦 淑（女）　李成凤（女）　刘学军

李新莲（女）　李富彩（女）　张晓虹（女）　寇宗琴（女）

张治梅（女）　王忠海　赵机灵（女）

二、外地教师

尚步权　尚有信　欧阳怡君　师重勋　张显忠　郝宗功　王集云

张子忠　范振中　化　敦　陈仁贤　毛振忠　毛振发　胡永先　王怀宪
沈可信　高　铎　张鸿菊（女）　祁　武　王玉宝　化得芳（女）
周翠香（女）　化得萍（女）　白新云　李成燕（女）　李春雁（女）
王美行（女）　卢有舜　殷世娥（女）　冯宜淑（女）　张建国
卢昌随　张瑞莹（女）　张世忠　仁雅丽（女）　杨显玲（女）
张亚岚（女）　王爱国（女）　段好鑫　杨孜敏（女）　李奎英（女）
王　霞（女）　张明红（女）　常自胜　冯国梅（女）　宋承芳（女）
魏万泰　王　琪　杨国仁　丛培龙　荀彩霞（女）　王耿云
魏小萍（女）　卢云山　魏晋佳　罗晓玲（女）　徐少鹏　魏世玲（女）
郭　婷（女）　王海芬（女）　郭永娥（女）　卢有君　付仲莲（女）

历年在校教师、在校学生与毕业生人数统计

表10-1-3

年　份	教师人数	其中女教师	学生总数	其中女学生	毕业人数	其中女学生
1949年	1		18			
1959年			115	38		
1966年					15	
1972年	10	2	247	97		
1986年	15	3	380			
1992年	14	6	237	132		
1993年	14	6	298	144	32	18
1994年	15	7	307	145	31	15
1995年	18	9	257	121	39	18
1996年	14	7	259	121	35	17
1997年	14	7	285	127	32	17
1998年	15	6	278	129	36	16
1999年	15	6	285	132	44	20
2000年	14	6	286	132	58	25
2001年	15	7	298	139	28	11

续表

年 份	教师人数	其中女教师	学生总数	其中女学生	毕业人数	其中女学生
2002年	17	9	302	145	63	27
2003年	13	8	256	130	38	18
2004年	13	8	231	118	46	21
2005年	13	7	188	101	37	24
2006年	13	8	166	83	44	24
2007年	14	8	127	53	31	12
2008年	14	8	105	43	26	17
2009年	16	8	113	51	22	9
2010年	14	8	94	35	17	6
2011年	14	8	95	39	15	8
2012年	14	8	92	39	14	8
2013年	14	8	74	30	14	5
2014年	14	8	72	34	11	2
2015年	14	7	70	31	11	5
2016年	16	11	64	27	13	8
2017年	15	9	72	25	11	5
2018年	16	12	72	28	8	4
2019年	16	13	57	20	3	2

第二节 文化艺术

一、文化生活（戏剧与电影）

眉户是最早进入芳草人文化生活的艺术形式之一，主要演奏者和表演者是李树荣、李树恩、寇世英等。眉户剧从形式到内容，都保留俗曲特征，便于随唱随乐；晚上听古今也是庄户人劳作后难得的精神享受。眉户和古今讲的基本都是历史传说及伦理故事，贴近百姓生活。勇敢的悟空、仗义的关公、智慧的孔明、慈悲的观音等，无一不丰富着乡村人尤其是孩子的想象力，潜移默化地影响着他们的性格。

1.唱年戏 村上每年都有春节唱年戏的传统。进入农历十月份，就开始排练年戏。村里备有全套的舞台幕布、戏剧行头、各种戏剧乐器等戏台上不可缺少的设备。幕布有大幕、二道幕、三道幕、檐幕、横侧幕、纱幕、天幕等。幕布采用大红平布或平绒制作。戏曲演出用具也即行头有"衣、盔、杂、把"四箱。衣箱内装戏剧人物需要的各种服装道具；盔头箱内装演员的盔、帽、冠、巾等头部、面部所用道具；杂箱内装男女演员化妆用的彩匣子、水锅和梳头桌等；而把箱则装有包括各种武器在内的舞台道具。所有戏剧的幕布、行头，用过之后都要善加保管，不可损坏，不可乱丢乱放，但不可私自保管，尤其不可私用。

1949年前，李树荣、李树恩、李兴财等组织传统秦腔。白天劳动，晚上在李作柱家里的厅房排练折子戏。李正山等打头手、拉板胡，李茂、张正麟、寇世英、武兴顺、武正顺、武佰顺、武发顺等积极参与。正式演出时，把堡子的两扇大门卸下来搭起台子，连唱好多天。

1949年后，请来县上的艺术名人雷百仁、曹银贵、刘华堂等进行长期指导，李有祯、李兴财、李作义、寇世英、王秀凤等成为骨干力量。戏曲爱好者们文化水平不高，有的几乎是文盲，背台词、学唱腔十分缓慢，但都凭着兴趣反复练习。许多经典秦腔曲目出现在台上。曲目有《曹夫走雪》《烙碗记》《杀狗劝妻》《二进宫》《三娘教子》《三回头》《张连卖布》《柜中缘》《劈山救母》《三滴血》《十五贯》《小姑贤》等。同时，出现了几位很有特点的表演者，如《烙碗记》中须生的扮演者李兴才、《周仁回府》中周仁的扮演者李有祯、《辕门斩子》中杨六郎的扮演者李作文、《铡美案》中韩琪的扮演者田种玉，以及王宝钏的扮演者李兰英、秦香莲扮演者郭秀兰等。其间，打头手的有李俊财、李有智、李有权，拉板胡的有何沛杰、李俊发、胡秉苍等人。

20世纪50年代末，村支书李树桂组织村民在堡子外西南角处建起一座坐西向东、土木结构的戏楼。晚上唱戏，用铁丝将棉花扎成一个个球形，蘸上煤油倒挂在戏台的顶棚中央，解决照明问题。后来逐渐改成汽灯、电灯。

"文革"开始后，禁演传统戏剧。《智取威虎山》《红灯记》《沙家浜》《血泪仇》《三世仇》等现代戏进入村民生活。革命样板戏除了在公社参加汇演外，还到双龙寺（景泰县良种繁殖场）、响水、条山、十里沙河等地去演出。《红灯记》中李玉和的扮演者贾积福、《智取威虎山》中杨子荣的扮演者武克荣、《沙家浜》中阿庆嫂的扮演者李兰英、刁德一的扮演者何沛英等人的表演都各有特色。

▲ 戏台

1977年，传统戏剧又登上舞台。大队革委会副主任李保平担任戏团负责人，组织人手唱秦腔，演出了《十五贯》《拾玉镯》《辕门斩子》《铡美案》《铡八王》等经典折子戏。其中王银饰演的娄阿鼠和李尚鹿饰演的木瓜，动作滑稽，语言诙谐，惟妙惟肖，博得喝彩。戏团不仅积极重演旧曲目，还下功夫学习新曲目。在学《劈山救母》时，武克荣、田种玉、李保平、杨积兰等人每天骑自行车到兴泉找老艺人请教，学完后再骑车连夜回村子。二十来里地来来回回许多天。最终演出成功，尤其是武克荣扮演的刘彦昌赢得观众好评。

1981年，村支书张万宝组织村民拆除旧戏楼，在原戏楼的东北方修建一栋坐北向南的戏楼。戏院南高北低，便于观众看戏。

随着电影和电视的到来，年戏表演逐渐衰落下来。

2.**电影**　70年代，电影成为人们文化生活的重要内容。由县电影放映队戏院放映。大队按人口出费用，每人看一次电影收费2～5分钱，大队每一场交20～29元。给人们留下深刻印象的电影有《闪闪的红星》《艳阳天》《向阳院的故事》《半蓝花生》《创业》《火红的年代》《杜鹃山》《园丁之歌》《金光大道》《海霞》《红雨》、《决裂》《春苗》《沸腾的群山》《南征北战》《平原游击队》《渡江侦察记》《青松岭》《难忘的战斗》等。潘东子、李向阳等形象成为孩子们心中的榜样和乐此不疲的话题。

80年代，中国电影焕发出前所未有的生机。村民对于电影的渴望难以抑制。只要有电影上演，全村上下，男女老少，每家一人都不落地出门看电影。

许多作品，如《庐山恋》《红高粱》《沙鸥》《城南旧事》《天云山传奇》《牧马人》《芙蓉镇》《神秘的大佛》《东陵大盗》《少林寺》《洪湖赤卫队》《江姐》《刘三姐》《知音》《红牡丹》《归心似箭》《甜蜜的事业》《冰山上的来客》《戴手铐的旅客》等电影及插曲，在丰富村民文化生活和提升精神品位方面，产生不容忽视的作用。

3. 电视及多媒体　20世纪70年代末，第一生产队购买了全村第一台黑白电视机，9英寸。一到晚上，电视机高高地搁在一队办公室门前。院子里人头攒动，场面热闹，像是看放露天电影。黑白的画面，简单干净，别具一格。虽然有的剧情、场景，很多人都看不懂，但大家兴致不减。

90年代开始，每家有黑白电视、彩色电视，以小家庭和个人独自欣赏文艺的时代到来。人们开始追捧电视剧。《西游记》老少皆宜，百看不厌，美好记忆长存。《渴望》凡人凡事，吸引眼球，成为村民饭后茶余的话题。电视剧插曲随处有人播放，随处有人在唱。接着电脑出现，不久手机变成村民了解世界、沟通世界、欣赏文艺的重要手段。一家几部手机，甚至人手一机，小孩玩游戏，年轻人看明星、听歌曲，中年人追剧、购物。

4. 文化活动场所　2004年，退休老干部李树桂个人出资，在村委会建造一处文化活动室，这是村上最早专门为群众尤其是老人修建的休闲娱乐的场所。

2011年，时任村主任武克玉主持重建戏楼。位置在50年代戏楼的原址上南移10米左右，坐西向东，东西长9.9米，南北长10.5米，高7.6米。前门宽8.8米，高4.1米，台前有瓷砖铺设的1300多平方米的文化广场，周围砌上围墙。后来添置篮球架和健身运动设备。

2012年，在戏台的东北方位建起两层楼的大队部，一楼设有文化活动室。

2018年，村委会在村中心建设人民文化广

▲ 村委会灯光球场

场400平方米，修建老年活动中心及娱乐场所。

2019年，在新建村委会的东面修建3600平方米广场（包括水池）和210平方米凉亭。

2020年，在村委会北面建成2000平方米灯光球场，并于是年9月，建成芳草村史馆。

休闲之余，人们聚在活动中心，玩麻将、打扑克、聊天开玩笑。在灯光球场做运动、打篮球。舞蹈爱好者每天按点聚到文化广场上听着音乐，摇着舞步，锻炼身体，释放情绪。秦腔爱好者在凉亭、广场，拉起板胡，吼几句秦腔，有时还穿上戏装，粉墨出演，自娱自乐。

二、社火

芳草社火基本是条城社火的继承和发展。每年腊月期间，群众自发组织，选出社头，筹措经费，添置道具，指派角色。庄户人精心装扮的社火队，规模从几十人到上百人，以打太平鼓、耍龙灯、跑旱船、打腰鼓、扭秧歌、耍狮子等为主要内容，表演活泼多样，场面热闹。伴随着欢快的锣鼓声和噼里啪啦的

▲ 芳草社火

爆竹声,出现在四街八巷,为一年一度的新春佳节增添祥和的节日气氛。

社头是组织者和带头人。民国时期及"文革"前主要是李树荣、赵国珍等,改革开放后,是孙宝、武兴顺、张义清、张义和、赵福成、赵贵成等。

正式出行要择吉日,出行前,在社窝签庄王爷牌位,由社头等有身份的人上香供奉。先在吉方迎喜神,每年方位不同。接上喜神后到村庙去拜神。

1.高乐灯　高乐灯一般都在社火队的最前面。高乐灯八角形,分别代表乾、坤、震、巽、坎、离、艮、兑八方和天、地、雷、风、水、火、山、泽八种事物与自然现象,表示八方安宁、国泰民安、风调雨顺。高乐灯代表庄王爷指挥社火,掌握社火的起落和节奏。李文林、李保国、李尚荣、尚凤武、李成刚等在不同时代掌握高乐灯。每到需要唱的地方,等家什落定后,他们都要引颈高歌一番。歌词大都是恭贺新春、歌颂政策、祝愿风调雨顺、五谷丰登、福寿安康的一些话语。唱词具体生动,诙谐有趣。歌一般由四句组成,两句为一节,相互押韵。唱完第一句,锣鼓轰然齐鸣,又戛然而止,紧接着唱第二句,节与节中间停顿片刻,由锣鼓奏鸣,然后一口气唱完第二节。随走随编唱,因地因人而异。到村庙唱:"初一十五庙门开,会长拿着钥匙来,钥匙倒把锁子开,诚心弟子上香来。""三张黄纸五炷香,上在方神宝殿上。保佑保佑再保佑,保佑众人得安康。"到村委会则唱:"左一方来右一方,芳草是个好地方。地方好了人钱广,哪一年不打万担粮。"等等。

2.虎头灯笼　两排虎头灯笼紧随其后。灯笼撑在木杆上,寓意虎虎生威,百病不侵。灯笼呈倒梯形,正面虎头,背面是花,两边写着吉祥语。灯笼熠熠发光,是社火的眼睛。从1949年前后到21世纪,经常画灯笼的有李英(外号十麻爷)、杨瑞山、李尚秀、李尚仁、胡秉海、胡广晓等,都是义务劳动。

3.太平鼓队　太平鼓,也叫羊皮鼓。太平鼓队是社火队中最重要、最雄壮的队伍,最多的时候有二十四筒鼓。太平鼓长三尺、围二尺余,鼓身涂以红漆。鼓面绘太极图,鼓身绘龙,用布带斜挂于肩上,用柔软的草绳、尼龙绳做鼓槌。鼓槌是一尺左右的木棍,一头包上红布。表演者都是身体健壮的男性村民。鼓手身着黄裹头、黄扎巾、黄短褂、绣花鞋。在令旗的指挥下,鼓手们摆成太极图形,打进去,退出来,图形不变,鼓点不乱,鼓声高亢,威武雄壮,歌颂太平、祈求太平。

4.耍龙灯 耍龙灯也称舞龙、龙灯舞。龙头、龙身、龙尾,组成一条完整的龙灯,长约20米,共12节,象征一年12个月。龙的形象特点是九似:头似驼,角似鹿,眼似兔,耳似牛,项似蛇,腹似蜃,鳞似鲤,爪似鹰,掌似虎。其背有81鳞,具九九阳数。舞龙是20世纪60年代加入的项目,是白墩子来的田种玉教的。一般都是两条龙,每到一处,必鸣炮欢迎。开始一般用竹、木、布扎成,以绫绸糊制龙头,扫帚扎为龙尾,每节内栽以油捻纸芯照明,龙之通体绘以龙鳞,挥舞时蜿蜒穿插,熠熠生辉。后来每节都装有电灯,且通体贯穿小电灯泡,舞起来光芒四射。耍龙灯需要十多人配合完成,一人在前面用绣球领舞,其余十多人举着"龙"根据领舞者的指挥,完成各种耍龙动作。元宵期间村民习惯钻龙,认为能驱邪避灾、祈福开运。

5.跑旱船 旱船是一种模拟水中行船的民间舞蹈,反映黄河岸边独特风情,带有慈航普度、消灾避难的寓意。旱船依照船的外观形状制成的木架子,长约1丈,宽4至5尺。有船舱、船帮、船头、船尾,整个船被红绸、纸花、彩灯、明镜等等饰物装饰得富丽美艳。船帮以下,围上一圈绘有水纹或海蓝色的棉布裙,以示波浪。旱船一般由两人合作,一是船姑娘,一是艄公,船姑娘是在船舱内驾船的,艄公是在船前方指挥行船的。而船姑娘实际上由一位有力气的男性扮装,着女性戏装,看似坐在船舱内开船,其实是站在地面,用肩膀撑起整个船只做戏。需要步履平稳,类似水上行船,漂动但不颠簸。由一位品行良好、性格活泼者着艄公妆扮,在前面引路,做出各种划船的动作,一路唱号子,做怪动作,吸引大家的注意。船姑娘随势摇曳,似船在水中随波行进。跑旱船时,有锣、鼓、钹等打击乐器以及唢呐伴奏,锣鼓喧天,高亢明快,烘托出热烈、欢腾的节日气氛。

6.打腰鼓 腰鼓队是安塞腰鼓的打法,表现丰收后人们的喜悦心情。在行进中表演,一般动作简单,幅度较小,多做十字步、走路步、马步缠腰等动作。常用的队形有单过街、双过街、单龙摆尾、双龙摆尾等。

8.扭秧歌 扭秧队基本为女性,服装色彩对比强烈,有红蓝黄绿。锣鼓伴奏,边歌边舞,抒发愉悦心情,表达对美好生活的憧憬。

9. 耍狮子 凡社火，舞狮不可缺少，因为狮子是百兽之王。人们把舞狮当成护法，意味着驱魔辟邪，和平安康，万民同庆。

10. 大肚子婆娘 据说，大肚子婆娘是庄王爷的护法，男扮女装，十分活跃。其化妆夸张，麻子脸，大嘴斜裂，耳吊红辣椒，挎着篮子，手执扫帚。边走边扭边往人身上扫，嘴里念叨着"我拿的是王母娘娘的扫炕笤帚和九天玄女的篮子，把你的臊气一扫就没有了，家里的病疾就好了"等一些吉利俏皮的话，意思是把大家身上的不顺、烦恼全部打扫干净。被扫的人觉得喜庆、吉利，大都会有所表示，往篮子里放些糖果或零钱。

11. 接社火 这是年节期间每家每户最重要、最隆重的事。不少人家在几天前就做准备，人手少的人家还要叫邻居帮忙。社火进门，炮声齐鸣，社头进堂屋焚香化纸跪拜，祝福全家生财发福，四季平安。主人要上布施，根据家境和心情或多或少。整个社火在院里从头至尾表演一番，家家看重打家什，希望在自家打得响亮听得舒服，讲究不能打乱。根据每家不同的情况，高乐灯唱四句吉利的祝福语。在读书人家唱："灯笼红来灯笼红，这家出了个读书人。起早贪黑能吃苦，一下子考到北京城。"狮子要进堂屋，或卧在炕上，或四角踏土，叫"狮子扫堂"。主人给狮子披被面，或者给些糖果、零钱。每家都要给耍社火的敬酒、敬烟或分发糖果。

12. 元宵节 正月十五即元宵节，有"小年大十五"的说法。这是社火出行以来最热闹的一天。社火先是到村庙内外祭拜地方神，然后在全村大街小巷都要跑遍，把吉祥和祝福送到家家户户。晚上还到庙里去。在行进过程中，春官能够触景生情，随机应变，出口成章，把看到的、遇到的都要能够随口编成顺口溜说唱出来，内容一般都是祈愿祝福、劝人向善，同时形式上诙谐风趣，浅显易懂。

13. 送社火 正月十六晚上，在全村大街小巷串一遍后，到吉方送喜神。最后回到社窝，放好各种道具，一年一度的社火至此结束。

三、非物质文化遗产

1. 白银寿鹿山道教音乐

寿鹿山道教属于正一道铁师派，起源于何时有待考究。同治十一年（1873

年），景泰道人铁师派第十三代传人王家文在兰州会道司修道，后"搭衣"授"奏职"衔，并赠"法门领袖"匾额一副，回乡传教。他精通道乐，诵经传道远近闻名，曾办过道教音乐学堂，广收门徒，习乐诵经。其弟子组成的道教音乐班社遍及景泰诸乡。

寿鹿山道教音乐班社主要分布在寿鹿山附近的周边地区。属于正一道铁师派。寿鹿山道教乐曲调稳健凝重、质朴典雅，具有浓郁的宗教色彩，为歌、乐一体的鼓吹乐，是一种较为完整的原生态音乐。由曲牌、经韵、锣鼓曲三大类组成。保存曲目160多首。曲目的运用有严格的场所制定，乐队编制、乐曲组合、演奏形式均有一定的程式要求，是一个种类齐全、曲目丰富、程式完备、存留完整的音乐体系。曲牌为道教音乐的器乐部分，分为"欢音"和"悲音"两种，具有相对的独立性。曲牌应用的场合有三类：一是行为动作伴奏，二为特定的场合渲染气氛，三是作为礼仪用乐。经韵是道教的声乐部分。锣鼓曲可分为两种，一种是套路完整、有起有落，可独立演奏的锣鼓曲；一种是结构短小、具有承上启下功能的锣鼓曲。乐队编制根据不同情况确定演奏人数。组合是吹管乐器和打击乐器。常用唢呐、海笛、大鼓、小鼓、钹、锣等。

李俊发率领儿孙师从第十七代弟子曹继相，其四子李四海（李桂源）为正一道铁师派第十八代传承人之一。

2011年，白银寿鹿山道教音乐进入第三批甘肃省非物质文化遗产保护项目名录。

2.景泰李氏树皮笔画

李氏树皮笔画历史悠久。明清时期，李氏先祖就是地方极具影响的民间绘画艺人，祖辈十余代皆以油漆桌柜、绘画寿材、彩绘寺庙画像等养家糊口。其祖先李朝栋在清代以书画出名于西北。由于天灾人祸，李氏先祖不断迁徙，以至于贫困潦倒，到了无钱买笔墨纸砚的地步，因此，他们就以树枝柴棍为笔、大地为纸、雨水渠水为墨，艰难地传承祖业。其先祖受木匠、砖匠镂刻花版、花砖的启迪，结合木匠用木片字在木料上画榫方、画线的做法，改用木片尝试构线。他们发现以这种方法构出来的线条刚劲挺拔、细腻匀称，极具特色，经反复实践和摸索，最终形成芳草树皮笔画雏形。此后，树皮笔画技艺日臻成熟，成为李氏一门"传男不传女"家族独门艺术。晚清至民国时期,芳草树皮笔画艺人李溪干、李文林父子继承和发扬树皮笔的妙用,经不断改进工具和技术,逐渐形成别具一格的树皮笔画技艺。

芳草树皮笔画是以枣树皮或榆树皮做笔,以草木灰混合麻子油等为墨,结合传统水墨画技法作画的传统美术。绘画形象生动,带有浓郁生活气息的人物、牡丹、花草等,特色鲜明,别开生面,富有表现力,有较高的艺术价值和欣赏价值。树皮笔画艺人李尚秀、李尚仁、李尚义兄弟三人,继承李氏树皮笔画技艺并发扬光大,创作大量的树皮笔画精品。

▲ 李氏树皮笔画

2017年,芳草树皮笔画被命名为景泰树皮笔画,进入甘肃省人民政府公布的第四批甘肃省非物质文化遗产代表性项目名录。

四、宗教事务

1. 村庙

村庙最早建在村西夼弯弯中间的梁头上。同治年间被叛匪付之一炬,化为灰烬。第二次修建于清光绪年间,由李宗经出钱重建,选址在村东(当时李作良家场院)。重建村庙大殿坐北向南,三开间,供法王爷(大圣)、龙君、八叉爷、土地神。后来,风水师李正山迁居芳草后,认为原村庙的位置选址不合适,重新选定村西的山梁(夼弯弯以东约300米处)作为村庙的新址。1944年,由李树荣主持,发动群众集资出力修建新庙。新庙有大殿三间、厢房三间。由武威来芳草落户的画匠杨瑞山重塑原来的五尊神位,1948年,增塑黑虎灵官。村民一般都是在初一、十五上香供奉。

新中国成立后,村上将学校搬进村庙,又在村庙南面盖了三间教室。20世纪50年代初期,在破除迷信、砸毁神像的风潮中,信众将神像转到涝坝旁边看菜园子的房子里供奉。村庙里有一口大钟,铸于1813年,高120厘米,钟口直径100厘米，吊挂于专门建造的木门上，用木杠撞击，发音悠远洪亮，附近的村子里都能听到。学校搬到庙里后，上下课敲大钟。

1966年6月1日，《人民日报》发表社论《横扫一切牛鬼蛇神》，提出"破除几千年来一切剥削阶级所造成的毒害人民的旧思想、旧文化、旧风俗、旧习惯"的口号。全国各地纷纷拆毁庙宇，村上一些人砸毁神像，拆毁庙宇。李保兴将黑虎灵官的塑像藏在家里，后来又转到村外的一个砂窑里。

1988年，村民张义和、李保兴、尚奉武、李作鼎、赵福成等人主持，群众集资出力重建了村庙。李保兴将黑虎灵官请到庙里，杨瑞山重塑其他神像。2000年，村民把赵家岘土窑庙里的二郎爷、文昌爷、八叉爷和龙王爷搬到村庙里。

2. 宗教活动

佛教信仰早期以个体信奉为主，一般只在家里读经礼佛，没有形成群体。村民李恭笃信佛教，拜昌灵山一位法师为师。他一有时间就打坐念经，20世纪40年代盘腿坐化。家人遂其意愿，将其肉身装入木匣，砌泥塔而葬。1998年，村民王秀兰、焦万梅、刘秀英等佛教居士发起成立念佛会，在李得有家建造念佛堂。居士们不顾年老体弱，到本村和邻村化缘，加上他们个人积攒的零钱，决定重建佛堂。在永登清凉寺活佛嘉样丹贝尼玛指导下，于2010年成立工作小组，选定寺址，制定建筑规划。

2011年3月，寺院破土动工，两年竣工，命名为净土寺。总投资80多万元（各地信众集资）。寺院总面积1156平方米，大殿坐北向南，为仿古建筑风格。殿内供奉西方三圣（又称阿弥陀三尊，中间是阿弥陀佛，左边观世音菩萨，右边大势至菩萨）、文殊菩萨、地藏菩萨、十八罗汉。其中，西方三圣是铜铸鎏金贴金面，其他都是彩印像。靠大门东面三间厨房，西面三间佛堂。西面靠北靠后有两间藏经室、一间活动室、一间禅房和一间库房。

2013年3月，嘉样丹贝尼玛活佛为寺院开光，正式开始宗教活动。

第三节 医疗卫生

一、新中国建立以前

截至20世纪40年代，村民的健康主要靠自己保护。有病就采用土办法治疗，或采用迷信的办法治疗，有时通过装神弄鬼，比如跳大神、摇桌子、求神问卦等方式，民间的说法叫"燎擦"或者"拨治"。光绪年间，李世璈来到村上做先生，因为懂中医，在教书之余，常给村民诊脉开药方。40年代，懂中医的李长敦和李正山为村民诊脉看病，但只开方子不卖药。

1942年，白喉、天花病流行，染病者近80人。死亡多人，9人幸免但变成麻子。李保国兄弟7人，病死4人。

新中国建立前的健康医疗，处于一种缺医无药、听天由命的状况。

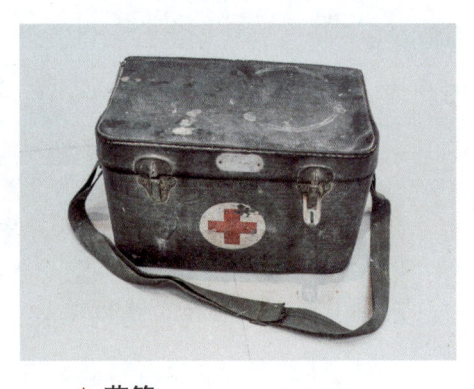

二、1956—1989年

▲ 药箱

新中国建立后，党和政府关心人民健康和医疗卫生事业，1956年，芳草村和一条山村为一个乡，条山有卫生所。村上派张治安到卫生所学习、工作。张治安爱好中医，曾从李长敦处得到一本《寿世保元》，认真研读，虚心请教。不懂的请教李长敦、李正山。到条山卫生所后，给毕业于同济大学临床专业的化廷树大夫做助手，有机会潜心学习西医知识和临床经验。

1958年，村上决定由张治安建立村卫生站。诊室占用第三生产小队的一间办公室，开始负责全村预防接种、妇幼保健、常发病诊治、传染病隔离和报告、宣传卫生常识等工作。

1960年，为了方便村民看病和改善医疗室的条件，卫生站搬迁到原李作柱家的一间大房子里。这一年麻疹、白喉、伤寒等传染病混杂发生。张治安除每天接诊病人外,还背着红十字小药箱入户巡诊,照看守护老弱、病重者,查看病情变化,随时调整治疗,经常工作到夜里十一二点。

1964年,卫生站搬到大队院内,诊室和药房共三间房屋,70平方米左右,购置医疗器械,制作中药柜、西药架、桌椅板凳等,王天有和杨生茂二人先后调入卫生站,帮助抓药、打针、记账等。

村上加强对卫生站的领导与监管:

1.工作人员和社员一样,实行工分制,每人每天挣8分工(后来涨到10分),年终参加本小队的决算;

2.资金由大队统一协调,根据各小队社员人口多少,预借一定数额的资金到卫生站周转,大队随时查看资金使用情况;

3.为村民服务,保本微利,不能盈大利,不能亏损;

4.社员看病,交5分钱的挂号费。到年终将每个家庭的药费总额合计准确后转小队,决算时扣回或挂账。

这种运作一直延续到70年代末。

1960年,小儿麻痹病毒在村上流行,卫生站采用中西医结合治疗,同时向群众宣传病毒传播知识及防治办法,病情扩散蔓延得到有效控制,没有出现死亡现象。

20世纪70年代以后,县、乡、村三级医疗事业发展迅速,卫生站补充资金,更新医疗器械,中、西药常用药品更加齐全。李有权有中医基础理论知识,擅长针灸,调到卫生站坐诊。李元安也到村卫生站工作。1972年冬春,麻疹大流行,10岁以下的儿童患病较多,症状为持续咳嗽,高烧不退。全站人员共同努力,控制病情,提高了治愈率,降低了死亡率。

1973年,大队把小学教师张承芳调到卫生站。张承芳1969年曾在县上"红医班"参加过学习培训,有一定的专业知识。她开展以下几个方面的工作:一、开展新法接生,提高新生儿的成活率和降低产妇的死亡率。新法接生干净卫生,安全先进,得到群众认可;二、开展孕产妇的孕期检查和保健工作;三、为计划生育工作培养业务人员。

1976年,全国展开计划生育工作,芳草卫生站工作主动有效,受到上级业务部门的肯定。

1978年，高中毕业生寇永虎到卫生站工作。

1985年，村上按照《关于卫生工作改革若干政策问题的报告》文件精神，改制卫生站。盘点清算后，把站上的固定财产、药物、器械等一分为三。张治安、李有权、张承芳和寇永虎各占三分之一。之后一段时间，张治安、寇永虎两个卫生站承担着全村的医疗卫生服务。

其间，乡村医生普遍未接受过正规严格的学习和培训，治疗水平参差不齐，装备和治疗手段简单，是背着药箱的农民，农忙时节也下地干活，"文化大革命"中称为"赤脚医生"。赤脚医生为解决农村地区缺医少药的燃眉之急做出了积极的贡献，1985年，改为"乡村医生"。参加考试评定，不达标的称为"卫生员"。

在村卫生站不断发展的同时，民间医术在防病、治病等方面发挥了不容忽视的作用。

周治家用火禁法治疗扁桃体肿大等病症，效果显著。他用舌头舔烧红的铁铲，然后往肿起的脸上吹气，病人感到丝丝凉意，隔日吹两三次，肿大的扁桃体会渐渐消下去。张义升用旱烟屎把化脓的扁桃体圈起来，用针刺开，然后嘴贴到病人的脸上把里面的脓吸出来，发炎的扁桃体也会逐渐痊愈。

康秀英（沈玉林之妻）、毛秀英（李尚功之妻）长期义务为孕妇和产妇提供服务。在为产妇接生时，她们不怕脏，不嫌累，胆大心细，随叫随到，不分昼夜，几百个新生命因为她们的助产得以平安降生。

王继英（李文林之妻）、刘生花（李尚福之妻）、张美兰（武百顺之妻）等用艾灸、按摩、推拿等技术给婴幼儿和妇女治病。刘生花长于治疗婴幼儿惊风。王继英对妇科和婴幼儿各种病症的治疗有独到之处，县上儿科名医黄祖中有时遇到疑难杂症，也请她到县医院共同会诊解决。

三、1990—2010年

1987年，全国卫生工作提出总目标：普及卫生保健，使全国人民都能获得最基本的卫生保健服务，实现人人健康。张治安和寇永虎两个诊所在上级卫生主管部门指导下开展工作。

（一）贯彻以预防为主的方针，实现人人享有卫生保健权利

1.有效控制各种传染病传播。在芦阳镇卫生院指导下，每年完成各种疫苗单苗接种率达到85%以上。1995年消灭小儿麻痹，2000年消除碘缺乏症，基本消灭新生儿破伤风，孕产妇系统保健达到90%以上。

2.提高孕产妇及新生儿的成活率，降低死亡率。此项工作由毕业于景泰职业学校医师班的马翠负责。她和丈夫张武都在诊所上班。后来，马翠参加县妇幼保健站举办的新生接生、婴幼儿护理等培训班。回村后边干边学，很快适应工作需求。

3.在县食品药品监督检查局监督下，定期检查食品药品及放射卫生、学校卫生、公共场所卫生、化妆品安全使用等，特别把小学生的营养早餐的负责管理、进货渠道、发放办法列为检查重点。

（二）深化医疗卫生改革

1.卫生站人员专业水平提高，服务能力提升。张武通过函授学习，取得定西卫校中专毕业证，接替父亲全面负责诊所工作。2002年，郝玲从甘肃中医学院大专班毕业回村后，开办一处诊所；嗣后又取得宁夏医科大学本科毕业证，考取助理医师和护士资格证。婚后，与其丈夫李进鹏一起工作。李进鹏毕业于甘肃省中医学院本科，取得主治医师职称，诊治水平较高。截至2015年，三所医疗门诊共同营业，方便了村民的就医。

2.扩大全村合作医疗的覆盖面。2004年开始农村新型合作医疗的惠民工程，尽管国家政策扶持，但由于村民经济条件和思想认识不到位，有一些家庭不能及时参保，采取观望等待态度。村上成立以村党支部书记、村委会主任、村民小组长参加的新农合医疗管理小组，把村民按居住分成上片和下片两部分，分别由张武、寇永虎各负责一片。每天接诊病人或入户宣传新农合的作用及优惠政策，动员村民自愿参加，按标准缴费，享受国家政策的补助。这项工程逐年推广，新农合覆盖面扩大。有病先找村医，住院先到卫生院，转院办理转诊手续，全村基本形成分级诊疗、科学就医的局面。

（三）树立社会大卫生的观念，增强群防群治的意识

根据国家在医疗卫生方面的政策要求和县乡相关部门的具体安排，从90年代以来，村上重视医疗卫生事业，宣传教育群众树立全社会的大卫生观念，开展改水改厕工作。2005年，县扶贫办投资全部管线材料和资金帮助，村上投劳投力，把水质较好的上涝坝水引到村内，每户装上自来水，人畜饮水安全问题得以解决。改厕工作由国家投资、县能源办负责、村上配合落实。

2000年以后，全村兴起养殖热，村上引导养殖户讲究卫生保护环境，动员大家把猪舍、羊圈建到村外，对村内的养殖场全部拆除清理，新建养殖场所远离村庄。

四、2010—2019年

2010年以来，少数贫困人口因病致贫、因病返贫，扶贫攻坚成为医疗战线的难点，村两委班子动员全村村民参加城乡居民基本医疗保险，及时享受国家政策帮扶。2019年底，参加城乡居民医疗保险总人数1966人，占全村总人口的98%以上。

2014年冬天，在医疗卫生岗位上工作多年的寇永虎因病去世。2015年，郝玲夫妇进县城工作。张武诊所继续承担村民的医疗服务工作。

2015年以后，健康扶贫成为精准脱贫的攻坚内容。在全村村民自愿参加基本医保的基础上，所有贫困人口必须100%参加基本医保，建档立卡，再申请享受民政参保费用资助政策。资助由国家出钱，村医看病服务，对于重大病人、老年病者，制定出全面的、具体的、有针对性的、有效的健康帮扶措施，做实做细"一人一策"健康帮扶工作。

1.对慢性病患者，通过签约医生提供服务。例如高血压病人每人每月测三次血压，糖尿病人每月测两次尿糖。常见病人及无病者，每半年或一年做一次体检，费用由国家民政部门按规定付给村卫生室。

2.对于大病、重病、老年病患者，通过签约医生按"一人一策"具体服务。

3.2018年，结合白银市提出的全域无垃圾活动整治，村上对一些垃圾堆放点进行清理拉运，整治清除一些卫生死角。开始统一处理生活垃圾，镇政府配发垃圾收运车一辆，固定一名清洁工，每天早上专门收集垃圾，拉运到村外处理。

2019年，自来水改为大通河水，水质更适合饮用。

五、北京医疗队在芳草

1973年6月,根据毛泽东"把医疗工作的重点放到农村去"的指示精神("六二六"指示),北京医疗队的医务人员到芳草村巡回指导,开展医疗服务工作。在近一年的时间里,他们依靠大队党政领导和村卫生站的人员,为改变村上卫生面貌和提高村民健康水平做了三项工作:

1.改变旧风俗、旧习惯,开展以除害灭病为中心的群众性爱国卫生运动。医疗队向群众宣传科普知识,动员村民讲究卫生,发动群众从改厕、建圈、管粪入手,改变"人无厕、猪无圈、鸡乱跑"和"猪吃人粪、鸡刨猪粪"等脏、乱、差的现状。净化环境,消灭蚊蝇孳生场地,有效减少了疾病流行,提高了村民的健康水平。

2.查病治病,帮助村卫生站提高业务水平。医疗队深入走访,对妇科病、肠道病、结核病等常见病及小儿麻痹症、麻疹、发烧等疾病,边诊断边治疗,边讲解边培训。同时,诊治疑难杂症和老年人疾病。王天才母亲年龄大,因患白内障,双目无视力,经医疗队大夫手术治疗后重见光明。

3.为村上计划生育工作培训技术骨干。医疗队队员亲自为结扎对象做手术,为村医示范性讲解。他们白天做手术,晚上登门了解情况。其精湛的医术和高尚的医德,给村民留下深刻的印象。

芳草村志

第九章
党政群团

第九章 党政群团

第一节 中共芳草村组织

1952年12月1日,李树桂加入中国共产党,成为芳草社第一个共产党员。当时,芳草高级社隶属于条山乡,吕子亮任乡总支书记,芳草社李树桂、韦守仁、郝有铭曾为总支委员。

1957年1月7日,经中共景泰县委组织部批准,建立中共芳草社支部,李树桂任支部书记,共有8名正式党员,8名预备党员。

1958年3月,条山乡合并到喜泉乡,李树桂继续担任社党支部书记,李文华、李树恩、寇世俊、田种玉为支部委员。

▲ 芳草村党群服务中心(2019年)

1959年11月，芦阳人民公社成立，芳草高级社改为生产大队，隶属芦阳公社管辖。李树桂任大队党支部书记，张万宝、郝有铭、韦守仁、李有祯为支部委员。

1960年6月23日，王作信任党支部书记；同年8月6日，郝有铭任党支部书记；同年9月12日，张凤山负责党支部工作。

1962年1月，张万宝任党支部书记，寇永成任副书记兼文书。

1971年9月，韦守仁任副书记。1975年2月，寇永成任副书记。

1977年2月，寇永成任党支部书记，张万宝、李有权任副书记。

1983年到2020年，寇永成、李作福、李有权、李作荣、张义清、武克玉、张文分别担任党支部书记。

芳草党组织从成立之初，就成为响应上级党委的号召，发动、组织、领导全村人民积极参与新中国社会主义建设的堡垒。在几十年的发展历程中，带领共产党员和干部，一直站在生产劳动的前头，率先垂范，冲锋陷阵，积极做好团结群众、教育群众、带领群众战天斗地、改造自然、建设家乡、实现小康的工作。在困难面前，总有党员干部站出来，以自己的行为践行中国共产党全心全意为人民服务的宗旨。多年来，先后有23名党员受到镇党委的表彰，被评为先进个人和优秀党员。

20世纪60年代末，在全县铺压砂地的大会战中，全大队投入人力多，组织规模大，铺压砂地成效显著。县上和公社在芳草召开铺砂压田工作现场会，村党支部受到上级的表彰。

改革开放以来，因调整种植结构，推行科学种田，提高粮食产品，增加农民收入，卓有成效，村党支部多次受到县、乡（公社、镇）上级党委的表彰。

历年来受到芦阳镇（公社）党委表彰的优秀共产党员（23名）

李树桂　张万宝　韦守仁　李有祯　杜梅兰（女）　寇永成
李有权　罗光荣　杨积礼　张义气　焦万盈　张治安
李　文　李作福　李尚虎　张义清　赵光花（女）
张治理　李保平　武克玉　李作兴　焦　荣　张　文

中共芳草村党支部书记任职情况表

表 9-1-1

任　期	姓　名	任职时间
第一任	李树桂	1957.1.7—1960.6.23
第二任	王作信	1960.6.23—1960.8.6
第三任	郝有铭	1960.8.6—1960.9.12
第四任	张凤山	1960.9.12—1962.1.30
第五任	张万宝	1962.1.30—1977.2.2
第六任	寇永成	1977.2.2—1987.3.12
第七任	李作福	1987.3.12—1993.1.13
第八任	李有权	1993.1.13—1998.12.6
第九任	李作荣	1998.12.6—2004.10.4
第十任	张义清	2004.10.4—2013.12.7
第十一任	武克玉	2013.12.7—2016.12.27
第十二任	张　文	2016.12.27—2020.12.19

中共芳草村支部党员统计表

表 9-1-2

序号	姓　名	性别	民族	出生年月	文化程度	入党时间	备　注
1	李树桂	男	汉	1918.12.17	小学	1952.12.1	1960.8转出 已故
2	李有祯	男	汉	1933.9.10	初中	1954.7.10	已故
3	寇世俊	男	汉	1915.3	文盲	1954.7.10	已故
4	张万宝	男	汉	1919.2.12	初中	1955.7.10	已故
5	郝有铭	男	汉	1925.2	小学	1954.1.10	已故
6	韦守仁	男	汉	1930.9.11	文盲	1954.7.10	已故
7	李　钰	男	汉	1935.9.28	小学	1955.6.1	已故
8	李文华	女	汉	1933.5.6	文盲	1955.12.10	已故
9	李兰英	女	汉	1938.11.3	文盲	1955.12.31	已故
10	尚有秀	男	汉	1916.11.12	小学	1956.4.4	已故
11	李作文	男	汉	1935.9.28	小学	1956.6.30	已故

续表

序号	姓 名	性别	民族	出生年月	文化程度	入党时间	备 注
12	田种玉	男	汉	1927.2.18	初中	1956.10.4	已故
13	张义气	男	汉	1936.12.13	初中	1956.4.4	已故
14	李树恩	男	汉	1918.1	文盲	1956.6.1	已故
15	韦兰英	女	汉	1935.8	小学	1956.10.6	已故
16	李根堂	男	汉	1911.6	小学	1957.6.11	已故
17	寇世英	男	汉	1917.2.22	文盲	1957.9.5	已故
18	张治安	男	汉	1937.11.12	小学	1958.10.20	已故
19	郭秀兰	女	汉	1939.2.8	文盲	1958.10.20	
20	李 宽	男	汉	1933.5.11	文盲	1958.10.20	已故
21	武正顺	男	汉	1923.4	小学	1959	已故
22	杨积礼	男	汉	1934.1	小学	1966.1	已故
23	苟月英	女	汉	1931.9.8	小学	1960.2.6	已故
24	杜梅兰	女	汉	1932.9.29	小学	1960.2.6	已故
25	杨积元	男	汉	1933.6	小学	1960.2.6	已故
26	寇永成	男	汉	1939.5.6	小学	1969.10.22	
27	孙延安	男	汉	1947.10.8	小学	1969.10.22	
28	李 文	男	汉	1945.11.6	文盲	1969.10.22	已故
29	李有权	男	汉	1940.1.15	高中	1969.10.22	已故
30	沈文莲	女	汉	1949.8.13	文盲	1969.10.22	
31	罗光荣	男	汉	1936.9	文盲	1970.8.25	
32	张治林	男	汉	1953.9.13	文盲	1970.12.5	
33	张治理	男	汉	1951.9.6	小学	1973.6.26	
34	王朝顺	男	汉	1952.2.23	文盲	1974.9.23	
35	李尚虎	男	汉	1950.6.23	小学	1974.1.24	已故
36	寇永海	男	汉	1942.9.7	文盲	1975.10.5	
37	李作福	男	汉	1949.11.20	初中	1976.2.23	
38	赵光花	女	汉	1954.3.5	初中	1977.8.15	
39	杨布元	男	汉	1957.9.16	高中	1981.3.2	
40	李元顺	男	汉	1963.8.6	初中	1986.9.22	
41	李元嘉	男	汉	1966.6.1	高中	1987.7.1	
42	李作荣	男	汉	1950.6.21	初中	1997.3.28	已故

续表

序号	姓　名	性别	民族	出生年月	文化程度	入党时间	备　注
43	李学仁	男	汉	1970.4.7	高中	1992.5.1	
44	李作兴	男	汉	1958.6.21	高中	1997.3.28	
45	朱臣祖	男	汉	1969.2.28	初中	1990.8.25	
46	寇宗友	男	汉	1980.2.17	初中	2000.4.14	
47	马翠	女	汉	1970.11.11	中专	2000.10.21	
48	张义清	男	汉	1953.8.13	高中	2003.4.20	
49	焦荣	男	汉	1959.1.28	高中	2003.4.20	
50	康文琴	女	汉	1962.5.30	高中	2007.12.1	
51	张治虎	男	汉	1989.11.3	高中	2009.11.8	
52	李学信	男	汉	1967.10.12	初中	2004.1.10	
53	李有国	男	汉	1955.2.24	高中	2004.1.10	
54	李元潮	男	汉	1972.11.21	初中	2006.1.12	
55	李元军	男	汉	1958.12.23	高中	2005.1.1	
56	李治刚	男	汉	1983.4.5	大专	2005.5.1	
57	李治权	男	汉	1970.4.1	高中	2004.1.10	
58	李作堂	男	汉	1968.12.13	高中	2009.7.2	
59	芦有蓉	女	汉	1968.6.15	高中	2005.1.1	
60	芦守翠	女	汉	1958.8.21	小学	2006.1.12	
61	马登兰	女	汉	1957.12.12	小学	2005.1.1	
62	王世国	男	汉	1982.7.27	初中	2007.12.1	
63	王天虎	男	汉	1979.6.12	初中	2004.2.2	
64	王昭升	男	汉	1985.10.15	高中	2007.10.22	
65	武克玉	男	汉	1956.5.15	大专	2007.12.1	
66	张文	男	汉	1957.9.16	高中	2005.1.1	
67	尚立荣	男	汉	1964.8.20	高中	2009.7.20	
68	赵雪莲	女	汉	1971.9.16	初中	2008.3.1	
69	杨万红	女	汉	1988.5.5	大专	2012.3.8	
70	王宝	男	汉	1973.6.27	初中	2015.9.27	
71	李治金	男	汉	1965.10.10	初中	2010.3.7	
72	王永春	男	汉	1988.1.15	大专	2010.6.16	
73	胡广顺	男	汉	1981.6.15	高中	2011.6.15	
74	胡广斌	男	汉	1988.5.20	大专	2012.6.18	

续表

序号	姓　名	性别	民族	出生年月	文化程度	入党时间	备　注
75	王万奎	男	汉	1981.10.20	初中	2013.6.18	
76	李治宁	男	汉	1990.4.1	高中	2012.6.18	
77	武成庚	男	汉	1981.2.1	高中	2011.6.15	
78	张治富	男	汉	1962.2.21	高中	2016.8.21	
79	李金洲	男	汉	1995.10.15	高中	2016.11.14	
80	李国民	男	汉	1993.8.2	大专	2015.8.25	
81	吴守红	女	汉	1982.3.6	高中	2018.7.1	

第二节　行政机构

民国以前以及民国时期，芳草村的乡村治理实行保甲制度（以户为单位，10户为甲，10甲为保），保长、甲长负责处理村上事务。李林曾任保长。1946年至1949年，芳草和条山为一个保，条山杨生润任保长，芳草李诚任副保长，孙宝为甲长。

一、农会、互助组、合作社

1950年1月，芳草村建立新中国成立以来第一个村民政权组织——农会。李焕堂任会长，李树桂、尚步泰、焦凤元、张万宝、罗秀英、孙宝、寇兰英、杜梅兰、王彩霞等任委员。

1951—1952年，根据上级精神，由农会负责，芳草建立全县第一个农业生产互助组"李焕堂互助组"，设3个小组，寇世俊、张有禄、韦守仁分别担任一、二、三组组长。

同一时期，李树祥任村长，尚有秀任副村长，胡永杰任行政主任。

1953—1955年，村上由互助组转为初级农业生产合作社（简称初级社），有二十多户人家参加入社。

1956—1958年，初级社转为高级社，全村人参加高级社。李焕堂、寇世俊分别担任社主任，李树桂、张万宝、韦守仁、李文华分别担任副主任，孙宝、李根堂、李有祯任委员，李有祯兼任文书。李忠任会计，尚有秀任保管。李树恩、田种玉、李作文、寇世英、郝有铭、李宽、李文仓、周治国、干超、闫得福、张义气、闫梅兰、张兰英、王秀凤、李作英、郭秀兰、李玉梅、李莲英等担任过生产小队长或副队长。杜梅兰、韦兰英是妇女干部。

1956年，芳草、条山为一个乡，寇世全任副乡长。

1958年初，改为条山生产队芳草小队，分三个生产队。

1958年3月，条山乡合并到喜泉乡，李焕堂任副乡长。

二、生产大队、管委会、村民委员会

1959年11月，芳草生产大队成立，隶属芦阳公社管辖，郝有铭任生产大队队长。

1960年2月，郝有铭任大队队长，李文华任副队长，李忠任大队会计。同年8月6日，李宽任大队队长。

1962年1月，郝有铭任生产大队队长。

1962年3月，大队成立管理委员会，韦守仁任主任，成立监委会，张义气任主任。

1965年2月，韦守仁担任大队长。6月，韦守仁担任大队管委会主任，成员有杨积宽、李文华、李作文、焦凤元、李焕堂、尚月英。监委会主任郝有铭，成员有李尚福、孙元、郝有生、李树恩。李有祯任文书。

1967年1月—1968年，大队成立农代会，由李焕堂、刘延来、武正顺、李树恩、杨生茂组成。

1968年4月，大队成立革命委员会（简称革委会），张万宝任革委会主任，韦守仁任副主任，革委会成员有杨积礼、李有祯、寇永成、武正顺、杜梅兰等。

1969年3月，张万宝任革委会主任，寇永成、李作鼎任副主任，寇永成任文书。其中干部代表张万宝、韦守仁、李有祯，民兵代表杨积礼，群众代表寇永成、武克荣、李作鼎、杜梅兰、寇永芳。

1969年成立治安保卫委员会，李作鼎任主任，杨生茂任副主任，委员有杜梅兰、王积祥、李文茂。

1971年8月，张万宝任大队革委会主任，寇永成、李作鼎、李尚虎任副主任，寇永成兼任文书。

1974年4月，赵光花任大队革委会副主任。

1975年1月，成立大队调解委员会，李作鼎任主任，组成人员有赵光花、杜梅兰、焦清、李树恩。

1976年11月，李保平任大队革委会副主任，曾担任治保会主任。

1977年2月，李尚虎任治保会主任，寇永元、王吉银、李文茂、王忠兰任委员。寇世英任贫协主任，刘延来任副主任。李作鼎任调解委员会主任，杜梅兰任副主任，李树恩、焦清任委员。

1977年，寇永成任大队革委会主任。

1979年2月，大队成立管委会，张万宝任大队长，李作鼎任副大队长。同时成立大队监委会，由寇世英、焦万益、李钰三人组成，寇世英任主任。

1983年1月，李作福任管委会主任，李有权担任大队文书。1984年5月，李作义任总会计。

1987年2月，张治理任调解委员会主任，成员有李作梁。李作福任治保委员会主任，成员有张治理、寇永成、周应发、曾正安。

1987年至2020年，张治理、李作荣、张义清、李元军、武克玉、张文、张治富分别任村委会主任，寇永成、李作兴、吴守红、孙锦锦分别任文书，李有权、杨意清、杨莫元分别任总会计。

其中，1993年2月，武克玉任村委会副主任；2012年11月，李治全任村监督委员会主任。

芳草村（大队）行政领导职务任职情况表

表9-2-1

任　期	任　职	姓　名	任职时间
第一任	农会会长	李焕堂	1950.1—1956
	互助组到初级社、高级社主任	李焕堂	1956—1957.12
第二任	高级社主任	寇世俊	1958.1—1959.11
第三任	生产大队队长	郝有铭	1959.11—1960.8

续表

任 期	任 职	姓 名	任职时间
第四任	生产大队队长	李 宽	1960.8—1962.1
第五任	生产大队队长	郝有铭	1962.1—1965.2
第六任	生产大队队长 管委会主任	韦守仁	1965.2—1968.4
第七任	革委会主任	张万宝	1968.4—1977.2
第八任	革委会主任	寇永成	1977.2—1979.2
第九任	生产大队长	张万宝	1979.2—1983.1
第十任	管委会主任	李作福	1983.1—1987.3.
第十一任	村委会主任	张治理	1987.3—1993.2
第十二任	村委会主任	李作荣	1993.2—1998.12
第十三任	村委会主任	张义清	1998.12—2004.10
第十四任	村委会主任	李元军	2004.11—2008.1
第十五任	村委会主任	武克玉	2008.1—2013.12
第十六任	村委会主任	张 文	2013.12—2016.12
第十七任	村委会主任	张治富	2017.1—2019.11
第十八任	村委会主任	张文（兼）	2019.11—2021.1.28

芳草村（大队）文书任职情况表

表9-2-2

任 期	姓 名	时 间
第一任	李有祯	1956—1962.10
第二任	寇永成	1962.10—1963.4
第三任	李有祯	1963.4—1966.5.31
第四任	李有权	1966.5.31—1971.8.10
第五任	寇永成	1971.8.10—1975.3.17
第六任	焦 清	1975.3.17—1978.1
第七任	李作鼎	1978.1—1983.1
第八任	李有权	1983.1—1987.3
第九任	寇永成	1987.3—2004.11.8

任 期	姓 名	时 间
第十任	李作兴	2004.11.8—2017.1
第十一任	吴守红	2017.1—2019.11
第十二任	孙锦锦	2019.11—

三、生产小队、村民小组

1959年11月，芳草高级农业社转为生产大队，下设3个生产小队。第一生产队62户，319人；第二生产队30户，228人；第三生产队27户，275人。村民的身分为公社社员。后来各生产小队社员因住地、工作等原因有所调整。生产队设有队长、副队长、会计、保管、监察员等，有时还有妇女队长。队干部由社员推举或选举产生，由大队上报，公社任命。队干部多由受教育程度较高的人担任。

生产队是劳动群众集体所有制的合作经济，实行独立核算、自负盈亏。生产队土地等生产资料，归生产队集体所有；在完成向国家交售任务的条件下，按政策规定，处理和出售多余的农副产品。3个小队各有小队部、打麦场、饲养圈、猪圈、菜园、粮仓、铁匠铺、机磨坊等。

生产队根据本队的实际情况编制生产计划，制定增产措施，制定经营管理方法。社员由生产队统一调度参加农业生产劳动。作息时间依照季节由生产队自行规定。具体到每个社员的工分档次由生产队负责人会议核定。记分基准以每个标准工作日一个男壮年劳动力定为10分，女性壮年劳动力为8~9分，学生3~6分。队干部除了搞管理以外，必须参加劳动。每年年底大队干部、小队干部、民办教师和其他非生产工作人员工分要通过大队和小队审定，与社员工分一起张榜公布。生产队按人口分配瓜果菜蔬、肉类等。粮食先按人口分，再按每户当年所挣工分多少进行分配。年底决算时，副业搞得好、工分高的人家还会分到一些现金。

从1959年到1980年，各生产队发展壮大，人口增多。为便于安排工作，促进农业生产和经济发展，1980年3月，3个生产队分成6个生产队。第一生产队44户，253人；第二生产队38户，240人；第三生产队37户，222人；第四生产队43户，246人；第五生产队46户，258人；第六生产队45户，281人。李作福、李作荣、杨积动、张有仁、李钰、李有祯分别担任各队队长。

1981年，实行家庭联产承包责任制，土地包干到户，林木、牲畜、农具、羊只分配到户。

1984年5月，大队改为村民委员会，6个生产队改为6个村民小组、6个农业合作社。李作梁、曾振安、杨积动、郝廷良、杨意清、沈渭军分别担任各村民小组组长并兼任合作社社长。村民小组长由各组村民兼职，不脱离生产，通过村民小组会议推选产生，村民小组会议由本组全体村民参加。推选的方式由村民先推荐候选人，然后由全组村民投票表决，由村委会上报乡政府下发通知。村民对小组长的工作不满意的，可以随时撤换。

组长每人每年补贴4500元，2020年起每人每年9000元。

1959—1980年芳草村各生产小队历届领导任职情况

表9-2-3

岗　位	第一生产队	第二生产队	第三生产队
队　长	郝有铭　寇世俊 武正顺　杨积宽 李作福	寇世英　李根堂 焦凤元　杨积礼 杨积动	闫得福　田种玉 韦守仁　李作文 李有祯　张治理
副队长	杨积宽　杜梅兰（女） 李作栋　寇永财 杨积昌　孙延安 寇永海　贾积兰（女） 苟月英（女）　李作荣	焦凤元　郭秀兰（女） 尚有秀　尚有文 杨积礼　张有仁 郝廷功　李尚虎 李金香（女）　马永禄 李富英（女） 李翠英（女） 赵光花（女）	张万珍　李作文 田种玉　李莲英（女） 李文华（女）　赵经宇 赵　铭　李作鼎 李尚银　杨兴花（女） 韦守仁　李作泰
会　计	何沛英　寇永成 李作义	朱延龙　王生财 屈占昌	李　忠　李作身 李有权　李　钰 沈渭军
保　管	王天有　杨积朝 赵福成　李　绥	杨积礼　张有仁	李作鼎　李　钰 沈渭军　王朝全 闫有信
监察员	武正顺　孙　元	郝有生	李树恩　李尚福

1980—1984年芳草村各生产小队历届领导任职情况

表9-2-4

生产小队	队长	副队长	会计	保管
第一生产队	李作福	寇永海　李作梁	寇永泰 李作福	杨生华
第二生产队	李作荣　孙延平	孙延安　武克金	李作义 曾正安	李　绥
第三生产队	杨积动	焦万录　李尚云	王生才	杨积礼
第四生产队	张有仁	郝廷良　李有义	朱延龙	孙延清
第五生产队	李　钰　张治理	李尚银　王朝全　李作泰	杨意清	李作兴 王万灵
第六生产队	李有祯　沈渭军	张义气　田种玉	沈渭军	闫有平

1984—2020年村民小组历届领导任职情况

表9-2-5

村民小组	姓　　名
一组	李作梁　杨生华　赵贵成
二组	曾振安　孙延平　李作荣　张义清　杨生安　王　银
三组	杨积动　张义平　郝廷功　焦　荣　李尚成　张兴德　李元能
四组	郝廷良　李有义　武克荣　尚凤武　李元成　张　武　尚庆武
五组	杨意清　张治理　王万林　李治金　田发军　赵天昌
六组	沈渭军　闫有信　张治富　王　宝　李元忠

第三节　历届村组织的主要业绩

一、1950—1957年

20世纪50年代初，村上的一切重大事务，都由农会全权办理。土地改革后，组建景泰县第一个农业生产互助组——李焕堂互助组；1953年由互助组转为初级社；1956年由初级社转为高级社。在农村走集体化道路、发展农村集体经济、提高农民生活水平方面，取得了成功经验，农会会长李焕堂在县上和武威地区介绍芳草的发展经验，受到上级的好评。

二、1957—1960年

在支部书记李树桂领导下，党员带头，动员群众积极参加农业合作社。宣传群众转变思想观念，群众自愿将土地、农具、牲畜等投入到农业合作社，走集体化的道路。发动群众大搞农田基本建设，平整土地，铺砂压田，兴建水利，修建新涝坝，不断壮大集体经济实力，群众生活水平有一定改善。

三、1960—1962年

其间，班子成员更换频繁。当时生活异常困难，群众思想十分低落，支部一班人齐心协力，共同努力，一边抓抗旱，一边抓生产，组织群众克服困难，村上没有发生非正常死亡情况，度过了困难时期。1961年秋天收成较好，群众基本生活得到保障，战胜困难的信心增强，各项工作有序推进。

四、1962—1977年

张万宝任支部书记近20年，分别由韦守仁、李有祯、郝有铭、李根堂、寇永成等担任班子成员。领导全体社员，抓抗旱，修水利，促生产，保收成，稳民心，基本解决社员的温饱问题。在"文化大革命"时期，抓革命，促生产，掀起农业学大寨的高潮。在全县铺砂压田的大会战中，领导有力，组织有方，投入人力多，组织规模大，压砂亩数多，县上和公社在村上召开现场会。在养殖、民兵建设、妇联工作、教育等方面取得了较好的成绩。20世纪70年代，组织以民兵为主的力量，参加兴修景电水利工程。

五、1977—1987年

寇永成任支部书记，张万宝、李作福先后担任管委会主任。80年代初，认真贯彻上级政策，组织力量顺利完成家庭联产承包责任制和分田到户的工作。组织领导完善农村双层经营。争取水利部门投资款项，兴修防洪设施，扩大耕地面积，增加粮食产量，圆满完成历年公购粮任务。积极努力，发展集体经济，推动养殖发展，调整种植结构，推广多种经营，提高村民收入，完成植树造林任务，改造校舍并提升学校教育质量。

六、1987—1993 年

李作福任书记,张治理为村委会主任。完成乡上历年下达的各项生产任务。在任期间,抓了三件大事,一是在全县计划生育突击活动中,主动积极配合包村单位,圆满完成各项计生工作任务。二是进一步稳定农村土地联产承包政策,组织领导完善第一轮土地联产承包责任制,深入落实人口,丈量土地,与承包户签订土地联产承包经营责任书。三是组织整修被洪水冲坏的下涝坝。

七、1993—1998 年

其间,李有权任书记,李作荣为村委会主任。重视党员的政治学习和教育。筹措资金,村民投工投劳,在有关方面的支持下,开通七支渠,扩大耕地面积1300多亩。1993年全村粮食总产量达到145万斤,总产值137.5万元,人均纯收入512元,人均粮食437斤。动员党员和群众,党员带头,投工投劳,修建和平整道路13公里。

八、1998—2004 年

其间,李作荣任书记,张义清任村委会主任。大力推广农业间作套种,推广地膜种植,1998年全村种植面积4600亩(含旱地),粮食产量达260多万斤,产值达到270万元,人均纯收入890元。衬砌农田渠道13千米,铺压新砂田130亩。进一步完善村务公开等各项制度,完善第二轮家庭联产承包,与农户签订470份合同书。在电力部门的统一安排下,对全村的农村电网进行改造。

九、2004—2013 年

其间,张义清任书记,李元军、武克玉分别担任村委会主任。狠抓农田基本建设,调整种植业结构,大力推广科学种田,不断提高粮食产量,增加农民收入。在水利部门的配合支持下,衬砌农田渠道30多千米。其次是跑项目,引资金,村民投工投劳,把上涝坝水引入到农户家中。在有关部门的支持下,把引大工程的水引入到村,村民用到质量更好的水。改建和兴修芳草至条山村小油路,改善村委会的办公用房。扶持养殖户,为修建猪栏羊舍提供便利,使养殖业不断壮大。

十、2013—2016 年

其间,武克玉任书记,张文任村委会主任。一是筹集资金,组织修建剧院、村委会办公楼,改善办公条件;二是争取项目,投工投劳,组织衬砌新开通的七支渠延伸的7000米农田渠道,提高农田灌溉效益。三是在脱贫帮扶工作中,争取经费,为特困户和五保户改建旧房4户,使弱势群体感受到政策温暖。

十一、2016—2020

其间,张文任书记,张治富任村委会主任。一、全力以赴脱贫攻坚,顺利完成精准扶贫工作。共为62户精准扶贫户发放专项贷款310万元,全部用于发展富民产业。带动全村97户贫困户参与发展,以股本分红、劳务输出利益联结方式增加农户收入。二、组织整修几近枯竭的上涝坝,从源头上进行清理疏通,使出水量得到恢复。三、改善办公条件,村委会搬迁新址。四、修建文化广场、灯光球场和老年人活动中心。五、组织编写村志,建成村史馆。

第四节　历届景泰县人民代表大会芳草籍代表

第三届人民代表大会代表(1963年5月):李焕堂、张有禄(李焕堂为第三届人大常委会委员)。

第四届人民代表大会代表(1965年8月):李焕堂。

第六届人民代表大会代表(1978年10月):张万宝。

第七届人民代表大会代表(1980年7月):张万宝、李有仁。

第八届人民代表大会代表(1984年1月):寇永成、李有仁。

第九届人民代表大会代表(1987年2月):寇永成、李有仁。

第十届人民代表大会代表(1990年2月):李作身。

第十一届人民代表大会代表(1993年2月):杨意清。

第十二届人民代表大会代表(1998年1月):郝廷建。

第十三届人民代表大会代表(2002年12月):马翠、郝廷建、田种刚。

第十四届人民代表大会代表(2007年1月):王吉杰、郝廷建、李元安。

第十五届人民代表大会代表(2011年10月):武克玉。

第十六届人民代表大会代表(2016年10月):张文。

第五节 群团组织

一、共青团

1957年,建立中国共产主义青年团芳草社团支部,李有祯任团支部书记。

1965年5月,张义气任大队团支部书记,李有权任副书记。

1970年2月,杨生茂任团支部书记,贾积福任副书记。

1971年12月,寇永成任团支部书记,李成铭任副书记。

1975年7月,赵光花任团支部副书记。

1976年4月,李保平任团支部书记,张治民任副书记。

1981年3月,李作福任团支部书记,寇永虎、杨生华任副书记。

1998年12月,党支部书记李作荣兼任团支部书记。

2017年1月,张忠恩任团支部书记。

自20世纪50年代团组织成立以来,团支部在村党支部的领导下,在完成各项工作中,发挥共青团员的先锋模范作用,尤其是在农田基本建设中,在改造农田、铺砂压田等工作中,起到积极的带头作用。

70年代末,共有团员48名,团支部白天奋战在生产劳动的第一线,晚上组织广大青年团员学习政治文化,涌现出一批优秀青年。

共青团芳草村支部书记任职情况表

表9-5-1

任 期	姓 名	时 间
第一任	李有祯	1957.1.7—1965.5
第二任	张义气	1965.5—1970.2.18
第三任	杨生茂	1970.2.18—1971.12
第四任	寇永成	1971.12—1976.4.8
第五任	李保平	1976.4.8—1981.3

续表

任　期	姓　名	时　间
第六任	李作福（兼）	1981.3—1987.3
第七任	李作荣（兼）	1987.3—1998.12
第八任	张忠恩	2017.1.12—

二、妇女组织

合作化时期，李文华、杜梅兰、韦兰英等进入领导班子。

1957年1月，李文华为党支部成员。

1959年11月—1965年8月，杜梅兰任大队妇联主任。

1962年1月—1965年5月，杜梅兰为党支部成员。

1965年8月，李文华任妇联主任，杜梅兰任副主任。

1972年2月，杜梅兰任妇女委员会主任，张承芳任副主任。

从1987至2020年，赵光花、马翠、芦有蓉分别任村妇联主任。

从20世纪70年代开始，由于强壮的男劳力都外出搞副业以壮大集体经济，妇女成了农业生产的主力军。三个生产队组织铁姑娘队，一队队长贾积兰，二队队长王忠兰，三队队长赵凤花，她们带领妇女奋战在农业生产第一线，在平田整地、铺压砂田、渠道建设、养殖等工作中发挥积极作用。

在改革开放年代，涌现出一批勤劳致富的能手。青年妇女胡广萍，外出学技术，在家办起了小作坊，做豆芽生意，起早贪黑，生意越做越大。买了小汽车，盖起二层楼房，儿子也进入大学就读。吴守红在小额贷款政策支持下，办起了养殖场，截至2019年，圈养500余只羊，走在脱贫致富的前列。

芳草村妇联主任任职情况

表11-5-2

任　期	姓　名	时　间
第一任	李文华　韦兰英	1956—1957
第二任	李文华	1957—1959.11
第三任	杜梅兰	1959.11—1963.4.7

续表

任 期	姓 名	时 间
第四任	李文华	1963.4.7—1972.2
第五任	杜梅兰	1972.2—1987.3
第六任	赵光花	1987.3.12—1998.2
第七任	马 翠	1998.2—2017.1
第八任	芦有蓉	2017.1—

三、民兵组织

民兵是中华人民共和国武装力量的重要组成部分，是人民解放军的助手和后备力量，是不脱离生产的群众武装组织。土改时期，村上就建立民兵组织，成立民兵排，李忠任排长。合作化时期，有民兵两个分队（相当连），李有祯、李忠任分队长。李有祯有一把马刀，其余人只有长矛（俗称矛子）。训练一般在冬季进行，主要学习一般军事常识教育和军事技术操练。

1962年，大队成立基干民兵营，武祥顺任营长。

1965年3月，韦守仁任副营长，张万宝任政治教导员，张义气任副政治教导员，杨积礼任参谋，李有祯任文书。

1969年5月，大队成立武装民兵排，王积祥任排长。

1970年10月，大队成立武装民兵连，武祥顺任连长，张治理任副连长。

1973年1月，李尚虎任民兵连长，孙延安任副连长兼武装民兵排排长。

1974年9月，李保平任民兵副连长。

1975年10月，李保平任连长兼武装排排长。张义平任副连长兼武装排副排长。

1977年12月，张义平任民兵连长兼武装排排长，杨生茂、李元泰、孙延芳为副连长，寇永成为政治指导员，李有权为副指导员。

▲ 芳草武装民兵

1998年12月,张义清兼任民兵连连长。

20世纪六七十年代,民兵在完成各项工作中都发挥了积极作用,在农业生产、农田改造、铺压砂田、修建工程、完成突出性工作中都有良好表现。

在组织训练方面,多次参加县、公社的比赛和表演,公社武装部总结推广过芳草民兵连的做法。1966年,芳草民兵参加全县民兵射击比赛,寇永宝以5发子弹命中50环的好成绩夺得第一名,受到奖励,民兵排也受到表彰。

20世纪70年代初,以民兵连为主要力量,参加修建景电工程,民兵吃在工地,住在地窝,日夜奋战。尤为突出的是,在修建四号渡槽渠道的土建工程中,由于工程难度大,任务艰巨,芦阳公社民兵营将任务交给芳草民兵连,在连长李尚虎的带领下,他们不怕苦,不怕难,打眼放炮,肩扛车推,圆满地完成任务,受到民工团的表彰。

芳草村民兵组织情况表

表11-5-3

序号	职位	姓名	时间
1	民兵排排长	李忠	土改时期
2	民兵分队分队长	李有祯 李忠	合作化时期
3	基干民兵营营长	武祥顺	1962.1—1969.3
4	政治教导员	张万宝	1965.3—1969.3
5	参谋	杨积礼	1965.3—1969.3
6	武装民兵排排长	王积祥	1969.5—1970.10
7	武装民兵连连长	武祥顺	1970.10—1973.1
8	民兵连连长	李尚虎	1973.1—1975.10
9	民兵连连长	李保平	1975.10—1978.1
10	民兵连连长	张义平	1977.12—1998.12
11	政治教导员	寇永成	1977.12—
12	民兵连连长(兼)	张义清	1998.12—2013.12

芳草村志

第十章
乡村建设

第十章 乡村建设

第一节 村庄的形成与变迁

芳草村域内什么时候有人类开始活动，因无明确历史文献记载而不可考，但根据西去5公里左右的兴泉村有大量汉墓群落的事实可推断，早在汉代，芳草地区即有零星的人类活动，或垦荒耕种，或放牧牲畜。在嗣后的历史演变过程中，甚至存在北方游牧民族长期在此地放牧游荡的可能。而至迟在明中后期，兴泉、芳草一带作为明王朝与北部河套地区游牧民族的边境地区也即战事前沿地区，长时期发生明廷与少数民族的攻占争夺，而有明廷官兵驻扎于此，巡边牧马。这个时期芳草域内活动的人群，一类是守护驻防的官兵及家属，一类是游走不定的放牧者。及至明末，北方边境战事逐步消停，芳草地区陆续有人垦荒住耕，乃至聚族居住。《白银市志》载，这一带"在明初老户人家很少，绝大多数人家或服军役而来，或移民实边而来，或宦游经商而来"。从有人类在此居住，到逐渐形成村落，居民由少到多，村落由小到大，迄今约有500年左右。

一、芳草村最早人群的居住形式、地点

芳草村界内最早的人群居住都是家族的形式聚户而居，又以多个家族分散居住，进而以堡子为中心聚户成群，分合聚散，自动整合，从而形成一个完整的村落。

1. 赵氏家族 明末清初由芦塘迁入赵家岘（赵家人称

之为土岘）居住。住地叫老庄槽子，由父母携带三个已成家的儿子，约在10人左右。根据黄土高坡土层厚实、地下水位低的特点，挖窑洞为住所。后随经济条件好转，修建了土木结构住房。以距此几里外狼儿湾的一处小股明泉为饮用水，另有自己掏挖成的水井。耕地为黄土沟坡地，等雨轮种。清同治七年（1868年），在一次劫难中财物被匪贼洗劫一空，住房烧毁，迫使搬到岘内倒朵漕居住。倒朵漕新居仍以窑洞为住房，后又修建少量土木结构住房。饮用水是自己掏挖的咸水井、甜水井各一口。赵家以农耕为主，习武练拳，文武兼具，尤以书香传家，代有人出。赵氏家族在此生活约370年。

1957年，赵氏家族举族迁入芳草村居住，自此，赵家岘作为村上一个农业生产点，由各生产小队耕种管理。直至20世纪80年代初土地承包到户。

2.傅氏家族 原居大芦塘。明末清初就在米峡山、荒草渠域内拓荒耕种，广置田地，居住在氽湾湾，是芳草界内最早的拓荒者。耕种树树沟、后塸、下滩、赏熟湾一带大部分土地，时称傅家塸。并在居住地建造了阔气的家庙。

傅氏家族在荒草渠居住约在200年以上。后因故尽售田产迁居他处，不知所终。

3.洪氏家族 洪氏为回族，原居芦塘城。其祖上洪养鳐自明末清初率家人在芦塘城教场台、河湾、大小园子、八座泉、二十五滩、石城儿、芳草渠、南山根、洪碴、高拉牌、洪庄儿等地开辟田地，涉及多个地域村庄。乾隆年间，已置水旱田地数十石，饲养骆驼百余峰，从事商贸，家大业大。洪氏家族曾居住在上尖子对面三塘台子东侧梁上。寻找水源，开凿串井，修筑洪家涝坝。时洪家涝坝水量充足，保灌上尖子、氽湾湾水地300亩以上。也是嗣后数百年间保障芳草农业生产的重要水源之一。

洪家子弟以农耕为主，并习武强身，以守家护业。清嘉庆三年（1798年），洪氏一族迁回芦塘城。

4.孙氏家族 清乾隆二十六年（1761年），从今中泉乡脑泉村来到芳草，开始居住在梁梁背后，以梁梁背后一股地面水形成的氽涝坝为饮用水源。家族以农耕和习武为主，其中有兄弟五人拳脚利落，名动远近，时称"五只虎"。至清嘉庆年间，迁到今孙家梁居住，这里靠近盐路，南来北往的客商较多，孙氏子弟在做生意的同时兼营走镖护商。同治年间，贼匪常常袭扰芳草，屡生祸患，村上大户李氏家族约孙氏家族到村内居住，为其提供堡子内住房五间，以协同保护村民生命财产安全。嗣后孙氏遗族一直居住在村内。

5. 罗氏家族 来到芳草居住后，以农耕为主，农闲时也习练武术。居住地当时称罗家湾湾。最兴盛时期，家族修建"一本书"的四合院、雕花大门楼子。耕地主要在罗家大地有二三百亩，以洪漫地耕种。据罗氏人说，村上使用最早的一盘石碾子为其先人所置。

民国二十三年（1934年），迁至今寺滩乡东梁村。

其他流失的家族：在清早期还有金氏、化氏、张氏、陈氏、马氏等家族，曾在芳草地界内生活、居住。有金家圈圈、化家长沟、陈家沟、马家渠等处地名为据。这些家族迁出时间比较早，具体时间及去向，均无确切记载。

同一时期，村域内有住户有10户左右，分散居住在尕湾湾、羊圈沟沟一带，已经形成自然村落。

二、村庄的形成、形制及演变

清嘉庆年间，李继颜带领家眷到芳草村考察创业。其经济实力雄厚，一开始就购置田产、修渠引水，继而斥巨资修筑堡子，以改善生存环境和生产生活条件。李氏家族的亲戚、朋友先后自条城一带迁移过来，还有部分外地迁移、逃荒者落居。此时以李氏家族为主、以堡子为中心的芳草村开始形成，并逐年扩大。

芳草堡子坐北向南，立向壬山丙兼亥巳门出巽宫，宏伟高大，虎踞龙盘。是芳草村地标性建筑。在漫长的历史岁月中，经受了战争、灾害、乱世的考验，坚固沉稳，岿然不动，护佑一方平安。但在进入和平时期以后，随着堡子功能失去而被人们为修建房屋逐渐蚕食直至完全毁损。

▲ **堡子遗迹**

芳草村志

由于没有确切的文字记载,关于堡子的具体建筑年限及相关耗资、人工、修筑工具、起止时间等细节,均缺乏相关可考依据。

堡门前是古媪围河的干涸河道,俗称芳草沙河;堡子前后两塇田畴,平整开阔,土质肥沃,适于谷物生长。

堡子以外村庄的形制为:一脉沙梁,西南高东北低,一抹坡延伸,南北宽约500米,东西长约2000米,形成一条隆起的"龙背"。不同时期陆续来到芳草落住的人家都选择在高低不平的龙背上,依山就势,背风向阳,居住较为集中,随着规模不断扩大,人口增加,村庄也由小变大。

清中后期,杨氏家族从中泉乡羊尾巴村迁居芳草。杨氏族人在村内地界和村东南十里沙河来回居住。十里沙河有水源,耕地较多,以周围沟坝地、砂地为主。家族户数较多,聚成了一个小的自然村。杨氏在此居住时间较长。

1942年,胡氏家族从五佛迁至芳草。家族以畜牧业为主,兼营驼队运输。此后,胡氏家族一直在芳草村居住。

截至清末,全村有居民18户;民国初年有20多户100多人口;民国十八年(1929年)有43户,大灾荒后有20多户逃荒到外地;1949年有66户。民国时期住户数量变化较大。

1952年农村土地改革中,五佛、白墩子等地移民逾10户迁入;1956年后由

于人口疏散、自愿迁入、精简下放等原因，全村人口大幅度增长，截至1958年达到119户。随后陆续有个别因婚迁入，尤其随着子女长大结婚单另生活的增多，户数不断增长，至1966年有170户，1986年发展到317户，1997年达到457户，2006年增至477户，2016年增加到503户。

由于近50户移民的迁入，使原来分散居住的户族群落连成一片，至60年代自然村落变成了中心村落。从70年代中期开始，居住区由中心向东、西、北三个方向延伸。1976年，根据需要，在村东面山梁下一片不宜耕种的平地上建设新农村。大队统一规划、设计，把石料运到工地，每一间房补助10个工。所有房子坐北向南，街道整齐。至1977年底第一生产队迁入15户，后来又陆续迁入31户。向西面发展的主要是第二、第三生产队村民，他们自由选址，把房子一直盖到尕湾湾梁上。北头梁离县城较近，乡村公路和西三支渠从这里通过，村上一些民营企业家将靠渠邻路一带进行开发，逐渐形成一个新村落。

从2017年开始，部分居住户逐渐外迁进入县城，村上出现多处无人居住的空置房屋。截至2019年底，全村实际住户降至400户左右。

三、改革开放以后的村庄

20世纪80年代后，村民生活水平逐步提高，居住条件逐步改善。房屋由土木结构进入穿靴戴帽，向砖木结构顶前方房屋、拔檐房屋、封闭式带走廊拔檐

房发展，大门大窗户，大玻璃，铝合金。"明三暗五"带走廊过道。有的人家还带上洗浴室，装太阳能热水器。截至2019年底，全村504户村民新建砖房403院。在县城购买住宅的有142户。

1.文化建设 村上积极筹措资金，采用国家补一点、群众捐一点等多种方式，于2010年建设174平方米的芳草剧院（戏楼）、老年活动中心99平方米及其他文化墙等；硬化村委会院落场地1800平方米，并安装健身器材，总投资33万元。2018年，建设349平方米的新村委会办公用房及村卫生所；建设文化广场400平方米；村中部修建老年活动中心及娱乐场所；从芳草小学至县城路段200米及文化广场安装太阳能路灯。

2.经济开发新区 2010年后，村上在北头梁通往县城道路东西两边空闲地建设经济开发新区，东西470米、南北530米，占地377亩，区内有建筑业栖息地、玉米种子加工企业、商品混凝土搅拌站、私营小微企业、第三产业（服务业）、养殖业（养羊）。房屋租赁、乡村旅游农家乐，芳草特色小吃等，还建有宽敞明亮的楼房和带走廊拔檐房。经营者在道路两旁及空闲地植树造林、种花种草，为剩余劳动力提供了就近、方便的就业机会，促进芳草经济发展。

3.精神文明建设 20世纪80年代以后，随着社会发展和人民生活水平的提高，人们的精神文明素质也逐步提高，讲文明树新风，讲道德扬正气，涌现出许多尊老孝顺、妯娌和睦、邻里相助、帮残助困的模范人物，社会道德风尚与日俱新。王喜霞悉心照料全身瘫痪、生活不能自理的婆婆12年，从无怨言；黄玉梅的婆婆患脑血栓半身不遂，她照顾老人的生活起居，十几年如一日，直到婆婆去世。韦兴俭患重病期间，在去县城医院的路上，拾金不昧，将捡到的现金归还失主，受到高度好评。

受到上级表彰的五好家庭、好媳妇一览表

表 12-1-1

序号	称 号	表彰家庭个人	表彰单位	时间
1	五好家庭	张义安 赵光花	景泰县妇联	1986.5
2	尊老爱老文明家庭	张义安 赵光花	白银市老龄委	1989.9
3	敬老好儿女	赵光花	景泰县老龄委	1988.10
4	好媳妇	李生香（尚仁武妻）	甘肃省五好文明家庭创建活动协调小组	1999.9
5	五好家庭	张 武 马 翠	景泰县妇联	2005.3
6	十佳好媳妇	王锡霞（李尚利妻）	芦阳镇党委政府	2013.3
7	好丈夫	李作兴	白银市妇联、市文明办、市文广局、白银日报社	2014.3
8	最美家庭	李尚成 黄玉香	景泰县妇联	2018.11
9	好媳妇	卢云霞（尚立忠妻）	景泰县妇联	2019.3

第二节 房屋建筑

一、新中国成立以前至20世纪70年代的建筑

截至20世纪50年代初，芳草村只有少数几户拥有生产资料较多、经济条件较好的人家，居住的是木柱拔檐、四合院，而绝大多数村民居住在草泥土坯房和箍窑中。新中国建立后，村民的居住条件得到不同程度的改善，但建筑材料和建筑方式的变化并不大。这种情况一直到20世纪80年代才有了根本性的改变。

村民的住所基本上是一户一院，一般房屋建筑有上房（主房），上房左右两边有厨房或耳房，形成对称之势。根据地理位置或山形走向确定建房坐向，坐北向南的居多，俗称北房。北房的特点是冬暖夏凉，冬天可最大限度地采光并

遮挡凛冽的西北风；夏天又能最大限度地遮蔽阳光、减缓暴晒。也有因具体地形位置等原因而建成西房、东房及少部分南房的情况。

房屋高低、间架、入深的确定，一般由木匠掌尺。木匠使用的"五尺"，一尺为32.5厘米。

1. 草泥土坯房 以泥土、芨芨草、麦草和木料为主要建筑材料的房屋。上房（即正房）为三开间，厨房或耳房一般为单间。上房中间间架一般为7尺8寸（2.54米），两边间架是7尺6寸（2.47米），入深1丈（3.25米）。耳房、厨房的高度、入深、间架略小于上房。

用石头砌根脚，上砌土坯；前墙低后墙高，单坡流水。房顶安架大梁(又称顺水)、檩条、椽子，上铺芨芨草和麦秸，草泥抹墙封顶，土封包，土包头。上房为双扇木门，厨房（耳房）为单扇木门，木格窗糊纸；室内是土地、土灶、土炕。炕上一般铺麦草和芨芨草编织的炕席。

2. 箍窑 一般长度（入深）1丈5尺到1丈8尺（4.88～5.85米），宽度8尺到1丈（2.6～3.25米）。用土坯砌成四周边墙，以左右边墙为支撑，采用支撑半圆旋模具草泥砌土坯，利用拱形顶力支撑作用，形成一个拱形窑顶。除门窗外，箍窑不用木料，里外抹草泥，前墙正中留一门口，门口两边留两个木格小窗户。箍窑既可住人，也用作厨房或盛物。

箍窑冬暖夏凉，保温及防晒性能比较好，但简陋窄小，采光不佳，安全性能较差。

3. 木柱拔檐 这种房屋大多采用明三暗五，也就是明看三间实际五间，包括上房和两边的耳房（厨房），高度和入深一致。中间立两根明柱，两侧各有一根暗柱镶在侧墙内，一侧外露；明

▲ 旧民居

柱下各有一柱顶石。主屋（上房）的间架通常不大于8尺6寸（2.8米），入深不超过1丈1尺（3.58米）。砖封包，砖包头，青瓦屋面。木门木窗。

4. 四合院 院子四面都有房间，内分主次房，主房（上房）比其他房高一些，中间形成一个正方形院子。院门俗称"财门"。北房的财门一般开在南墙靠东南角处。西房的财门开在东墙靠东北角处。木门木窗。

二、改革开放以后的建筑

20世纪80年代开始，村民居住条件逐步改善。经济收入较好的家庭开始拆除旧土坯房，建起了"穿靴戴帽"即镶砖铺瓦的房屋。随着经济的发展，穿靴戴帽已经不能满足人们建好房、住好房的需求，取而代之的是全砖瓦顶、前方一坡流水、拔檐带走廊、人字梁两坡流水和钢筋混凝土现浇平顶前流水等各式房屋。

1. 穿靴戴帽 一般在块石基础（根脚）上砌砖3~5层（通常叫碱砖），在砖层上面用土坯砌墙，再在土坯墙上层砌8~12层砖墙；屋顶一般为水泥瓦。三开间主房的间架一般为8尺，入深1丈。砖封包、砖码头、向前一坡流水；多为木门窗，窗户为大木格安装玻璃，也有部分钢窗。

2. 顶前方 "一"字摆开5至7间，一坡向前流水的齐眉平房，砖墙瓦顶，三间主房一般和"穿靴戴帽房"相同，入深为1丈1尺，边间耳房间架1丈，屋面铺青瓦或红瓦，门窗以木制为主。

3. 拔檐 一般为明三暗五，也有明五暗七，人字梁屋脊两坡前后流水，前立四根明柱。主房与两边耳房形成一个"凹"字形状；两边耳房的门相对，与正房的门（窗）形成直角。正房的屋檐延伸至耳房突出部分的边墙，称为拔檐。

▲ 新农家

也有将拔檐部分封闭为走廊，走廊的门开在与正房门相对应的位置。走廊一般宽5尺4寸到6尺3寸（1.76～2.05米）；门窗有木制、铝合金，也有少量钢门窗。

4. 砖混结构带走廊平房 拔檐房的提升版，采用上下全梁，构造柱，钢筋混凝土现浇顶，平房顶保温找坡向前排水；主房为三开间，一般间架为8尺6寸，入深不少于1丈2尺（3.9米），走廊宽度不少于6尺3寸，边间深度达到1丈8尺（5.95米）；房屋起架高度9尺到1丈（2.93～3.25米），门窗多为铝合金。门有双扇推开式和推拉式两种。

第三节　街道、环境保护

▲ 街道

受地理条件制约，早期居住户都集中居住在东西走向的一道沙梁上，村道根据地形而曲折蜿蜒，坑洼不平，加之多年来一些临街住户的随意搭建，村中道路状况杂乱无章。

2014年，村委会发动群众改变占用街道突出的现象，动员沿街住户拆除乱搭乱建的建筑物，街道状况有所改善。截至2018年，有三条主要街道的路面得到硬化，其他街道也有所改善。三条街道是：

1. 从三塘村进入芳草村，

经学校到村东出口至十里村的村道;

2.从下涝坝边经芳草村老商店到芳草学校的村道;

3.从村委会门口至上景泰县城柏油马路的村道。

其他街道不同程度进行了拓宽和修整：一条是从老商店向西50米至尚家门前出村；另一条是下涝坝向西延伸至孕湾湾。

20世纪90年代之前，村民人居环境差，环境保护的意识也比较淡薄，尤其包产到户以后，由于羊、牲畜分到各户，家家修建羊圈牲口圈，村庄内牲畜粪便和生活垃圾随处可见，柴火垛和人畜粪肥也随意堆放。进入90年代，随着经济发展和生活水平的提高，人居环境逐步得到改善，村民保护环境的意识和卫生习惯也逐步发生转变。很多人家将土炕改为床，减少垃圾的产生；人们在家门前、院内种植蔬菜及花草树木，美化环境，改善生活。而随意放养畜禽、随地大小便的现象明显减少。进入21世纪，国家把环境治理作为农村发展重点工程来抓，村委会不断加大环境治理和保护力度，定制度、定措施、搞宣传，建立定点垃圾池，指定专人定期打扫公共场所、主要街道，及时清理垃圾池，合理处理垃圾，村里村外环境卫生得到明显改善。

第四节　社会福利

一、拥军优属

村党支部、村委会一直关心军属家庭生活，军属家庭有困难时，及时给予帮助解决。1968年6月，给李孝、杨积礼、李尚福、李作国、李保升、李文茂每人补助困难金10元。

1976年3月，现役军人武克俭父亲得病，治疗资金有了困难，本人回家探亲，向村上申请资金补助，经村党支部研究，给予现金补助300元。

1978年，部分复员军人家庭生活发生困难，加之本人有病，经村党支部研究决定，补助杨积礼300元、李孝180元、李钰50元。

1986年以后，根据芦阳镇党委和政府决定，给当年应征入伍军人家庭都调整土地2亩，作为优待补助。

二、合作医疗

20世纪70年代，芳草村就推行合作医疗，由于村民对这项政策认识不足，尽管每人每年只交10元钱的费用，但参加合作医疗的只占全村人口的10%，只有一些老党员带头参加。随着对合作医疗工作的宣传，参加合作医疗的村民在住院看病等方面得到了实惠，村民的认识不断提高。2014年，实行新型农村合作医疗，上缴的费用由70年代的10元上升到80年代的60元、100元，直到2018年的220元，但村民都积极踊跃参加，使得新农合医疗政策落到实处，服务于民，有利于民，村民在看病住院方面有了保障。2019年底全村参加城乡居民医疗保险总人数1966人，占全村总人口的98%以上。

三、养老保险

2012年7月，全县实行城乡居民基本养老保险制度，城乡居民可以在户籍地参加城乡居民基本养老保险，按12个档次缴费标准缴纳养老保险费。城乡居民养老保险基金由个人缴费、集体补助、政府补贴构成。县人民政府对参保人缴费给予补贴，对重度残疾人、五保户和计划生育两女结扎户等缴费困难群体，县人民政府为其代缴部分或全部最低标准的养老保险费（全村22户五保户、两女结扎户都享受此项待遇）。参加城乡居民养老保险的个人，年满60周岁、累计缴费满15年，可以按月享受城乡居民养老保险待遇。并实行丧葬补助金制度。城乡居民基本养老保险制度实行以来，广大村民踊跃参保缴费，截至2019年底，全村参加城乡居民基本养老保险1261人，做到应保尽保。有352名60周岁以上老人按月享受城乡居民养老保险待遇。

四、免费教育医疗补助等福利

2012年实施两免一补教育政策，是一项关爱儿童的优待政策，特别强调为农村小学学生和幼儿免费提供教科书，免收学杂费，每人每天补助3元营养费。芳草小学的学生全部都享受到这一政策。

医疗补助及大病救助政策实施以来，得了大病重病的6位村民，都得到了医疗救助，多的达1万余元，少的也有8000多元。还有长年有病的46人，都及时得到医疗补助。

第五节 精准扶贫

一、基本情况

2013年底，全村建档立卡户105户372人，贫困发生率为18.71%。

2017年底，建档立卡98户365人（2015新增1户2人，2017年新增2户8人，死亡2户2人，剔除9户31人）。

2017年底，未脱贫43户139人，贫困发生率为6.99%。

2018年，脱贫35户118人，脱后贫困发生率下降为1.31%。

二、退出验收指标落实情况

对照《甘肃省精准脱贫验收标准及认定程序》，芳草村脱贫户退出验收落实情况如下：

（一）贫困发生率

2017年底，全村剩余贫困人口43户139人，贫困发生率为6.99%。

2018年，脱贫35户118人，脱贫后贫困发生率下降为1.31%。

35户脱贫户基本情况如下：

1.收入 35户预脱贫户收入均达到且稳定超过3500元。

2.两不愁（即不愁吃、不愁穿） 35户均达到不愁吃、不愁穿的标准；安全饮水方面符合验收标准，且有水务部门相关鉴定报告。

3.三保障（即义务教育、基本医疗、住房安全有保障） 义务教育：无辍学学生，适龄儿童均享受了相关的教育资助政策；基本医疗：35户家庭人口均参加合作医疗，享受相关政策；安全住房方面：1户易地搬迁户，年底均可稳定入住；35户住房全部达标。

（二）产业发展

1.产业带动情况 一些（14户）农牧养殖专业合作社，按照"天然牧场+现代化舍饲养殖"模式，养猪养羊，加快发展养殖业，起到了很好的示范带动作用。

2.集体经济收入　2018年,村集体经济收入共45.10万元,其中固定收入0.4万元,是将芳草村党群创业互助会注入的5万元资金全部投入到景泰县佰福商贸有限公司,用于经营修理汽车、汽车配件。计划流转土地30亩种植树苗,以每年不低于投入资金的8%,给村委会分红4000元。

(三)基础设施

1.建制村通硬化路　芳草村通村道路部分硬化,交通便利。

2.自然村通动力电　芳草村6个村民小组均100%通动力电。

3.人居环境干净整洁　着力构建村容整洁、环境优美、基础完善、生活富裕、乡风文明的新农村。不断完善村庄建设规划,结合农村环境卫生综合治理。开展以"四清四化"(即清垃圾、清杂物、清残垣断壁和路障、清庭院;绿化、美化、亮化、净化)和"六改一建"(改路、改水、改厕、改圈、改厨、改生活垃圾处理方式,建垃圾填埋场)为重点的农村环境综合整治,集中整治农村棚圈乱搭、厕所乱建、柴草乱放、粪土乱堆、垃圾乱倒、污水乱泼的现象,实现村庄干净、整洁,山清水秀的农村人居环境。

4.安全饮水方面　村民大部分饮用自来水,生活用水安全。

5.安全住房方面　住建部门出具了农村房屋安全鉴定报告和住房安全达标认定书,4户易地搬迁户年底均可入住。

(四)基本公共服务

1.义务教育　芳草村适龄儿童均接受义务教育,享受相关教育扶贫政策,全村无辍学儿童。

2.村卫生室　村内设有卫生室,60平方米,相关设备齐全,配有健康一体机,有1名村医,可完成村级常见病诊疗和公共服务。全村贫困人口家庭医生签约率100%,符合95%以上的目标。

3.农村合作医疗　2019年,芳草村参合人1866人,参保率达到99%;其中贫困户应参365人,实参365人,参保率达到100%。

4.最低生活保障应保尽保　截至2019年年底,享受低保政策共19户63人,其中一、二类低保共6户13人,三、四类低保13户50人;五保户4户4人。

芳草村志

第十一章
风俗民情

第一节 节日习俗

一、春节

春节,又称过年,指从腊八或腊月二十三直至正月十六这段时间。一进入腊月,家家户户开始打扫房屋,糊窗户,置新衣,蒸花卷,杀猪宰羊,擀长面,贴对联,以辞旧迎新。除夕夜到正月十六,人们祭天敬神,祭祀祖先,走亲访友。若条件允许,村上组织唱年戏、耍社火。春节是全村最喜庆、最热闹的日子,是孩子们最开心的时候。

1.腊八节、祭灶节

腊八节和腊月二十三祭灶节,是每年春节来临前的两个重要节日。而腊月二十三祭灶节,又被称为小年,几乎就是作为大年春节的预演。

腊八节 释迦牟尼成道日,习惯上要吃腊八饭。从腊八节开始,几乎就进入了次年的春节。腊月初七的晚上,将做腊八饭的米、面、肉准备好,凌晨两三点就要将腊八饭做好。腊八饭做法上与做糁饭相似,区别是腊八饭里面有肉丁。腊八饭做好后,第一筷子献给天神,并向房顶泼散,有人将饭粒粘到门窗上,让小鸟啄食共享。凌晨四五点时,全家人起来吃腊八饭,意为清早就祈求释迦牟尼佛保佑全家人丁兴旺,身强力壮。同时还期望来年五谷丰登,仓实囤满。吃腊八饭第一不能泡汤,第二不能加菜。说法是：泡汤会招致水灾或洪灾，加菜会致地里杂草太多。

腊八是一个吉祥的日子，很多家庭特意在腊八日为儿女完婚。

祭灶节 腊月二十三俗称小年。这一天祭灶，即送灶神。灶神，又称灶王爷、灶娘娘，其职责保佑主家饮食平安，监督主家好好过日子。一般人家灶台上方都供奉灶神的牌位，即在灶台上方的墙上，挂一个神龛，神龛里有灶神的画像。也有在黄表纸写上灶神牌位供奉的。二十三晚上，灶神回天宫汇报一年的工作。人们用粘了糖的小饼子敬献灶神，意在请灶神上天言好事，回宫降吉祥。

2.扫房、糊窗户

扫房 春节前打扫房屋是过年最重要的准备工作之一。要把主要的房间里里外外、角角落落，无一遗漏地大扫除。要清扫大梁、檩子、每一根椽子以及整个屋顶、所有的墙面，因此屋里的箱箱柜柜、瓶瓶罐罐都要搬出来，逐一擦拭干净。还要更换墙面上贴的画张，如果没有新画，就用抹布将旧画表面的灰尘污渍擦拭干净。还要清洗衣服、被褥，更换炕上铺的麦草。打扫过的房子，给人焕然一新的感觉。

糊窗户 扫完房就要贴窗户。过去农家的窗户形式多为木制，窗棂的形式有万字格、满天星、九连灯、十三花等。先将窗户卸下来，将上一年贴的窗户纸完全清理掉，把窗棂刮干净。将裁成窗格大小的彩色纸在窗户的四角和中心贴出各种图案，然后再将整张白纸贴在上面。窗户糊好后再装上去，屋内立刻变得明亮而喜庆。

3.杀猪

过去虽然生活困难，但每家基本上都要为过年准备一头猪。一般是相邻的几家一起宰杀。一是共请一个屠夫，二是合用柴火烧一大锅烫洗猪毛的开水。一般是在早上，在院外临时垒起一个大灶台，上面架一口直径约一米五左右的大铁锅烧水烫猪毛。

开水烧好后，把绑好的猪抬到砧板上，猪头伸在砧板外边。随后屠夫把刀捅进猪脖子里，用个家什接猪血。等到猪完全没了声息，把猪抬起来，慢慢放进开水锅里翻来翻去地烫。猪毛烫松软后，边翻动边拔毛。毛基本褪光后，把猪捞出来，放在砧板上。屠夫在猪的其中一只后蹄处割开一个创口，用一根长铁条（俗称捅条）捅进去，沿着不同的方向捅几下，再在创口上涂上花椒或者白酒，然后就用嘴使劲向里吹气，一直吹到整个猪都膨胀起来。大家用砖块或者瓦片就着烫猪水，刮猪身上没有拔干净的真毛和死皮。刮洗干净后，将猪倒挂在架子上，开膛破肚，摘尽板油。整副内脏掏出后，要反复清洗。

过年前，也有杀鸡宰羊的。

4. 擀长面、蒸馒头、炸油饼

擀长面 是每年过年最正规的准备工作之一。和面时一般要掺一点蓬灰水。先将面粉和成团，稍微饧发一下，软硬适中，就可以擀了。擀长面有专用的擀面杖，比平时用的擀面杖要长。擀之前，先用小面杖将面团推成小型的面张，然后再用长面杖擀。要用力均匀，技巧在于双手推擀面张时的感觉及力道的运用。技术好的农妇擀出的面张，厚薄均匀，边缘整齐，圆如满月。然后将擀好的面张卷在擀面杖上，提起来一前一后地来回折叠，折成约有巴掌宽的层摞。最后用切长面的刀切成面条，再一把把地提起来，一来一回地折叠成15～20厘米大小的方形面块，一块一块地晾在不常进人的房屋的地面或报纸上。

擀长面最好的材料是和尚头面粉。和尚头是一个小麦的品种，无芒，穗小，适于种在干旱的砂地里。产量低，但面粉非常筋道。面条下在锅里久煮不烂，嚼在嘴里，感觉滑腻、有质感。长面的调味汤叫臊子汤，用肉丁、洋芋丁、蘑菇丁、木耳、黄花等十几样原料烹制而成。初一早上，多数人家下长面，表示好日子天长地久。长面是接待贵客的上好食品。

蒸馒头、炸油饼 春节前，除了擀长面，还要蒸馒头（花卷）、炸油饼。

5. 春联、门神、五福

春联 也叫对子、对联。贴春联，是过春节的重要标志。家家户户都要用大红纸写对联、贴对联。起先农村识字人少，有些人家没人写对联，甚至在红纸上画圈充当对联。但大多数人家都请人为自己家写对联。对联的形式要求工整对仗，内容一般都是表示喜庆祝福的意思。大门、上房、厨房对联内容要有区别。也有在灶神牌位、库房、马厩、羊圈、猪栏贴对联的，内容跟用途相关，不可混淆。对联的标准搭配有对联、横批、门神、门簪等几部分。对联贴在两边的门框上，横批在内容上必须跟对联有对应关系，一般是四个字，贴在门框的上方。传统贴对联讲究"人朝门立,右手为上,左手为下"。

门神 以传说中能驱邪捉鬼镇宅的神话形象为主,最早贴神荼、郁垒。后来贴秦琼、敬德。也有纯粹表达丰收、喜庆内容的图画、文字。一般大门有两个门簪,门簪上各贴一个福字。

▲ 春联、门神、五福

所有公共场合的大门上都要贴春联,如村委会(大队、小队)办公室、戏台、村庙、饲养圈等场所的门口,都要贴上相应内容的对联,不可遗漏。

五福 传统意义上的五福包含长寿、富贵、康宁、好德、善终等含义。五福和春联要一起准备。五福的做法是将红、黄、蓝、绿、紫等五种颜色的纸,裁成宽约15厘米、长约20厘米的纸条,用专用工具在中间凿刻出一个"福"或"家和万事兴"等,周围配以各种图案,贴在门框的上槛。

6. 年夜饭、接先人、守岁、拜年、送先人、追五穷、跳火堆

阴历腊月三十日(小月为二十九日),又叫"除夕",是一年的最后一天。活动分别有年夜饭、接先人、咬鬼、烧纸、守岁等。

年夜饭 又称年晚饭、团年饭、团圆饭等。一年一度的年夜饭,是除夕阖家团聚、共享天伦、共享美餐的时刻。尤其在外地工作的家人回来,全家人一起吃饭、拉家常,显得十分重要。年夜饭一般以饺子和长面为主。

接先人 晚饭后,将供桌擦干净,摆上神主即祖先牌位(有家谱者摆上家谱),为神主逐个上一炷香,为灶神上三炷香。无神主及家谱的家庭,用一张十六开大的黄纸,折叠一个牌位,上书"供奉某某家远近三代宗亲之身位"(不能写成"神位",按风俗说这会与灶神的神位有冲突),摆上祭品,开始祭祀。先为祖先和灶神奠酒。家中主事者在供桌前祷告,大意是"先人功德无量,保佑我家族丁财两旺,今晚给先人准备某某万贯钱财,带所有后人为先祖焚化,请

祖宗们在某某地取拿"等等，领族中人前往村口外焚烧冥币（也有白天到坟地焚烧的），献祭品，奠酒，磕头。回到家中，在供桌前向牌位磕头，再在桌前按族中辈分大小依次磕头。

咬鬼 除夕夜，将新杀的猪骨头煮一大锅。接近午夜，全家人集中在家中最年长者睡觉的炕上，一起啃吃骨头，俗称咬鬼，意为将所有的鬼祟都咬死吃掉，来年全家平安。

守岁 也叫守夜。咬鬼后，家人集中一起熬夜，年长者发年钱，尤其向孙子辈、重孙辈发。爷爷或奶奶在最小辈的额头点红，祷告"孙子将来有红顶大帽，是朝中命官"等等。为女孩点红，祷告"我娃俊俏美貌，针线茶饭无人能比，以后联姻朝廷阔家"等等。大家一起猜谜语、做游戏、打麻将、玩扑克等，直至天明。据说熬到天亮者能寿到百岁，交过寅时可达耄耋之寿（八九十岁），交过子时可达耆寿稀寿（六十岁到七十岁）。

拜年 正月初一清晨，家中主事者，招呼全家为家中最长者磕头拜寿。初一、初二、初三这三天，每天吃完早饭，主事者率家中大小，按辈分高低，在本族中一家一家拜年；其次是为德高望重者拜年；三是同辈互拜。过了初三，再分别到舅舅家、岳父母家拜年，一直延续到正月十五。

送先人 除夕夜把先人接到家过三天年，到初三晚上吃完饭后，要把先人送回去。程序是上香、叩首、放炮。有的人家会到先人的坟地去烧些冥币，以示把先人送到他们的住地。

追五穷 初五追五穷，就是送穷鬼的意思。所谓五穷，指的是智穷、学穷、文穷、命穷、交穷。办法是黎明起来，先放鞭炮，再打扫卫生。过去腊月三十到初五之前，一般不允许搞卫生。这一天吃面疙瘩或洋芋搅团，称填穷坑；清除垃圾称送五穷；洗脏衣服称洗穷垢痂。

跳火堆 正月二十三晚上跳火堆。人们在村道上放好一堆堆麦草或柴火点着。人们争先恐后地在火堆上跳来跳去，大人抱着小孩子也抢着跳火堆。一边跳，一边念叨："燎干燎净，一年没病。"意为通过跳火堆，将一年的不顺、疾病和烦恼通通燎干净。跳完火后，火焰熄灭，只剩下发红的灰烬，有人用铁锨将灰烬扬起来，人们看着扬起来的火花，大声喊着"糜子花""麦子花"或者

"荞麦花",意思是扬起来的火花像这些粮食的花,像哪种花,就预示着来年这种作物将会大丰收。

7. 年戏、社火(见"教育 文化 医疗·文化艺术·年戏 社火")

二、二月二,龙抬头

农历二月初二,又称春耕节、农事节,是民间的传统节日。有"二月二,龙抬头,大家小户使耕牛"的说法。此时,阳气回升,大地逐渐解冻,正是万物复苏、春季备耕之际。村民用架子车、马车等工具,向地里拉沙运肥,平整土地,准备春耕春播。因此龙抬头预示着新的一年的农活从这个时候就算真正开始了。

这一天,芳草人有吃炒麦子、炒豆子的习惯。俗称"爆(音 bie)龙肝",又说"爆虼蚤",意在将各种蛰伏的动物都惊醒。

三、清明节

又称踏青节,祭祖节。即是自然节气点和重要的传统节日。清明前后,种瓜种豆。这个季节种树最容易成活。村民在清明节前,最迟在清明节当天,上坟扫墓、祭祀祖先。扫墓时,整个家族的大人小孩一起出动,携带酒水、各种凉菜、水果、纸钱等物品,将食物供祭在先人墓前,再将纸钱焚化,为坟墓培上新土,然后向列祖列宗磕头祭拜,同时还要按辈分依次向在场的长辈叩头致敬,最后在坟院聚餐,吃掉带来的酒食。人们习惯在坟前许愿、还愿,希望来年生贵子、孩子上大学,或者发大财等。若是愿望达成,第二年总是要领羊向先祖致谢。

烧纸 清明节扫墓,除了必要的贡品外,烧纸是一项重要的内容,也有很多讲究。上坟提前做的主要工作之一就是拓印纸钱,大致有这样一些规格:①烧纸,大约为8开的白纸,印上四行圆钱,每行五枚;②冥钞,按照现行纸币仿制的冥币,与现行钱币颇为相似,发行单位为"天堂银行""冥国银行""地府阴曹银行"等字样。图案一般为酆都城,面额巨大;③洋钱,多用硬纸作芯,外包银箔,钤印类似银元的图案;④往生,在圆钱状的黄纸上拓印红色《往生咒》,又叫往生钱;往生钱一部分烧在后土上(古人认为,人死入土,也就是投入后土的环抱。民间一直有扫墓时祭祀后土的风俗,以求神明对祖先的保佑),

一部分压在坟头上；⑤元宝、锞子，用金银箔叠成，有时还要用线穿成串，代表后辈敬献给祖先的金银财宝。在焚化纸钱时，在坟院外烧几张纸钱的习俗，意思是打发外祟，也就是分散给孤魂野鬼的。

进入21世纪，出现有人上坟时不再焚烧纸钱，而改为敬献鲜花的现象。

四、四月八

农历四月初八，传说是释迦牟尼的诞辰日。有佛教信仰的人会在这一天上佛寺去上香、拜佛、念经。这时候头茬韭菜刚下来，生产队菜园给每家按人口分韭菜，人们如获至宝拿到家里，做各种好吃的，腌肉炒韭菜，烙韭菜角角等。头茬韭菜吃起了格外清香，在蔬菜缺乏的时代，是村民难得的享受。

五、端午节

农历五月初五，又称端阳节、五月节、五日节。端午节有绣荷包的习惯，荷包的造型有圆形、椭圆形、方形、长方形，也有桃形、如意形、石榴形等；荷包的图案有繁有简，如花卉、鸟、鱼、兽、草虫、山水、人物等，具有很强的装饰性。大人小孩都可以佩戴。另外还有用五色丝线搓成花绳绳，系在小孩的手腕、脚腕、脖子上，漂亮可爱，用以辟邪。

端午节的食品，有韭菜角子、韭菜包子、凉面和凉粉等。

六、中秋节

又称"祭月节"，芳草人习惯称之为"八月十五"，是重要的传统节日。八月十五的月亮在一年中最圆，最明亮。提前蒸好月饼，准备好瓜果。中秋之夜，在院子中摆上桌子，献上以月饼、西瓜为主的各种祭品。在月下，全家人依次拜祭月亮，然后由一人将月饼上的月亮剜下，再将西瓜分成犬牙状的两半。放些许月饼和瓜果在干净的水碗里，泼到房上。祭完月神，全家就可以吃西瓜、月饼。月圆之夜也是团圆之夜，通过这样的方式，寄托着人们对生活的无限热爱和对美好生活的向往、遥祝远方亲人健康快乐的情思。

中秋夜还有一个向邻居各家分送月饼的习俗。邻居之间通过互送月饼传达节日问候和祝福。

中秋节羊最肥，村民习惯吃羊肉。即便在20世纪六七十年代困难时期，生产队也会在中秋节宰几只羊分给社员。羊肉面片是最过瘾的吃法：把软肉切成丁，爍成臊子，调到面片或面条里，放上葱，味道鲜美。若有肥肉，把羊油炼出来，浸在盆子或碗中，用来炒菜，还可以炒制羊油油茶。有的人家喜欢吃羊杂碎和羊头煮麦子。

七、寒衣节

又称"十月朝"，芳草人称之为"十月一"。这一天，村民为已逝亲人送寒衣。祭奠时除了食物、香烛、纸钱外，还要给祖先焚化御寒的"寒衣"，即用彩色纸做成的成套冬衣。

寒衣节的主要吃食是麻腐包子。所谓麻腐，就是用大麻子，经过碾磨、煮、过滤的加工程序，做成类似豆腐一样的絮状物。另一种主要原料就是土豆泥，两者混合在一起，然后佐以葱花、花椒为主的香料、食盐，拌成包子馅，用做普通包子的做法，包上馅用火蒸。蒸熟的麻腐包子蘸着香醋、香油、酱油、油泼辣子、蒜泥等调味品，味道独特。

第二节　礼庆习俗

一、婚姻习俗

截至20世纪六七十年代，芳草村年轻人的婚姻一直延续"父母之命，媒妁之言"的传统，盛行包办婚姻，青年男女都没有婚姻自主权，婚姻在很大程度上由父母和媒人做主。

1.提亲　男女青年到了谈婚论嫁的年龄，一般由男方看与谁家的姑娘合适缔结姻亲。有时候由媒人（多由女性充当，因此也称媒婆）推荐可以缔结婚姻的合适对象。男方请媒人向女方家说明缔结婚姻的请求。如果女方家长认为条件合适，门当户对，即答应可以考虑。具体程序如下：

第一步，媒人携带象征性礼品，向女方家提亲。女方收下礼品，说明这门亲事可以进行。第二步，请媒人问清女方的生辰八字，以合五行相生相克之说以及相属相合相冲之说。第三步，问过生辰八字后，双方通过各种关系了解对方家庭的所有渊源，俗称"打问"。也就是通过这种方式，考察判断婚姻的可能性。这一系列活动都叫合婚，婚姻能否成立，这是很要紧的一环。若八字不合，或者对方家庭有自己不愿意接受的隐秘历史或家族病史，双方的联姻就此止步。如果觉得合适，婚姻之事就基本确定下来。在举办婚礼之前，男方逢年过节都要到女方家，带上礼品一同过节，有时还按季节给女方送件衣物。确定关系之后，紧接着第四步是送聘礼。其间女方也可以上男方家里看家，俗称"上门"。姑娘上门时，准公婆要给见面礼。

2. 定亲、送礼 定亲又叫订婚。定亲和送礼是婚姻习俗上重要环节之一，俗称"送大礼"，也叫"完聘""完大聘"。选择一个双数的吉日，由媒人领着男方家的主事人，携带聘礼去女方家定婚。所带的礼品中有两酒瓶，用6尺红线绑在一起，瓶上贴着红贴子，上写"秦晋之缘，百年好合"字样。媒人将酒瓶放在女方供桌左方，口称"这是你们两家的大事，我是穿针引线人。这线我穿到了"，将红线解下，搭在青年男女肩上（从男左肩到女右肩），媒人向男方家长回禀："姑娘被红线牵到男方家了，新女婿向灶君上香奠酒，给先人上香奠酒。"新女婿便上香、磕头、作揖。而后将携带包袱放在桌上，开始验瓶、验聘。

验瓶 是将贴"秦晋之缘，百年好合"的两瓶酒放到桌上，新女婿在旁站着看两瓶酒，由女方家待嫁姑娘的弟弟或者妹妹出来验瓶，新女婿将钱放在瓶下，由待嫁姑娘的弟弟或妹妹逗玩，说左不平或者右不平，让新女婿不停出钱，由此考察新女婿的脾气、度量、性格。逗乐完毕，打开酒瓶，女方和男方家来的人一同饮酒，喝完酒，瓶内装上大麦或者豌豆，让男方带回家，来年春种时种到地里，象征姑娘到男方快快生子，象征他们的婚姻圆圆满满。

验聘 男方给姑娘送的衣物一般要够六身也即六套，验聘的时候，新女婿站在旁边，女方家的婶娘、姑姑、嫂子之类亲友的又开始逗新女婿，说服装宽了窄了长了短了，逗完之后，由双方当场交换信物。俗称"换手"。信物交换完毕，这时由女方父或母叫一声放炮。炮放过后，由女方家向男方奉酒奉茶，这时在女方家人陪同下，男方接受女家的酒席款待，表示两家已经结成秦晋之好。酒筵完毕，女方家拿出小礼品送给男方的人，叫做回礼。

3. 结婚 订婚完结后，接下来就是娶媳妇过门的准备工作，男方家占卜择

233

定结婚的吉日良辰，通过媒人告知女方家，征求女家的同意，这叫做"送日子"或"告日子"，也称"告期"或"探话"。结婚的日子一般选双月双日。

经男女两家同意，男方备礼到女方娶亲。女方家要将嫁妆陪嫁品随同姑娘一起送走。订婚时酒瓶栓的六尺红线，一头在姑娘手里，一头在娶亲人的手里，娶亲人将姑娘用红线牵出闺房，线的一端交给新女婿。男方这时要给女方"离娘钱"，姑娘的父母接到离娘钱之后，选定家族和亲戚中的一部分人，陪送姑娘到男方家做客吃酒，这部分上男方家做客吃酒的客人叫喜客。

新人进门时间一般都在傍晚。男方家在门前准备迎亲队伍，端着酒盅等候，看到娶亲车快到跟前，鸣炮迎接，炮响之后迎亲的人双手举酒盅给喜客一一敬酒，由新郎背或抱着新娘，走进选定的新人房。男方家备好迎亲宴，招待喜客。

新郎把新娘背进洞房，新娘子拿出事先准备好的面豆豆撒向看新娘的人们。尔后进来一些同辈人闹洞房。什么"吸过桥烟""糊天花板""顶牛""拔沙子"之类。游戏一会儿后，伴娘和新娘婆（有的是娶亲婆）两人用核桃、枣子、花生铺床。核桃象征圆圆满满，枣子象征早生贵子，花生象征有男有女。铺床完后过了午夜，按选定时间在堂屋先人桌前上香、叩首、拜堂。拜堂俗称"拜天地"，一般是三拜：一拜天地、二拜高堂、三夫妻对拜。

拜堂过后就等当天第二吉时准备婚礼。

婚礼仪式在本家当院举行，院中摆放专用婚礼仪架，仪架中挂一个巨大的"囍"字。结婚典礼开始，鼓乐齐鸣，主持人邀请双方长辈按席入座，爷爷、奶奶坐正席，父母叔伯左席，舅舅、姑姑右席。新郎、新娘就位，新人佩戴红花。新郎、新娘向爷爷奶奶、父母亲敬酒，新娘改口叫公公、婆婆为爹、妈。新郎、新娘向来宾鞠躬、交换礼物，介绍成婚过程，向来宾致感谢辞，来宾致贺词。结婚典礼结束，送新人入洞房，婚宴开始。

4.恭喜 特指在举办婚礼过程中，男方的亲朋好友受邀到男方家恭贺迎娶新人之喜的过程。在确定结婚典礼的吉日后，男方提前几天邀请亲戚朋友参加。关系比较亲近者，一般都要提前到来，帮助做准备工作，杀猪宰羊、蒸馍擀（压）面，买菜购物、起灶生火、筹备宴席。大多数恭喜者在婚礼当天到场。恭喜者要为主家准备贺礼，俗称"送情"，过去恭喜随礼，一般是送一盘花卷，上面盖一尺红布,又逐步变为送六尺红布或红被面,后又演变到直接送现金,又称礼金;婚礼现场设情簿记录。所有的恭喜者在一起进入宴席,俗称"坐桌"或"吃席"。

5.添箱 指出嫁女儿、女儿被迎娶到男方家举办婚礼的前一天,女方的亲朋好友到女方家送嫁。添箱的原意是指女方亲友为出嫁新人的嫁妆箱里添加随嫁的物品,越满越好。后来女方家也设宴款待亲戚朋友,亲友们带着礼品参加宴席,人们也把参加亲友出嫁女儿的宴会叫"添箱"。

过去人们添箱的礼品比较简单,如一顶头巾或一双袜子。进入21世纪,嫁女也演变为收取礼金。甚至演变为女方出嫁和男方娶亲在同一个场合进行,男方和女方各设记情簿,各收各的礼金。

进入21世纪,越来越多的人家选择在酒店举办婚礼、招待亲朋。

6.回门 结婚第三天,新娘回门,也就是女子出嫁后由新郎陪着第一次回娘家。如果娘家路途遥远,则有等到三四个月或六个月回门的。以前讲究在回门前,娘家弟弟或妹妹来陪着姐姐和姐夫一起回娘家。因为这是女儿出嫁后第一次回到父母身边,因此新郎必须带重礼。回门后全家在一起吃一顿饭,这叫"吃馃饭"。

二、生育习俗

1.分娩 20世纪六七十年代以前,医疗条件落后,产妇分娩,都由民间的接生婆帮助接生。事先家里从张家台子或者白石头拉牌背来黄沙,铺在炕上,如果是冬天,则要将沙子烧热。沙子的用处,是为了清理产后的血污。分娩时,产妇躺在沙上,由接生婆在旁边助产。孩子生下后,接生婆将孩子在沙中裹一下,沾掉身上的胎血,然后为产妇和新生儿穿上准备好的衣服。最后将沾染了血污的沙子都收拾干净,装在背篓里,背到野外倒掉。

2.坐月子 生了孩子,产妇一个月不能出门,俗称"坐月子"。坐月子的房间称为月房,产妇被称为月婆子,而新生儿被称为月娃子。必须保证月房严实不透风,也就是不能让月婆子受风,民间的说法是,月子里得了病,终身难治;另一个说法是,月子里得的病,只能等到坐下一个月子才能治,因此要格外操心。同时,为了母子健康,月房不允许闲杂人等进入,同时要在月房的门框上方挂一绺红布，俗称挂红，也叫"忌门"，表示"闲人止步"。据说如果闲人进去，会"踏奶"，也即会让产妇断了奶水，因此成为禁忌。万一有人不慎"踏奶"，需要踏奶者专门送一砂锅酸面条赔给产妇，俗称"还奶"。

历史上，由于生活条件所限，加上陈旧观念，月婆子基本上是一日三餐（多餐）都是小米粥和素面条，极少肉食，据说是吃肉容易得病。坐月子的时候，亲友邻居都会主动做了面条、面片送给月婆子，一是表示祝贺，再就是帮助增加营养。

3. 满月　新生儿落生够一个月，称为"满月"。这一天孩子的外爷外奶（外，芳草方言读如wei）家会为孩子送来一身新衣裳；爷爷奶奶则要给孙子揣钱，有条件的找个戥子放在孙子枕头下，意为"前程（钱秤）"。面对孩子，大人不能开口大笑，一则怕惊了孩子，再就是怕孩子"失口"，也就是以后不会说话。满月当天，公婆家和娘家两家人在一起吃一顿肉面条，肉都选瘦肉，切成小丁，意为"添丁"。

4. 百禄　多福的意思。新生儿长到一百天，家里请来剃头匠，为孩子剃头。家人将剃下的头发团成一个小圆球，用红线缝好，缀在娃娃肩上，男左女右，意味着将一生的毛躁烦心的事情全收了，一生圆圆满满活人。也有人在一百零六天的时候过"百禄"，六，即"陆"，读音lu，谐"禄"。所以对小孩子过"百禄"都较重视。打一锅荞面搅团，饭色越青越好，象征轻轻松松活一辈子。给娃娃戴一个锁锁，手脚戴上小铃铛，"铃"谐音"灵"，象征手脚麻利，聪明伶俐，能够长命百岁。

5. 周岁　孩子周岁，家人为孩子过周岁生日的时候，都会做一个游戏，即在孩子面前放很多东西，或者是玩具，或者是学习用具，或者是生活用品，如笔墨纸砚、算盘、锣鼓、乐器、骑鞍、马鞭、碗等等物品，让孩子上前抓。孩子抓什么，意味着孩子以后会主要从事什么。比如孩子抓笔纸，就意味着孩子长大喜欢读书，能做文章；如果拿算盘，以后会精于计算，可以做账房先生；抓了骑鞍，长大后会骑高头大马、当官发财，等等。为了讨彩，有些人有意将把笔和纸或者骑鞍往前放，好让孩子容易抓到，而把有些寓意不太好的物品放得远一些。有些人家周岁的时候也会请人，大家在一起吃一顿，这在芳草叫

"周岁庆",或叫"抓岁日"。

6. 拜干爹、干妈 为了孩子健康成长,有人为孩子拜干爹、干妈。拜干爹干妈的第一个条件必须是孩子父母的同辈,第二是家中子女齐全,第三是地方上名声较好,第四是必须没有明显的疾病。这对两家关系来说,就是干亲家,也说干亲。一旦拜了干亲,两家的关系就变成了亲戚,而认了干爹干妈的孩子,过年、过节、寿诞、生日,都要拜望他们;而干爹干妈,对于干儿子的娶妻、生子、盖房等重大活动都会过问、关心。拜干亲要选一个好日子。届时,孩子的亲生父母要准备酒席,还要给孩子预备好孝敬干爹、干妈的礼物。一般都是干爹的帽子,干妈的鞋子,还要配上衣料之类。干爹、干妈也要送给干儿子、干女儿一些礼物。其中有饭碗、筷子和一个长命锁,还有小衣服、鞋袜、帽子、围嘴、兜肚等等。干妈用五色线为孩子编一条长命锁套在脖子上,表示一生平安,长命百岁。

7. 起小名 小名也称乳名。小孩子出生后,在正式起官名之前,都要先起个小名字,小名一般都是父母或爷爷奶奶起,虽是小名,也很多讲究。有按出生年生肖起的,如牛娃、狗娃等;有按祖父的年龄起的,如五十二、六十五等;有取吉祥如意字眼的,如福娃、绥娃、顺娃等;有依农事稼穑的,如耕良、麦娃、存粮等;有根据出生时体重起的,如十斤、七斤等;有根据所拜干爹姓氏起的,如胡家娃、小李等(胡和李都是干爹的姓);以上一般都是男孩子的小名。生了女孩,除了一般表示金花、银花等女性色彩明显的小名外,还有一些为了在生了女孩之后希望生男孩,则给女孩起上如招弟、领兄、翻儿、转转等小名。随着时代变化,小名字逐渐淡化,一般小孩子只起一个名字,填报户口,一直使用。

8. 接生婆 也称老娘婆,即帮助产妇分娩的女性助产者。能做接生工作的人,大多性格开朗,身体健康,乐于助人,胆大心细。过去妇女生孩子,都是在自家的炕上分娩的。在孕妇感觉就要生产时,家人首先赶快去请村里的接生婆。接生婆都是义务帮忙,不收取费用。但她们凭借自己多年的生育经验和接生经验,为乡亲帮助接生。20世纪六七十年代开始,村上选拔专门人员进行培训,承担接生任务,使接生工作进入一个新的阶段,大大降低了新生儿的夭亡率。改革开放以后，医疗卫生事业得到根本性改善，产妇都在即将分娩前选择住医院生产，接生婆陆续退出了历史。

第三节 生活习俗

一、饮食习俗

因为物产的原因，芳草人的主食以小麦磨成的面粉为主。面粉易加工、易成型、易保存、易配菜，因此用面粉可以制作出花样繁多、风格各异的面食。

其次是黄米和小米。

▲ 谷子

黄米由糜子加工而成。糜子原名叫"稷"，脱皮后称为黍米，因其色淡黄而俗称黄米。黄米分黏黄米和一般黄米。芳草生产的黄米为不黏品种。过去多用黄米做蒸黄米干饭（纯黄米不加其他成分）和黄米糁饭（加工时掺加面粉）。黄米糁饭特别耐饿，是劳作时最常食用的食物。

谷子古称"粟"，也称"粱"，去皮后因子实小而俗称小米。小米的营养价值较高，含丰富的蛋白质、脂肪和维生素，过去多用于熬粥，俗称"米汤"。不管生了孩子的女人还是生了病的老人，都会经常喝小米粥，有助于营养的补充和身体的恢复。

芳草也种植一定量的玉米、大麦等杂粮。

副食方面，除了新鲜的牛羊肉、猪肉、禽蛋外，村民在冬天有腌肉的习惯。腌肉可以长时间保存，是缺少肉食时代改善生活、增加营养的重要方式。随着生活水平的提高，已经很少有人制作腌肉了。另外，除了时鲜蔬菜之外，过去有少量的窖储蔬菜，更习惯于腌制咸菜和酸菜。这也是过去生活中重要的调味品。洋芋是必不可少的副食之一。而大白菜、胡萝卜、莲花菜、韭菜、芹菜、圆辣椒、长辣椒、圆茄子、长茄子、且连、菠菜、油菜、洋姜、大葱等蔬菜，都是自种并常年食用的基本蔬菜品种。

（一）长面（见"节日习俗·春节·擀长面"）

（二）面条、棋花、拉条子、面片、凉面

1.面条、旗花 所谓的面条，就是将和好的面团擀成大张，将大张切成宽十几厘米的宽条，将这些宽条摞在一起，用刀切成或宽或窄的条状，在开水锅里煮熟，就是面条。旗花面也是面条的一种，做法与面条大体相同，不过在切面的时候，切成不规则的四边形。

面条或旗花面，调制方式有很多种。最简单的是，用清水煮面条，煮熟以后，炝以清油葱花，调入盐、酱油、醋等调味品，即可直接食用。也有在面条里调洋芋丁、洋芋片和肉臊子的，味道更佳。或者在煮熟的面片里打上鸡蛋花，叫做鸡蛋面片，富有营养。除此之外，还有将面条下在米汤里的"米和和"。有在面条里调上用碱水煮烂的扁豆的"灰豆面"。有冬天杀猪后用猪血和面做出来的"血面"。

米和和 在锅里放入少量黄米或者小米，煮熟以后，再将擀好的面条下入锅里，跟黄米或小米一起煮，直到煮熟。调制的方法与面条的方式相同。

灰豆面 将扁豆淘洗干净，放入锅中，加水，加适量蓬灰，在火上熬煮，直到扁豆被煮熟、煮烂。将煮好的扁豆调进煮熟的面条中，炝以清油和葱花，调上食盐即可。灰豆面的面条一般切成旗花面。

血面 过去多在杀猪后，用新鲜的猪血和面，做成面条，下进煮过猪脖子和猪肉的汤锅里煮熟。血面里一般都要调新鲜的猪肉片。习俗上，在吃饭前，要用碗盛好血面。打发家里的小孩，为还没有杀猪的左邻右舍送血面，请大家一起品尝。

也可以用羊血做血面。

2.抻面、揪面片

抻面 又称拉条子、扯面。抻面的面要和得稍软一些，和好后，还需要在和面盆里盖好盖子放一会儿，其间不能直接跟空气接触，这样的过程叫"饧面"；饧过的面筋道，更容易成型。可根据个人喜好将面拉成宽条、细条或者圆条形；吃抻面需要佐以炒菜，还可以根据需要调入酱油、醋汁、辣椒油等调味品。

揪面片的面跟捋面的面一样，需要饧面。将饧好的面推开，切成长条，用手捏到薄厚合适，等水开了之后，直接将面条揪成大小适中的方形面片入水煮熟即可。面片的味道调制，与面条略同。

凉面　凉面是夏天最常食用的主食之一。和面时放少许蓬灰或食用碱，以增加面的柔韧度，擀成大张。切面的方法与切长面相同，但面条比长面宽。煮面的水要稍宽一些，将水烧开，将面煮熟，捞出后，趁热浇上生胡麻油或麻子油，翻挑拌匀，在案板上晾凉。凉面一般不用另做卤汁汤料，直接调以醋、芥末油及辣椒油即可。

与凉面的最佳搭配是凉粉，做法是用绿豆淀粉加水调成糊状，将水烧开，将淀粉糊慢慢倒入开水中，边倒边快速搅动。将淀粉煮熟后，盛在盆中，冷却后成型。根据自己的喜好，切成块状或条状，浇上醋、酱油、辣椒油等调味汁，软糯滑嫩，清凉爽口。

凉面佐餐菜是凉拌韭菜或小白菜、芹菜等。做法是洗净韭菜或小白菜、芹菜，放进烧开的水里，稍一翻滚，即可出锅，这种做凉菜的方法叫炸或者焯（方言读如chuo）。焯好放凉，切成适中长度，调上醋、酱油、食盐即可。

（三）搓鱼子、拌汤（糊糊）、抄疙瘩、拨鱼子、煮疙瘩

1. 搓鱼子　将面粉和成面团，擀成0.5厘米厚的面张，切成四棱面条，再将面条切成一寸来长的段，用手在案板上搓成中间鼓两头尖的形状，类似小鱼，因此叫搓鱼子。搓鱼子的味道调制，与面条略同。

2. 拌汤、糊糊

拌汤　根据需要，在和面盆里放上适量面粉，里面加少许水，用筷子搅拌成小颗粒状。水开后，即可下锅，边下边搅，不要粘连，煮熟后调以盐、姜末、花椒粉、葱末等调味品就可盛碗食用。也可以加入鸡蛋或根据个人口味调上香菜、味精。拌汤以清淡为主，适合老人孩子和消化功能虚弱者食用。

糊糊　做法与做拌汤的做法接近，区别是做糊糊时，将水烧开，然后直接将干面粉撒入开水中，边撒边搅，直到稠度合适。做糊糊的原料，除了白面，也有黑面、玉米面等。糊糊是困难时期最常食用的一种面食，人们常在糊糊里调上酸菜。

3.拨鱼子、抄疙瘩、煮疙瘩

拨鱼子　先将面粉在碗中和成半稠粥状，稀不外流，干不成团，将水烧开后，一手斜端着碗，一手用筷子将流到碗边的面糊拨进开水里。煮熟后佐以调味品即可食用。

抄疙瘩　做法跟拨鱼子略同。不同的是，抄疙瘩是用两根筷子抄起面糊，直接下进开水里，会形成不规则面团，因此叫抄疙瘩。抄疙瘩也叫"懒汉饭"，意在其不讲究外形，容易做。

煮疙瘩　原料一般是玉米面或者黄米面。首先用开水和面，能成团即可，用手捏起一块面团，放在手心双手抟揉，揉成圆球状，两手向掌心挤压，使之如同糖油糕的形状，待将所有和好的面都团成一样大小的圆饼后，即可入水煮。有时候会在圆饼中心包一点红糖。煮疙瘩的优点是吃了耐饿，缺点是吃多了胃特别容易反酸。

（四）馒头、花卷、月饼、锅盔、包子

1.馒头、花卷　馒头的做法是将面粉加酵母发好后，团成外形为半球形或长方形，蒸熟即可。在民间有些较大型的活动上，也有将馒头做得比较大，比如老人去世后敬献的大馒头，直径可达30厘米，俗称"大盘"。过去农家起架盖房，亲友用以恭贺的也多用馒头，也称"盘"，但比"大盘"小，有时会在馒头的表面涂上姜黄，也称"黄馍馍"，系盖房专用。花卷的做法是用同样发好的面，推成面饼，敷上各种香料、油脂，卷成卷，用刀切成段，加以叠、压、翻、扭，做出各种花样，故名花卷。也有在婚事上做成规格较大的花卷，俗称"花盘"，犹如盛开的莲花，又称为"花馍馍"，味道可口，松软易消化，营养丰富。

2.月饼、锅盔

月饼　也叫蒸饼。中秋节用于敬献月神。月饼视年景丰歉，可大可小。大的月饼，直径可有两尺，厚可20厘米。蒸月饼先是将面发好，兑好蓬灰或食用碱，揉好，摊成大饼，上面撒上苦豆叶、姜黄、红曲、清油等，卷起来，再团成饼，月饼成型，在月饼上涂上姜黄和清油，用碗口在中心拓一个圆形，代表月亮，月亮上用针画上孙猴子和桂树。月亮周围画上各种图案纹饰。还要用一种专门的镊子在月饼边沿捏上花边。上笼之前，再擀一张与月饼同大的白面张，盖在月饼上，以防止水蒸气破坏月饼的图案。平时食用的蒸饼，表面不画月亮及其纹饰。

锅盔　又叫锅魁，和好面，经过发酵，兑好蓬灰或食用碱，揉匀，做成饼状，然后在平底锅上或鏊子上烤烙。根据需要，做出的锅盔有大有小，内酥外脆，易于存放。

3.包子　包子根据馅料的不同，分为肉包子、麻腐包子、糖萝卜（甜菜）包子、胡萝卜包子、韭菜包子、油酿（读rang）包子、红糖包子。

肉包子　分猪肉包子和羊肉包子两种。将猪肉或羊肉剁成肉馅，加上葱末、花椒、盐、酱油等调味品，搅拌均匀，将发好的面擀成圆形包子皮，将肉馅放在包子皮中心，再将包子皮捏起来。用蒸笼蒸熟即可。

麻腐包子（见节日习俗·寒衣节）

糖萝卜（甜菜）包子、胡萝卜包子、韭菜包子　顾名思义，就是分别用糖萝卜（甜菜）、胡萝卜、韭菜作为包子馅的主要原料做成的包子。各有风味。

油酿（读rang）包子　主要原料是猪油或羊油的油渣，但不能炸得太过太焦，将油渣碾碎，加上适量面粉，再加上各种调味品，搅拌均匀，作为包子馅而包成的包子。

红糖包子　将红砂糖用热猪油化开，加上适量的核桃仁、花生仁、芝麻等辅助原料，搅拌均匀，作为包子馅而包成的包子。

（五）油饼、油果子、糖油糕

1.油饼　油饼分两种，一是油饼，一是油水饼。主要原料是面粉和清油。

油饼　将发好的面做成圆饼状、待油温上到80℃左右，就可以将面饼放入油中，炸到两面焦黄，即可捞出。有时为了油饼的浸油度好及快熟，油饼入锅前在中心用刀划两下。

油水饼　用开水和面，团成圆饼，平底锅放油适量，烧热后放入饼子，两边煎透煎熟即可。

2.油果子　将发好的面，根据自己的喜好加入砂糖、鸡蛋、蜂蜜等各种味道，或切或搓或捏成各种形状，控制好油温炸制而成。

3.糖油糕　用开水和面，搅拌成絮状，稍凉后揉匀，饧发二十来分钟，再揉成条,切成大小适中的面团,将面团用手捏一个小坑,放入用猪油化开的红糖适量,将红糖裹在面团中,然后两手将面团抟揉成状如铁饼一样中间鼓凸周边较薄的圆饼子,将清油加热,放入饼子炸至金黄、熟透即可。

(六)搅团、糁饭、黄米干饭、米汤

1.搅团 是20世纪六七十年代芳草人的家常饭。由于生活条件限制,主要原料多为黑面、洋芋面、荞面等。做法是将水烧开,再将面粉均匀地撒入水中,边撒边用勺子或擀面杖搅。需要掌握的要领是,第一要一个方向搅,不能允许出现干面块,再就是不能太硬也不能太软。吃搅团需要做醋水汁,主要原料是醋、香油、辣椒油、蒜泥、姜末、芝麻等,美味可口。

2.糁饭 糁饭做法与搅团相似,不同的是,做糁饭是先将淘洗干净的黄米下锅,待黄米快烂的时候,撇去多余的米汤,在黄米上敷一层面粉,盖上锅盖继续蒸。待面粉快熟的时候,用专用撒饭铲或者擀面杖快速搅动,将黄米和面粉搅拌均匀。搅拌的时间越久越成功,有所谓"糁饭若要好,三百六十搅"之说。在劳动强度大的时代,做糁饭宁干勿稀、宁硬勿软。理由只有一个,撒饭越硬越能耐饿。有人说:芳草女人做的撒饭掉在地上都不沾灰,拾起来吹一吹,形状还原模原样。吃糁饭最好的佐餐菜是大肉片炒酸菜,俗称"酸烂肉"。

3.黄米干饭、米汤

黄米干饭 做法与大米饭相同,只是原料不同。过去年代极少吃到大米。有条件的人家,在蒸黄米干饭的时候,掺加少许大米,口感比纯粹的黄米干饭好,大米和黄米白黄相间,时人美名之曰"金银饭"。

米汤 就是黄米粥或小米粥,其做法相对比较简单。将小米或黄米淘洗干净,放入锅内,煮沸后,用文火慢熬,待米粒煮化、汤变黏稠即可下火。熬米汤最好是用新米,有营养且有米香味。生活困难时期,小米米汤是哺乳期妇女的不二选择。

(七)炒面、烙烙(烙拨拉)

1.炒面 也就是炒面粉。是一种非常普遍的速食品。炒面的制作方法是将粮食淘洗干净后,用锅炒熟,然后磨成面粉。炒面的主要原料有小麦、大麦、莜麦、豆类等,也有掺杂在一起磨成面粉的。还有一种做法是,在小麦等粮食中，掺加少量麻子，磨成的炒面自带油脂的香味。炒面的食用方法，除了极少数情况下会干吃外，大多数时候是用开水搅拌成团。还有一种方法是，搅拌在西瓜瓤中，味道甜美，受人喜爱。困难时期，也有用草籽做炒面的情况。但草籽炒面无论口感、营养、易消化程度，与谷类炒面相比，都是不能同日而语的。

2. 烆烆 一种面食。主要原料是面粉。做法是在锅里放上水，坐在火上，再在水上面放上面粉。盖好锅盖。通过烧开的水将上面的面粉蒸熟，然后不停地搅拌，最后形成规格不一、大小不一的但不会结成团的面块，根据口味调上盐，最后用清油葱花炝一下。有时候也会在烆烆里放上土豆、胡萝卜丝或者甜菜丝，也各有风味。

（八）麦索子、烧麦子、麻麦、煮麦子、煮豆子、煮洋芋、烧（烤）洋芋

1. 麦索子 是过去人们在青黄不接时用未完全成熟的粮食充饥救急的一种食物。麦索子的原料是即将成熟但还没有完全成熟的小麦，做法是，先将小麦割下来，将麦粒跟麦皮脱离，这时候的麦粒，还是青绿色的，将麦粒煮熟，捞出来晾到半干，放在磨盘上，通过磨盘上的大眼磨出来，麦粒就变成了毛线一样的麦索子。麦索子可以直接食用，也可以稍微用熟油、葱花、花椒炝一下。麦索子既有软糯适度的口感，又有非常清新可口的麦香，风味绝佳。

2. 烧麦子 烧麦子的原料跟做麦索子一样，都是即将成熟还未完全成熟的青小麦。做法是将青麦子拔下来，手抓着麦秆，将麦穗直接放在火上烧烤，烧熟以后，用手搓去麦皮和灰土，就可以直接食用了。烧麦子既有新鲜麦子的清香，又有麦粒将熟未熟时的软糯，味道独特。

3. 麻麦 俗称麻麻，主要是炒麦子，就是将小麦粒用锅炒熟，以作为一种简单便捷的干粮。食用的方式就是直接将炒熟的麦子放进嘴里咀嚼，有时候在炒麦子中掺加少量麻子，咀嚼的时候有一种油脂的香味。炒麦子麻麦的原料除了小麦外，还有各种豆类，莜麦，玉米，青稞等。也有少量炒大麦，大麦的外皮比较厚，需要用石碾将外皮脱去。

4. 煮麦子、煮豆子 就是将小麦的颗粒或豆类（大豆、黄豆、豌豆）直接煮熟食用的一种食品。煮豆类的时候，一般需要加适量蓬灰或者食用碱，容易熟烂，易于消化。

羊头煮麦子 这是煮麦子的一种加工方法。将羊头洗净,加上调料在锅内熬煮。将麦粒洗干净放入锅中,跟羊头一起煮。待羊头煮熟,麦子也被煮得熟烂,羊肉的香味被煮进麦粒,别有风味。

5. 煮洋芋、烧(烤)洋芋 煮洋芋就是将洋芋洗净,囫囵入锅煮,煮到熟透,即可出锅食用。与洋芋同煮的还有胡萝卜、甜菜(糖萝卜)、且连等。烧(烤)洋芋的方法有多种,如将整个洋芋埋在做完饭的灶火余烬里,根据时间长短判断洋芋烧熟与否。也有将洋芋放在煤火的炉膛里,甚至有将洋芋放在冬天的炕洞里烧的。而最别致的烧洋芋的方式是,在野外劳作时,在地上挖类似灶台的一个小窑,在里面点燃柴草,使充分燃烧,烧成一堆灰烬后,将洋芋埋在里边,然后将小土窑拍散,全部盖在灰烬上。等在野外劳作一段时间再回来,扒开土层和灰烬,洋芋就变得外皮焦黄,剥开洋芋,吃在嘴里,又软又沙,醇香可口。

(九)炒菜、烩菜、大茶

炒菜 家常菜的常用制作办法。将一种或几种菜放在特制的凹型锅内炒熟的烹饪过程。先倒入适量的油,及时将葱等切好的菜品放入锅内,用旺火加热成熟,要用特制的锅铲翻动。根据爱好和需要,炒成酸、甜、辣、咸、淡等口味。掌握火候的、把握翻动节奏、适时调味、适时出锅是关键程序。生活条件艰苦时,上好的菜肴就是土豆丝、韭菜炒鸡蛋、西红柿炒鸡蛋、韭菜炒腌肉、腌肉炒白菜等。

烩菜 过年的时候,人们在煮肉汤尤其是煮骨头的汤里,加上土豆、粉条、酸菜等,条件好的,还可以加上豆腐、木耳、黄花菜等食材。烩菜一般都会做成一大锅,做好后,放到冷屋子里。吃的时候,舀一些在锅里加热,吃起来方便、可口。进入21世纪,食材的种类极大地丰富,人们在白事上多吃烩菜,搭配日益丰富。

大茶 也就是大锅臊子汤,一般在婚嫁时候调制并招待亲朋好友。先把猪肉丁燥成臊子,把土豆丁炒半分熟,把豆腐丁等炸一下,其他食材,如粉条或粉块等都切成碎丁。调汤时,先用大锅把水烧开,然后把做好的各样食材一一放进去,再调入花椒、食盐、酱、醋、鸡精等,出锅时放些韭菜、香菜段等绿色菜。过事情时,客人一到,端上大茶,泡上糁饭,味道独特。

(十)酸菜、咸菜、窖藏菜、腌肉、油拨拉、油茶

1.酸菜　芳草一直有腌制酸菜的传统。腌酸菜的主要原料是大白菜,也有其他蔬菜。制作酸菜的初衷是为了延长蔬菜保存期限。在20世纪五六十年代,芳草人家家都会腌制酸菜。一进入秋末冬初,收获了大白菜,家家户户腌制酸菜的活动就开始了。腌制酸菜是先将白菜择好,洗净,在开水锅焯一下,切成寸方的小块,然后在腌菜缸里一层菜一层盐压瓷实。直到装满缸或者坛子,并在最上面压一块石头。月余即酸。吃饭时直接捞出酸菜就饭。条件好的,有时候可以用酸菜炒肉。随着生活水平的提高,腌制酸菜的活动已经逐渐淡出人们的生活,后来有些饭馆以糁饭和"酸烂肉"即酸菜炒肉做主打,本来被逐渐淘汰的酸菜又上了人们的餐桌。

2.咸菜　跟酸菜一样,咸菜也是过去芳草人家经常食用的一道腌渍后的蔬菜,咸菜顾名思义有较强的咸味,主要是以食盐等调味料腌制,保存期长。制作成咸菜的蔬菜主要有胡萝卜、且连、黄瓜、辣椒、韭菜以及未成熟的西红柿,还有从野外采摘来的沙葱等。有时候头年秋末冬初腌制的咸菜,能够吃到第二年的五六月份。在过去,咸菜是不可多得的佐餐菜,改革开放以后,随着物质的丰富和生活水平的提高,即使饭菜比较丰盛的情况下,吃饭的时候有一小碟咸韭菜佐餐,也同样有非常别致的味道。

3.窖藏菜　为了在冬季或者次年蔬菜下来之前吃到新鲜蔬菜,芳草有部分窖藏鲜菜的习俗。但选择窖藏菜的人家不普遍,只是部分人家。这些人家在院子一角或者后院的某个角落,挖一个地窖,冬天来临前,将土豆、白萝卜、胡萝卜、南瓜、葱等易于保存的蔬菜藏在里面,时不时取出食用。也有一种埋藏储菜法,就是直接挖一个土坑,以深过冻土层为宜。冬天来临时将土豆、萝卜、且连等埋在土里,食用时挖出来即可。

4.腌肉、油拨拉　过去芳草人只有在过年时才杀猪有肉吃。除了过年吃肉之外,大多数家庭会选择做腌肉,以求较长时间的保存。将猪肉剔骨后,洗净,连皮带肉切成十厘米大小的方块,放在锅里用自身的油脂炸,直到完全析出水分,在炸好的肉块上,涂上盐和花椒、大料等调味品,然后码在腌肉的缸或者

坛子中，最后将炼好的猪油倒入腌肉中，要求油能没过肉块，以阻止空气和肉块的直接接触。腌肉的盐比较重，除了入味，更是为了抑制或杀灭肉品中的某些微生物，同时也可减少肉制品中的含氧量，并抑制肉中酶的活性，达到食品保藏的目的。油拨拉，就是猪油或者肥肉经过烧炼以后的油渣，但不能烧炼得太透太过，介于脂肪和油渣之间。油拨拉易于存放，在普遍缺乏肉食的情况下，平时用来炒菜，增加辅食的营养和味道。

5.油茶 将羊油放在锅里，烧热化开，再放上面粉，加上各种调味品，边放边搅，越均匀越好，一定不能粘锅，不能焦煳，待到面粉熟了，就可以起锅，油茶就做好了。食用的时候，取一些油茶放在碗里，浇上开水，搅匀，即可直接饮用；也可以泡锅盔、就馍馍吃。味道鲜美而又有营养。

（十一）困难时期的代食品

1.三角子籽 三角子，藜科，一年生草本植物。植株高15~20厘米，雨量充沛年份能长到25~27厘米。三角子分黑三角和白三角两种。黑三角一般生长在山坡、荒地、山洼、沟边土质地带。白三角长在沙包边、沙河边的沙包上和沙包畔周围荒沙上。籽粒成熟于农历七月下旬到八月前半月。在三角子将要成熟的时候，人们将三角子拔下运到场上，借助工具的敲打，就可以将籽实打下来。更多的时候，人们拿着扫帚和簸箕到野外扫三角子落在地上的籽实。运回家用水淘洗干净，或者炒熟磨成炒面，或者磨成面粉蒸馒头。三角子的面粉不仅有苦涩味，尤其比较难消化，食用过量排便异常困难，但也确实是生活困难时期不可多得的救急食物。

2.水蓬籽 水蓬，藜科，一年生草本植物，也称蓬柴、碱蓬，还有人叫扎哇。水蓬的籽实到农历八月下旬成熟，含有油和碱。水蓬的秸秆主要用来制烧碱，种子经过浸泡去碱后多用来喂猪。但在特别困难时期，芳草人也有食用水蓬籽的情况。方法是将水蓬籽反复浸泡，充分去碱，晒干后磨成面粉。水蓬籽的面粉呈墨绿色，口感偏咸。营养价值极低。

3.小灰条籽 小灰条，藜科，一年生草本植物。也称小叶灰草或绿灰菜，幼株可以焯水后做凉菜，也可以做家畜饲料。成熟期在七八月间。将灰条籽打下，晒干后脱去外壳，磨成面粉，主要用于蒸食。或者一层麦面一层灰条面做成黑白花卷，或者纯灰条面直接装在碗里蒸熟，人称"瓦砣"，味道略甜，口感不错。是困难时期比较受欢迎也比较难得的食物之一。灰条的籽小，有黑、棕、红、紫等色泽。

4. 大灰条籽 大灰条，藜科，一年生草本植物。也称大叶菜、清灰菜、白灰菜。大灰条籽的面粉相对小灰条籽面粉口感略咸，受欢迎程度不如后者。

5. 鹿角刺皮 鹿角刺，俗称刺刺花，一般生长在石洼和砂洼上。困难时期，人们挖来鹿角刺，剥食根部的皮层。鹿角刺的皮嚼吃起来略有点甘甜味，脆中带柔，质白如鸡肉，人们因此也将鹿角刺称为鸡肉柴。

6. 驴尾巴杆子籽 驴尾巴杆子，藜科，一年生草本植物，也称驴碱蓬，俗称立蓬子。籽实农历八月初成熟，含有油脂。困难时期人们将其籽实磨面食用，味苦涩咸，口感差，不易消化。

困难时期的人们食用的草籽还有米心柴和烟葫芦柴的籽实。米心柴、烟葫芦柴都属于小灌木。其籽实的面粉口感极差，不到万不得已，人们很少食用。

除此之外，困难时期人们普遍口重口杂，几乎牛羊能吃的植物，人们都尝试食用，比如蒲公英、苦苦菜、大辣辣秧、面条条、铁链子、羊角草、马牙草，等等。有时候甚至采食狗刺秧子、沙枣树叶子、榆树叶子、榆树皮等等。不仅如此，在生活极端艰难的情况下，还有发生在马粪、骆驼粪便中挑拣未完全消化的谷物和豆类颗粒，淘洗干净充饥的现象。

（十二）返销粮

20世纪50年代至60年代，由于国家的统购统销政策，所产粮食很大一部分需要完成国家公购粮，除留够种子、牲口饲料外，分配给社员的口粮严重不足。加上自然灾害，粮食歉收，有些地区的农民生活困难。从1953年起，国家逐步开始向灾情严重的地方返销一部分粮食，以解决农村社员的生活困难。返销粮也称供应粮、回销粮。芳草村在1961年春天开始供应国家返销粮。返销粮供应由人民公社根据各队粮食生产情况统一分配，以队定产定销，以户以人定量供应。回销粮主要有玉米、高粱、红薯片、豌豆、洋芋、萝卜、豆饼、油渣等五谷杂粮及副食品废料，小麦较少，以玉米和红薯片居多。返销粮多由新疆（玉米）、河南（红薯片）等地调运来，由生产队统一派人派车从一条山火车站

（今景泰火车站）仓库拉来分发给农户。

供应的玉米一般磨成面粉，因其黏和性差，多用于蒸馍馍、煮糊糊；也有直接将玉米炒熟或煮熟后食用。高粱一般磨成面粉，掺和在小麦面粉中蒸（烙）馍馍。红薯片煮熟后食用，也有少量生吃。豌豆炒熟或煮熟后食用，也有磨成面粉掺在小麦面粉中食用。

返销粮中的一部分本来作为牲畜饲料供应的，但在困难时期，多数都被用于人的口粮补贴。

（十三）艰难生活时期形成的独特生活习俗

由于长期的生活过程中，时不时都会遇到粮食短缺、生活困顿的情况，所以，芳草人都非常珍惜粮食，在任何情况下都绝不能浪费粮食。在收获粮食以后，将田地里遗漏的粮食全部捡拾回家，真正做到颗粒归仓。对粮食的珍惜几乎到了对待宗教一样的虔敬。比如，在困难时期，煮食洋芋不剥皮，吃饭时洒落在桌子上或者地上的饭粒一定要捡起来吃掉。

1.挖田鼠仓　一到秋季，田鼠就将成熟的粮食穗咬下来搬回窝中，储存冬天的食物。在生活困难时期，有人就在田间地头找到田鼠的窝，挖开，找到它的储粮仓，将所有的粮食取出来，拿回家作为自己的口粮。

2.舔碗　过去人们吃完饭，如果饭食比较稠，碗壁上遗留有饭粒和面汤之类，都会用舌头将碗壁舔干净，由于长时间舔碗的习惯，有人甚至能将三号砂锅的内壁舔舐干净。而对于舌头够不到的地方，将食指蜷曲起来，沿着盛饭器皿的内壁，将食物刮下来，再用舌头舔掉。

（十四）粮食加工

根据芳草地区的物产，粮食主要是以小麦、大麦、糜子、谷子为主。粮食加工也主要是将小麦、大麦加工成面粉，将糜子、谷子加工成黄米和小米。

推磨（揉磨）　推磨，是指用石磨加工面粉，更是指主要使用驴以及马或骡子等畜力，拉动磨盘对粮食进行加工。过去芳草人几乎家家有磨房，俗称磨道，磨面的时候，将牲畜套在磨杆上，需要将牲畜的眼睛蒙上，还要套上嘴罩，蒙眼罩的作用一是模糊牲畜的方向感，二是防止看见粮食偷吃，戴嘴罩的作用也同此。

而搡磨，则是主要以人力为动力推动磨盘对粮食进行加工。20世纪70年代芳草有机械加工面粉之前，所有的面粉都是石磨加工而成。而又由于畜力的短缺以及私人不允许喂养大牲畜的情况下，加工面粉的工作主要通过人力搡磨来完成。

可加工成面粉的粮食，除了小麦、大麦外，几乎所有的谷物都可以通过石磨而加工成面粉，如极少量的青稞面、豆面、高粱面、玉米面，还有困难时期将可食用草籽加工成面粉。另外如20世纪六七十年代，人们将国家供应的红薯片（由外地调拨，即晒干的红薯切片）加工成面粉食用。

搡磨加工面粉，除了耗时很长外，一是非常累人，二是搡磨的时候一直是围着磨盘转圈，会产生一种眩晕的感觉，因此对绝大多数人来说都是非常艰辛的体验。

2.碾米 即通过石碾将糜子或谷子加工成黄米或小米。将糜子和谷子加工成黄米和小米，都是通过石碾完成的。在过去普遍缺少大牲畜的情况下，碾米主要是通过人力推动碾盘上的碾轱辘碾压而成。由于碾子的特殊结构，推碾子碾米相对搡磨要轻松得多。

由于加工物及加工方式的不同，过去村上碾子的数量相比石磨要少得多，还有一个重要区别是，石磨都是在室内，而碾子既有室内的，也有安置在户外的。安置在户外的碾盘基本上属于大家共有，人人都可以随时使用。

（十五）调味品

食用油以及醋、酱油等调味品，都是以家庭制作为主。由于制作工艺相对比较简单，一般家庭妇女都可以制作。同时因为主要用于家庭食用，较少用于流通买卖，也很少从外面购买。这一传统一直延续到20世纪八九十年代。

1.麻子油 麻子，一种油料作物的籽实。麻子油的制作工艺相对比较简单，选料单一，主要采用"两锅煮法"，体现一个"熬"字。其工艺流程：首先通过筛选，将颗粒饱满的麻子用石碾碾碎，越细越好，然后将碾细的麻子料放在铁锅内，加满水进行煮熬，先用大火将锅催开，再用细火煮熬。为了防止麻渣沉底糊锅，熬油人要不停地搅拌，耐心观察，等淡黄色油层逐渐上浮。熬油师傅将油层用铁勺轻轻掠出来，放在另一口铁锅里，这样周而复始不断操作，直到熬油的锅内不再漂浮油脂为止。

其次是将掠出的油用细箩过滤，再放在铁锅进行煮熬，待油中水分蒸发完后，放凉进行第二次过滤。熬油师傅将过滤的油少取一些，放在铁炒勺里进行加热试验，炒勺内将发出叭叭响声，油向外溅，说明油内还带水分，需要再熬，直到油中的水分全部挥发完为止。装油坛前进行第三次过滤，纯麻子油就制成了。

麻子油是人们最早的食用油。颜色淡黄稍带微绿，无论拌凉菜、炒热菜、炝汤饭、炸油饼，色、香、味独特。

胡麻子、菜籽也可以制成食用油脂，其制作方法与制作麻子油基本相同。

2.醋 酿醋首先是选料。根据做醋数量多少而定，要精选颗粒饱满的小麦为佐料，当年麸皮为辅料，适当添加发酵的醋曲。

其次是将选好小麦煮熟，麸子炒七八成熟，但不能炒焦，掺加醋曲，装进缸里，搅拌均匀，逐层压实。为了防止失败，一般家庭还得邀请一位实践经验丰富做醋师傅现场指导。而后在装好醋料缸上面，加盖床单、棉被保暖。放在干净屋内，每天定时倒翻一遍。大约发酵7天左右，当闻到醋香味时，就将保暖东西去掉。搅拌降温，待晾凉后，再用力压实，放在阳光下晒20多天。当醋酿成熟，缸顶上面结成一层干皮，下面醋料变成红褐色，整个酿醋程序才算完成，酿醋成功。成品叫醋头，适当留一些，待来年再用。酿醋房一般都要挂红忌门，献盘上香，防止其他微生物的侵入，也以示对醋坛神的虔诚。

其三是搭醋，即过滤，要用专门搭醋缸（侧底部钻有2~3厘米小孔，再安20厘米左右长木制的空心醋筒），搭醋缸底要垫上3厘米厚的干净麦草（主要是过滤）。然后，将发酵好醋料装在缸里，加满水，泡够12个小时，抽出醋筒上的塞子，流出来的液体就是食用醋。醋的颜色越深，质量越好。

3.酱 做酱的工艺比酿醋工艺复杂一些。首先是把选好的黄豆、面粉、麸皮、食盐按比例搅拌均匀，再通过蒸煮、制曲、制醪、发酵、装坛等过程完成。其工艺流程是，先把黄豆放在盆内浸泡，水面要淹过黄豆，充分搅拌除去杂质，再换水继续浸泡一个星期左右，以豆粒膨胀为度，尔后用清水漂洗数遍，晾干。紧接着放入蒸笼内，蒸3~4小时，停火后再焖2小时。第二天开笼取料，将蒸好料拌匀装在缸内，放在屋内发酵。一般室内温度保持在30℃左右，每天要进行观察，如发现菌丝，就要及时翻料，直到有粉状物飞扬时即成为"曲"。再将制好醪与曲进行调配，严格控制发酵温度和周期，最后将酱料装坛，封口。放在室外向阳处晒，室外晒的时间越长越好，酱料即便是冬天也不怕冻。最后的工序就是搭酱，搭出酱颜色越紫黑质量越好，存放时间越长，味道纯而不易变质。搭酱和搭醋工艺相同。

二、服饰习俗

由于自然环境及生产力水平决定了人们的服饰习俗，因此芳草人的服饰习俗与中国北方绝大多数地区基本相同。服饰的材料以棉布、麻布、羊毛制品为主兼及少量的绸缎和丝织品。服饰的作用尤其在冬春季的作用以御寒为主，过去人们对服饰的追求以宽大、结实、耐穿、耐脏为主。只有少数人才能顾及服饰的美观和样式。进入21世纪，芳草人的服饰跟中国北方绝大多数地区已经没有材质、花样、质量上明显的差别了。

服装包括大氅、袍子、上衣、裤子、鞋、帽、袜子、手套、围巾等，品类繁多。

（一）皮袄、大氅、毡袄、袍子

过去人们的服装首先是为了解决御寒的问题，因此有一些规格较大较宽松的服装，长度几乎与人的身体同长，也正是为了更好地御寒这一功能，在材质的选用上则选用结实厚重的材料。如皮制品和毛制品，有皮袄、大氅、毡袄、袍子等。

1.皮袄、大氅　指用整张羊皮或其他兽皮做的长大衣或短大衣。皮袄多用绵羊皮（带毛皮）缝制。也有极少量用狗皮、狐狸皮缝制的。先将宰杀后的羊皮（其他兽皮同样）处理干净，通过专门的工艺进行鞣制，使羊皮变软，然后根据人体进行裁剪成全身皮袄或者半身皮袄。皮袄一般都是对开襟。过去的皮袄多为光板皮袄，即羊毛朝里，羊皮朝外，不蒙布料。这种皮袄的保暖效果特别好，是冬天从事放牧、野外劳作等活动时的最佳选择。就穿着品相而言，最好的皮袄是二毛皮袄、羊羔皮袄以及狐狸皮的皮袄。只有家庭条件好的人家，才会给皮袄缝上布料面子。而缝制了布料面的皮大衣也就是所谓的皮大氅。

2. 毡袄 即用毡做的长袄。也就是用擀毡的工艺擀成的大衣。毡袄分带袖子和不带袖子两种。由于带袖子的毡袄工艺比较复杂，较难掌握，因此芳草的毡袄多为不带袖的。毡袄特点是厚重，除了保暖，还可以防风防雨，多用于野外守夜、放牧穿着。有些毡袄甚至立起来就是一个小型的毡帐篷，野外劳作的人可以在里面坐着小憩。毡袄多为对襟，一般没有纽扣。

▲ 毡袄

3. 袍子 也即与身高同长的衣服。袍子分有棉袍、夹袍和单袍三种。棉袍指里面絮了棉花或者畜毛的袍子，可以御寒；夹袍指有里有面两层，但里面不絮棉花和毛，可以在春秋季穿；单袍则指只有一层面子，多在夏天穿。单袍又被称为大褂。过去也不是人人都能够穿得起袍子，因此穿袍子有时候就变成身份或者家底的表征了。新中国成立后，20世纪五六十年代还有人在特殊场合，比如在祭祀、拜年、扫墓的时候穿着袍子，以示隆重。袍子通常为大襟也叫斜襟，即两襟一大一小，小襟为右衣襟，大襟为左衣襟，纽扣钉在小衣襟一面也即身体右侧，系纽扣的时候大衣襟从左侧到右侧，盖住小衣襟。过去大襟一般不分男女，都是同一制式。袍子的纽扣是用布料制成的带纽扣、盘结纽扣。即用各种布料缝成细条，俗称"袢条"，盘结成各种各样形状的花式钮扣。俗称"纽子"或"纽子疙瘩"。由两部分组成，一边是盘结成小球的纽扣，一边是形成开口的纽襻，衣襟就是用纽扣和纽襻固定的。

（二）棉衣棉裤、单衣单裤、毛线衣裤

1. 棉衣棉裤 过去的棉衣材质有褐子布、老土布、棉布等，里面多絮棉花，条件好的有絮羊毛、驼毛的。絮毛棉衣属于棉衣中的上品。

棉衣 分斜襟和对襟两种。斜襟（大襟）是左襟盖过右襟，纽扣在右侧。对襟是两襟相对，纽扣在胸前正中。纽扣也是传统的盘结纽扣。棉衣又称为"裹肚"或"棉裹肚"。

棉裤 即絮了棉花或者兽毛的裤子。过去的棉裤多为大裆裤，也叫缅裆裤，也做"勉裆"、"抿裆"，特点是裤前不开口，裤裆大，裤腿（裤管）宽，裤腰宽

▲ 大襟衣

而高。所谓"缅裆",就是穿好裤子后,将宽大的裤腰折一下,再系上裤带,裤带一般用布条或毛绳做成。裤脚处缠腿带。

2. 单衣单裤 过去芳草人的夏衣都是单衣单裤。单衣有夹夹(土布夹衣)、汗褟(贴身穿的小褂),也是斜襟或对襟。单裤也多为挒裆单层裤。过去做衣服的布料色彩单调,以白色、青色(黑色)、蓝色为主,多为自染。

3. 毛线衣裤 将羊毛或驼毛清洗干净,捻成毛线,用竹签编织的毛线上衣或裤子,保暖性好。过去捻毛线和编织毛衣都是男人尤其是牧羊人的专长。编织毛衣叫"挑毛衣"。

(三)棉鞋、单鞋

芳草人称棉鞋为"窝窝"或"棉窝窝",棉鞋由鞋帮和鞋底组成。鞋底是将若干层褙子用细麻绳和锥子锥纳而成,鞋帮是用单层褙子絮上棉花或者兽毛而成,增加了厚度,提高了保暖功能。将鞋底和鞋帮连接起来叫"绱鞋"。有些棉鞋直接用兽皮做成,毛向内,也可以极大地提高棉鞋的保暖性。还有一种

▲ 布鞋

棉鞋叫"毡窝窝",就是用制毡的方式擀出来的毡靴。毡窝窝非常结实,既保暖,又可以防水隔潮,但大多数人穿不起。单鞋的做法与棉鞋的做法基本相同,唯一的区别是鞋帮不絮棉毛。为了鞋能穿的时间长久一些,做鞋帮时,在前帮处一层一层地缝上细布条,叫"裹头"或"裹尖",可以增加耐穿性。

(四)棉帽、单帽

过去棉帽多是自己缝制的,根据人的头型大小做一个帽子,加上帽檐,两个护脸的帽扇,就是一个完整的棉帽子了。还有一种毡帽,也就是用制毡的方式做出来的一个帽子。做得好的毡帽,甚至可以用来盛水。单帽多为瓜皮帽,就是将帽子做成半个西瓜皮的样子。

妇女保护头发及头部御寒的，一种是自己缝制的布帽，也叫"搐搐帽"，即一个圆顶帽子将头发装在里面，下檐带有可抽紧的细绳。再就是方头巾和头帕。头巾80厘米见方，用的时候对角线折成三角形，蒙在头上，将三角形的两个锐角系在脖子下面。在风沙大的天气里，头巾可以将除了眼睛之外的头部和面部都包起来。头帕是长有四五尺、宽有半尺多的一条长巾，使用时一层一层地包住头皮和头发，可以御寒，防风；多为黑色，一般为老年妇女所用。

（五）袜子、棉袜子、毛袜子

过去袜子多为自己缝制。分单袜子、棉袜子、毛袜子等几种。单袜和棉袜一般用棉布缝制，多为白色和黑色、蓝色。毛袜子即用羊毛线或驼毛线织成的袜子。

三、居住习俗

芳草人的居住条件及居住习俗与周围邻村大同小异。村庄的形成有三大特点，一是紧凑，三个生产小队集中居住在东西长约3公里、南北宽约1公里的芳草梁上；二是没有过成规模的外迁，即使20世纪70年代景泰川电力提灌工程建成后的全县搬迁中，仍然没有发生成规模的外迁；三是几个主要大姓聚族而居。居民住所的主要形式为：坐北朝南的北房为主的封闭式院落，冬暖夏凉。基本都是上房配以厢房或耳房、厨房及其他用途的房间。由于干旱少雨，房屋绝大多数为平顶房，土木结构，即墙体用土坯砌、墙面用草泥抹装；屋顶为木质大梁、檩子、椽子构成。极个别家庭有两进院子。一般都是人畜分开，旱厕和家畜饲养栏都在院外。

1. 上房　上房也就是正房。属于典型的中国北方规整式住宅风格，上房居中，规格为三开间，即屋顶有两道檩子支撑横梁的结构。上房是敬奉祖先神位、举行家庭礼仪、接待重要客人乃至老人去世后停放的所在。平时一般家中年龄最长者才能住在里面。但在实际生活过程中，出于保暖、生活方便等考虑，这个界限往往是被打破的。有时候恰恰是晚辈住在上房，而长辈住在耳房或者其他偏房里。但极少有长辈住偏房而年轻夫妇住上房的情形。上房的门开在前墙正中，双扇门，向内开。占在上房中间的位置，而窗户在门的两边，居左右两间的正中。窗户一般为整扇板棂窗，窗轴在上窗框，向外开。正房两边规格小于正房的房子叫厢房。两间厢房除了住人，还兼作厨房或储藏间。

2.**厨房** 过去，厨房既是加工食物、存放食物的场合，还是住人的一个重要场所。厨房内除了有火炉、灶台、案板、水缸、储物架之外，还有炕。由于厨房相对间隔小，加上厨房内有热源，家口小的人家，冬天往往睡在厨房里。进入改革开放时代，厨房逐渐回归到纯粹加工饮食的原始作用，更加美观、整洁。很多家庭使用电器设备，做饭越来越轻松。

3.**庭院** 庭院宽敞、方正，是一家人平时最大的起居空间。院墙将整个房屋都包括在里面。院子里可以堆放柴火、放置农具、晾晒粮食、打煤砖，一院多用。多数人家黎明即起，洒扫庭除。不管家庭是否富有，保持一个清洁的生活环境，成为世代相习的生活习惯。

4.**大门** 大门分三种情况，一是有门楼的大门，包括门楼顶部的挑檐式建筑，门楣，门框，门扇。第二种是没有门楼的大门，第三种就是既无门楼也无门框，直接就是一个敞口，还有极少数人家连院墙都没有。大门的门扇有单扇和双扇。极个别人家会在大门外建造影壁，也是和院墙、大门一样，成为这个院落建筑的一个有机组成部分。大门是一家人的门面，往往反映出主人的社会地位和经济水平。门楼只是整个院落建筑的一个组成部分，不可喧宾夺主，同时要照顾到左邻右舍，不可太过突出，避免从气势上给别人以压迫感。注重大门纳气，周围环境卫生整洁。

▲ 大门

四、建房习俗

1.**选址** 建房俗称盖房子，先看好自己要盖房的位置，再请风水先生，看具体的方位合适与否。然后挖高垫低，平整地工，低洼处必须取平垫实。接着拉水浇地工，浇透晾干后再用杵子或者夯捶夯实地基。地基结实与否，是整个一栋房屋的关键和基础。

2. 砌墙 地基打好后，开始镶砌根脚。根脚石一般都是从石板嘴撬来的。砌好根脚，然后在上面开始砌墙。过去砌墙的材料基本都是土坯，俗称"土墼"或"胡墼"。土墼是用专用的模具制作的，俗称"脱胡墼"，即将和好的泥装进模具中，然后倒在平地上，干了以后就是类似砖块一样的土坯。过去的房子、院墙都是用土坯砌成的。从20世纪80年代起，几乎每家都用砖块盖房、砌院墙。

3. 上梁 大梁，又称中梁，也称担子，是整座房屋的最关键部件，也象征一个家庭的栋梁。上梁前，必须选好良辰吉时，同时阴阳先生必须在场，祈祷中梁保佑房屋的坚实牢固，同时祈祷全家平安顺遂，诸事如意。在这一天，周围邻居都要来帮工，共同见证新房建成。这一天亲朋好友送来黄馒头（表皮上涂了姜黄的馒头）表示祝贺。放好中梁，再依次放好檩子、椽子，在椽子上面铺上芨芨草或竹笆，再在上面铺上麦草，抹上黄草泥，房子主体工程完成。最早都是泥墙，后来变成石灰墙，又逐步演变成刷大白粉。

第四节　丧葬习俗

丧葬又称殡葬、丧事，俗称白事。丧葬习俗是处理逝者遗体及相关的悼念方式，也是有关生死文化的最集中体现。芳草村丧事程序有停放、报丧、招魂、告庙、祭奠、送亡、入殓、出殡、送葬等几个过程。

1. 停放 在逝者落气前，亲属要给逝者沐浴，换上寿衣；贴身穿白色的衬衣衬裤，再穿黑色的棉衣棉裤，最外面套上一件黑色的长袍，头戴上一顶挽边黑帽，帽顶上缝一个用红布做成的疙瘩。整套服装不缝扣子，而是用带子系紧。沐浴更衣后，亲属要马上把尸体移到设在上房的灵床上。

2. 报丧 就是逝者亲属亲自或央及别人将亲人逝世的消息告诉亲友和村人。按照规程，即使已经知道消息的亲友家，也要过去报丧。报丧者一般都是晚辈，不管是孝子本人还是央请的报丧者，报丧时到亲戚朋友家门前一跪，将写埋葬日子的帖子双手举过头顶，某某家某某人于某某日没了或走了。孝子报丧时，孝帽、孝衫穿戴整齐，麻带系好，由一个礼宾先生领着，到了亲友家门口，见到要请的人，孝子磕三个头，礼宾先生说"某家儿子磕头来了"，对方只回答"知道了"，礼宾带上孝子马上走开，去请下一家。这种请人属于大请。

3. 成服、守灵　成服俗称破孝，孝男要身穿白色衣衫，腰束麻绳，头戴麻布帽，前遮麻帘，鞋上罩白布，手拄白纸缠绕的一尺长丧棒。孝女要身穿白色衣衫，腰束麻绳，头顶孝布，白布包鞋，束紧裤腿。孝男孝女不能直立行走，须弯腰弓背，踏履慢行。成服后至出殡期间，孝男孝女日夜守在灵床前，不能擅离灵堂。灵堂地上铺满麦草，孝子们跪卧在上面行孝，因此又叫"坐草"。

4. 领羊　孝子、女婿等至亲要给亡者拉羊，即为丧事送一只羊。成服后，要举行领羊仪式，俗称"领路羊"。众孝子、晚辈、亲友围跪成一圈，将羊置于其中，身上洒上酒水，由孝子或亲友揣测说出亡者所牵挂的事情，待羊四蹄蹬直，全身抖动，即为亡者所认领。说明亡者已无遗憾，起驾上路。

5. 堪地、开穴　堪地，就是看地方。老人去世后，事主将消息通知亲友，并同时请风水先生寻找确定落葬的地方。当地方确定后，风水先生以罗盘上的字立向定桩，定好桩，然后用一只楼铧尖划穴口，划穴口时需要奠酒、烧往生，风水先生手摇铜铃，口中念念有词，大致意思是土中太岁，最怕铧尖，看到楼铧就远远躲了，此处不会再有太岁相犯，等等。穴口为长方形，一般上线为98厘米，下线为68厘米，长为218厘米；也有上口线为128厘米，下口线为88厘米的。穴深一般要在176厘米。

6. 吊丧　丧家从报丧后便开始祭奠，接受亲友、邻居的吊唁慰问。所有吊唁的人，先到灵前跪叩烧阴钱、叩头、作揖，过去凡是有人来吊唁，孝子要拄丧棒上前跪迎，子女都要恸哭，俗称"哭丧"，有人劝慰才能停止。亲友吊唁大多携带礼品或礼金，至亲的族兄族弟和女婿要献大馍馍（12个大馒头），有文化的人有匾、挽联、挽幛，挽联挽幛都根据亡人的身份年龄和具体情况而写。

7. 招亡、送亡　为了超度亡灵，祈求免除冤孽灾祸，有些人家请道人念经。先由阴阳先生设经堂，安神位，栽方杆，围法坛，把亡故先人、亲朋好友的亡故先人及附近没人管的亡灵都招来，然后奏乐、诵经，为亡魂消灾免罪，以求在阴间畅通无阻，免受艰难困苦。念经结束前，务必把所有招来的亡魂都送走。

8. 入殓　入殓有"大殓"和"小殓"之分。小殓是指为死者穿寿衣，大殓是指死者入棺。大殓一般在交午夜时，负责入殓的一般是本家人。入殓时需要避相（执服人不避）。入殓完毕，在棺材头上放一碗水，一把切刀，一只红公鸡，等待吉时出殡。水碗是亡人在世时常用的碗，出门时用菜刀打破，还要在门槛上剁三下，都意味着亡人对阳世的永久告别，永不回头。

9. 送葬　是将逝者遗体送到埋葬地点。而将停放在灵堂的灵柩抬起运走的那一时刻，叫起灵。起灵前，从屋内扫一包坐草，在大门外选一个地方点燃，负责抬灵柩（俗称扶灵）的年轻人抬着灵柩，放在火堆前，捆绑老竿。老竿绑好，一声吆喝，扶灵人抬起灵柩直往茔地。唢呐要一直从屋里吹到茔地。到茔地后，灵柩绕墓穴三匝，谓之抢茔。风水先生一声"铺堂"即清扫墓穴，孝子围着墓穴转一圈往穴内撒钱。"土工长官"进入穴内打扫干净后，点着灯，放上文房四宝，装满"左仓右库"。风水先生喊一声"良辰吉时到，下葬"，亲友们用绳吊灵柩入穴，风水先生铲三铁锨土，长子再放三铁锨土，然后亲友一起铲土埋灵柩，起坟堆。至此，送葬结束。

10. 攒三　七七纸　百日纸　亡人被葬后第三天，由孝子端上香纸和献饭，到坟上祭奠，给坟冢上撒些五谷杂粮，再由孝子每人给坟冢培三锨土，然后在坟苑周围走三圈，叫"嚷苑"也即攒三。攒三后，出嫁了的女眷可回自己的家，儿孙也可以外出工作。死亡后每一个七天祭奠一次，叫烧七日钱，一直祭奠七次后结束，第七次到坟上"烧七七纸"，也叫"尽七"。一百天的时候烧"百日纸"，嗣后还有周年、三周年、十周年祭，等等。

第五节　生活用具

铁锅　主要是铸铁锅。多用于烧水、煮饭、炒菜、蒸馍等。有各种规格，最大有直径一米多的铁锅，主要用途是杀猪后，用来烧水烫褪猪毛。

铝锅　以金属铝为材料制成的锅具。分软铝锅和硬铝锅两种。软铝锅一般

芳草村志

▲ 砂锅

用来烧水、煮食物，硬铝锅一般用来烙饼。

砂锅 用黏土为原料烧制而成的锅，多数没有锅把、锅耳。分头号、二号、三号等不同规格。用于烧水、熬粥、煮饭以及盛装米面和食物。使用之前需要用将锅烧热然后用油脂反复擦拭使之渗入其中，增加其防黏性。同时还要箍一下，增加牢固度。对于有了裂纹的砂锅，一般都会进行锔补之后继续使用。

鏊锅 有铸铁、黏土烧制、铜制等几种，平面圆形，中心稍凸。主要用于烙饼。

墩墩锅 铁锅的一种，锅体为圆柱形，平底，一般用于煮肉、烧水、烙饼子、盛放食物等。

罐 分砂罐和陶罐。主要用来盛放食物。形体较大的砂罐和陶罐，也可以用来煮饭、煮肉。

案板 长方形木板，主要用于擀面、切肉、切菜等，用果木、沙枣木、榆木、核桃木等材料制成。最小的案板一般叫做刀板。

砧板 用硬杂木、竹子做成的主要用来剁、砍食材的板子。也有直接截取一棵树横截面的一段而做成的砧板。

擀杖 也叫擀面杖，是一种呈圆柱形、用以擀面用的木棍。多用硬杂木制成，有长有短，有粗有细，是擀面条、擀面饼、擀饺子皮都需要的工具。擀长面的擀面杖有一米多，而擀饺子皮的擀面杖只有半尺长。

勺子 舀饭、舀汤的用具。材质有木质的、陶质的，还有铁质、不锈钢、铝质、塑料等材质的。

糁饭板子 木板或竹板制作而成，用于搅和米面的用具。

碗 盛饭的器皿，有陶瓷、搪瓷、金、银、木等多种。其中木碗俗称"馒馒"。比较大的碗称为海碗，俗称"讨吃碗"。

筷子 在碗、盘子或锅中夹取食物的用具。材质多为木质，也有用骨头、竹子、象牙、金属等材质制作。

筷笼 盛筷子的器具。多用芨芨、竹篾编制小笼子，一般是尖底，需要用钉子挂在墙上或碗橱上。也有木质、铁质的，后多用塑料制品。

茶缸 煮茶的器物。有砂质、陶质、搪瓷、铁、钢、铜等材质制成，后生产出用电磁炉烧茶的钢化玻璃茶缸。

茶杯 喝茶的口杯，有陶质、铁质、搪瓷、玻璃、铁、钢、银乃至金质的。

蒸笼 蒸馍馍的用具。用柳木或者桑木劈成篾条编制而成，圆边平底多层，笼底一般用木条铺成，叫笼齿，间隔有空隙，用以透水蒸气。也有正方形的蒸笼，多用于食堂等场合。蒸笼也叫饦笼。

锅刷子 刷洗锅具的用具。多是将芨芨草、胡麻杆等截成五六寸长，直径四五厘米绑扎而成。

暖水瓶 能使开水保温的器具。由外壳、内胆、壶塞三个部分组成。外壳有竹篾编制、薄铁皮、铝皮等材质，内胆为玻璃，壶塞为软木。

礓窝子 用以粉碎花椒、大香、干辣椒等调料的用具，由礓窝和礓锤两部分组成。多为石质，选质地坚硬不易破碎的石料，将外形锻凿成圆柱形，再在中间凿出一个原窝，打磨光滑即可。礓锤一般为自然形成的圆条石头。

蒜窝子（踏蒜棰子） 能将蒜捣、研成泥状的用具。蒜窝子有木质和陶制的，蒜棰一般为木质。

▲ 礓窝

锅铲 用于翻拨炒菜或铲舀糁饭、刮起锅巴的铲子。有木质、铁质、铝质等材质。俗称甲叶，据说因为过去战争时期战士用盔甲上的叶片加工用来翻搅、掠取饭菜，故名。

漏勺 一种底部有许多小孔的勺，用于在水中、汤中或油中捞取、沥干食物的用具。有木质、陶质或金属材质等多种。

笊勺 也称笊篱，用芨芨、柳条或铁丝编制而成，用于淘洗麦子的用具，也有用于在锅中捞取加工好的食物。

擦子 是一种将土豆、萝卜等瓜果蔬菜加工成条状或丝状的用具。由一块有很多排列整齐均匀斜孔的金属片和固定这个金属片的木质或竹子做的框子组成。

碗架 收纳、放置碗和碟子的架子，先在墙上钉几个可以搁置木板的铁钉或者木钉，然后将木板放在上面，层数根据材料多少或根据需要而定。

碗柜 功能与碗架相同，区别是碗柜是前面带门的柜子，将碗、碟子及调料盒等都可以放在里边，比较卫生。

火钳子 夹取煤炭块或者柴火的工具，形状类似剪刀，也叫火剪。多为铁制。

火箸 即捅火棍，烧柴火或煤炭火时，一是为了挑动炉膛里的柴火或者煤炭使之烧得更旺，二是通过炉膛底部的炉齿将灰烬捅到灰膛里。一般都是铁质的。也叫火剪。

缸 用陶土烧制而成，有各种大小不同的规格。用于盛水，装米面，腌制酸菜、咸菜，酿制醋、酱油等，尤其酿制醋和酱油，需要一种特制的缸完成最后的过滤。

盆 有陶质、砂质、金属等不同材料及不同规格。用于和面、发面、洗菜、洗脸、盛物等

木稍 木桶的一种，比一般木桶大、直径在一米多大木桶，用松木板箍扎而成。一般用来盛水，也可以用以盛放粮食。过去多为大户人家所用。

木函 是一种开口大、下底小的梯形木箱，一般上口宽0.7米、长1.25米，下底宽0.6米、长1.1米。多在磨房中使用，既可以装面、盛麸子，也可以用作罗面柜。

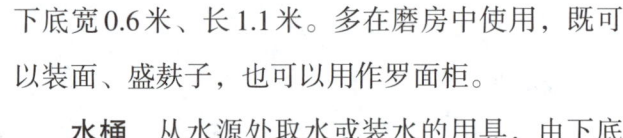

水桶 从水源处取水或装水的用具，由下底和上盖加若干条木板捆箍而成。上盖开小口用于向里面灌水。也有不加上盖的开口桶，多用来提水或者抬水，叫抬桶。水桶一般有圆形和圆角长方形两种，有提梁，方形桶多用于牲口驮水，也叫驮桶。后来逐渐有了铁皮箍成的水桶，可以用

▲ 木桶

第十一章 风俗民情

扁担挑水或者两人抬水。俗称"拉拉"。

箩 用来分隔面粉和麸子的用具。圆边平底，边框是用软化后的柳木或桑木薄板圈成圆形，底子是马尾毛或细铜丝、铁丝编织的网。

箩面柜 磨房用具，宽60厘米左右、长1米左右、高约60厘米的一个无盖、开口向上的木匣，按顺长方向安装两根细木条，支撑面罗在上面来回拉动进行罗面。也称案匣。

炕桌 主要放在炕上用来吃饭及围坐进行其他活动的桌子，一般为木制。正方形，二尺左右见方，高30厘米左右。

笤帚 用来清扫杂物的用具。多用柔韧性比较好的植物茎叶绑扎而成，如糜子或高粱等。笤帚种类很多，用途很广，可用在不同的场合，如扫地笤帚、扫炕（床）笤帚、扫案板面勃的笤帚等。

扫帚 功用与笤帚略同，一般用于清扫院落、路面、场院等场合。多用芨芨绑扎而成。制作的方法是：将成熟后的芨芨拔下来，只选择茎秆，将根部非常密集地固定进一个直径七八厘米的铁圈（扫帚箍）内，叫扫帚头，再把一根木棍的一头削尖，将削尖的部分钉进扫帚头的根部，一把扫帚就做成了。

▲ 糜子笤帚

木锨 即木制锨，是将一块多为长方形的薄木板做成的锨头安在一根木棍上使用，一般在打碾粮食的场院上，用来扬场或者翻搅晾晒粮食。

簸箕 清选粮食的用具，通过颠、簸等动作，使粮食与其中的土块、沙粒、护颗分离，多用野生沙竹或竹篾编制而成。

筛子 专门用来分离粮食与草芥等杂质的用具，一般都是用竹片编制，圆形，底部有漏孔，可以使沙土或者小颗粒的杂质通过漏孔掉出去。后来也有铁丝编织的筛底。

梳子 梳理头发的用具。有单面梳齿，主要是木制的，因此又叫木梳。后来也有牛角及其他材质的梳子。

篦子 是用竹子制成的梳头用具，但两边都有齿且比普通梳子更细更密，用来刮梳头发中的皮屑和藏在头发里的虱子、虮子等。

针扎　主要用来收纳缝衣针的用具，用布做成类似桃心形，里面装进棉花，再缝制一个形状相同但略大的套子，将针别在上面再套上套子做保护。

荷包　主要做饰品，用丝绸缝成圆形、椭圆形、方形、长方形或也有桃形、如意形、石榴形等形状，用棉花填充，边上缀以彩线穗子；在荷包面子上绣上花卉、鸟、兽、草虫、山水、人物等图案。也是过去测验女红优劣的一种方式。

木盘　长约一尺五左右、宽约一尺左右、四边高一寸左右的木制盛物用具，上部开口，边分直立边和斜立边两种，一般用来在供桌上放置贡品或者来客时将饭碗和菜碟放在上面端给客人。

纸盆（纸坛、纸缸）　用废纸做成的盛物器皿，流行于20世纪50年代至70年代，是将废报纸、旧书等纸品用水泡成纸浆，然后将盆、脸盆等家什倒扣在一块平整的地面或木板上，先在盆子的外面均匀地涂抹一层纸浆，用麻匹缠绕几周，再在麻匹外涂抹上纸浆，要求均匀平整，晾干后从盆子上取下来，再用彩纸糊在纸盆上，也有用白纸糊面然后用彩笔画上各种图案的。

▲ 纸缸

烙铁　熨烫衣服的用具，一般是用一块表面非常平滑的铁块，焊接一个手把，使用时将烙铁在火上烤热，直接或垫衬一层旧布在棉布制品、绸缎制品上熨烫。

斧头　用于砍削木材或柴火的用具。由两个部分组成：斧头和斧把。斧头为金属所制（一般为坚硬的金属，如钢铁）。斧柄一般为木质（也有金属的）。刀梢形状一般为弧形（有时也为直线形）形或扁形。

药罐子　熬中药用的罐子，多用砂罐或者瓦罐。药罐只用来熬煮中药，不作其他用途。

背篼　指用竹、藤、柳条等做成的背在背上运送东西的器具，尤其在过去的年代用来背砂造田、背土、野外捡拾牲口粪、拔猪草等。背篼分

▲ 药罐

单肩背和双肩背两种。芳草过去绝大部分背筐是单肩背。

粪叉子 一种专门用于野外捡拾牲口粪便的叉子。叉头多用粗铁丝弯折绑扎而成,安在一截木棍子上即可。

铲子 在田地里锄草或在土中挖取植物的工具,形状与锅铲相似,安一竖式木把,便于手握。

木榔头 用于在田地里捶打土块或者粪块的工具,在一截10厘米粗20厘米长的圆木的中段,开挖凿孔,安上1米多长的把子即可。

筐子 箩筐,用竹篾编制的圆形篾制品,主要用于盛放粮食或其他家用物品。

笸篮 用芨芨草、柳条、红柳条或竹篾编织成的盛物用具。开口直径一般在1米以上,高40厘米左右。多在淘洗麦子时用来盛放洗过的粮食。也在春节期间盛放蒸好的馍馍或烙好的饼子。

柜 用于盛放粮食、衣物等家用物品的箱式木制品,一般为长方形,柜面上一半钉死,一半可以开合,就是柜盖。柜有单头(独头)柜、双头柜、三头柜。通常成品柜都要用油漆画上图案,尤其在

▲ 双头木柜

柜的正面,往往都会画上花鸟虫鱼、人物山水等等。20世纪五六十年代,有人家将画张裁下来贴在柜面上,然后涂以清漆,代替以前的绘画。

炕柜 放在炕上的木柜。靠炕侧后墙处放置,一般为双扇柜门,柜子里面放衣服及其他生活常用物品,柜顶上叠放毛毡、褥子、毯子、被子等用品。炕柜一般也要用刷上油漆,画上图案。

楦子 按照正常脚的形状做成的一种模型,将布料绷在上面制作鞋子。也可以用来制作棉布的袜子。一般用木头做成。也叫楦头。楦子大概有三种形式,一种是整体的木质脚型楦子;一种是由一块脚形木块,加一个后跟和一根横梁

芳草村志

▲ 升子

组成的楦子；还有一种是分成两块的楦子，通过在两块之间加楔子起到楦鞋的作用。

升子　主要用来计量粮食的工具，平时也用来盛放粮食。一般由一块正方形木块和四张同样大小的梯形木块组成，下底小而上口大。也有用五块方形木块做成的下底和上口一样大的升子。用榫卯或钉子连接。一般一升粮食约为7.5斤。

斗　也是计量粮食或平时用来盛放粮食的工具。体积比升大，一斗等于十升。

合　音ge，量具，十合等于一升。除了偶尔用以计量粮食外，平时放在米面盛器中起到舀具的作用。

夹铙　用于在野外捕捉野物的工具。由两个铁圈及弹性非常大的弹簧组成，使用的时候，在动物经常出没的地方将夹铙撑开，埋放在地上，清理掉埋夹铙的痕迹，动物路过时踩到夹铙，脚会被夹铙夹住。为了保护动物，后来国家严禁使用类似的工具捕捉动物了。

锥子　用于锥纳布鞋底的工具。材质为铁或者钢，分几种形式，一种是直接用铁锻打成一头是尖锐的锥针一头是可以手握的锥把，一种在锥针后面安装一个木制的把子，还有一种是特制的锥套，将锥针安装在上面，然后上紧。

顶针　一种戴在指头上、缝制衣物时可帮助将针穿过织物并保护手指的用具。一般为铁质或者铜质，环状，表面布满小坑，防止针尾滑脱。

灯盏　照明用具。比较原始的灯盏，是用一个浅盘，内盛清油（食用油），放一根棉线灯芯，也叫灯捻子，用时点亮灯芯即可。曾经有用胶泥甚至面粉做的灯盏，后来多用瓷制的灯盏。

▲ 煤油罩子灯

煤油灯 用煤油作为燃料的照明用具。煤油灯的种类较多，其材质有金属（薄铁皮）和玻璃的。商店出售的煤油灯一般都要用到透明玻璃灯罩，灯头处有一个调整灯芯的旋钮，通过调整灯芯而调节亮度。较为简易的自制煤油灯，是利用空墨水瓶或其他空瓶子，在瓶盖上打一圆孔，将薄金属皮卷成的灯芯管插进圆孔，里面穿上用棉花或布条做的灯芯，在瓶内装上煤油，点燃灯芯即可照明。

马灯 一种可以手提的、能防风雨的煤油灯，金属材质，有玻璃罩。用于骑马夜行或车马夜里出行时能挂在马身上或车辕上照明。

灯笼 一种用四根木条和在上下两块正方形木板固定在一起的方柱形灯具，用时在四根木条及上下板的边沿上抹上糨糊，将白纸或彩纸糊在上面即可。灯笼上木板中间有孔，一是为了将煤油灯或蜡烛从这里放入灯笼，再就是为了空气进入。过年过节时，可以将灯笼挂在大门外或者屋檐下照明并装点节日气氛，夜里出行也可以提着灯笼照明。

水烟锅 一种专门吸食水烟的吸烟用具，多为铜质，主要由吸烟管和水壶构成，也有铁质的。水烟是不同于普通烟叶（烟丝）的经过自特殊加工的一种烟草。水烟锅中装入清水，在用水烟锅抽吸水烟的时候，烟气通过水而被进入肺部。据说可以起到过滤作用，但没有证据证明比普通烟草的危害更小。

水烟斗 一种吸食水烟的烟斗。有木头、竹子、骨头等多种材质。

火柴 一种通过摩擦发火的取火工具。在短小的木棍头上粘上一种特殊的易燃物质，装在专门制作的抽屉形纸盒里，纸盒的一侧或两侧，涂上一种黄磷或硫化磷的物质，使用的时候，将火柴从纸盒里取出来，在涂有黄磷的侧面擦划，即可燃烧，用来点燃柴火或其他需要点燃的东西。

火镰 一种比较原始的通过击打火石而产生火星的取火用具。击打火石的金属形如镰刀，因此得名。由于打造时把形状做成酷似弯弯的镰刀与火石撞击能产生火星而得名。

撂撒子 一种通过离心力原理能够将石头抛撒到远处的用具。由一片巴掌大小带凹面的用来盛放石子的皮子，两头各连接一根绳子，其中一根绳子梢上，带一个圆环，使用的时候，将石子放入皮碗中，将两根绳子合在一起，并将其中带环的绳子套在食指上,尽力做圆周运动向外甩去,张力最大时松开其中一根绳子,石子即向远处飞去。材质一般是皮料或麻线、棉线。也叫甩炮子。

弹弓 一种弹射石子击打远处目标的工具。一般是一根呈"丫"字形的树枝,在树枝的两头系上皮筋,皮筋中段系上一个包裹石子的皮块。使用的时候,在皮块上放上石子,瞄准目标,然后使劲拉开皮筋,到一定的张力,突然松开皮筋,将石子向目标发过去。皮筋拉力越大,石子就射得越远。

火盆 过去用来盛放煤炭块或木柴生火的取暖用具。材质有泥土的、陶制的、生铁的以及铜制的。一般是圆形的,有些火盆还会饰以花纹,以增加美观性。

炕炉子 一种可以放置在炕上取暖的炉子,一般是用几根直立的铁条,将几个直径大小相同的铁条圈固定成桶状,在下部装上炉齿,再用泥抹成一个中空的圆筒,在里面生上炭火,就可以放在炕上取暖了。炕炉一般在下部衬垫一块隔热板,一是为了盛灰,二是不至于烧着炕席。有条件的一般都是放置在火盆上,起到上述两个作用。

▲ 口胎

口胎 用麻线、毛线或棉线织成的专门用来装粮食或其他用品的袋子,一般宽度一尺多、长度五尺左右。一边开口,装上粮食后,再将开口绑扎起来。盛放粮食后,不能单独直立在地上,如有需要,或者靠墙或者几条口胎互相倚靠方可直立。可以人扛,也可以用牲口驮。

褡裢 与口胎的材质及制作方式接近的一种盛物用具。不同的是,褡裢比口胎短,开口在中间,粮食或其他物品都装在两头,这样不论人背或者牲口驮,开口都在上方,一般都不需要绑扎。

麻袋 主要用粗麻线织成的用来装粮食及其他物品的袋子。与口胎相比,麻袋的长度较短,幅面较宽,厚度较薄,盛放粮食后,可直立在地上。

青桌 在堂屋上方靠墙放置的一种仅作为摆放祖先牌位或仅仅作为陈设的长方形桌子,一般长为2米左右、宽为50厘米左右、高约八九十厘米(2020年9

月村上建成村史馆,梁兴龙捐献一张217厘米×49厘米×88厘米的青桌。见图)。青桌的式样较多,但均为黑漆漆面,描以金线图案,因桌子是黑色的,因此叫青桌。

▲ 青桌

第六节 禁 忌

禁忌是人们对神圣的、不洁的、危险的、未知的事物所持态度而形成的某种禁制。芳草人在日常生活中有很多禁忌。随着科学发展和社会进步,禁锢人们思想和意识的禁忌在慢慢消失。而有些禁忌还在起作用,甚至变成村民言行举止、为人处世规范的一部分,继续影响着人们的日常生活。

1.不得目无尊长,在长辈和上级面前,不能随意开玩笑,说话忌讳带脏字。忌讳单手向长辈递送东西。

2.不得直呼长辈名字(包括代称、外号、绰号)。

3.不得不敬祖先、不孝父母。不能怠慢祖先神灵。

4.不得对人去世用"死"字。比如老人去世,称为"睡了""走了""缓下了""往生了"。对小孩子夭折也说"糟掉了"。

5.忌讳公公和儿媳妇及阿伯子(丈夫的哥哥)关系亲昵。甚至不同桌吃饭。

6.忌讳站无站相、坐无坐相、走无走相。

7.忌讳在长辈面前背手、双手叉腰,或将手放进衣裤口袋里,忌讳跷二郎腿。

8.忌讳年轻女性在大人面前梳头、随便用手指别人、毫无顾忌地大笑、说脏话，不能公开晾晒内衣，尤其不能将内衣裤晾晒在男人通过的上方。

9.忌讳别人踩自己的影子。过去人们认为人的影子就是人的灵魂，别人踩踏，会带来不祥后果。

10.忌讳晚上照镜子。过去人们认为镜子有灵性，而镜子中的影像就是人的魂魄。

11.忌讳不停地吐唾液。过去人们以为唾液中含有人的元气，因此不停地吐唾沫伤元气，损精神。

12.忌讳用唾液吐人。对人吐唾沫，是不尊重他人的行为，所以民俗中非常忌讳。尤其忌讳女人唾男人，这是所有忌讳中最为忌讳的。

13.忌讳留宿年长者。过去有"七十不留宿，八十不留饭"的说法，意思是在和年长者交往时，忌讳随时发生不可预料的状况。

14.忌讳家中留宿病人。

15.忌讳热孝（也称生孝，指亲人刚去世）上别人家门或者参加别人的婚礼。

16.忌讳轻易说他人瘦。过去一般认为胖是有福气的象征，因此称人胖了为"发福"。而人瘦则是不吉利的。因此，即使看到有人瘦了，也不能说出来。就如同不能直言别人病了一样。而随着生活水平的提高，现在则以说一个人"胖"为忌讳了。

17.忌讳打他人脸。在过去，一个人的脸就代表着一个人的尊严。打一个人的脸就是对这个人的尊严的践踏。即使处罚小孩，也不能打他的脸。

18.忌讳家中来客人时打骂呵斥家人、喝猪断狗及打扫房间。

19.忌讳空手去别人家做客，忌讳做客别人家时东张西望、乱串主人家房间。

20.忌讳衣服夜间放置在屋外。担心被邪气附着。

21.忌讳将男衣放在女衣之下。

22.忌讳别人尤其忌讳女人踩踏或跨过自己的衣帽。

23.忌讳吃饭时说话。

24.忌讳饭后碗底有剩余。表示对粮食的敬畏。

25.忌讳吃饭用筷子敲空碗，忌讳将筷子竖插在饭里面。

26.忌讳清晨听音乐，所谓"晨不动乐"。

27.忌讳在外面捡拾他人手巾。

28.忌讳晚上晾晒衣服。

29.忌讳晚上喊别人名字或别人喊自己名字。

30.忌讳夜晚走路随便回头。

31.忌讳过年生气骂人、打小孩。

32.忌讳除夕到正月初五前打扫卫生,尤其不能向外扫地。

33.忌讳出嫁的女儿大年三十或初一春节回娘家(住娘家)。

34.忌讳出嫁的女儿、女婿在娘家同床。

35.忌讳女儿在娘家生孩子、坐月子。

36.忌讳在过年期间说什么东西"没有了"。

37.忌讳随便进入别人家的月房(产婴儿的房间)。

38.忌讳从外面回来直接进有婴儿的房间。

39.忌讳说小儿身体"重了"。

40.忌用手指彩虹。

41.忌给别人倒茶时壶嘴对着人。

第七节 游 戏

乡村游戏,是过去村民尤其是儿童精神生活的一个重要组成部分,游戏都比较简单、随意,贴近自然和生活。像滚铁环、丢沙包、跳房子、抽陀螺、跳猴皮筋、骑马打仗……这种种简单而又充满童趣的游戏,曾伴随着人们度过快乐的童年时光。

1.踢毽子 毽子是一种用鸡毛或者羊毛插在圆形的底座上做成的游戏器具。过去芳草人踢的毽子主要是用羊毛和麻钱做成的,鸡毛毽子比较少。羊毛毽子就是将一股羊毛栽在由三枚或者五枚叠在一起的麻钱的方孔中,然后将栽好的羊毛剪成8厘米左右。踢毽子是十来岁到二十岁以前的年轻人最感兴趣的一项游戏运动。踢毽子有踢毽数、落尖、跳胯拉等几种动作。

踢毽数是把毽子拿到空中,放开落地时用右脚踢起,连续踢12个,到第13个的时候踢高,毽子在腿面上碰一下再落到脚面,叫落尖;毽子落到脚面一停,再抄起踢6~12下,毽子落地时,左脚弯在右小腿下踢起毽子,一连数次,这种踢法叫跳胯拉,跳胯拉有翻胯和跪胯两种,难度都比较高。每一轮开始前都要扛扛,就是将毽子在腿面上向上颠,根据颠的次数多少决定"丈毛"。丈毛就是将毽子踢起来的意思,丈毛大家抢,实际就是争夺主导权,抢到手后,再从头踢起,这时接到"毛"的人就有权任意取消某个参与者踢毽子的资格,被取消资格的一般都是不会踢或踢得不好的。

▲ 铁环

2. 滚铁环 铁环是一个由铁条或粗铁丝构成的圆圈,外加一个推动铁环前进的长柄。铁环最大的直径80厘米,推动铁环的柄臂长约70厘米,前端是一个弯成"U"字形的小钩。滚铁环时,将铁环立在地上,U形钩控制住铁环,人稍一用力就可以推动铁环做圆周运动向前滚动。也有在铁环上套3~5个直径2.5厘米左右的小铁环,铁环滚起,带动小环在铁环上滑动,发出悦耳的声音。铁环的快慢完全由人掌握。滚铁环有长滚、直滚、八字滚和圆圈滚。比赛的时候,长滚最有意思,有上坡、下坡、滚山坡、山坡跑上滚、下坡走上滚、山坡平行滚,等等,最能考验一个人滚铁环的技术。

3. 抓羊儿 这是由两人或多人两组参与的游戏,是表现手的灵活程度以及手眼配合反应能力的游戏活动。道具是直径2厘米左右的石子若干。游戏开始,先开始的一方,一只手将所有的石子抓在手上,扬起来同时翻过手背,在将石子均匀抛撒开的同时,手背上要落一部分,然后再扬起手背石子,同时再翻过手接住一部分,多少不限。这时将手中的石子抛起来,空手快速抓起地面的石子,转手再接住抛起来的石子。规则是:无论最后留在手背的石子是几个,但抓地上的石子都是按一二三的顺序延伸,即第一次只能抓一个,第二次抓两个,以此类推。数字越大越难抓,但也成绩越好。原则是,按一二三的次序抓地面上的石子时，不能碰到其他的石子，其次是抛起来的石子要一同接住，不能落地。落地为输，由对方抓。抓羊时，有点抓、一线抓、品字抓、满把抓等抓法。抓羊的胜负以双方抓得多少而定，抓得多为胜方。

4. 抓窝窝 先在地上挖两排5个拳头大的小土坑，就是"窝窝"，在每个窝窝各放5个石子，总共50个石子。先走的一方抓起任意一个窝里的5个石头，这个窝叫空窝，然后将这5个石子往后面的窝窝里放，可多可少，由走的人决定。5个石子放完，由对方开始从下一窝石子抓起，继续往后面的窝窝里放。遇空不放，就是空窝里不放石头，跳过空窝，把手里的石子继续放完，接着由对方接着抓、放。如果放完手里的石子刚好遇到空窝，手在空窝拍一下，后面窝窝里的石子就是自己的战利品了。抓完后如果下一个还是空窝，则下一窝子石子也是战利品，以此类推。最后以抓的石子多少定输赢，多者为胜。

5. 荡秋千 秋千由两根五米左右高的立柱、上方架一根三米六七的横木组成，类似一个足球门框。立柱下方都用三脚架支撑，起稳定作用。在门框两边的直角处，连一根长绳，与地面形成一个三角形，用铁钉钉入地上，将两面绳子固定住，形成一个稳定的∏形大门，再将荡绳和荡板固定在横木上，一个完整的秋千架子就完成了。

荡秋千有站荡、蹲荡、坐荡等几种，荡秋千荡得越高越好，一是需要技巧，二是需要胆量。平衡掌握得好的人，荡起来甚至荡板与横梁几乎平行了。

6. 捉迷藏 这是一人或几人藏起来，由其他一两个或两个以上的人寻找的游戏。捉迷藏是藏得越隐蔽越难找越有意思，充满着神秘性和刺激性。有时几个孩子捉迷藏几乎能玩一整天。除了藏人和找人，还有一种找画码的游戏，也属于捉迷藏的一种：一个人在墙角、土块或某块石头的隐蔽处画上几道线，然后画线人和其他人一起找，找到了哈哈一笑，找不到算输。捉迷藏的游戏一般只有男孩子玩。

7. 解绞 也叫"解巧巧"，解，音gai，将一根长约1米的线绳，绾住两头，一人用两手套两圈（只用两手的食指、中指和无名指），另一人的大拇指和食指在线的交叉处插进翻起底边线向外一张，形成一个图案，叫"旗花子"。前一个人再从"旗花子"的交叉翻动，出现图形，叫"猪食槽"。对方又在"猪食槽"

的交叉用小指钩住"猪食槽"再一翻,"马槽"的图形就出现……这个游戏具有极大的延展性,会玩的人能翻出各种图形。

8. 砸锅子 这是一个属于男孩子的游戏。组合2~5人,在地上画一个一尺多大的方框,就是所谓的"锅",在离锅2.5米处画一道码儿线(平行线),然后几个人一人一枚麻钱或者硬币,在"锅"里摞起,而后大家站在"锅"前,两脚并齐,拿铜板(铜圆)向码儿线丢,铜板不能压码儿线,丢过后看谁最高(离线最近),依次决定砸锅子的顺序,此后便按顺序砸锅。谁打出"锅"的钱越多,谁就赢得越多,砸不出钱的人,就算输了。

9. 喝嗦 四五个人组合在一起,选一个"王"做监督人。"王"发出口令"开始",其他人"嗷——"地喊起来,边喊边跑,一直不停,声音不能间断,若谁的声音先停了,"王"下令把他抓来,命令他把跑得最远的人背着转一圈,或者指定背到10~20米以外,就算一局结束。这时"王"把大家招来共同商议今晚玩几局。商议后便开始以如上方法,玩够商议定的局数。这个游戏只有男孩子参与。

10. 跳房 跳房也叫瘸房(单腿跳的意思),这是一个男女都能玩、有时会男女混合玩的游戏。

在地上画一个长约2.5米、宽约2米的长方形,再把这个长方形分成两面各3块相等的小方块。即6间房子。游戏双方各占一面。游戏开始时,双方手持一块小石片(厚约1.5厘米,5厘米大小),背身站在自己的一面,向后丢石片,要求丢在第三间房里,丢准者先开始。跳房时将一腿蜷起,单脚向前跳,并将小石片一方一方地踢出。这时另一个人开始跳,方法相同。如果双方都丢进第三间房里,就两人同时跳,跳的时候脚不能踩线,石片不能压线,也不能一次越过两个方块。

决胜负时,两人背身将石片丢进第三间房子里,然后单脚一格一格地跳过去,跳到第三房里,回过身,猛地一踢,将小方石直接踢出三个房,表示双方都盖成了大房子(三间房)。未踢出者就算只有小房子,而没有大房子了。

11. 打岗 又叫攒岗,是两人竞赛的一种游戏。先在地上画两道相距2米的平行线。找两块10厘米大小的方石块,其中一块立在一条线上,人站在另一条线上，将另一块石片夹在两腿膝盖处，并腿向前跳，跳过去再松开膝盖，用力将立着的石块击倒。击倒即为打岗。两人轮流打，击倒多者为赢。

12. 绷方　在地上画一个40～50厘米的"冈"字图形，甲乙二人各拿两枚颜色不同的小石子，分别放在"冈"字的上面和下面，四个石头对阵，在"冈"字内走动，一人一步轮流走，不管谁先走，总有把一方路线堵死的时候，甲把乙堵死，甲就赢了，反之乙则赢了。这个游戏也叫补裤裆，又叫扯裤裆。

13. 背鞋　这是一项由两个人玩带点戏谑味道的游戏。游戏开始之前，两人先扳手腕，输者脱下自己的一只鞋，由赢者用脚尖挑起来（只能挑在鞋的后跟处，不能挑在前鞋口上）猛地向身后挑飞，不论落在什么地方，输者都要光着脚跑过去，把挑飞的鞋放在背上，低着头，弯着腰，碎步快走背回来。如果鞋子从背上掉下来，就要重挑重背，直到背回原地才算完结，游戏重新开始。另外如果挑鞋者把鞋挑得朝前飞了，那么被挑者就变成了挑者，赢家反而变成背鞋者了。

14. 狼吃娃娃　也叫娃娃围狼，属于一种棋类游戏。棋子分1只狼和9个娃娃。在地上画一个约40厘米的正方形，再等分成9个小正方形，形成方块上的线横竖各4条线。把狼摆在方块上线的任何一个点上，娃娃摆在两条下排线的8个点上。娃娃先走，第一步是给狼让路。狼跳过娃娃头顶，算吃掉了娃娃；接着娃娃开始围狼，狼则寻找机会跳过去吃娃娃。如果娃娃将狼围在中间，就算娃娃赢了。而如果娃娃被吃掉一半，则就很难围住狼了，也就算输了。

15. 和尚挑担子　在地上画一个约40厘米的正方形，在方块中横竖各画3条线，把正方形等分成16块。然后把4个中点用线连起来，形成一个菱形，这是和尚逃跑的路径。在上线的中点处，再画一个菱形，里面打上十字，算是和尚庙，最高一点处就是和尚的座位。而后把大方横中平行线与菱形"口"子左右角连起，是和尚的左右通道。

把娃娃摆放在大正方形周边线的交点上，一周共16个娃娃。还有两个娃娃摆在菱形的边角一个，十字一个。游戏开始，娃娃先走，第一步只能走庙中十字上的娃娃，娃娃从中向边一走，和尚一担担走了娃娃，这时庙里只剩和尚，娃娃开始走，走时不能形成担子，更不能形成双担子。娃娃只能走一步，只可前行，不可后退。和尚可以跨几格直行，还可以后退，能从庙的两条边线行走，机动性较大。或者就把和尚围死了，或者让和尚单担子、双担子把娃娃担光，以此决定胜负。

16. 跳绳　跳绳既是一种游戏，也是一种效果不错的锻炼方式。跳绳只需要一根绳，四五平方米的空地都可以开展。不限定人数，可以多人也可以一个人就能进行。有单脚跳、单脚换跳、双脚并跳、双脚空中前后与左右分跳等多种方法。多人跳是两人拉着长绳的两头同时摇动，多人在长绳上面同时腾跳或者轮流跳。需要跳跃的幅度和起跳的节奏高度一致，否则容易被绳子绊倒。

17. 老鹰抓小鸡　主要由十来岁的小孩子参与的多人游戏。游戏开始，先在参与者中选出一个做"老鹰"，再选一个做"鸡妈妈"；其他的参与者做"小鸡"，老鹰站在鸡妈妈的对面，小鸡一个抓着前一个小鸡的后衣襟，跟在鸡妈妈的后边；老鹰的任务是抓鸡妈妈身后的小鸡，而鸡妈妈的任务是张开翅膀千方百计保护小鸡，小鸡跟着鸡妈妈左躲右跑，不要被老鹰抓去。最后以老鹰把小鸡抓完为止。这种游戏活动幅度大，热闹刺激，是小孩子最爱玩的游戏之一。

18. 抽棍　两人游戏。两个小伙伴面对面坐在地上，两人的脚和脚对蹬在一起，手里拿一截一尺多长的木棍，两人的手都横握在棍上，在得到开始的口令后，各自使劲朝自己的方向拉，谁的屁股被拉得离开地面算谁输。这是横抽。另一种抽法是同样对坐地上，脚和脚对蹬，而两人的手同时抓在棍头上，互相用力抽，以屁股先离开地面者为输。

19. 绊跤　也叫摔跤，两人游戏，两个人抱在一起，除用力之外，通过各种技巧和方法将对方摔倒在地。以先倒地者为输。这是人们在劳作之余，在松软的田地里、场院的草堆里最常玩的一种游戏。

20. 拉爬牛　两人游戏，一根绳子两头都绾个环，套在两个反方向趴在地上的人的肩膀上，绳子正中间系一个布条，与地上画的两人的分界对齐；一声令下，两人开始用力向相反的方向拉，以最后绳子上的布条越过地上的"界线"，停留在谁的地界内谁是赢家。

21. 扳手腕　两个人相对而坐，各自的右手或者左手攥在一起，两人的肘部同时靠实在下面的支撑物上，开始后向自己的方向往下压，以最后向自己的方向压倒的次数多或时间长为赢。

22.**拧钩** 两人的中指勾在一起，互相向相反的方向拧，以最后受不了者为输。

23.**牛顶仗** 也叫顶膝盖或斗牛，两个人相对而立，一腿立地，一腿盘起膝盖凸出，用手将盘起的腿抱住，两人独腿跳动，用膝盖顶撞对方，谁先倒或盘腿落地算谁输。

24.**夹碌子** 这是一个年龄比较大的小伙子玩的游戏。碌子指打碾粮食或镇压土地的石碌子。玩游戏的几个人，分别将碌子夹在腰间，走到指定的地点，并在指定地点走圈，谁走的圈数多谁赢。游戏的场合，一般是翻过的松软的田地里。还有一种玩法是举起碌子转圈，由于比较危险而被放弃。需要注意的是，往地上放碌子时，尽量使碌子离身体稍远一些，以免砸伤自己。

25.**跳楼** 男孩子们玩的游戏，三五人不等。游戏开始，选一块平整松软的土地，用猜拳的方式选出第一个做"楼"的人，是俯身蹲在地上，其他孩子通过助跑，一个个从他的身上跳过去，跳过去一次，增加一次高度，直到出现一个跳不过去的人做"楼"其他人跳，以此类推。跳楼游戏对于锻炼人的弹跳力有帮助，但如果配合不好，有时会发生跳楼者被摔伤的事故。

第八节 亲属、亲戚关系及称谓

太爷 太祖父，即祖父的父亲，也即父亲的祖父。太祖父的父亲为高祖父。

太太 太祖父的夫人，父亲的祖母，也即祖父的母亲。

爷 祖父，爷爷，即父亲的父亲。

奶奶 祖母，祖父的妻子，父亲的母亲。

大爷、大奶奶 爷爷的哥哥、嫂子，爷爷的兄弟，分别依次称呼为大爷、二爷……尕爷。爷爷兄弟的妻子，分别称呼为大奶奶、二奶奶……尕奶奶。以下类此。

外爷 外公，姥爷，外祖父，母亲的父亲。

外奶 外婆，姥姥，外祖母。母亲的母亲。

姑奶 父亲的姑姑；母亲的姑姑。

姑爷 父亲姑姑的丈夫；母亲姑姑的丈夫。

舅爷 父亲的舅舅；母亲的舅舅。

舅奶 父亲的舅母；母亲的舅母。

姨爷 父亲或母亲姨姨的丈夫。

姨奶奶 父亲或母亲的姨姨。

爸爸、爸、爹、大大、大 父亲。

妈 母亲。

大爹（大爸） 伯父，父亲的大哥，大爹之下，依次为二爹（二爸）、三爹（三爸），最小者为尕爹（尕爸）。

大妈 伯母。父亲的大嫂。大妈之下，以此类推。

舅舅 母亲的兄弟。根据排行，依次为大舅、二舅、三舅……尕舅。

舅母 舅舅的妻子，母亲的兄弟媳妇。大舅母之下，依此类推。

妗子 舅母。

娘娘 姑姑，父亲的姐姐或妹妹。大姑为大娘，二姑为二娘，以此类推，最小的姑姑为尕娘。

姑父 娘娘（姑姑）的丈夫。大姑父、二姑父……尕姑父。

姨娘 1.姨姨，母亲的姐姐或妹妹，依次为大姨娘，二姨娘，最小的姨姨为尕姨娘。2.岳母，女婿对妻子母亲的称呼。

姨父 1.姨姨的丈夫。母亲的姐夫或妹夫。大姨父、二姨父……尕姨父。2.岳父，女婿对妻子父亲的称呼。

后爹 母亲再嫁后的丈夫。背称。

后妈 父亲后娶的妻子。背称。

干爹、干妈 义父、义母。通过某种仪式结成的没有血缘关系的外姓父亲（母亲）。"拜干亲"就是拜认干爹、干妈。

丈人 岳父。背称。面称"姨父"。

丈母娘 岳母。背称。面称"姨娘"。

叔老子　伯伯或叔叔。背称。

婶娘　伯伯、叔叔的妻子。背称。

干哥、干姐　干爹（干妈）家比自己大的子女。

堂哥（弟）、堂姐（妹）　兄弟的后代之间的关系。也叫亲堂兄弟或姐妹。背称。

姑舅　即姑表亲。兄妹关系或姐弟关系的后代之间的关系也即称谓。他们的长辈分别是对方的娘娘（姑姑）、姑父或舅舅、舅妈（妗子）。但一般面称仍为"哥""姐"。习惯上，舅舅的子女相对娘娘的子女为上姑舅，反之为下姑舅。

两姨　即姨表亲。姐妹后代之间的关系或称谓。他们的长辈分别是对方的姨姨姨父。但一般面称仍为"哥""姐"。

姑舅爸　父亲或母亲的姑表兄弟。

姑舅婶　姑舅爸的妻子。也称姑舅婶婶。

姑舅娘娘　父亲或母亲的姑表姐妹（对其丈夫仍面称姑父）。

两姨爸　父亲或母亲的姨表兄弟（对父亲或母亲的姑表姐妹一般也称呼为姨娘）。

两姨婶　两姨爸的妻子。

先后　妯娌，即哥哥和弟弟的妻子之间的关系。

挑担　连襟，即姐姐和妹妹的丈夫之间的关系。

亲家　1.子女有婚姻关系的双方家庭。2.也是对儿子（女儿）岳父母（公公婆婆）的称呼。

干亲　子女拜给对方做干儿子（干女儿）的两家关系。

阿伯子　丈夫的兄长。背称。

小叔子　丈夫的弟弟。背称。

大姑子　丈夫的姐姐。背称。

小姑子　丈夫的妹妹。背称。

大舅子　妻子的哥哥。也称舅子哥、世兄哥。背称

小舅子　妻子的弟弟。背称。

世兄哥　舅子哥。背称。

大姨子　妻子的姐姐。背称。

小姨子　妻子的妹妹。背称。

掌柜的　妻子对丈夫的称谓。也称"当家的"。

姊妹　（1）姐和妹的统称；（2）兄弟姐妹的统称。

堂姊妹　叔伯姊妹。

兄子　兄弟。特指弟弟。

兄子家　（兄弟家的）兄弟媳妇。即弟弟的妻子。

隔山兄弟（姊妹）　同父异母或者同母异父的兄弟（姊妹）。背称。

侄儿子　哥哥或弟弟的儿子。其妻子则是侄儿媳妇。

侄女子　哥哥或弟弟的女儿。其丈夫则是侄女婿。

外甥　姐姐或妹妹的儿子。其妻子则是外甥媳妇。

外甥女　姐姐或妹妹的女儿。其丈夫则是外甥女婿。

孙子（孙女）　儿子的儿子（女儿）。也称家孙子。

外孙子（外孙女）　女儿的儿子（女儿）。

重孙子（重孙女）　儿子的孙子（孙女）。

男人　一是对成年男性的统称，二是丈夫的意思。

女人　一是对成年女性的统称，二是妻子的意思。

爷们　男人。也指丈夫。

婆娘　中年已婚女性。也指妻子。

老婆　老年女性，也指中年以上的妻子。年轻人不称老婆。

媳妇　1.儿子之妻。2.也泛称已婚年轻妇女。

姑娘　1.女儿。2.未婚女孩的统称。

娃子　男孩。也指儿子。

女子　女孩。也指女儿。

后人　儿子，也特指男性后代。

当家子　一个家族的成员。

芳草村志

第十二章

方言·俗语

第十二章 方言 俗语

第一节 方　言

一、方言类型

芳草方言主要属于北方方言兰银官话的范围。但由于历史原因，也即芳草村民的来源构成的特殊性，除较早生活于此的原住民外，有部分来自条城即今甘肃省榆中县青城及今白银区水川、蒋家湾的村民和来自与靖远县一河之隔的五佛乡的村民，在方言中，既有兰银官话金城片的方言，即发音接近兰州、皋兰话，也有部分属中原官话区秦陇片方言，即发音接近靖远话。而两种方言互相影响，互相融合，因此在县境内，芳草方言也比较独特，处在东有蓆滩、芦阳，西有喜泉、三塘，北有条山，南有红光的方言包围圈中，仍然形成独特的迥异于其他方言读音的"芳草话"。

二、语音

芳草方言读音在景泰县范围都比较独特，所涉及的情况比较复杂，大致有这样几种情况：

1.芳草方言的读音中没有 en（恩）、in（因）、un（温）、ün（韵）等前鼻音韵母，而一律混读为后鼻音韵母的 eng、ing、ong，如将"春分"读如"冲锋""音讯"读如"英雄"；"恩人"读如"能仍"。

2.除最早从条城（今白银区水川、榆中青城）迁移到芳草的老一代人外，在嗣后芳草人的方言语音中，没有舌面音j、q、x与韵母i、u结合起来的ji、qi、xi和ju、qu、xu的音节，将前者一律混读为平舌音的zi、ci、si，如将"及其、极其、机器"一律读如"子次"（忽略音调）；而将后者一律混读为zu、cu、su，如将"句子、锯子、橘子"等一律读为"卒子"（忽略音调），将"取、区、渠"等一律读为"粗"，将"需、序、虚"等读为"苏"。但在读"去"的时候，则分别处理为"来去"的"去"为"ci"，"去年"的"去"又为"cu"。

3.也有个别将翘舌音zh、ch、sh混读为平舌音z、c、s的现象，如将"沙子"读如"撒子"，将"生产"读如"僧餐"，等。

4.在芳草方言中，零声母音节，除了"哎""唉""嗯"作为叹词保持零声母外，几乎所有零声母如"ɛ""an""ang""ou"都要加上声母"n"，分别读为"nɛ""nan""nang""nou"；零声母"en"加上声母"n"读为"neng"；如将"爱、挨"等读如"耐"，将"安、暗"等读为"南"等等；还有将"e"分别读为"wo"和"nuo"等。

5.在"的""得"用作助词时读为"zi"。如读"我的"为"我zi"，读"伟大的"为"伟大zi"，读"说得好、跑得快"为"说zi好、跑zi快"，等。

6.将"er"读为"e"，如将"而""儿""耳"都读如"鹅"，儿化音也发为"e"。

7.没有声母b、p、y和韵母i结合起来的普通话音节，没有声母y和韵母u结合起来的普通话音节。芳草方言将"一二"的"一"和"于是"的"于"的声母，一律拼读为国际音标辅音浊音"z"的发音。

8.芳草方言中，还有这样几种情形：

读"街"为"gɛ"；

"解"有两音，解放、解决、了解为"jie"，解鞋带、解纽扣、解（锯）木料为"gɛ"；

读"脚""嚼"为jue；

读"鞋"为hɛ；

读"咸"为han；咸菜，读为han菜；

读"做"为zu或zou；

读"眼""咬""硬"分别为nian、niao、ning；

"严"用于"严格""严肃"时读"yan"，但在用于表示闭合如"严实""严丝合缝"时读nian；

"研"用于"研究""钻研"时读"yan"，但在用于表示细磨、碾压如"研磨""研药""研墨"时读"nian"。

读"下、瞎、吓"为ha。

读"被、备、卑"为bi。

读"饿"为wo或者nuo。

9.芳草方言语音的音调与普通话的发音音调的对用关系：

普通话中的一声（阴平）大致对应芳草话的四声（去声，个别读上声）。

普通话中的二声（阳平）大致对应芳草话的四声（去声，部分读二声）。

普通话中的三声（上声）大致对应芳草话的一声（阴平，个别读三声）。

普通话中的四声（去声）大致对应芳草话的二声（阳平）。

10.随着社会的发展进步和文化交流的日益广泛以及教育的普及，年轻一代语言的发音日益向普通话靠近。完全使用方言读音的人口数量正在逐渐减少。

三、词语（发音以兰银官话为主）[①]

A

1.**啊哨**[a^{45}ʂa^{44}]　模拟一种提问题的语气词。如"你走不走哨，啊？""找到了没有哨，啊？"故将此类提问的语气凝练为"啊哨"。例：有问题自己想办法解决，不要老是~、~的。

B

2.**白铁刀**[pɤ^{31}tʰie^{45}tɔ^{44}]　钢口差、容易卷刃的刀。指人徒有其表、中看不中用。例：小伙子就是个~，干活根本指不住。

[①] 方言词汇发音人：张文，男，生于1967年9月，芳草村村民，初中文化程度。由兰州大学文学院汉语言文字学专业2019级研究生阎然、陈慧卿标注国际音标。

3. 扳扯[pæ³¹ tʂʰʅ³¹]　扭捏，假客套。

4. 半吊子[pæ⁴⁵ tiɔ⁴⁵ tsʅ]　行事轻佻，性格不稳重，说话办事不靠谱的人。

5. 半干子[pæ⁴⁵ kæ⁴⁴ tsʅ]　精神或神志不太健全的人。

6. 半脑子[pæ⁴⁵ nɔ⁴⁴ tsʅ]　同"半干子"。

7. 半眼汉[pæ⁴⁵ ȵiæ⁴⁴ ɕiæ³¹]　半身不遂或行动不便者。也用以讽刺懒惰的人。

8. 傍肩[pa⁴⁴ tɕiæ³¹]　接近，差不多，过得去。例1.两个人的情况都～例2.做事情～些，不要太过分。

9. 薄板子[pɤ³¹ pæ⁴⁴ tsʅ]　浅薄，不稳重，喜欢自我夸耀者。

10. 背捶[pei⁴⁵ tʂʰuei⁴⁴]　有好处时被背过或被遗漏。也做打背捶。例：今天我们吃肉包子，老三来不了，打了～了。

11. 背善[pei⁴⁵ ʂæ⁴⁵]　不顺，背时。总是与好事擦肩而过。有时也比喻不分好坏，不识时务。

12. 背手[pei³¹ ʂou³¹]　背负承载的能力。说人背手好不好或有没有背手，都指人能吃苦与否。例：要说干活吃苦，还是老张的～好。

13. 崩娄[pəŋ³¹ lou³¹]　额头。

14. 病胎子[piŋ⁴⁵ tʰɛ⁴⁴ tsʅ]　经常生病，病秧子。

15. 拨治[pɤ⁴⁴ tʂʅ³¹]　土法治疗疾病。用迷信的办法治疗疾病。

16. 不干净[pu⁴⁵ kæ³¹ tɕiŋ]　特指邪祟事物。例：夜路走得多了，难免碰上～

17. 不管三[pu⁴⁵ kuæ⁴⁴ sæ³¹]　不操心，什么事都不管。

18. 不上串[pu⁴⁵ ʂa⁴⁵ tʂʰuæ⁴⁵]　说话说不到点子上。说话（做事）不严肃，不上正路。

C

19. 擦黑[tsʰa⁴⁵ xɤ⁴⁵]　天刚黑。

20. 擦亮[tsʰa⁴⁵ lia⁴⁵]　天刚亮，拂晓。

21. 茬势[tʂʰa³¹ ʂʅ⁴⁵]　苗头，势头。例：看～不对，掉头就走了。

22. 袽袽裤[tʂʰa⁴⁴ tʂʰa kʰu⁴⁵]　小儿开裆裤。

23. 诧[tʂʰa⁴⁵]　1.（幼儿）认生，陌生，不熟悉。娃娃～生呢。2.猛然反应不过来。把人～住了。

24. 诧巴里[tʂʰa⁴⁵pa⁴⁴li]　乍，猛然。

25. 扯布[tʂʰɤ⁴⁴ pu⁴⁵]　买布。

26. 扯面[tʂʰɤ⁴⁴ miæ⁴⁵]　拉面，拉条子。也叫捋面。

27. 扯心[tʂʰɤ⁴⁴ ɕiŋ³¹]　牵挂，惦念，念念不忘。

28. 吃手[tʂʰʅ³¹² ʂou⁴⁴]　饭量。没～就没做手（干活的力量）。

29. 充发军[tʂʰuəŋ³¹ fa³¹ tɕyəŋ³¹]　多用作骂人的话，指行为鲁莽、性格暴躁、不守规矩的人。

30. 抽抽[tʂʰou³¹ tʂʰou]　原指可以通过抽拉绳子封口的口袋。后泛指口袋。也作搊搊[tʂʰu³¹ tʂʰu]。

31. 臭臭[tʂʰou⁴⁵tʂʰou]　臭虫。

32. 处心[tʂʰu⁴⁴ ɕiŋ³¹]　从心里打算，故意，蓄谋。义同"处心积虑"。

33. 祟气[tʂʰuəŋ³¹ tsʰʅ³¹]　邪气。或指人被邪气侵染。

34. 戳脖子[tʂʰuə⁴⁴ pɤ³¹ tsʅ]　扇巴掌。主要是从颈部打巴掌。

35. 凑手[tsʰou⁴⁵ ʂou⁴⁴]　顺手，方便。例1.这个铁锨使起来特别～。例2.想买个自行车，就是钱不～。

D

36. 打[ta⁴⁴]　有分配或领受的意思。如过去生产队分粮、分瓜、分菜，一律叫做～粮、瓜、菜等。

37. 打捶[ta⁴⁴ tʂʰuei³¹]　打架。

38. 大茶[ta³¹² tʂʰa⁴⁴]　一种用肉丁和洋芋丁、木耳、黄花等辅料做成的汤食，多在一些婚嫁活动中招待客人。

39. 大兜襟[ta³¹² tou³¹ tɕiŋ³¹]　大襟棉衣。

40. 打迈眼[ta⁴⁴ mɛ³¹² ȵiæ⁴⁴]　没注意，没看到。

41. 大拿[ta³¹² na³¹]　一件事情中主事的人，也指有本事的人。

42. 打张声[ta⁴⁴tʂa³¹ʂəŋ] 没有真情实感的假意嚎哭。俗语有"女儿哭伤心，儿媳妇打张声"之说。

43. 淡话[tæ⁴⁵xua⁴⁵] 闲话，没有感情色彩、没有实际意义和没有具体内容的空话。接近废话。例：做事没本事，就知道说~。

44. 单另[tæ³¹liŋ⁴⁵] 1.另外。例：这一份你拿着，你哥那边我~再给。2.分家，主要指家庭成员分家另过。例：弟兄两个前年就~开了。

45. 当[ta³¹] 以为，认为。例：房子里没有开灯，我还~家里没人。

46. 当当[ta³¹ta³¹] 刚好，恰好，偏巧。例：我~这两天没有时间。

47. 当兴[ta³¹ɕiŋ³¹] 恰巧，偏偏，反而。例：小刘一直那么热心，这次活动他~不在。

48. 裆裆裤[ta³¹ta³¹kʰu⁴⁵] 小儿不开裆的裤子。

49. 叨哒[tɔ³¹ta³¹] 啰嗦，说话颠三倒四。

50. 倒哒[tɔ⁴⁴ta³¹] 倒腾，排序，分辨。

51. 登程[təŋ³¹tʂʰəŋ³¹] 上路，起程。特指用迷信的办法打发邪祟。

52. 掂不住[tiæ³¹pu⁴⁵tʂu⁴⁵] 做事说话没分寸，不稳重。

53. 掂算[tiæ³¹suæ⁴⁵] 掂量，算计，估摸。

54. 癫懂[tiæ³¹tuŋ³¹] 糊涂，不明事理。例：年龄不大，怎么就~了。

55. 点晃[tiæ⁴⁴xua⁴⁵] 不稳重。也做点点晃晃。

56. 掂办[tiæ³¹pæ³¹] 琢磨，估摸。

57. 点眼药[tiæ⁴⁴ȵiæ⁴⁴øye³¹] 给人上话，讥讽。有时也指背后说人坏话，挑拨是非。也作"填眼药"。

58. 电壶[tiæ³¹²xu³¹] 暖水瓶。

59. 垫窝子[tiæ³¹²øuə³¹tsʅ] 父母最小的孩子。

60. 哐[tie³¹] 大口吃东西，有时含贬义。例：一口气~了三碗馓饭。

61. 扺[tie³¹] 打。例：恨不得把这家伙~一顿。

62. 跌绊[tie⁴⁵pæ⁴⁵] 准备，打算。办事，处理。例：今年~着把娃娃的亲事给办了。

63. 跌搁[tie⁴⁵kɣ⁴⁴] 耽搁。

64. 丢底[tiəu³¹ ti⁴⁴]　露破绽，丢脸，丢人。例：~卖臊。

65. 丢着了[tiəu³¹ tʂuə³¹ lɣ]　打瞌睡，睡着了。例：电视打开刚看了不到五分钟，他就~。

66. 董[tuəŋ⁴⁴]　1.弄乱，弄脏。例：几个孩子把屋子~得乱七八糟。2.闯祸，闯乱子。谁~下的麻烦谁收拾。

67. 陡[tou⁴⁴]　长相不平顺，丑陋，难看。也指一个人长相凶横。例：这个人相貌~得很。

68. 短[tuæ⁴⁴]　指为人小气、吝啬；一指为人促狭，做人做事不留后路。

69. 断[tuæ⁴⁵]　驱赶，撵。例：把贼~跑了。地里~鸟儿去。

70. 断肠草[tuæ⁴⁵ tʂʰa³¹ tsʰɔ⁴⁴]　骂人的话。

71. 蹾[tuəŋ³¹]　用力放下，例：把碗往桌子上一~，就转过走了。~~摔摔。

72. 蹲[tuəŋ³¹]　呆，留居。例：原先我在这个地方~过三年。也指闲居，例：得找个事干，不能老~在家里。又如：~班房。

73. 惰洛[tuə⁴⁵luə⁴⁴]　愚笨。有时做惰洛宝。

E

74. 耳报神[ɣ⁴⁴ pɔ⁴⁵ʂəŋ³¹]　传话、通风报信的人。有时指拨弄是非。

75. 佴[ɣ⁴⁴]　扔，放置，放下，丢掉，遗失。也有读"er"或者读"ri"的，意思相同。例1.不小心把钥匙~掉了。例2.你先把锅~着不要洗，我们出去一下。

76. 佴开[ɣ⁴⁴kʰɛ³¹]　放开，放掉。例1.你要把绳头子抓紧，不要~。例2.不是说他叫派出所拘留了吗？什么时候~的。

77. 二百五[ɣ⁴⁵ pɣ⁴⁴ øu⁴⁴]　说话做事不靠谱的人。

78. 二杆子[ɣ⁴⁵ kæ⁴⁴ tsɿ]　行为乖张、不守规矩的人。

79. 二话[ɣ⁴⁵ xua⁴⁵]　不靠谱的话。

80. 二货[ɣ⁴⁵ xuə⁴⁵]　贬意。类似二杆子、二百五一类的人。

81. 二流子[ɣ⁴⁵ liəu³¹² tsɿ]　行为夸张、不安分守己的人。

F

82. 发潮[fa⁴⁵ tʂʰɔ³¹]　反胃，恶心。例：吃得不合适了，有点～。

83. 饭罢会[fæ⁴⁵ pa⁴⁴ xuei⁴⁵]　吃完早饭不久。

84. 反蛋蛋[fæ⁴⁴ tæ⁴⁵ tæ]　多，泛滥。例：天气太干了，蜜虫都～

85. 翻肥肠[fæ³¹ fei³¹ tʂʰa⁴⁵]　找麻烦，清算。例：几个人要给这家伙～呢！

86. 翻舌[fæ³¹ ʂɣ³¹]　跟人学说另一个人说过的话，特指传闲话，挑是非。

87. 反乱[fæ⁴⁴ luæ³¹]　翻腾，弄乱。俗语有"死娃娃～谷草"，意为瞎折腾。

88. 放命[fa⁴⁵ miŋ⁴⁵]　咽气，多指老人临终，弥留之际。例：老太太这几天～着呢。

89. 方团[fa⁴⁴ tʰuæ³¹]　附近，周围。义同"方圆"。例：名气大，～左右都知道。

G

90. 嘎咕[ka⁴⁴ku]　过分讲究，不大气，促狭。

91. 解水[kɛ⁴⁴ ʂuei⁴⁴]　浇水，含有分解配水之意。

92. 赶欢[kæ⁴⁴ xuæ³¹]　赶快，赶紧。也作赶紧[kæ³¹ tɕiŋ⁴⁴]。

93. 干脚巴[kæ³¹ tɕye⁴⁵ pa]　小腿骨。

94. 干散[kæ³¹² sæ⁴⁴]　干练，紧凑。指人精明能干，做事利落，不拖泥带水。

95. 干头 [kæ³¹ tʰou]　工作，（做）事情。例：打发娃娃找一下他叔叔，在城里找个～。有时用于否定别人做某事，例：你也真是没～了。也表示某事无意义，例：回家吧，这个事情没～了。

95. 缸茬[ka³¹ tʂʰa]　缸被打破后剩下的缸底部分，过去一般用来给猪喂食。

96. 胳搂[kɣ⁴⁵ lou⁴⁵]　（动）挠人痒痒使难受。（副）痒痒的感觉。也指别扭令人尴尬、不适的感觉。例：做事让人看着太～了。

97. 胳隐[kɣ⁴⁵ øiŋ⁴⁴]　不适，反胃，恶心。有生理和心理不适两种。

98. 胳肘[kɣ⁴⁵ tʂou⁴⁵]　肘部。

99. 格僕[kɤ⁴⁴øie⁴³]　讲究，考究，整洁。多指女性。

100. 个家[kɤ³¹tɕia⁴⁴]　本人，自己。例：~的事情~操心。

101. 疙蚤[kɤ⁴⁵tsɔ⁴⁵]　跳蚤。

102. 跟赶[kəŋ³¹kæ³¹²]　逼迫，施加压力。例：这个事我办不了，你再不要~我。

103. 跟讯[kəŋ³¹ɕiŋ³¹²]　追问，赶着打听。

104. 沟子[kou³¹tsʅ]　泛指屁股。

105. 狗脸亲家[kou⁴⁴liæ⁴⁴tɕʰiŋ³¹²tɕia⁴⁴]　性情不稳定、容易翻脸的人。例：你们两个就是~，一会吵，一会好。

106. 高低[kɔ³¹ti³¹]　副词，类似"好歹"、"无论如何"的意思。例：老汉要在城里买房子，老婆~不愿意。

107. 扛臊[ka⁴⁴sɔ⁴⁵]　扛，蹭、碰的意思。故意找茬，耍赖皮。

108. 根固[kəŋ³¹ku⁴⁴]　本来，根本，原来。例：人家~就不同意，说也白说。

109. 骨脉[ku⁴⁵mɤ⁴⁵]　体味。表示与血脉、血统有关。主要指狐臭，例：这一家人~不对。

110. 固[ku⁴⁴]　强迫，要挟，耍赖，例：指头蛋大的个娃娃把人~住了。

111. 瓜[kua⁴⁴]　傻。不懂事。例：娃娃还~着呢。

112. 刮刮[kua³¹²kua⁴⁵]　锅巴。

113. 裓裓[kua³¹²kua⁴⁴]　棉背心。

114. 锅块[kuə³¹kʰuɛ⁴⁴]　大饼。又作"锅盔"。

115. 裹肚[kuə⁴⁴tu]　棉衣。

116. 过雨[kuə³¹²ʐy⁴⁴]　阵雨。

H

117. 瞎[xa³¹²]　坏，混账，多用于骂人，例：~屄。把事情办~了。

118. 瞎好[xa³¹²xɔ⁴⁴]　好歹，好坏。一是不问条件好坏，将就地（做某件事），例：就这个条件，就~吃上一点儿；二是不管怎样、无论如何，例：等了

291

半天，他~就不过来。

119. 下数[xa⁴⁴ṣu³¹]　分寸，准头。例：别看他大大咧咧的，心里有~呢。

120. 下下[xa³¹²xa³¹²]　每一次，每一下。例：怎么好事~都是你的！

121. 咳嚷[xɛ³¹na]　唠叨，叫唤。引申为期求、恳求。例：天天~着要去兰州呢。

123. 好少[xɔ³¹ṣɔ⁴⁴]　不少，很多。例：~的人在广场是跳舞呢。

124. 夯胀[xa⁴⁴tṣa⁴⁵]　生气，厌恶。

125. 好纠纠[xɔ⁴⁴tɕiəu⁴⁴tɕiəu³¹]　好端端。

126. 呵断[xɤ⁴⁴tuæ⁴³]　呵斥，责骂。

127. 黑饭[xɤ³¹²fæ⁴⁵]　晚饭。例：吃罢~了开个会。

128. 喝神断鬼[xɤ⁴⁴ṣəŋ³¹tuæ⁴⁵kuei⁴⁴]　大声吆喝。含贬义。

129. 护头驴[xu⁴⁵tʰou³¹ly³¹]　原意为被人经常打怕了的驴。指特别胆小、无担当的人。

130. 话把[xua⁴⁵pa⁴⁵]　话柄。也做话把子。例：不要给别人留~。

131. 划过来[xua³¹kuə³¹²lɛ]　类似"原来""居然"的意思。例：我说你怎么不吃饭，~在外头胀饱了。

132. 缓[xuæ⁴⁴]　1.暂停，休息。例：累了就先~一阵了再干。2.也指老人过世。例：老太爷昨天半夜~下了。

133. 谎溜子[xua⁴⁴liəu⁴⁵tsʅ]　爱说谎的人，谎话说得很溜的人。

134. 谎皮胎[xua⁴⁴pʰi³¹tʰɛ]　也作谎胎子，喜欢说谎的人。

135. 回[xuei³¹]　1.又，再，仍旧。例：等我把这件衣服洗干净，你~穿上。2.是，也作回是。例：这个事情也~严重着呢。

136. 哄怂[xuəŋ⁴⁴suəŋ³¹]　哄骗，怂恿。例：你先~着让去上学。

J

137. 机躜[tsʅ³¹²tsʰuæ⁴⁵]　机灵，麻利，会看颜色。

138. 家当[tɕia³¹ta]　家里的财产。

139. 家什[tɕia³¹ʂʅ]　工具，家里的生活、生产用具。

140. 胛子[tɕia³¹² tsʅ]　肩膀。

141. 架子[tɕia⁴⁵ tsʅ]　身架，身高。有时也指傲慢。例：官不大～不小。

142. 见为[tɕiæ⁴⁵ øuei⁴⁴]　因为，正因为。例：～我们是好朋友，我才这样劝你。

143. 劲大[tɕiŋ⁴⁵ta⁴⁵]　力气大；也指厉害，严重。

144. 脚巴骨[tɕye⁴⁵pa⁴⁵ku⁴⁴]　踝骨。

145. 撅[tɕye⁴⁴]　原指折断。也指以话呛人，让人下不来台。例：～人。

K

146. 腔子[kʰa³¹ tsʅ]　胸膛。表示打赌，例：这个事我敢跟你拍～。

147. 靠[kʰɔ⁴⁵]　被饿着，例：几天不好好吃饭，都～瘦了。

148. 可[kʰɤ⁴⁵]　又，表示重复。例：1.不是刚出门吗，怎么～来了？2.把今天的作业～做了一遍。也作"可又"。

149. 可方[kʰɤ⁴⁴fa³¹]　恰当，合适。例：找个～的人家就嫁了。

150. 可价[kʰɤ⁴⁵tɕia⁴⁵]　已经，有时表示超出预期。例：打电话点外卖才十几分钟，～来了吗！

151. 可口[kʰɤ⁴⁴kʰou⁴⁴]　饭菜的味道合适，好吃。例：这媳妇饭做的～得很。

152. 哭皮胎[kʰu⁴⁵pʰi⁴⁴tʰɛ]　爱哭的孩子。

153. 窟水[kʰu³¹ʂuei³¹]　眼睛里的水，也指眼睛。例：没有～。表示骂人眼睛瞎了。

L

154. 拉哭声[la³¹kʰu⁴⁵ʂəŋ⁴⁴]　说话口气里带哭腔。表示不情愿。

155. 邋遢[lɛ³¹tʰei³¹]　脏乱不整洁。也指一个人不讲究，不修边幅。

156. 㸐[lɛ³¹]　炒，炒熟，一种烹制食物的方法。例：干～小炒。

157. 懒弯弯[læ⁴⁴øuæ³¹øuæ³¹]　腿弯。

158. 浪[la⁴⁴]　1.稀，主要指饭食稀，不稠。例：面条太～了。[la³¹²]　2.淘洗，例：米里面有沙子，下锅前好好～一下。3.游玩，例：明天我们一起～县城去。

159.老百年[lɔ⁴⁴ pɤ⁴⁵ȵiæ³¹]　特指老人去世。

160.老刀[lɔ³¹ tɔ³¹]　厉害，不好惹。例：这个女子～得很。

161.冷棒[ləŋ⁴⁴ pa⁴⁵]　愚笨，死心眼，不知变通。

162.来爪[lɛ³¹ tsɔ³¹²]　说话做事干脆利落。也指说话快，说话不饶人。

163.老疙瘩[lɔ⁴⁴ kɤ³¹ ta]　父母最小的孩子。同"垫窝子"。

164.列扯[lie³¹ tʂʰɤ³¹]　义同"扳扯"。

165.立固[li³¹² ku⁴⁴]　强求，当下要求满足。例：娃娃看上了一个玩具，～着要呢。

166.立吼吼[li³¹² xou⁴⁴ xou³¹]　立等，急不可耐。例：～等着发工钱买东西呢。

167.连便[liæ³¹ piæ⁴⁵]　利落，方便。例：崴着脚了，走路不～。

168.缭[liɔ³¹]　用针线连接。例：袖口掉了，我给你～上。

169.燎擦[ciɔ⁴⁴ tsʰa]　讲迷信。通过烧纸钱、作法驱鬼等方式为人治病。

170.鲁拉[lɔ⁴⁴ la]　粗疏，不讲究，莽撞泼辣。例：大块肉，大碗酒，也太～了些。

171.啰怜[luə⁴⁴ liæ]　行为不干脆，邋遢；可怜。

172.论说[luəŋ⁴⁴ ʂuo³¹]　要说，论起来，说起来。例：～这事不该我管，但你们也做得太过分了，我不能不管。(l和uəŋ、uəŋ有撮口呼色彩。)

173.捋顺[ly⁴⁴ ʂuəŋ³¹]　顺利，平顺。例：事情不太～。

174.捋面[ly⁴⁴ miæ³¹]　拉面，扯面。

M

175.麻麻亮[ma³¹ ma³¹ lia⁴⁵]　天刚亮。

176.麻咪[ma³¹ mi]　眼神蒙眬，瞌睡而睁不开眼。也指天色朦胧。([mi]，i有摩擦色彩)。

177.么是[ma³¹² ʂʅ⁴⁵]　或者，要么（是）。

178.满富[mæ⁴⁴fu³¹]　扎实，满足，美（表示程度）。例：今天吃~了。

179.漫散[mæ³¹²sæ⁴⁴]　用好话劝人或者糊弄人，类似"忽悠"。例：人家嘴巧，会~，难怪别人喜欢。

180.猫鬼神[mɔ³¹kuei⁴⁴ʂəŋ³¹]　小鬼祟。

181.縻[mi³¹²]　1.结，联结。续，补充。例：把绳子~长一些。2.拴，牵制。（i有摩擦色彩）

182.面勃[miæ³¹²pʰɤ⁴⁴]　擀面时用以防止面张粘连的干面粉。

183.没说[mɤ⁴⁵ʂuo⁴⁵]　（为什么）没有，含埋怨、指责意。例：上街去也~把我叫上。

184.没过[mɤ⁴⁵kuə⁴⁵]　不过，表示转折。

185.谋来[mu⁴⁴lɛ]　常用在说完一句话或表达一个意思之后，表示对这句话这件事的肯定。类似"那么呢""你以为呢""本来就是"等。

186.木固[mu⁴⁵ku⁴⁴]　麻木，反应迟钝。

N

187.挨次[nɛ³¹tʂʰʅ⁴³]　逐个，依次，每一个人按顺序做某事。例：从第一排开始，大家~把这个口令说一遍。

188.挨处[nɛ³¹tʂʰu⁴⁵]　到处，挨个，逐个。例：几个房子~找过来了，还是没找着。

189.囊[na⁴⁴]　1.弱，窝囊。例：~包，~蛋。[na³¹²]2.富足。例：日子过得~得很。

190.挠[nɔ³¹]　抓。多指心里不舒服或肚子不舒服。

191.垴头[nɔ⁴⁴tʰou³¹]　里面，里头。

192.脑子潮[nɔ⁴⁴tsʅtʂʰɔ³¹]　头脑犯浑。

193.倪[ɲie³¹²]　第三人称；他，人家。例：昨天~说的要来，谁知现在还不见个人影子。

194.年时[ɲiæ³¹ʂʅ⁴⁵]　去年。

195.尿胎子[ɲiɔ⁴⁵tʰɛ⁴⁴tsʅ]　小儿尿多。或指尿床者。

196. 咬群 [ɳio⁴⁴ tɕʰyəŋ³¹]　原指牲畜在群内互咬互踢。形容人群内部起纠纷，互相攻击。

197. 咬心[ɳio³¹ ɕiŋ³¹]　惦记，挂念，担忧。

198. 咬牙[ɳio⁴⁵ øia³¹]　麻烦，难缠。一是指人脾气坏不好惹，一是指事情麻烦不好处理。

199. 孽格[ɳie⁴⁵ kɣ]　身体单薄，力气小，可怜。

200. 孽障[ɳie⁴⁵ tʂa⁴⁵]　穷困，可怜。

201. 硬固[ɳiŋ⁴⁵ ku⁴⁴]　耍赖强求，义同"立固"。

P

202. 脬[pʰɔ³¹]　松弛，松垮，不瓷实。

203. 屁核[pʰi⁴⁵xu³¹]　也作屁核子。比喻空话、子虚乌有、什么都没有。例：还说今天放电影呢，等到天黑了，有个~呢。

204. 屁胎子[pʰi⁴⁵tʰɛ⁴⁴tsɿ]　屁多的人，也作对人的蔑称。

205. 谝[pʰiæ⁴⁴]　1.聊天。例：我们随便~一会。2.吹牛。例：这家伙能~得很。3.撒谎。例：你信他！纯粹~着呢。~传，~嘴，~客。

206. 泼散[pʰɣ⁴⁵ sæ⁴⁵]　将酒或食物分散开祭奠祖先。

207. 飘曳曳[pʰiɔ³¹ øie³¹ øie³¹]　走路轻快飘逸。

Q

208. 起蔓[tsʰɿ⁴⁴ mæ⁴⁵]　兴起，泛滥。也作起了蔓了。

209. 恰秀[tɕʰia⁴⁴ ɕiəu⁴⁵]　多指女性说话做事恰当秀气，干净讲究。

210. 欠挨[tɕʰiæ⁴⁵nɛ³¹]　欠打，欠收拾。

211. 乔[tɕʰiɔ³¹]　请，请客，邀请。例：儿子结婚，该~的亲戚朋友都~到。

212. 趄[tɕʰie⁴⁵]　1.斜躺着休息。例：你先~一会儿，饭马上就熟了。2.安放孩子睡觉。例：娃娃睡着了就~下，不要老是抱在怀里。

213. 㲅㲅[tɕʰyəŋ⁴⁴ tɕʰyəŋ]　一种面食。

214. 缺[tɕʰye⁴⁵]　单薄，瘦弱。例：娃娃营养跟不上，看着~得很。

R

215.染缠[zæ³¹ tsʰæ⁴⁵]　麻烦，纠缠，不利落。例：做什么事都~得很。也指得病不见好。例：这个病~得很。

216.禳厌[za⁴⁴ øiæ³¹]　祛除邪恶灾祸。例：这些年一直不顺，找人~一下。

217.瓤歉[za³¹ tɕiæ³¹]　弱，差。例：大小伙子~得很，一桶水都提不起来。

218.嚷仗[za⁴⁴ tʂa⁴⁵]　吵架。

219.日鬼[zʅ⁴⁵ kuei⁴⁴]　捣鬼。不规矩。或指人不走正道。

220.日咉[zʅ⁴⁵ tɕye⁴⁴]　言辞训斥，詈骂。例：美美地~了一顿。

221.日攮[zʅ⁴⁵ na⁴⁴]　吃饭的詈语。多为大人督促孩子吃饭。例：赶紧~完了上学去。

222.日能[zʅ⁴⁵ nəŋ³¹]　自以为能。

223.日眼[zʅ⁴⁵ ȵiæ⁴⁴]　不顺眼，讨厌。

224.日摇[zʅ⁴⁵ ɕiɔ³¹]　指人行为轻佻，虚浮，自以为是。

225.捼[zua³¹]　1.肚子（内心）有揉搓感，不舒服。例：空肚子吃了一瓣蒜，~得不行。2.事情不顺折磨人。例：这个事情太~人了。

S

226.臊店猴[sɔ⁴⁵ tiæ⁴⁵ xou³¹]　专事捣乱、惹是生非的人。

227.伤食[ʂa³¹ ʂʅ]　吃东西过饱引起的肠胃不适。

228.晌午[ʂa³¹ øu³¹]　中午，中午饭。例：几个人坐在树阴凉里吃~呢。也作"晌会"。

229.上紧[ʂa⁴⁵ tɕiŋ⁴⁴]　操心，牵挂，疼爱。例：老太太最~的还是她的小儿子。

230.烧包头[ʂɔ³¹ pɔ³¹ thou]　喜欢自夸的人。

231.少欠[ʂɔ⁴⁴ tɕʰiæ³¹]　骂人话。欠了人家，例：~鬼。

232.瘆煞[ʂəŋ⁴⁵ ʂa⁴⁴]　气氛吓人，恐怖。

233. 生活[ʂəŋ³¹ xuə³¹]　笔，主要指毛笔。

234. 生牛皮[ʂəŋ³¹ n̠iəu³¹ phi³¹]　原意是未经过鞣制的牛皮。用以形容性格生愣、缺乏教养、欠调教的人。

235. 屎爬牛[ʂʅ⁴⁴ pha³¹ n̠iəu³¹]　蜣螂，屎壳郎。

236. 试当[ʂʅ³¹² ta⁴⁴]　验证，试验。例：你不信了就~一下。也作"试活"。

237. 失口[ʂʅ⁴⁵ khou⁴⁴]　多指幼儿因为被过度逗弄而失常。例：再不要逗娃娃了，看把娃娃笑~了。

238. 熟皮[ʂu³¹ phi³¹]　原意为鞣制皮制品。借指用强制手段整治性格顽劣的人并促使其改变。例：今天他爹要给他~呢！

239. 顺序[ʂuəŋ⁴⁵ sy⁴⁵]　顺当，顺利。例：最近好多事情不~。

240. 死人[sʅ⁴⁴ zəŋ³¹]　1.亡故了的人。2.做事古板不活络的人、不善与人交往的人。也作死人鬼。

241. 死娃娃[sʅ⁴⁴ øua³¹ øua]　1.夭亡婴幼儿的尸体。2.骂人话。

242. 松皮[suəŋ³¹ phi³¹]　对有令人不能忍受的毛病的人进行敲打，用行动给予训诫、收拾。与之对应的词是"皮胀"或"皮痒"。义同"熟皮"。

243. 碎鬼[suei⁴⁵ kuei⁴⁴]　对小孩子的蔑称。

T

244. 抬杠[thɛ³¹ ka⁴⁵]　争吵，争论。

245. 抬埋[thɛ³¹ mɛ⁴⁵]　埋葬。也代指办丧事。例：才把老子~掉。

246. 抬晃[thɛ³¹ xua⁴⁵]　折腾，起哄，怂恿。

247. 抬腾[thɛ³¹ thəŋ⁴⁵]　折腾，翻腾。例：人家都睡了，你就不要再~了。

248. 溏[tha³¹]　指性格散漫、凡事不急迫。例：老五的性子~得很，啥事都不上心。

249. 膛[tha³¹]　脑腔，大脑，头脑。例：这个人~里不清，听不来好赖话。

250. 淘缠[thɔ³¹² tʂhæ³¹]　麻烦，纠缠。例：这次这个病~得很，一直不见好。

251. 讨吃[thɔ⁴⁴ tʂhʅ]　乞讨者，乞丐，叫花子。有时也指举止令人讨厌的人。

252. 踢蹋[thi³¹tha³¹]　小儿夭折。也作糟蹋。

253. 填还[thiæ³¹xuæ⁴⁵]　付出，给予，回报，贡献。例：这几只母鸡~得很，每天都下蛋。

254. 舔沟子[thiæ⁴⁴kou³¹tsʅ]　骂人话，指巴结、奉承，向人谄媚。

255. 挑擦[tʰiɔ⁴⁴tsʰa³¹]　用迷信的办法给人治小毛病。

256. 头首[thou³¹ʂou⁴⁵]　头胎。第一个孩子。

257. 抖牙[tʰou⁴⁴ɕia³¹]　抖，打的意思。打掉牙。

258. 妥[thuo⁴⁴]　结实。多指身体。妥实，例：这个小伙子~得很。

259. 唾唾[thuo⁴⁵thuo⁴⁴]　唾沫，主要指用于啐人的唾沫。例：恨不得往脸上咯~呢。

W

260. 挖[øua⁴⁴]　1.掏取，拿。例：~一碗面。[øua³¹]2.动，触摸，抓。例：桌子上的东西你不要乱~。

261. 瓦渣[øua⁴⁴tʂa]　瓷碗、瓷碟等瓷器的碎片。

262. 歪[øuɛ³¹]　厉害。一指力气大，一指性格强。例：老汉就~了一辈子。

263. 外后天[øuɛ⁴⁵xou⁴⁴thiæ³¹]　大后天。

264. 望嘴[øua⁴⁵tsuei⁴⁴]　指眼馋别人吃东西。

265. 倭僚[øuə³¹øie⁴⁴]　舒服，美好，顺当，圆满。

266. 窝憋[øuə³¹pie³¹]　窝囊憋气。也指地方狭小，转腾不开。

X

267. 细相[si⁴⁵ɕia⁴⁴]　细致，做事缜密，凡事考虑周到。例：老张是个~人，各种家什都齐全得很。

268. 下茬[ɕia⁴⁵tsʰa³¹]　厉害，不讲情面。

269. 下话[ɕia⁴⁵xua⁴⁵]　为人说好话，服软求情。

270. 下眼饭[ɕia⁴⁵n̠iæ⁴⁴fæ]　看人眼色的事或工作。例：吃的是~。

271. 闲[ɕiæ³¹]　白搭，白费功夫，没用。例：~的。~~的。

272. 显道神[ɕiæ⁴⁴ tɔ³¹ ʂəŋ]　原指出殡的仪仗中放在最前的开路神。比喻凡事喜欢显摆的人。

273. 现世宝[ɕiæ⁴⁵ ʂʅ⁴⁴ pɔ]　指丢人现眼者。

274. 相算[ɕia⁴⁵ suæ⁴⁴]　打量，算计，估摸。

275. 心疯病[ɕiŋ³¹ fəŋ³¹ piŋ⁴⁵]　精神疾病。比喻一个人疯疯张张不稳重。

276. 心口子[ɕiŋ³¹ kʰou⁴⁴ tsʅ]　心。也指胃部。例：这两天~有点不舒服。

277. 性子[ɕiŋ⁴⁵ tsʅ]　性情，性格，脾气。例：也是你~好，要是我，巴掌都上去了。发脾气：要~。

278. 循嘴[ɕyəŋ⁴⁵ tsuei⁴⁴]　（因为嘴馋）跟人要吃的。

Y

279. 掩晃[øiæ⁴⁴ xua³¹]　轻薄，轻佻，行为不稳准。

280. 央及[øia³¹ tsʅ³¹]　央求，请求帮忙。

281. 羊户长[øia³¹ xu⁴⁵ tʂa⁴⁴]　羊倌，牧羊人。

282. 佯干[øia³¹ kæ⁴⁵]　头脑不清。

283. 漾[øia⁴⁵]　撒，丢落，例：炒面~了一地。

284. 扬意[øia³¹ ʑi⁴⁵]　出于客套而邀请。例：吃饭的时候也不知道~一下人。

285. 曳络[øie⁴⁵ luə⁴⁴]　联络，拉扯。例：~了一帮子人城里去呢。

286. 夜来[øie⁴⁵ lɛ⁴⁴]　昨天。

287. 一划[ʑi⁴⁵ tʂʰæ⁴⁵]　一律，一概，全部。例：剩下的这些粮食~装到你的车上。

288. 一家子[ʑi⁴⁵ tɕia³¹ tsʅ]　同姓的旁人。

289. 一股气[ʑi⁴⁵ ku⁴⁴ tsʰʅ⁴⁵]　一贯，一直以来。

290. 一划子[ʑi⁴⁵ xua³¹ tsʅ]　从一个整块中分割出来的一部分，一块子。

291. 一尽[ʑi⁴⁵ tɕiŋ⁴⁵]　全部，一律。

292. 一气[ʑi⁴⁵ tsʰʅ⁴⁵]　义同"一股气"。

第十二章 方言 俗语

293. 一趟[ʐi⁴⁵ tʰa⁴⁵]　全部，一律。

294. 抑治[ʐi³¹ tʂʅ³¹]　指解决一件事或对付一个人的办法。例：没～了。也指收拾或处置一下某个人。例：你去～一顿。

295. 衣胞子[ʐi³¹ pɔ³¹ tsʅ]　胎衣。借指没出息、长不大的人。与另一个骂人的词"囊包"同义。

296. 秕子[ʐi³¹ tsʅ]　谷物籽实脱粒后的外皮。例：谷～子。麦～子。

297. 喑哑畜生[øiŋ³¹ øia⁴⁴ tʂʰu⁴⁵ ʂəŋ⁴⁴]　指骡马牛驴等大牲口。例：你把个～有啥欺负的！

298. 有了[øiəu⁴⁴ lɤ]　算了，不要，表示放弃。例：这个人难缠得很，你还是～跟他打交道吧。

Z

299. 站[tʂæ⁴⁵]　逗留，停留，住。例：这次回娘家～了半个月。

300. 账主子[tʂa⁴⁵ tʂu⁴⁴ tsʅ]　讨账人。有时大人用以骂自己的孩子，意为欠了孩子的一样。例：赶紧要做饭了，我家的～来了。

301. 胀气[tʂa⁴⁵ tsʰʅ⁴⁵]　生气，使人生气。例：事情做得叫人～得很。也可以分开表述，胀了一肚子气。

302. 遮拦[tʂɤ³¹ læ³¹]　阻止，拦挡。

303. 奘[tʂua⁴⁴]　粗大，粗壮。也相对"细"而言，例：萝卜要拣～的拔。

304. 糟[tsɔ³¹]　小儿夭折。也说糟掉了。见"踢踏"。

305. 糟灭[tsɔ³¹ mie³¹]　折磨，欺辱。例：嫁过去才几年，就被～得不像样子了。

306. 张[tʂa³¹]　一个人自大，行为夸张。也指一个人神色慌张，失常。

307. 支发[tʂʅ³¹ fa³¹]　应付，打发。

308. 追跟[tʂuei³¹ kəŋ³¹]　追着赶着要求办某事，或者提要求。例：我才～着把前年他借的钱要回来了。

309. 着气[tsɔ³¹ tsʰʅ⁴⁵]　生气。例：事情做得叫人～得很。

310. 着实[tʂuə⁴⁵ ʂʅ³¹]　确实，非常，特别。例：今年的社火～办得好。

311. 争[tsəŋ³¹]　欠，缺，差。例：买房子还~几万块钱。

312. 整断[tʂəŋ⁴⁴ tuæ³¹]　嚷叫，呵斥，催逼。例：儿子~着要买汽车呢。

313. 支格[tʂʅ³¹ kɤ³¹]　应付，敷衍，拦挡，拒绝。

314. 至根[tʂʅ⁴⁴ kəŋ³¹]　原来，本来，始终。例：人家~就不愿意。

315. 中[tʂuəŋ³¹]　差不多，够。例：这场雨下得也~呢，砂地都下透了。

316. 中中[tʂuəŋ³¹ tʂuəŋ³¹]　都，尽是，全部。例：米里面~是沙子。

317. 怂势[tʂou⁴⁵ʂʅ⁴⁴]　愚笨，固执。例：这个娃娃~得很，教什么都学不会。也作怂势宝。

318. 转珠子[tʂuæ³¹² tʂu⁴⁴ tsʅ]　情绪、性格不稳定的人。例：一会行，一会不行，真正是个~。

319. 餟衣禄[tʂuei³¹ zi³¹ lu³¹]　餟，叫人吃饭，衣禄，代指饭食。过去多用于大人喊晚辈吃饭。含贬义。例：光知道玩，不~吗？也作"胀衣禄"。

320. 纵格[tsuəŋ⁴⁵ kɤ⁴⁴]　扭捏，造作，拒绝。

321. 走手[tsou³¹ ʂou⁴⁵]　走路的样子、姿态。也指马（骡、驴）的走路步态。

322. 钻奸[tsuæ³¹ kæ³¹]　指男女不正当交往。

323. 左嗓子[tsuə⁴⁴ sa⁴⁴ tsʅ]　五音不全、唱歌难听的人。

324. 左性子[tsuə⁴⁴ ɕiŋ⁴⁴ tsʅ]　性格奇怪、不合群的人。

325. 坐[tsuə⁴⁵]　居住，住家，指家庭居住地。例：先前在堡子里头~了十几年，这几年才搬出来。

326. 做假[tsuə⁴⁵ tɕia⁴⁴]　（不诚实的）客套，推辞。例：不要~，就在我家吃饭。

327. 做手[tsu⁴⁵ ʂou⁴⁴]　做，做事的本领、能力。也指做法、做事的方式。

328. 做作[tsu⁴⁵ tsuo⁴⁴]　造作，矫情，不自然。

第二节　谚语　歇后语

一、谚语

1. 天气　农时

　　　　白露不出头，拔去喂了牛

　　　　昌灵米山把桥架，老天必然要大下

　　　　吹风扬场，下雨抹墙

　　　　大暑小暑，灌死老鼠

　　　　东昭天晴西昭阴，中午昭了一场风

　　　　冬雪过埂子，只愁没种子

　　　　擦擦云，泡塌城

　　　　马拉磙子跑，挑起三遍草，挑完起场，乘风就扬

　　　　麦黄七分收十分，麦黄十分收七分

　　　　麦子种在九里，多呢少呢有呢

　　　　三伏深翻，地出金砖，三伏水漫，麦子万石

　　　　三天学个买卖人，一辈子学不下庄稼人

　　三月犁后漫，当年吃上饭，小满犁后漫，清油拌馓饭，夏至犁后漫，糜子打几石，暑期犁后漫，白菜腌缸罐，秋天犁后漫，翻年等吃饭。

　　　　陕西的麦子，旋黄旋割

　　　　深犁一道子，麦子一约（yao）子

　　　　天空长桥升，必然雨淋淋

　　　　田黄不要耍，以防白雨打

　　　　田黄抓紧干，以防山水灌

　　　　夏旱不算旱，秋旱全不见

　　　　夏天深翻，仓子冒尖，暑里翻动，等于上粪

　　　　一年庄稼两年务

一泡尿，一道约（yao）

云朝北下到黑，云朝东一场空，云朝南下不完，云朝西泡死鸡

枣树不害羞，当年红丢丢

庄稼人干着重复工，根本不离雨和风

2.社会 生活

白布掉到染缸里，拿到黄河洗不净

穿衣架子，攥饭皮胎

打断骨头连着筋

打了骡子惊跑马

打下的孝子，惯下的豹子

带馍馍带少呢，带话带多呢

斗大的麦子都得从磨眼里过

肚子盛不住二两酥油

儿要自养，田要自种

夫妻同床睡，人心隔肚皮

过河拆桥，卸磨杀驴

好酒喝上醉呢，瞎酒喝上睡呢

喝水不忘挖井人，吃饭牢记种田人

和尚知道冻头顶

虎凭山有威风，人凭志有前程

画虎画皮难画骨，知人知面不知心

黄米一颗，打牛千鞭

火车跑得快，全靠车头带

叫花子放不住隔夜的食

进了菜籽地，不怕穿黄衣

救了落水狗，回头咬一口

君子不得时，小人下眼观

廊檐水照窝窝滴呢

第十二章 方言 俗语

两虎相斗，必有一伤

龙养龙凤养凤，老鼠的儿子会打洞

没时给上一口，强过有时给上一斗

哪里跌倒哪里爬

纳粮上草不怕官，孝顺父母不怕天

宁在城里守个墙拐拐，不在农村给人当奶奶

欺的软的，踏的扁的

千里做官，为的吃穿

前檐的水往后檐里流呢

钱难挣，屎难吃

巧人是拙人的奴

勤太子给老牛攒着呢

穷酒瓶，富油瓶

穷人门前尿巴砣，富人门前大马骡

穷在当街无人问，富在深山有远亲

人比人，活不成，驴比骡子驮不成

人比人活不成，驴比骆驼驮不成

人倒霉鬼吹灯，放屁也砸脚后跟

人活脸，树活皮

人人不做官，做官都一般

人无头不走，雁无头不飞

人心不足蛇吞象，贪心不足吃月亮

人心高过天，做梦成神仙

三句话好不如一马棒

善恶若不报，乾坤必颠倒

舍命能算真君子，保国才算真豪杰

天高皇帝远，冤枉无人管

天上下雨地上滑，自己跌倒自己爬

铁锅莫说锅底黑，骆驼不说自驼背

娃娃不冷，油瓶不冻

娃娃洒水，滑倒大人

小人谋食，君子求官

一井水有苦有甜，一家人有愚有贤

冤死好人笑死贼

贼里头打得不要的贼

只见贼吃肉，不见贼挨打

3. 为人处世

不疼的指头往磨眼里塞呢

不信神不信鬼，全靠个家胳膊腿

常思自过，免于招祸

吃人家糁饭，由人家使唤

船大不怕浪，志大不怕险

慈善为本，行善为门

打人不打脸，吃饭不夺碗

打人不打脸，骂人不揭短

胆要大呢，心要小呢

等到老年享福，不如小年受罪

爹有钱硬闹，嫂有钱干靠

好狗不咬鸡，好汉不打妻

好人护一方，好狗护一庄

话说三遍比屎臭

静坐常思自己过，闲谈莫论他人非

看个家一朵花，看别人豆腐渣

驴乏怨肘棍

骂人无好口，打人无好手

能给歪汉子牵马坠蹬，不给怂汉子出谋定计

拳不离手，曲不离口

人穷不斗富，农人不斗官

仁是万善本，贪是诸恶源

台上三分钟，台下三年功

抬手不打娃娃，开口不骂老汉

有了龙蟒袍，别忘叫花衣

做官容易读书难，要报母恩报不全

4. 手艺 经验

薄技在身，钱罐不空

不怕慢，只怕站

不怕脑不灵，害怕没苦功

穿衣的架子，攥饭的皮胎

大麦熬糖，各有各行

多一技，多一福

饭不吃饿哩，书不念愚哩

佛争一炷香，人争一口气

父子通天性，母女心连心

箍桶箍梢，不用扛胶

好汉不怕出身低，人高最怕不努力

好记性不如烂笔头

回民有钱贩羊，汉民有钱修房

家有三斗粮，不当娃娃王

将军不怕兵多，学生不怕书多

老虎不下狗崽子

老虎显纹在身，男子志气在胸

师傅不高，教下的徒弟拉腰

马不到死不解鞍，人不到死事不完

木匠跟前不要站，不是拉锯就拖线

年在少时不读书，身在福中不知福
牛羊吃草要反刍，人离爹娘要反思
钱在别人手，不算个家有
勤学又好问，才有大学问
勤学又勤问，不怕脑子笨
拳不离手，曲不离口
人要闯呢，马要放呢
人最宝贵是良心，物最宝贵是黄金
臊爬蜗牛屎壳郎，各人觉得各人强
受到赞扬不要笑，挨了批评不要跳
铁匠害怕铁不红，学生害怕脑不灵
想要住好房，养起万只羊
想有学问，不耻下问
绣花需要多样线，学习需花多时间
学时不下苦，用时方恨少
要有学问，必须勤奋
有本事的装钱用罐，没本事的一身臭汗
知识不怕多学，学生不怕多问
治家要俭，治学要严
种麦谷下农田，当学生搬书山
庄稼在地里，学问在民间
做官靠读书，发财靠养猪
做蜡求明，念书求程

5. 养生 健康

病从疑心起
吃罢饭就睡下，又白又细法
饭后百步走，能活九十九
清早一杯茶，一天都不乏

少说话威信高，多吃饭身体好

洗头洗脚，强如吃药

要想身体壮，锻炼不能忘

二、歇后语

玻璃做的娃娃——明亮人

不做活的女人——闲（贤）妻

裁缝做衣服——针（真）行

藏獒咬哈巴——欺住

茶壶煮饺子——肚子里有货

炒面捏娃娃——熟人

大粪铺路——屎（死）路一条

大风底下烧纸钱——指不着的儿和女

大树荫下戴草帽——二凉

戴了套的猴子——由人耍

刀切豆腐——两面光

戥子称骆驼——不能提

飞机上吹喇叭——响得高

坟堆上插鞭杆——捣鬼

尕狗娃卧在粪堆上——有大架势

尕鸡娃叫鸣——尽腔腔努着

更里的公鸡——一鸣惊人

狗吃油渣——想得旺

狗抬庙门——想吃蜡把子

狗抬尿泡——空欢喜

狗咬买蒜的——寻一骨朵

狗抓老鼠——多管闲事

狗追鸭子——呱呱叫

和尚头上抹油——滑到顶

芳草村志

核桃放在娃娃手里——该砸了

猴子捞月——一场空

猴子上树——高攀

画报糊地球——花花世界

怀娃女人上街——人中有人

怀中揣镜子——亮膛

豁豁嘴吃包子——煽圆了

货架上放碳——黑货

货郎担子——有货

鸡屁股里塞木棍——捣蛋

叫花子上街——肚里空

叫花子拄棍——要呢

炕洞口上蒸馍馍——熏着哩

裤带栓在脖子上——系错了

筷子夹骨头——全是光棍

癞蛤蟆跳门槛——又墩屁股又伤脸

癞蛤蟆站在井沿上——见了世面

狼不吃野狐——都是跑山的

老和尚看书——一本正经

老虎吃苍蝇——干拌牙茬

老鼠拉秤砣——挡住洞门

涝坝里拌炒面——摊场太大

梨树开花——白的

骆驼巴粪——干蛋

骆驼要吃墙头草——随便

驴啃脖子——变工

麻杆子打狼——两怕

马圈里没马——驴当家

蚂蚁跑在大路上——天高地阔

煤巷里铺铁轨——黑道

煤巷里走路——黑道

庙门内吹口哨——神音

庙门上拉屎——欺负爷爷

母猪上街——哼哼

木匠看门窗——有水平

拿电筒朝天——照云

泥菩萨过河——自身难保

牛鼻子上栓绳——牵着走

牛皮做灯笼——外黑里明

爬到坟堆上睡觉——日鬼

屁股上戳了一扫帚——百眼开

墙上挂狗皮——不像画

瘸子担水——闪着呢

瘸子的屁股——错茬

三九天吃冰棍——冷到心上

砂锅煮瓠子——两头担

山里烤火——就地取柴

山上不长树木——无柴

神像跟前唠叨——许愿心

石板上钉钉子——硬对硬

石棒锻磨——石打石

石头上雕纹——石花

屎棒子顶门——硬撑

屎棒子开裂缝——臭纹（文）多

手塞到嘴里——掏实话

树顶上的鸟儿——叽叽喳喳

死狗身上搭虎皮——装兽王

滩里的黄羊——没数儿

跳兔子穿裤子——提不成

铁棍掉在冰眼里——冷棒

铁匠拉屎——停一火

秃头上虱子——明摆着

兔子吃了窝边草——亮了家底

兔子拉犁——顶牛

乌龟爬高杆——别攀

膝盖上钉掌——离蹄

瞎子站在崖坎上——不知高低

瞎子走路——摸着

丫鬟坐堂中——不是主

烟洞上招手——领黑路

烟筒口是搭茶壶——熏着哩

阎罗王嫖风——日鬼

羊粪蛋装枪堂——不是好子

羊粪下山坡——滚蛋

鹞鹰抓骆驼——谋大货

玉米面打浆糊——不染

贼娃子打官司——场场输

照壁后头打拳——藏两手

诸葛亮揣字典——一肚子字

诸葛亮皱眉头——计上心来

猪八戒照镜子——里外不是人

猪鼻子上插大葱——装象

嘴里吃秤砣——铁心

嘴里吞石头——实心

芳草村志

第十三章
人　物

第十三章 人 物

本章内容分四部分。

第一部分：人物传略。包括：1.在历史上产生过重大影响的历史人物；2.芳草村立村过程中在水源开挖、道路整修、村庄建设、环境保护等方面做出重要贡献的已故人物；3.新中国建立以来担任过村级党政主要领导的已故人物；4.在教育、医疗事业上做出突出贡献的已故人物；5.为芳草村做出贡献的已故人物。

第二部分：人物介绍。包括：1.介绍芳草历史中的知名人士；2.介绍定居芳草的红军西路军流落战士；3.介绍芳草籍省级劳动模范；4.介绍芳草优秀人物及自强自立模范人物。

第三部分：人物简介。包括：1.新中国成立以来芳草籍的地厅级、县团级、科级干部；2.高级和中级专业技术人员；3.博士、博士后、硕士学历人员；4.文化名人、企业名人及其他人员。

第四部分：人物表录。包括：1.工作成绩突出获得县级以上奖励情况统计表；2.专业技术人员获得县级以上奖励情况统计表；3.专业技术人员发表著作论文情况统计表；4.1949年以来高等学校本科毕业人员名录；5.2020年高等学校本科（在读）人员名录；6.历年来在职进修取得本科学历人员名录；7.芳草村媳妇取得本科学历人员名录。

第一节 人物传略

李继颜

生于1792年。字蕴和，李泗德五子，李宗经祖父。国子监太学生，清朝嘉庆皇帝时封为文林郎、进士及第，员缺即补，食禄加四级。曾参加《康熙字典》校正等工作。光绪十六年（1891年）三月二十二日，因"敬以持躬，忠能启后，威宣阃外，家传韬略之书"，教育培养李宗经有功，被诰封"建威将军"。

嘉庆年间，随父到芳草创业，定居芳草。时李继颜年富力强，富于才华，充满朝气，干劲十足，投入巨资，开发水源，发展耕地，稼穑为生。当时，村庄常有土匪出没，李继颜斥巨资建筑芳草堡子。堡子建成后，曾在同治年间多次成功阻退贼匪袭扰，保护了村民生命财产安全。

一生艰苦创业，勤俭治家，为人耿直大度，乐善好施，经常救济缺粮断顿、揭不开锅的乡邻，乡亲们敬称"白胡子老爷"，其美名有口皆碑。1858年去世。

妻滕氏（原籍未详）、寇氏（原籍中泉乡）。育六子。

李宗经

生于1841年。字仿古，号协戎。自幼失怙，祖父李继颜为其延请两名教师，一文一武，读《四书》《五经》，好学习善书画，后就读于蒋家湾六德书院（在今白银市水川乡）。国子监太学生。从小喜爱武艺。长大成人，身材魁梧，且善骑射，练就一身好功夫。

同治初年，叛匪多次袭扰芳草，二十出头的李宗经，以堡子为屏障,率众抵御,屡使叛匪无获而返。同治六年(1867年)正月,跟随靖远县知县金麟克复靖远县城,以军功奖六品蓝翎。后出家资招募兵勇500余人,率而西进,效力于哈密办事大臣文麟军前,负责河西、青海、新疆一带征剿。同治十二年(1873年)春,作为统领之一,参与清军调集的四个统领的兵力,反击叛匪对敦煌的围攻。在左宗棠督战下,清军克复肃州。后随左宗棠大军向西挺进、收复新疆的战役。在收复关外各域中,屡建战功。戎马二十年,先为甘肃威仪营参将,后为副将,光绪十三年(1887年),借补西宁南川营都司额腾依巴图鲁加四级。光绪十六年(1890年),被保荐为总兵衔,领兵6500名,清廷诰封"建威将军"。两次应诏进京,第一次觐见慈禧太后,第二次觐见光绪皇帝。光绪赐扇子一把,上有光绪的亲笔题字,褒奖其战功。

光绪二十年(1894年),解甲归田,创建私塾,开创芳草教育事业之先河。

李宗经"秉姿英伟,才气无双,效班超之为人,投笔从戎,立功异域","膺锋镝,冒矢石,速荡妖氛,敦煌酒泉诸郡,亿万生灵危而复安,得睹清平世界"。回乡后创办学校,开蒙育人,造福桑梓,文武俱备,功德并立。1908年2月去世。

妻闫氏(原籍寺滩乡)、马氏(原籍敦煌市)、武氏。育一子二女。

郝有铭

生于1925年2月。小学文化程度。1955年1月加入中国共产党。1960年8月6日至9月12日担任村党支部书记;1959年11月至1962年8月,担任村生产大队长。后担任第一生产队队长。

任职期间,正值国家三年困难时期,由于干旱少雨,粮食歉收,村民缺吃少穿,生活十分困难。作为生产大队长,在党支部的带领下,一边抓生产,一边抓抗旱,带领群众,大力铺压砂田。在艰苦的条件下,想方设法,开展生产自救,合理分配国家返销粮食,安排好群众生活。当时村上有20多名学生在芦阳上学,吃饭困难。尽管村里条件十分艰苦,还是租用民房,抽调专人为学生做饭,解决吃饭问题,学生情绪稳定,专心学习。

经常深入田间地头，总结发展农业生产的经验，使芳草村的各项工作逐步走上正轨，走在芦阳公社的前列。

工作有胆有识，认真负责，能力强，肯吃苦，生活俭朴，宽以待人。1979年11月去世。

妻李有兰。育三子六女。

李焕堂

生于1911年。在芳草私塾读书四年余。民国时任村甲长等职。民国三十年（1941年），与地方贤达共同出资出力创建芳草村初级小学，被聘为校董。

新中国成立后，曾任一条山乡、兴泉乡副乡长，1950年，担任芳草村农会主任；1953年，武威地区在芳草村试点，成立全地区最早的农业生产互助组——李焕堂互助组，任组长；互助组生产效益明显高于单干户。秋后，上级安排赴武威地委党校学习三个多月。1954年秋，县委以焕堂互助组为基础，试办初级农业生产合作社，李焕堂任社长，为景泰县最早的农业社之一。在互助组、农业社期间，带领群众开垦荒地，铺压砂田，大搞农田基本建设，不断扩大耕地面积。植树造林，绿化家园。尤其是在白石头拉牌砂河，积极参与一条山、芳草两村的群众打串井，筑成新涝坝，水浇田增加400多亩。工作中由于成绩突出，多次受到地、县政府的嘉奖表彰。

1958年，驻马场山达五年多，农牧业生产之余，阅读有关书籍，观察气候变化，积累了丰富的气象预测经验，景泰气象站建立伊始，聘为顾问。景泰县第三、四届人民代表大会代表。第三届人大常委会委员。

注重品德修养，坚持原则，刚直不阿，工作负责，吃苦肯干。1983年11月去世。

妻李莲。育五子三女。

第十三章 人 物

姚凤英

女，生于1941年。祖籍陕西省大荔县。生于景泰县芦阳镇东关村，1963年1月兰州师范学校中专毕业，分配到兴泉小学任教；1970年1月调芳草小学任教。1988年评为优秀教师和小学高级教师。从教33年，在芳草小学工作25年。

任教期间，长期担任小学一至三年级语文、数学课教学工作。认真备课，教学扎实细致，课堂效果良好，认真批改作业，耐心辅导学生。既是一位教师，也是一位母亲，和蔼可亲。特别是对刚入学的小学生，不厌其烦，耐心细致，手把手地教写字，一对一地教读书。

长期担任班主任工作，严格管理班集体，组织学生开展有益于身心健康的集体活动。尽职尽责，无微不至。常接济生活困难的同事和学生。

忠于职守，爱岗敬业，生活俭朴，乐于助人。1996年3月去世。

夫赵经本。育二子二女。

张万宝

生于1919年2月。高小文化程度，1955年6月1日加入中国共产党。1959年任芳草村党支部副书记；1960年9月负责米山村党支部工作；1962年1月任芳草村党支部书记；1968年任革命委员会主任，后兼任管委会主任。

上任伊始，正值三年困难时期。团结党支部一班人，带领村民积极开展生产自救，展开以寻找新的地下水源和辅压砂田为主的抗旱增收措施。为寻找水源，撑着煤油灯下到阴暗潮湿的串井里实地勘察，爬进爬出，干在前头。经过五年多的艰苦奋斗，基本解决了全村人的吃粮问题。1973年景电一期工程上水后，带领村民开展大规模的平田整地工作。从渠道衬砌、林带平整、道路配套等统筹规划，组织实施。形成了水地条田化、渠路林网格化雏形，有效改善农业生产条件，为农业增收打下良好基础。1982年农村实行包产到户，认真领会政策精神，依靠广大党员、干部群众，实事求是制订方案，顺利完成全村土地承包、农具牲畜分包到户的改革任务。

重视卫生事业，为解决村民就医看病问题，从房屋提供、人员配备、工作监管都给予大力支持。始终关心教育事业，经常深入学校，帮助解决教师配置、桌椅添置、校舍修建、冬季取暖等实际问题，促进学校管理。"文革"中遭受迫害，但在坚持抓好各项工作的同时，还保护村上其他受迫害的人。关心服役军人家属生活，每年给军属拜年，给予力所能及的帮助。1980年被评为武威地区拥军优属先进个人。1965年11月，景泰县委、县政府表彰为景泰县农村"五好"干部。

景泰县第六、七届人民代表大会代表。1983年离职，景泰县委、县政府颁发"担任村级干部二十年以上光荣离职"的荣誉证书。

任职23年，清正廉洁，勤奋敬业，对人真诚，无私奉献，德高望重，人人称颂。1997年2月去世。

妻陈兰英（原籍寺滩乡官草村）。育三子四女。

李俊财

生于1941年8月。1951年至1954年在芳草初级小学读书；1954年至1956年在兴泉高级小学读书。1961年至1999年在芳草小学任教。1997年7月转为公办教师。

从小家境贫寒，缺吃少穿，坚持读完高小。担任乡村教师后，为了教好学生，一直努力提高自己的知识水平和教学能力，长期坚持自学初、高中课程，不懂的就向同事请教。有时候碰到疑难问题，还向在读的初高中生请教。为了熟练掌握授课内容，备课的时候尽量把握每个细节，并且把教学过程甚至内容都一一写或画到备课本上。上课十分重视教学过程，力求每一个学生都能有收获。对于个别没有学会的学生，单独辅导，力求学懂弄通。

长期担任班主任工作，严格要求学生，耐心教育，尽职尽责，获得村民的信任,受到同行和上级领导的褒奖。包产到户以后,从未因农活家事耽误过学校工作。1987年因脑神经衰弱致使听力严重下降,教课极其艰难,学校安排带学前班,一如既往尽心尽力,哺育孩子们健康成长。十分关注年轻教师的工作和生活,主动为他们做些力所能及的事情,发现问题总是直言不讳,帮助他们不断进步。

忠诚教育事业,勤恳教书育人。秉性耿直,默默无闻,奉献终生,誉满乡里。1999年12月去世。

妻高登芳(原籍寺滩乡井子川村)。育三子一女。

李有仁

生于1935年2月。小学文化程度。1952年7月参加工作,1954年1月加入中国共产党。曾担任共青团景泰县委副书记、书记;正路公社、中泉公社、寺滩公社党委书记;景泰县委农村工作部长;景泰县委组织部长;景泰县第七届人民代表大会代表,第八届、第九届人大常委会副主任。1995年2月退休。

1955年6月,当选为共青团景泰县委书记,是当时全县最年轻的科级干部之一。1957年夏天,作为全省优秀青年工作者代表,在兰州受到来甘肃考察工作的时任中共中央委员会总书记邓小平同志的亲切接见。

1957年,任正路公社党委书记,遭遇历史罕见旱灾。为了度过灾荒,组织全乡干部群众,大力地铺压砂地,使正路的砂地面积、粮食总产量排在全县前列,成为当时景泰农田基本建设典型。作为基层工作的代表,1964年在全省农村工作会议上介绍经验。

1973年,任寺滩公社党委书记。带领干部群众在八道泉平田整地(水地1.6万亩、旱地0.5万亩)、修路筑渠,动员山区农民迁移灌区安家,从9个大队35个生产队迁移农民1200户5400人,组建八道泉乡。经过整整6年奋战,粮食连年丰收,农民在灌区新建房屋,安居乐业。深受群众好评。

担任组织部长期间,广泛听取、客观采纳对干部管理工作的建议、意见,摒弃一言堂、家长制。坚持任人唯贤，按程序考察、推荐干部。

一生恪尽职守，清正廉洁，勤奋工作，朴素节俭，宽厚待人。2000年1月去世。

妻谈玉珍（原籍芦阳镇响水村）。育三子一女。

李树桂

生于1918年12月。小学文化程度。自幼父母双亡，由兄嫂抚养成人。1952年12月，在芳草村第一个加入中国共产党。1955年至1959年，任芳草初级合作社党支部书记、芳草大队党支部书记；1960年任芦阳公社党委委员兼芦阳大队党支部书记。1962年景泰县良种繁殖场成立，任党支部书记、场长，直至1979年退休。

新中国成立后，拥护新政权，积极参加土改运动，在芳草村发动群众积极参加农业合作社，走集体化道路，发展农业生产，改善人民群众的生活条件。1957年，组织村民修建新涝坝，将洪家涝坝的水合并到新涝坝中，疏通下涝坝的地下渠道；在村子前后的北头梁、孙家梁、杏树沟沟、台子梁等处开挖水平沟，植树造林绿化荒山。1958年大办食堂期间，把自家的宅院腾出来供村上幼儿园使用；1959年组织村民在青崖村开挖石膏，增加村民收入。同年，带领村民在堡子外修建一座坐西向东、土木结构的戏楼。

在繁殖场任书记、场长期间，带领全体职工和农技人员，大搞技术革新，科学培育优良品种，为景泰县的粮食生产做出突出贡献。繁殖场多次被评为全县先进单位，本人多次被评为县优秀共产党员等称号。1965年11月，景泰县委、县政府表彰为景泰县企事业单位"五好"职工。

关心职工生活，多年春节期间，自己留守值班，放羊，让职工回家团聚；招收职工时，多招收家庭困难、智力缺陷、身体残疾者，对年轻职工，关心其成长，帮助其成家，获得社会高度评价。"文革"期间，对被定为"走资派"安排至繁殖场劳动改造的干部，竭尽所能给予政治上保护和生活上照顾；曾挺身力劝"红卫兵"针对繁殖场所在地双龙寺文物古迹的破"四旧"活动，使古寺文物免遭破坏。20世纪70年代起,用自己的工资每年为芳草小学捐资助学,并为村里70岁以上孤寡及困难老人资助衣物、现金。退休后用个人退休金为村上修建老年活动室;在修建芳草村到县城的道路时,以80岁高龄亲临现场参与协调指挥。

正直善良,大公无私;宅心仁厚,乐善好施;造福大众,德昭桑梓。2000年5月去世。

妻李俊芳。育四子四女。

李作荣

生于1950年5月。初中文化程度。1997年3月28日加入中国共产党。1974年至1992年任芳草一队、二队队长;1993年2月至1998年12月任芳草村委会主任;1998年12月至2004年6月任芳草村党支部书记。2002年12月中国共产党景泰县第十一次代表大会代表。

担任村委会主任、村党支部书记期间,团结和带领村党政领导班子认真贯彻执行党在农村的各项方针政策,大力发展农业生产,发动群众科学种田,实行间作套种,推广地膜种植,扩大经济作物种植面积,提高粮食产量,促进农业增产增效,增加农民收入,引导广大村民重视农业、强化农业、调动生产积极性;鼓励农民大力平田整地,铺压砂田,扩大水浇地、旱砂地种植面积。加强农田基本建设,衬砌渠道13公里,带领村民开挖七支渠6公里,全村增加灌溉面积1300多亩。

完善第二轮家庭联产承包责任制。积极与电力水利部门协调,争取项目,对全村的农村电网进行彻底改造,方便村民用电,为群众发展农业生产,从事多种经营提供电力保障;冬闲时节组织村民整修田间道路。着力加强基层党组织建设,狠抓党员的学习和教育工作,重视发展农村党员工作。

为人正直,办事干脆,平易近人,敢于担当。2004年6月去世。

妻胡玉霞。育二子。

张治安

生于1938年。小学文化程度。1958年12月加入中国共产党。1958年,村上选派到一条山村卫生所学习医学,拜化廷树医生为师。1960年回到村里,在村上的支持下,创办村卫生站。1969年农村实行合作医疗后,在村合作医疗站当赤脚医生;1983年参加全县赤脚医生统考,取得赤脚医生证;1985年后改称乡村医生。

作为乡村医生,一直肩负着全村的疾病治疗、医疗保健、预防接种、卫生防疫、地方病传染病的普查登记等工作。能够虚心拜师求学,认真学习医学知识,积极参加业务培训,刻苦钻研医学理论,医疗水平不断提高。在长期的医疗实践和探索中,摸索出治疗伤寒、麻疹等农村多发疾病方面独特有效的疗法,收集了很多内科、儿科、妇科病诊治的经方、验方,治疗效果明显。

在医疗工作中,把人民群众的健康放在首位,一年四季没有休息日、节假日。视病人如亲人,不论白天黑夜,不管吹风下雨,谁家有病人,随叫随到。对于检查无法医治的病人及时组织并亲自护送到县医院、省医院救治。1981年村上新修剧院,在抬钢屋架时右脚不慎压伤,休养期间,坚持躺在病床上给病人看病,深受患者赞誉。

一生钟爱医学事业,并为学医者及子孙传授医学知识,传承光大传统医学,更好地为群众服务。注重医德医风,从不计较个人得失,以治病救人为天职,不多收病人一分钱。时时处处以共产党员的标准严格要求自己,多次被村党支部、芦阳公社党委表彰为优秀共产党员,被卫生主管部门表彰为先进工作者。

为人忠厚,呕心沥血,乐于奉献,鞠躬尽瘁。2008年10月去世。

妻郭秀兰(原籍芦阳镇条山村)。育二子二女。

韦守仁

生于1930年11月。祖籍靖远县兴隆乡。小学文化程度。1954年7月加入中国共产党。

新中国成立后,参加土地改革工作,带头加入互助组,担任互助组长;1958年到索桥村工作;1959年任麦窝村党支部书记;1961年任芦阳公社小红山石膏矿矿长。1965年3月至1968年4月任芳草村管委会主任;1968年4月至1971年8月任村革委会副主任;1978年任村党支部副书记兼第三生产队队长。

在担任村组干部的二十多年中,热爱党的农村工作,自觉执行党在农村的各项方针政策,带领群众发展农业生产,工作中不占集体一分钱的便宜,不拿集体的一草一木。从村组领导岗位上退下来后,积极参加党组织生活,经常给村上提建议出主意,帮助搞好村上工作,发挥了一个共产党员的先锋模范作用。

一生热爱农业,精通农事,应时而为,样样农活不挡手,件件农事能亲力亲为,一年四季不离土地,从早到晚侍弄庄稼。就在逝世前的一年里,还骑着自行车去田地,看庄稼长势,平地锄草,干力所能及的农活。

艰苦奋斗,吃苦耐劳,踏实工作,勤恳做事。2019年2月去世。

妻焦秀英。育二子八女。

李有权

生于1940年2月。1957年毕业于白银三中,高中学历。1969年10月加入中国共产党。1958年在芳草小学教学;1962年任芳草大队第三生产队保管;1965年任会计。1966年至1989年,任芳草大队文书、卫生员、会计以及农村信用社代办员。1990年任村党支部副书记;1993年1月至1998年12月任党支部书记。

在村上不同岗位工作三十多年,任村党支部书记后,带领广大人民群众发展农村经济,农业、副业并举,稳定粮食种植面积,增产增收。动员群众积极投身到以建筑业为主的副业生产中,使全村经济收入增加,生活条件改观,居住环境改善。

积极联系景电管理局等相关部门,争取投资项目,延伸西干七支渠到芳草,组织带领村干部和村民投工投劳,开挖农渠,平田整地,全村增加灌溉面积1300多亩,广大人民群众得到了实实在在的利益。冬闲时节组织村民整修乡村道路。

勤恳扎实,任劳任怨,尽职尽责,能办实事。2019年5月去世。

妻杨积杰。育一子三女。

康秀英

女,生于1929年2月。原籍芦阳镇麦窝村,1949年5月和丈夫携长女从麦窝村来到芳草居住。在参加农业生产劳动的同时,21岁开始为村上的产妇接生,曾在县人民医院妇产科参加了培训,四十多年间一直为村上的产妇接生,直到六十多岁。

接生全是义务服务,不管家里有多忙,只要有人来请,不论白天黑夜,都义不容辞,立即前往。在生产队参加劳动,就花工接生,有时半天,有时一天,一直忙到婴儿出生,母子平安,才能回家。接生没有报酬,只有一方红布(一尺红布的一半)酬谢。既为与自己同龄的妇女接生,又是接了父母接子孙,许多家庭三代人都是她接生的,接生的孩子不计其数。

几十年里,在医疗条件、卫生状况极差的情况下,产妇和新生儿随时都会发生意外,她总是千方百计利用自己接生的经验,在土法消毒、环境洁净、用心接生上下功夫,最大限度地降低危险和意外发生率。因此她的接生,得到大家的信任和尊重。凡是被她接生的孩子,都亲切地称呼她为"沈家干妈"。

凡邻里乡亲,有红白事情,都热情帮忙,做饭炒菜,样样都干,练就了调大茶的好手艺。

忠厚和善,乐于助人,懿范善行,惠及乡邻。2020年5月去世。

夫沈玉林。育四子二女。

第二节 知名历史人物

赵良璧（1756—1834）　字聘三，赵氏家族第七世祖。从小就聪慧过人，善于学习，悟性非常高，对于学习，能够触类旁通，举一反三。刚进入成年，就取得廪生资格而享受读书补贴。因考试不利，隐居在昌马湖一间石屋中，潜心钻研经史。为了学习，十天半月才能见到家人一面，而即便是在回家或者返回的路上，都大声读书。撰写文章，文采斐然，受到当时人们的推崇。由于性格孤傲，每次考试都被主考官压制，最终只取得贡士资格。后虽一再被征聘出任儒学教官，都坚辞不就。而对培养后代，教育学生，则情真意切，从未松懈；凡是在他门下受教育的，进步都非常快。

平时侍奉兄长，友爱恭敬，分家产时大度谦让，推多就少；照料培养几个侄子，无微不至，胜于己出。

少时优渥，中年困顿，老年丧子。数十年从未放松过读书。享年78岁，猝然去世，临终都还在读书。真正做到了活到老、学到老。堪为后世子孙之典范。

李泗德（1758—1831）　字元章。原籍白银市白银区水川镇（旧称条城）蒋家湾熙春村。李氏十世祖。嘉庆年间，携子继颜前来芳草村创业，挖凿地下水，修建涝坝，扩大水浇地。为了防御盗匪，投资建成堡子一座，堡子夯土筑成，呈正方形，占地约20亩，堡墙底部宽约4米，顶部宽约2米，高约13米（含女儿墙），堡墙有墩子8个，堡子四角各有约9平方米的炮台，堡门朝南，分为两层，上层为瞭望楼，堡门正前方有一道高约5米、长约16米的照壁。堡子建成后，嘉庆十八年（1813年），请古浪县大靖金火匠铸钟一口，钟高约1米，口径约80厘米，铸造精致，铭文记述铸钟经过、铸钟人及捐资人姓名，字体工整娟秀，钟声洪亮，传播较远。时族人安居堡中，家号"源顺魁"。既是芳草的主要的开拓者，也是芳草重要的守护者。

张　氏（1824.3—1872.12）　女，原籍景泰县中泉乡（口传）。建威将军李宗经之母。在生下李宗经后刚1岁时，丈夫病逝。其时张氏年满20岁，盛年丧夫，为了哺育李宗经的成长，含辛茹苦，矢志不移，孀居近30年。因教子有方，模范乡里，为人称道。在张氏去世近20年后，因李宗经功勋卓著，而张氏母以子贵，清廷诰封其为"一品夫人"。

光绪十七年（1891年），钦差大臣奎顺、钦命西宁挂印总镇邓增，率西宁等地132名军政要员、守兵将士、绅士耆民为李母立功德碑，颂扬张氏养育李宗经的事迹，颂曰："盖童稚失怙，母氏节哀茹痛饮泣抚孤，其心最苦，其志堪悯，况夫离夫正在青春，生子甫及周岁，心盟古井，手画寒灰，卒能使子尽其忠显其孝，……"

李　林（1897—1947.3）　李宗经之子，字松亭，监生。民国时期，芳草村和一条山村为一保，历任保长、甲长。农商并举，富甲一方。为人耿直善良，热心村庄公益事业，1915年，腾出自家的三间铺面作为教室，聘请教书先生，正式成立学堂，1919年随着新文化运动兴起，将学堂改为学校。1925年10月，被国民军刘郁芬部队聘任为骑兵教官。1936年10月，中国工农红军四方面军第三十军来到景泰，其后勤部设在芳草堡子李林家中，在堡子中设立医院。李林在资金、粮食、房屋、牲畜等方面为红军给予大力资助和支持。

李树梧（1897.4—1980.1）　字正山。原籍兰州市榆中县青城乡（旧称条城）三合村。出生书香门第，10岁在私学读书，20岁就读于江苏国立术学专科学校，毕业后在钰兴源铺子当先生。30岁发运水烟至天津，经商数年，在津时任天津市烟商会会长。同时拜江西省陈子才先生为师，学习堪舆知识。1949年前夕，时局动荡，辞去天津市烟商会会长职务，自天津迁移到芳草村居住。

秉承父志（其父李霖，字雨亭，曾在四川为官，清授文林郎，官封四川州判直隶式牧一职），为人忠厚，真诚和善，平易近人，济贫助困。学习中医，为村民把脉问诊，医治疾病。帮乡亲学习文化，书写对联。在传统文化堪舆学方面为民众提供便利，在景泰及邻县远近闻名，广有口碑。

杨瑞山（1928—2011.6）　原籍武威地区永昌县西坝子乡杨家磨村（今金昌市永昌县）。小学文化程度。

1938年，父母亲在战乱中不幸罹难，成为孤儿的他死里逃生，白天为他人放牧度日，晚上在一家私人学堂上学读书。由于聪明好学，勤奋上进，博得私塾先生厚爱，不但不收学费，还把他介绍到武威城有名的雕塑、绘画大师唐老先生门下，做学徒、弟子五年多，之后一直跟随师父到处雕塑、绘画。师父逝世后，独自一人流落到景泰县芦阳镇一带，在麦窝村结婚后落户芳草村。

一生酷爱雕塑绘画，远近闻名，曾在景泰县五佛寺、双龙寺等寺庙，芦阳、中泉、正路等乡村，靖远县、皋兰县、中卫市等县市雕塑绘画，所雕塑的各种历史人物、神话人物造型独特，栩栩如生，手艺精湛，逼真感人；绘画作品如山水、花鸟很有特色。喜爱读书，善于讲历史故事，劝人向善。

第三节　定居芳草的红军西路军流落战士

干　超　（原名干瑞堂）1920年1月出生于四川省资阳县清泉乡黄岭村。1935年在村学读书时参加中国工农红军，为红四方面军30军88师265团2营4连战士，同年随军北上，东渡黄河后，在景泰参加大小战斗10余次。1937年1月西进高台突围失利后失散，为躲避敌军搜捕，化名干超。沿途乞讨，在兰州、榆中等地以织布为生，1947年流落到芳草村，靠打短工度日，定居芳草。

解放以后，干超拥护共产党的领导，积极参加农会组织和民兵组织，积极参加生产劳动。在乡亲们的帮助下，成家立业。曾担任过生产队记工员、生产组长。

干超性格内向，小心谨慎，从未向组织谈过自己的经历，也没有向组织提出自己的困难。直到1984年病重期间，老战友们去看望他，反复解说党和政府对红军西路军老战士的有关政策及待遇，他才于12月15日向组织递交了自传和申请报告。1985年1月逝世。

第四节　省级劳动模范

▲ 劳模奖章

罗广荣　生于1936年9月。小学文化程度。中共党员。1958年参加工作，先后在兰州铁路局工程处七段、白银西电务段任通信工、工长。1977年12月评选为"甘肃省劳动模范"出席甘肃省第五届人民代表大会第一次会议；1978年评选为甘肃省工业学大庆先进个人，出席甘肃省先进工作者会议；1982年1月评选为"铁道部劳动模范"在北京出席全国铁路工业学大庆会议，同年，评选为"兰州铁路分局劳动模范"出席兰州铁路分局先进生产（工作）者会议。2004年录入兰州铁路分局《群英谱》。1986年9月退休。

第五节　优秀人物　自强自立模范人物

一、优秀人物

杨积礼（1934.1—1996.8）　小学文化程度。原系国民党士兵，1949年9月25日在酒泉参加集体起义，1949年10月在六军十七师四十九团一营一连当战士，1953年3月整编为国防十三团三营九连战士，1956年4月任副班长，1956年1月在乌鲁木齐加入中国共产党，曾荣立二等功1次，三等功2次，获得三好模范1次，物资奖励2次，队前嘉奖3次。1957年5月30日复员。

1966年下半年任芳草大队第二生产队副队长，一直到1981年农村实行家庭联产承包责任制。担任小队干部期间，认真执行党在农村的各项方针政策，组织人民群众发展农业生产，特别是1971年景电工程上水后，他带领青年突击队、铁姑娘班，大干苦干，修渠平地，把全队的水浇地全部平为条田，形成路、林、渠、田配套的新型灌区。一年四季不离土地，精耕细作，加强管理，提高粮食产量，增加农业效益。以集体利益为重，不拿集体一草一木。

党性原则强，工作认真负责，吃苦耐劳，廉洁奉公。

李有祯（1933.12—2012.3）　小学文化程度，1954年8月加入中国共产党。1958年至1966年担任过芳草村文书、第三生产队队长、村级信用社会计，1966年至1968年担任芳草村矿山队队长。1968年至1980年担任第三生产队、第六生产队队长。

担任村组干部20多年，特别是担任生产队长期间，以集体利益为重，以人民利益为重，带领和组织广大人民群众，努力改善生产条件，发展农业生产，加强农田管理，广种多收，着力解决群众的温饱问题。在艰苦的条件下，千方百计抓经济建设，组织群众在黑山煤矿采煤、小红山石膏矿挖石膏，增加农民的经济收入。热爱农村文化公益事业，春节期间组织村民耍社火，唱秦腔，丰富人民群众的文化生活。

焦万盈　生于1937年5月。中共党员。1962年6月毕业于白银师范普师专业，中专学历。1962年7月参加工作，曾在芦阳小学、芳草小学、石城学校任校长。小学高级教师。1998年5月退休。

从事教育工作37年，在芳草小学工作了15年，多担任小学中高年级数学课教学工作，教学中认真备课，研究教材教法，注重教学方法，灵活多样，针对性强，善于从学生的实际出发，因材施教，循循善诱，教学效果好。担任校长，爱岗敬业，狠抓学校管理，组织全体教师全力开展教育教学工作，树立牢固的职业道德，以教书育人为天职，求真务实，努力提高教育质量。学校的各项工作井然有序，稳步发展。同时加强教师队伍建设，经常组织教师进行政治学习，开展业务研讨，不断提高教师队伍的政治素质和业务水平。工作认真负责，任劳任怨，20世纪70年代，芳草小学缺少教室，教师办公室紧张，他以身作则，带领师生勤工俭学，修建校舍，努力改善办学条件。他作风正派，团结同事，激发集体正能量，多年来，芳草小学的教育教学质量走在芦阳学区的前列。曾多次被芦阳学区表彰为"优秀共产党员""先进工作者"。

寇永成　生于1939年5月。小学文化程度，1969年12月22日加入中国共产党。

1956年7月至1962年4月，在县粮食局、县人委、气象站、白银市牛奶厂等单位工作；1964年至1975年，任芳草大队革命委员会副主任兼文书、团支部书记；1977年2月至1987年3月，任芳草大队党支部书记（期间担任过一届芦阳公社党委委员）；1987年3月至2004年11月，任芳草村文书。景泰县第八、九届人民代表大会代表。

在农村基层工作四十多年，不论是担任村级领导职务，还是从事文书工作，都勤勤恳恳，踏踏实实，几十年如一日，廉洁奉公，扎实工作。认真贯彻执行党在农村的各项方针政策，团结和带领广大人民群众大力发展农业生产，努力改善农业生产条件，提高粮食产量，增加农民收入。农村各项事业稳步发展。1975年，中共景泰县委表彰为"优秀共产党员"，1982年，中共景泰县委表彰为"先进党支部书记"。

担任村文书的二十多年中，统计报表及时准确，上传下达按时无误。在临近退休的几年里，把芳草村自1949年以来的文书档案、文件资料，登记造册，整理装订，完整保存。2001年12月县委、县政府表彰为"全县村级建档工作先进个人"。

张承芳 女，生于1943年4月。原籍芦阳镇芦阳村，初中文化程度。1964年7月在芳草学校当民办教师，期间，1969年在景泰一中参加红医班培训一年，1973年8月参加了北京医疗队在芦阳镇响水村举办的培训班，学习计划生育、新法接生、卫生防疫等知识。1975年8月，到芳草村卫生站工作，从药房抓药到赤脚医生，抓药、注射、输液、接生、治疗，样样都干，且认真负责，勤奋敬业。1982年，受到景泰县先进工作者表彰，1983年，武威地区授予"三八红旗手"。

在医疗卫生工作岗位上的十多年中，利用新法接生，积极治病救人，进行卫生防疫，赢得村民尊敬。

胡秉荣 生于1946年11月。小学文化程度。1987年被吸收为甘肃省混凝土协会会员，1989年，景泰县乡镇企业局评为助理工程师。在外出搞建筑时，掌握砌砖柱、抹灰、水泥压光等建筑技术和管理知识。1982年成立建筑队，开始个体承包建筑工程,每年有五六十村民在他的建筑队。1985年条山农场作为引进人才,为其转移户口,聘为农场基建队队长。

1984年冬天,组织民工通过挖梁、填壕、提级改造,整修芳草梁道路2公里,这条道路的建成,便利了村上到县城的交通运输,极大地方便了群众的出行;之后,为芳草小学资助水泥2吨;整修桥子坝水渠58米,铺盖1.2米长的楼板116块,畅通进村道路。

在他的带领下,一些青年民工积极学习建筑专业技术。提高了经济收入,生活得到改善,同时涌现出许多技术能手、项目经理。上世纪80年代中期以后,建筑业成为村里的富民支柱产业,在景泰县名列前茅。

武克玉 生于1956年5月。小学文化程度,中共党员。1985年组建建筑队,承包渠道衬砌、房屋建筑工程,一直从事建筑业。2007年12月至2013年12月任村委会主任,2013年12月至2016年12月任村党支部书记。景泰县第十五届人民代表大会代表。

1994年,修建芳草学校,为学校捐款2.5万元,1996年11月,甘肃省人民政府表彰为"捐资助学先进个人"。

担任村干部十年间,组织带领村民农副并举,发展经济,共同致富。注重建设公共事业,争取项目投资,带头捐款,发动群众集资,多方筹措资金,组织新建村委会办公楼、芳草剧院,整修衬砌七支渠7000米,其他农渠4200米。关心村民生活,努力扶贫济困,李尚才夫妇体质较弱,在他的建筑工地务工近三十年,家庭生活条件得到改善。组织人力物力财力,为贫困户改造危房。赵启文兄弟患病逝世期间,组织捐款7000元,他本人捐助3000元。2012年6月,中共景泰县委表彰为"优秀农村党员带富致富明星"。

寇永虎(1958.6—2014.11) 高中文化程度。1978年,到村卫生室工作,从药房抓药做起,学习医学知识,虚心向老医生请教,积极参加医疗培训,钻研医学理论,不断提高医疗水平,成为一名乡村医生。医疗工作中,忠于职守,以治病救人为天职,脚勤手快,不懈努力,不论本村还是外村的病人,都笑脸相迎,热情服务,不分白天黑夜,不管路途远近,从不懈怠,总是精心治疗,热情服务,减轻患者病痛,保障人民健康。村民曾为他赠送"医术精湛,救死扶伤"锦旗。

二、自强自立模范人物

武克能 生于1959年8月。高中文化程度。五岁时患小儿麻痹症，留下残疾，行动不便。

为了自立生活，高中毕业后下决心学习医学，1978年6月，参加芦阳卫生院赤脚医生培训班半年，并拜师张治安先生学医；1983年，自费在县人民医院实习一年；1985年，自费在兰州市第一人民医院儿科进修一年，并考取医士资格证；1987年，国营条山农场职工医院招聘为医士；先后在条山农场、县城开设个体诊疗所。

他一直热爱医学事业，刻苦钻研医学理论知识，不断提高诊疗水平。特长中西医内科、儿科。服务周到，治疗效果好，真诚待人，深受患者好评。

教育子女，言传身教，严格要求，悉心照料，儿女都大学毕业，读完研究生，成为专业人才。

李明生 生于1964年6月，高中文化。1987年在县造纸厂工作，曾任供销科长、厂办公室主任等职务；1997年在县十里沟煤矿工作；1997年，在甘肃寿鹿山水泥有限责任公司工作，曾任驻兰州办事处第八销售处主任，日产5000吨新型干法水泥生产线综合办主任。先后在景泰、兰州成立图书发行有限公司，经营图书、报刊、文化用品、图书馆设备的批发零售。

2012年3月，患终末期肾衰竭疾病。肾移植手术后，经过近七年抗排异、药物调整、恢复治疗、复查评估，指标趋于稳定。医疗费用上百万元。2016年12月因病退休。在与病魔抗争的同时，夫妻同心协力经营企业，业务平稳发展。全力支持子女读书，三个子女都考上大学，且获得硕士学位，学业有成，奉献社会。

第六节 人物简介

一、担任过地厅级领导职务的人员

李保卫 生于1945年3月。中共党员。1968年6月毕业于甘肃农业大学农学系，本科学历。先后在部队农场锻炼，在省农宣队、景泰五佛公社工作。1973年调武威地区农林局，历任科长、副局长、石羊河林场副场长、民勤县副县长，武威市委（今凉州区）副书记，古浪县委书记兼景电指挥部副指挥，武威市委（今凉州区）书记，武威地区行署专员，武威地委书记，武威军分区第一书记（兼），中国共产党甘肃省第七、八次代表大会代表，甘肃省第八届人民代表大会代表。2001年任甘肃省第九届政协委员、常委、副秘书长。出版长篇纪实报告文学《基石》。2008年8月退休。

胡玉梅 女，生于1951年1月。中共党员。陕西省教育学院政治教育专业毕业，大专学历。1968年参加工作，1970年应征入伍，1990年转业，2005年任甘肃省老干部局副巡视员、关工委副主任、省老干部局副局长。2011年退休。

焦　清 生于1956年4月。中共党员。曾任芳草村文书。1979年9月武威师范中专毕业后参加工作，在景泰二中任教，在县广电局、甘肃电视台白银记者站工作。1997年12月本科毕业于中央党校函授学院经济管理专业，2002年12月获得美国东西方大学MBA工商管理专业硕士学位。曾任甘肃省人民政府办公厅联络处长，省政府副秘书长、驻北京办事处主任、党委书记，政协甘肃省委员会港澳台侨和外事委员会副主任（正厅级）。2018年8月退休。

中国作家协会会员，中国书法家协会会员，中国报告文学理事会理事。

赵双文 生于1958年1月。中共党员，空军上校军衔。1976年2月应征入伍，在兰州军区空军某部服役，历任汽车驾驶员、排长、指导员，团、师、军区空军政治部干事、科长。1983年8月空军政治学院机关干事班中专毕业，1992年7月国防大学基本系毕业，1998年6月解放军西安通信学院通信工程专业毕业，本科学历。1992年8月调空军工程大学，曾任电讯工程学院政治部副主任、计算机系政委。2004年12月转业，任陕西省人力资源和社会保障厅副巡视员（副厅级）、机关党委专职副书记兼纪委书记、工会主席。2018年10月退休。

胡秉俊 生于1962年12月。中共党员。1982年1月西北师范大学汉语言文学专业本科毕业后参加工作。1984年任天水五中教导主任。1996年6月获得兰州大学政治管理专业硕士学位。2008年任甘肃省委组织部干部调配处处长、青年干部处处长、副地级组织员、部务委员、副部长，2017年任甘肃省省直机关工委常务副书记（正厅级）。十三届省委委员、省人大代表。

李作泰 生于1965年3月。中共党员。1986年6月西北师范大学汉语言文学专业本科毕业后参加工作。在兰州连城铝厂中学、职工技校任教，2004年6月获得兰州大学中国现当代文学学科硕士学位。先后在甘肃省残疾人联合会康复部、甘肃省人大常委会研究室工作。2011年11月调北京中国藏学研究中心工作，2018年任科研办副主任（副地级）。

二、担任过县处级领导职务的人员

胡永义 生于1932年9月。中共党员。初中文化程度。1950年秋季，全县开展征兵宣传动员工作，村上报名确定，1951年2月参加中国人民志愿军，分配于景泰县公安大队工作，1952年12月调至武威公安大队参谋办公室，1955年8月在武威、张掖民警大队工作，1958年8月调至甘肃省公安厅驻酒泉直属大队，1961年9月调至省公安总队后勤部，1968年8月调至省军区后勤部，1970年10月在天水军分区任后勤部副部长、部长职务。1983年8月在兰州军区政治部老干部工作局从事驻甘部队离退休老干部移交地方安置工作，任甘肃移交组组长。1991年5月退休。

蔡文琴 女（李保卫之妻，原籍安徽省合肥市），生于1946年8月。中共党员。1968年6月毕业于甘肃农业大学农学专业，本科学历。1968年7月参加工作，曾在解放军8039农场劳动锻炼、省农村工作宣传队景泰分队工作、武威一中任教。曾任武威地区科委理化中心实验室主任、武威地区质量技术监督局副局长、调研员（正县级）。2001年8月退休。

李作国 生于1947年12月。中共党员。1993年6月中央党校函授学院党政管理专业毕业，大专学历。1968年1月应征入伍，历任排长、政治指导员、团司令部协理员、独立营教导员,西藏日喀则军分区定结县人武部政委。1987年9月转业,曾任白银市公交公司党委书记(正县级)。2004年9月退休。

武克俭 生于1952年2月。中共党员。1999年7月毕业于中央党校函授学院党政管理专业,本科学历。1970年1月应征入伍,在中国人民解放军基建工程兵013部队服役,在北京指挥部任组织干事。1984年6月转业,在天祝监狱任教管干事、教导员,武威监狱任教导员、副监狱长、监狱企业公司经理(正处级)。2012年2月退休。

郝廷建 生于1952年11月。中共党员。高中文化程度。中校军衔。1972年12月应征入伍,在中国人民解放军89800部队后勤部服役,历任排长、连长、团参谋长、副团长。1993年7月转业。曾任景泰县政府行政科党支部书记、景泰县人大财金委员会主任。景泰县第十二、十三、十四届人民代表大会代表。2010年9退休(正县级)。

胡玉玲 女,生于1955年12月。中共党员。中央党校函授学院党政管理专业毕业,大专学历。1969年11月应征入伍,1989年转业。曾在兰州军区第二干休所、第一干休所任政委。2001年退休。

甘肃省作家协会会员,曾出版小说集、诗集、报告文学集。

李保军 生于1957年4月。中共党员。1982年1月毕业于兰州大学汉语言文学专业,本科学历。曾在景电水管处当合同工。1982年1月参加工作。曾任武威地区文联《红柳》杂志主编、敦煌文艺出版社总编辑、甘肃少年儿童出版社总编辑,2009年8月任武威市文化局调研员,2011年4月任白银市文化局副局长兼文物局局长,2014年9月任白银市政协调研员。2017年5月退休。

创作发表多篇报告文学、散文等文学作品。

焦 平 生于1958年2月。中共党员。1999年7月毕业于北方工业大学法律系(成人函授)法律专业,本科学历。1975年1月参加工作,曾任白银公司公安处副处级侦查员,白银市公安局交警支队副支队长。2017年3月退休。

胡秉龙 生于1959年5月。中共党员。甘肃省委党校党政管理专业毕业,大专学历。1975年下乡插队劳动,1976年应征入伍,1982年转业。曾任兰州市委办公室副主任(正县级)。2019年5月退休。

王　孝　生于1963年8月。中共党员。1998年12月毕业于中央党校函授学院经济管理专业，本科学历。1983年10月应征入伍，在武警甘肃边防总队服役，1992年4月转业。曾在民航甘肃管理局、澳门国际机场（公派）工作。任民航甘肃安全监督管理局副局长（正处级）。

赵天东　生于1970年12月。中共党员。2003年6月毕业于甘肃省委党校经济管理专业，大专学历。1992年12月参加工作，在景泰县水泥厂、甘肃省水利水电工程局工作。2016年2月任甘肃省水利水电工程局有限责任公司副经理。

焦　智　生于1972年4月。中共党员。1993年6月大专业于兰州商学院会计专业，2001年6月毕业于甘肃广播电视大学财务与会计专业，本科学历。1993年7月参加工作。曾任工商银行景泰支行党支部书记、行长。现任工商银行金城支行党委书记、行长。

杨新玉　女（李凡之妻，原籍武威市民勤县），生于1973年1月。2008年12月毕业于甘肃省委党校（函授）行政管理专业，本科学历。1995年3月参加工作，在武威市老干部活动中心工作。曾任省政协办公厅印刷厂厂长。2020年9月任甘肃省机关事务管理局公务用车管理中心副主任。

胡广亚　生于1973年2月。中共党员。1995年6月大专毕业于甘肃省经济管理干部学院金融专业，2001年6月本科毕业于兰州大学（成人班）法学专业。1995年10月参加工作，历任甘肃省公安厅交通管理局宣传处副处长、厅基建办副主任，现任甘肃省公安厅交通管理局政工纪检处副处长。2013年11月当选甘肃省直属机关青年联合会第二届委员会委员。

李富达　生于1977年9月。中共党员。1997年6月大专毕业于青海教育学院数学专业，2002年7月毕业于青海省民族学院行政管理专业，本科学历。1997年7月参加工作。历任青海省海西州德令哈市委办公室副主任、海西州州委组织部组织科长、天峻县县委常委、组织部长，现任青海省人民政府办公厅人事处长。

武晓晶　生于1980年8月。中共党员。2004年6月本科毕业于兰州理工大学工商管理专业，2011年6月获得兰州大学管理学院工商管理专业硕士学位。2004年7月在中国人民银行兰州中心支行工作，任支行反洗钱处监管一科科长，

2014年11月任皋兰县人民政府副县长（挂职），2016年12月任兰州中心支行反洗钱处副处长。

胡广之 生于1983年12月。中共党员。2006年6月本科毕业于兰州商学院国际经济与贸易专业，2013年6月获得甘肃省委党校行政管理专业硕士学位。2006年7月参加工作，曾任中储粮天水粮库纪委书记。现任中储粮兰州分公司榆中粮库副经理。

王万任 生于1984年6月。中共党员。2007年6月毕业于西北师范大学教育技术学专业，本科学历。2008年4月在省文物局工作。现任甘肃省发展和改革委员会培训中心副主任。

三、担任过科级领导职务的人员

张有禄 生于1933年11月。中共党员。小学文化程度。1953年在芳草村任互助组长、1954年在芳草村任村长兼高级社主任。1956

年参加工作。曾任大安公社革命委员会副主任，五佛公社党委副书记，

景泰县石膏矿副矿长、党支部书记兼革委会主任、工会主席。景泰县第三届人民代表大会代表。1993年9月退休。

李保成 生于1939年6月。中共党员。高小文化程度。1955年3月参加工作，1956年10月任常水乡团总支书记。1957年12月在景泰警察大队当警察，之后加入甘肃省武装警察总队，1964年初转业到新疆工作。1972年5月调景泰县物资局工作，1979年2月调景泰县人民检察院工作，曾任监所科科长。1999年6月退休。2013年7月逝世。

赵经坤 生于1939年11月。中共党员。高小文化程度。1958年6月参加工作。先后在景泰县黑山煤矿、天祝煤矿、靖远矿务局工作。曾任甘肃省水利水电工程局会计师、财务科长。2000年1月退休。2017年7月逝世。

寇永祯 生于1944年11月。中共党员。初中文化程度。曾在芳草小学任民办教师，1964年12月应征入伍，在84819部队服役，历任排长、指导员、副教导员。1982年3月转业。曾任景泰县人民检察院科长、副检察长。1999年5月甘肃省人民检察院批准为"四级高级检察官"。2002年4月退休。

赵天禄 生于1945年8月。中共党员。初中文化程度。1965年12月应征入

伍，在中国人民解放军7978部队步兵二团服役，先后任巴楚县武装部助理员、喀什军分区后勤部军械科助理员。1978年12月转业，任春风电视机厂生产总调度。2005年6月退休。

张文治 女（李保升之妻，原籍芦阳镇城北墩村），生于1947年3月，中共党员。初中文化程度。1970年12月在中国共产党景泰县第四次代表大会上当选为县委委员。1971年2月参加工作，曾任正路公社党委副书记、一条山镇党委副书记、县人民医院党支部书记、县计划生育局党支部书记兼副局长。2003年8月退休。

李作静 生于1947年10月。中共党员。1965年12月应征入伍，在中国人民解放军7978部队服役，1976年晋升为军医。1979年10月转业，曾任景泰县人民医院副院长。2007年10月退休。

李保升 生于1948年5月。中共党员。初中文化程度。曾在芳草小学任民办教师，1968年3月应征入伍，在新疆军区独立一团服役，历任排长、指导员。1981年12月转业。曾任景泰县木材公司经理、省景电管理局物资供应处综合仓库主任。2008年5月退休。

武克勤 生于1949年8月。中共党员。初中文化程度。1966年在芦阳公社从事炊事员；1970年参加工作，在靖煤集团大水头煤矿工作；1975年7月任煤矿保卫科科长，1993年任大水头煤矿纪委副书记，1994年任甘肃煤炭系统政工师。2009年8月退休。

张义安 生于1951年9月。中共党员。1975年12月毕业于甘肃农业大学农学专业，本科学历。曾在景泰县水管所当合同工。1976年3月参加工作。曾任景泰县农委副主任、县农牧局副局长、县农技中心副主任、县良种繁殖场场长兼县种子公司经理。高级农艺师。2011年9月退休。

李元安 生于1952年9月。中共党员。1976年12月毕业于甘肃农业大学畜牧兽医专业，本科学历。1977年于1参加工作。曾任景泰县中泉乡乡长、党委书记、五佛乡党委书记、县农委主任、县农牧局长。在中国共产党景泰县第十次代表大会上当选为县委候补委员、第十一次代表大会上当选为县委委员；中国共产党白银市第五次代表大会代表，景泰县第十四届人民代表大会代表。

2012年9月退休。

赵天理 生于1952年10月。中共党员。1974年7月武威师范学校毕业，中专学历。1974年8月参加工作，在中泉乡、寺滩乡任教，1982年8月在芳草小学任教。1992年2月在芦阳镇农民文化技术学校任教务主任。2011年1月退休。

田种刚 生于1953年6月。中共党员。初中文化程度。1970年4月参加工作，在芦阳供销社工作。曾任景泰县农副公司经理、董事长，县供销联合社主任。景泰县第十三届人民代表大会代表。2011年1月退休。

李保平 生于1954年11月。中共党员。1986年6月毕业于河北廊坊农经学院经济管理专业，大专学历。1979年8月参加工作，在县经营管理站工作。曾任景泰县农牧局副局长兼经营管理站长、县农技中心党支部书记、主任。2011年1月退休。

余淑芳 女（李作国之妻，原籍芦阳镇条山村），生于1956年12月。1974年8月毕业于武威师范学校，中专学历。1974年9月参加工作，从事教育工作。曾任白银市建设局规划办主任（正科级）。2014年9月退休。

胡玉琴 女，生于1957年4月。中共党员。中国人民解放军6913厂技校电子机械专业毕业，中专学历。1972年在6913厂参加工作，1993年在省奖券公司工作，2010年在省福彩中心任纪检主任（正科级）。2012年退休。

张义军 生于1957年9月。中共党员。1983年7月中专毕业于临洮农校农学专业，1997年12月毕业于中央党校函授学院政法专业，本科学历。曾在景电水管处当合同工。1983年7月参加工作，在县农牧局、劳动局工作，曾任景泰县水务局副局长兼水土保持站站长（正科级）。高级农艺师。中国共产党景泰县第十一次代表大会代表，中国共产党白银市第六次代表大会代表。2019年4月退休。

何睿 生于1957年9月。中共党员。高中文化程度，1975年4月参加工作，在县财税局工作。1990年12月取得甘肃省税务局会计师、税务师任职资格。曾任景泰县国家税务局副局长、党组成员。2017年9月退休。

屈占昌 生于1961年3月。中共党员。1998年12月毕业于兰州大学高教自考汉语言文学专业，本科学历。1978年8月参加工作，在芳草学校、武威县旦马中学、芦阳一中任教。曾任景泰县人力资源和社会保障局党支部书记、副局长兼县社会保险事业管理局局长。政协景泰县第八届委员会委员。

赵斌文 生于1962年8月。中共党员。2015年7月毕业于中央农业广播电视学校农村经济管理专业，大专学历。1985年12月参加工作，在景泰县公安局工作。曾任景泰县公安局城关派出所副所长。

李富荣 生于1963年6月。中共党员。1988年月6毕业于兰州商学院财政专业，本科学历。1982年6月参加工作，在县财税局工作。曾任景泰县国家税务局纪检组组长、副局长、党支部书记。政协景泰县第八届委员会委员。

胡秉尚 生于1964年4月。中共党员。1987年7月中专毕业于武警兰州指挥学校后勤专业；2010年7月毕业于中央党校中国人民解放军分院法律专业；本科学历。1983年10月入伍，在武警甘肃总队服役，曾在武警甘肃总队甘南支队、第四支队工作，少校军衔。1996年6月转业。在兰州市地方税务局工作，曾任后勤服务中心副主任（正科级）。2014年4月退休。

李志鸿 生于1964年6月。中共党员。1995年6月毕业于中国人民公安大学高教自考公安管理专业，大专学历。1985年12月参加工作，在寺滩乡政府、县公安局工作。曾任景泰县公安局正路派出所所长。

寇宗荣 生于1964年11月。汉族，中共党员。中央党校函授学院经济管理专业毕业，大专学历。1985年12月参加工作，在县司法局工作。曾任景泰县环保局环境监察大队队长、县市场监督管理局食品稽查局副局长。

李元乾 生于1965年7月。汉族，1984年6月中专毕业于甘肃省商业学校家用电器专业；1991年6月中央党校函授学院经济管理专业毕业；大专学历。1984年7月在兰州市服装公司工作；1991年1月调甘肃省飞天贸易公司（省属国有企业）工作，曾任飞天贸易公司纺织科科长。经济师。

胡秉祖 生于1966年3月。中共党员。高中文化程度。1986年10月应征入伍，在中国人民解放军84748部队、省军区后勤部服役。1997年8月转业。2014年8月任甘肃省轻工业联合会行政科长。

刘学军 生于1966年9月。中共党员。2004年6月毕业于甘肃政法学院（函授）法学专业，本科学历。1987年3月参加工作，在芳草学校任民办教师。

曾任景泰县人民检察院反贪局局长、县环保局纪检员,2017年10月任县人民法院正科级审判员。

李桂春 生于1966年9月。中共党员。1984年6月中专毕业于武威师范学校,1995年12月中央党校函授学院政法专业毕业,本科学历。1984年7月参加工作,在省水电工程局职工子弟中学、景泰四中任教。曾任景泰四中政教主任、教导主任,中学高级教师。2016年1月退休。

姚学竹 女(李桂春之妻,原籍寺滩乡三道墘村),生于1967年2月。中共党员。1992年6月甘肃农业大学土壤与植物营养专业毕业,本科学历。1992年7月参加工作,在县农技中心工作。曾任景泰县农技中心副主任,高级农艺师。2019年3月任景泰县妇联兼职副主席。

徐红娟 女(王孝之妻,原籍陕西省渭南市),生于1969年11月。中共党员。1995年6月毕业于中央党校函授学院政治专业,大专学历。1987年10月应征入伍,在武警甘肃边防总队嘉峪关机场安检站、武警陕西边防局西安国际机场边检站服役。1991年10月转业,在陕西省渭南市农机局工作。任民航西北空管局甘肃分局科长。

杨生淮 生于1971年1月。中共党员。1994年6月毕业于甘肃省水利学校水利管理专业,中专学历。1994年7月参加工作,在寺滩乡政府工作,曾任寺滩乡计生办主任、乡人大主席(正科级),2016年9月任景泰县房地产管理所所长。

李海生 生于1972年10月。中共党员。1994年6月中专毕业于甘肃煤炭工业技校,1999年6月中央党校函授学院企业管理专业毕业,大专学历。1994年7月参加工作,在县给排水公司工作,现任景泰县给排水公司副经理。

李 英 生于1973年8月。中共党员。2005年6月毕业于甘肃工业大学计算机专业,本科学历。1993年7月参加工作,在省景电管理局工作。任甘肃省景电管理局宣传科副科长。机电工程师。

李桂锋 生于1973年11月。中共党员。1997年6月大专毕业于甘肃政法学院法学专业;2001年12月毕业于兰州大学法律系(成人班)法学专业;本科学历。1997年9月参加工作,在县人民法院工作。曾任景泰县人民法院民事审判三庭副庭长，2017年3月任县人民法院正科级审判员。

张治学 生于1974年1月。中共党员。1998年6月毕业于甘肃政法学院法学专业，本科学历。2011年12月获得兰州大学法律学科法律硕士学位。1998年10月参加工作，在县人民法院工作。2017年3月任景泰县人民法院副科级审判员。2007年2月司法部授予法律职业资格。

李成龙 生于1974年9月。中共党员。1995年7月毕业于甘肃省天水农业学校园艺专业，中专学历。1995年8月参加工作，在上沙沃镇政府工作。曾任景泰县上沙沃镇司法所长、红水镇计划生育服务中心主任，2017年1月任县国土资源局地质矿产服务中心主任（正科级）。

张治海 生于1974年9月。中共党员。1996年6月中专毕业于白银市工业学校给水与排水专业，2005年6月毕业于甘肃省委党校（函授）法律专业，大专学历。1996年7月参加工作，在上沙沃镇政府工作。曾任上沙沃镇党委副书记、镇人大主席（正科级），2015年7月任县国土资源局纪检员。

李治海 生于1975年2月。中共党员。1998年6月毕业于甘肃广播电视大学会计专业，本科学历。1994年1月参加工作，在市公交公司工作，2017年8月任白银市公交公司检测站站长（正科级）。

薛　英 女（李平之妻，原籍兰州市永登县），生于1976年8月。1999年7月毕业于甘肃政法学院法律专业，本科学历。1999年10月参加工作，在武威市公安局工作。曾任武威市公安局网监支队副支队长。

罗　莅 女（杨生先之妻，原籍天水市武山县），生于1977年8月。中共党员。2000年6月毕业于甘肃省经济贸易学校经济管理专业，大专学历。2000年7月参加工作，在山丹粮油储备库工作，2010年1月任甘肃省山丹粮油储备库有限公司财务部副经理。

寇宗颖 生于1977年9月。1999年6月中专毕业于甘肃省幼儿师范学校幼教专业，2014年2月毕业于西北师范大学高教自考汉语言文学专业，本科学历。1999年7月参加工作，在县第一幼儿园工作，小学高级教师，2018年3月任景泰县第一幼儿园副园长，2020年3月逝世。

杨生先 生于1978年4月。中共党员。1999年6月毕业于张掖师范专科学校应用电子与计算机专业，大专学历。1999年8月参加工作，在山丹粮油储备库工作。2014年1月任甘肃省山丹粮油储备库有限公司储运部经理（正科级）。

武晓萍　女，生于1978年9月。2000年6月毕业于甘肃省职工财金学院财税专业，大专学历。2000年12月参加工作，在甘肃电投河西水电有限开发公司工作。2013年5月任甘肃电投河西水电有限开发公司财务科科长。

寇宗伟　生于1980年9月。中共党员。2004年6月毕业于空军第二飞行学院领航专业，大专学历。2004年7月应征入伍，在空军部队服役，2015年10月转业，在景泰县地税局工作，任地税局人教科副科长。

李建秀　女，生于1981年3月。中共党员。2005年6月毕业于西北师范大学旅游管理专业，本科学历。2006年4月参加工作，在黄河石林管委会工作。2008年考录为县人社局公务员，2014年1月调县委组织部工作，2018年1月任县委组织员。

屈登岱　生于1983年10月。中共党员。2008年6月本科毕业于甘肃农业大学草业学院草业科学专业，2013年6月获得甘肃农业大学农业推广学科农业推广专业硕士学位。2008年11月参加工作，在县林业局林木病虫害防治站工作。林业工程师。2017年4月任景泰县治沙试验站站长。

李忠艳　女，生于1986年1月。中共党员。2009年6月毕业于湘潭大学国际经济与贸易专业，本科学历。2009年10月参加工作。2016年7月任甘肃有色金属地勘局矿研院党政办公室副主任。

王　胜　生于1986年4月。中共党员。2010年6月中专毕业于兰石技校，在兰石国民油井有限公司工作，2012年12月大专毕业于兰州大学高教自考工商管理专业，2016年1月毕业国家开放大学会计专业，本科学历。2014年1月考录为寺滩乡公务员，2018年6月任景泰县爱国卫生运动委员会办公室副主任。2019年10月调白银市文化广播和旅游局工作。

武晓凤　女，生于1987年6月。中共党员。2009年6月大专毕业于兰州外语职业学院广告设计专业，2013年6月中国地质大学（成人班）法学专业毕业，本科学历。2009年9月参加工作。任中冶建工集团有限公司甘肃勘察设计院办公室主任（正科级）。

胡广德 生于1989年6月。中共党员。2013年6月兰州商学院审计专业毕业，本科学历。2014年7月参加工作。任白银市公安局九监区中队长。

朱君祖 生于1965年3月。中共党员。1991年6月大专毕业于西北师范大学（成人班）化学专业，2015年6月天水师范学院（成人班）经济管理专业毕业，本科学历。1992年6月参加工作，在县电石厂工作。2009年3月任太平洋保险公司景泰支公司经理，任太平洋产险白银中心支公司总经理助理（企业高管）。

四、高级专业技术人员

李尚全 生于1960年1月。1986年6月本科毕业于苏州铁道师范学院历史系，2004年6月获得南京大学历史学学科博士学位。曾在芳草学校任民办教师，1986年7月在铁道部兰州机车厂工作。2004年7月在扬州大学社会发展学院任教授和博士生导师。曾任扬州大学佛学研究所所长、（苏州）戒幢佛学研究所研究员、《扬州大学佛学论丛》年刊主编、《寒山寺佛学》年刊常务副主编等职。研究方向为中国思想史、中国佛教史、敦煌文献、儒家文献。2018年5月逝世。

赵　武 生于1962年11月。中共党员。1988年6月甘肃中医学院中医医疗专业毕业，本科学历。特招入伍，在兰州军区空军航空兵六师中川场站军训锻炼一年，1989年7月在解放军第四五一医院（原空军西安医院）工作，副主任医师。曾任血液透析中心主任、肾病中医科副主任、医保科主任。2014年2月退休（享受副师级待遇）。2015年6月受邀到西安大兴医院（三级乙等医院）创建肾病内科暨血液净化中心，担任科主任；2018年8月被聘任为主任医师。先后被西安外事学院等院校聘为副教授。

贺慧霞 女（李作泰之妻，原籍庆阳市西峰区），生于1970年1月。1994年6月本科毕业于兰州医学院口腔医学专业，2002年6月获得解放军第三军医大学口腔医学学科硕士学位，2005年6月获得解放军第四军医大学牙体病学科医学博士学位，2009年10月解放军总医院口腔医学学科博士后出站。先后在甘肃省武警总队医院任军医医师，解放军总医院口腔科主任医师、教授、博士生导师。

胡桂馨 女，生于1968年10月。1994年6月本科毕业于西北林学院森林资源保护专业,2000年7月获得甘肃农业大学草业科学学科硕士学位,2007年6月获得甘肃农业大学草业科学学科农学博士学位,1994年7月参加工作,在甘肃农业大学任教。甘肃农业大学草业学院副教授。

李 妍 女,生于1972年1月。中共党员。1996年6月本科毕业于中国传媒大学新闻学专业,2003年6月获得兰州大学现当代文学学科文学硕士学位。1996年7月参加工作。甘肃电视台主任记者,纪录片导演、制片人。甘肃电视艺术家协会会员,CCTV《影响中国》栏目总导演。兰州大方文化传媒有限公司董事长。

胡桂芬 女,生于1974年12月。1997年6月大专毕业于兰州师范专科学校艺术专业,1999年6月本科毕业于西北师范大学艺术专业,2013年6月获得西北民族大学美术学学科艺术学硕士学位。1999年10月参加工作,在冶金工业学校任教。兰州财经大学艺术学院副教授。

寇娅雯 女,生于1977年5月。2000年6月本科毕业于中央财经大学财政学专业,2011年6月获得兰州财经大学会计学专业硕士学位,2003年7月参加工作,在甘肃联合大学任教。兰州文理学院副教授。

陈 娜 女(武晓晶之妻,原籍兰州市城关区),生于1979年3月。中共党员。2004年6月本科毕业于兰州理工大学计算机科学与技术专业,2011年8月获得兰州大学计算机应用技术专业硕士学位。2004年7月参加工作,在兰州工业专科学校任教。兰州工业学院副教授。

李芳芳 女,生于1980年8月。2004年6月本科毕业于甘肃工业大学电气自动化专业,2011年6月获得兰州理工大学电气自动化专业硕士学位。2004年7月参加工作,在兰州工业专科学校任教。兰州工业学院副教授。

张义安 (见"人物简介·科级领导职务人员")

王 祯 生于1957年4月。1981年6月武威卫生学校医疗专业毕业,中专学历。1981年7月参加工作,在景泰县人民医院工作,曾任骨科主任,外科副主任医师。2017年4月退休。

张义军 (见"人物简介·科级领导职务人员")

赵天恒 生于1964年9月。1986年7月中专毕业于兰州工业学校道路桥梁专业，1996年9月兰州理工大学土木工程学院（函授）道路桥梁专业毕业，本科学历。1986年8月参加工作。曾任武威毛针织厂副厂长。高级工程师，监理工程师。2016年5月逝世。

寇宗仁 生于1965年7月。1984年6月中专毕业于武威师范学校，1997年6月西北师范大学（函授）英语专业毕业，本科学历。1984年7月参加工作，在寺滩中学、景泰二中、景泰五中任教。中学高级教师。

张治军 生于1965年12月。1984年7月中专毕业于武威师范学校，1998年6月毕业于兰州大学高教自考汉语言文学专业，本科学历。1984年7月参加工作，在喜泉学区、芦阳学区任教。中小学高级教师。

李桂春 （见"人物简介·科级领导职务人员"）

魏兴英 女（赵斌文之妻，原籍芦阳镇石城村），生于1966年11月。2005年6月毕业于中央广播电视大学英语专业，本科学历。1986年3月参加工作，在芦阳学区、县第二小学任教。中小学高级教师。

冉红梅 女（李富荣之妻，原籍靖远县兴隆乡），生于1967年1月。1996年6月毕业于西北师范大学地理专业，大专学历。1990年10月参加工作，在县幼儿园、县第三小学任教。中小学高级教师。

姚学竹 （见"人物简介·科级领导职务人员"）

胡广谋 生于1968年6月。1988年6月中专毕业于武威师范学校，2006年12月毕业于兰州大学高教自考汉语言文学专业，本科学历。1988年7月参加工作，在中泉学区、八道泉学区、县第四中学任教。中小学高级教师。

赵机灵 女，生于1968年6月。1990年6月中专毕业于靖远师范学校，1998年12月毕业于甘肃省委党校公关与文秘专业，大专学历。1990年8月参加工作，在芳草小学任教。中小学高级教师。

寇永燕 女，生于1968年10月。1998年6月毕业于甘肃广播电视大学汉语言文学专业，大专学历。1989年9月参加工作，在白银公司条山学校、县第四小学任教。中小学高级教师。

罗彩艳 女（李金贤之妻，原籍中泉乡龙湾村）生于1971年5月。1994年6月大专毕业于张掖师范专科学校汉语言文学专业，2007年1月兰州大学（成人函授）汉语言文学专业毕业，本科学历。1994年12月参加工作，在白银区武川中学、白银市第二中学、第六中学任教。中学高级教师。

李金贤　生于1971年10月。1995年7月长安大学建筑学院建筑工程管理专业毕业，本科学历。1995年8月参加工作，在白银昌盛源公司工作。甘肃福门房地产开发（集团）有限公司工程部部长，高级工程师。

赵雪灵　女，生于1974年9月。1999年6月兰州医学院临床医学专业毕业，本科学历。1999年7月参加工作，在省中医药大学附属医院工作。副主任检验师。

李春霞　女，生于1975年3月。2011年6月毕业于兰州大学医学院临床医学专业，本科学历。1999年1月参加工作，在县人民医院工作。任妇产科主任，副主任医师。

五、中级专业技术人员

焦万盈　生于1937年5月。中共党员。1962年6月毕业于白银师范普师专业，中专学历。1962年7月参加工作，曾在芳草小学、芦阳小学、石城学校任校长。小学高级教师。1998年5月退休。

胡秉海　生于1939年7月。1996年6月中国书画函授大学国画与书法专业毕业，本科学历。1963年3月在芳草小学任民办教师，1987年6月转为公办教师，调芦阳一中任教。中学一级教师。中国艺术家协会会员，受聘为甘肃国画院画师。2002年7月退休。

李作身　生于1942年9月。初中学历。1965年8月在芳草小学任民办教师，1997年7月转为公办教师。小学高级教师。景泰县第十届人民代表大会代表。2002年9月退休。

寇永财　生于1943年12月。高中学历。1975年3月在芳草小学任民办教师，1987年6月转为公办教师。小学高级教师。曾任芳草小学校长。2003年12月退休。

李有智　生于1944年4月。高中学历。1964年8月在芳草小学任民办教师，1980年12月转为公办教师。调景泰一中任教，中学一级教师。2004年5月退休。

刘海燕 女（马永福之妻，原籍辽宁省大连市），生于1949年7月。1967年12月毕业于兰州卫生学校，中专学历。1968年1月参加工作，在庆阳地区医院、九零三医院、白银二十一冶职工医院工作，主管药剂师。1997年7月退休。

马永福 生于1950年5月。1977年7月毕业于西安冶金学院卫生工程专业，本科学历。1977年8月参加工作，在冶金部第二十一冶金工程建设公司工作，管道工程师。2010年5月退休。

闫有义 生于1952年5月。高中学历。1973年8月在芳草小学任民办教师，1999年12月转为公办教师。小学高级教师。2012年12月退休。

马珠兰 女，生于1954年7月，高中学历。1973年3月在芳草小学任民办教师，1987年6月转为公办教师。1987年9月调景泰一中工作，小学高级教师。2005年8月退休。

胡秉国 生于1958年12月。1980年1月中专毕业于金川技校，1992年10月兰州大学（函授）经济管理专业毕业，本科学历。1980年9月参加工作，在金川集团有限公司选矿厂工作。经济师。2018年10月退休。2019年6月逝世。

焦　爱 女，生于1961年9月。1988年6月中专毕业于靖远师范学校，1998年6月毕业于甘肃广播电视大学汉语言文学专业，大专学历。1988年7月参加工作，在白银区第四小学任教，小学高级教师。2016年9月退休。

赵双灵 女，生于1963年9月。1985年6月毕业于武威卫生学校护理专业，中专学历。1985年7月参加工作，在景泰县人民医院工作，曾任五官科护士长。主管护师。2018年11月退休。

尚凤英 女（胡广谋之妻，原籍中泉乡龙湾村），生于1966年10月。2003年12月毕业于西北师大高教自考小学教育专业，大专学历。1990年12月参加工作，在中泉学区、八道泉学区、县第四小学任教。小学高级教师。

寇宗玲 女，生于1970年4月。1995年6月毕业于甘肃政法学院经济法专业，大专学历。1995年7月参加工作，在中国农业银行白银分行工作。经济师。

寇宗义 生于1970年10月。1995年6月毕业于兰州师范专科学校体育专业，大专学历。1995年7月参加工作，在中泉学区、芦阳学区、县第二小学任教。小学高级教师。

段桂花 女（李海生之妻，原籍寺滩乡宽沟村），生于1971年9月。1997年6月毕业于甘肃广播电视大学师范汉语专业，大专学历。1992年9月参加工作，在景泰县第一小学任教。小学高级教师。

李治荣 生于1972年7月。2008年6月毕业于中央广播电视大学计算机科学与技术专业，本科学历。1997年12月参加工作，在景泰县第六中学任教。中学一级教师。

李金书 生于1972年9月。1997年6月毕业于甘肃农业大学兽医专业，本科学历。1997年10月参加工作，在景泰县畜牧兽医局工作。兽医师。

焦　花 女，生于1973年3月。1995年6月中专毕业于兰州医学高等专科学校，2005年6月毕业于甘肃广播电视大学护理专业，大专学历。1996年8月参加工作，在景泰县疾病控制中心工作。主管护师。

王兴玲 女（张治学之妻，原籍靖远县石门乡），生于1973年3月。2006年12月毕业于甘肃政法学院经济法学专业，本科学历。1994年8月中专毕业后参加工作，在景泰县农村信用合作联社工作。经济师。

段映文 女（李金书之妻，原籍寺滩乡宽沟村），生于1973年11月。1997年6月毕业于甘肃农业大学食品加工专业，本科学历。1997年10月参加工作，在景泰县园艺场、县农业技术推广服务中心工作。农艺师。

王忠海 生于1973年12月。1995年6月西北师范大学英语专业毕业，大专学历。1995年7月参加工作，在寺滩学区、八道泉学区、芦阳学区任教。小学高级教师。

李治存 生于1974年1月。1999年6月毕业于哈尔滨理工大学工业电气自动化专业，本科学历。1999年9月参加工作，在兰州电力修造厂工作。工程师。

韦晓波 女（李成龙之妻，原籍靖远县靖安乡），生于1974年10月。1995年6月毕业于甘肃省商业学校财会专业，中专学历。1995年7月参加工作，在上沙沃镇政府、县财政局工作。会计师。

卢昌彩 女（张治海之妻，原籍中泉乡胡麻水村），生于1975年8月。1996年6月中专毕业于甘肃省畜牧学校，2015年6月毕业于甘肃农业大学高教自考动物检疫与食品检验专业，本科学历。1996年7月参加工作，在上沙沃镇政府、县畜牧兽医局工作。畜牧师。

贾威祯 女，生于1975年9月。2002年6月毕业于长春师范学院数学与应用数学专业，本科学历。2002年7月参加工作，在郑州铁路二中、郑州市第一零二中学任教。中学一级教师。

李成燕 女，生于1976年1月。1997年6月中专毕业于靖远师范学校，2003年6月西北师范大学（函授）小学教育专业毕业，大专学历。1997年8月参加工作，在芦阳学区、县实验小学、县第七小学任教。小学高级教师。

田发淑 女，生于1976年7月。2003年9月大专毕业于兰州医学院。2013年3月毕业于宁夏医科大学（函授）医学专业，本科学历。2003年9月参加工作，在景泰县中医院工作。儿科主治医师。

赵天花 女，生于1976年9月。1995年6月中专毕业于兰州军医学校，2008年6月毕业于甘肃省中医学院临床医学专业，大专学历。1996年8月参加工作，在正路卫生院、芦阳卫生院、县人民医院工作。妇产科主治医师。

郭志新 女（杨生淮之妻，原籍芦阳镇芦阳村），生于1976年12月。1997年6月中专毕业于甘肃省水利学校，2012年6月毕业于陕西师范大学（函授）英语专业，本科学历。1997年9月参加工作，在寺滩学区、喜泉学区、县第三小学任教。小学高级教师。

杨小芹 女（焦睿之妻，原籍芦阳镇条山村），生于1976年12月。1997年6月兰州医学院临床医学专业毕业，大专学历。1997年7月参加工作，在景泰县疾病控制中心工作。主治（管）医师。

雷明霞 女（李富达之妻，原籍湖北省荆门市），生于1977年10月。1998年6月青海师范大学数学专业毕业，本科学历。1998年9月参加工作，在青海省海西州天峻县教育局工作。小学高级教师。

张治帆 女，生于1977年12月。1999年6月张掖师专化学专业大专毕业，2008年6月西北师范大学英语专业毕业，本科学历。1999年10月参加工作，在红水学区，草窝滩学区任教。中学一级教师。

马丽峰 女（李治海之妻，原籍定西市临洮县），生于1978年7月。1999年6月兰州理工大学化工专业毕业，本科学历。2000年1月参加工作，在白银市第十中学任教。中学一级教师。

胡桂春 女，生于1978年8月。2003年6月中专毕业于甘肃省水利学校，2007年12月大专毕业于西北师范大学高教自考小学教育专业，2011年6月中央广播电视大学小学教育专业毕业，本科学历。2003年9月参加工作，在五佛学区、县第二小学任教。小学高级教师。

张治玲 女，生于1978年12月。2003年12月毕业于甘肃农业大学高教自考农学专业，大专学历。1997年9月参加工作，在景泰县种子管理站工作。农艺师。

田发丽 女，生于1979年5月。2001年6月毕业于长沙航空职业技术学院机电一体化专业，大专学历。2002年6月参加工作，在湖南省株洲钻石切削刀具股份有限公司工作。工程师。

张 鹏 生于1981年9月。2004年6月毕业于西北师范大学物理专业，本科学历。2004年8月参加工作，在内蒙古乌拉特前旗第五中学任教。中学一级教师。

吕长文 女（寇宗信之妻，原籍喜泉镇兴泉村），生于1982年3月。中共党员。中专毕业于2002年6月华北石油教育学院幼师专业，2006年6月大专毕业于中央广播电视大学小学教育专业，2009年6月西南大学汉语言文学专业毕业，本科学历。2004年8月参加工作，先后在五佛学区、县第一幼儿园任教。中小学一级教师。

齐相民 女（张鹏之妻，原籍山东省邹城市），生于1982年8月。2004年6月毕业于西北师范大学英语专业，本科学历。2004年8月加工作，在内蒙古乌拉特前旗第五中学任教。中学一级教师。

李志瑞 女，生于1982年2月。2007年6月毕业于甘肃省中医学院临床医学专业，本科学历。2007年8月参加工作，在酒泉市瓜州县人民医院工作。妇产科主任，主治医师。

张 伟 生于1982年3月。2007年6月毕业于兰州大学医学院临床医学专业，本科学历。2008年4月参加工作，在景泰县人民医院工作。内科主治医师。

周福明 生于1982年6月。2005年6月毕业西北师范大学数学与应用数学专业，本科学历。2005年8月参加工作，在内蒙古临河一中任教。中学一级教师。

刘君德　生于1982年10月。2007年6月毕业于甘肃省中医药大学临床医学专业，本科学历。2008年4月参加工作，在红水卫生院、县人民医院工作。外科主治医师。

李国霞　女，生于1983年1月。2006年6月大专毕业于兰州大学医学院护理专业，2019年1月石河子大学护理专业毕业，本科学历。2006年7月参加工作，在新疆巴州合静县人民医院工作。外科主管护师。

李治祯　生于1984年6月。2007年6月毕业于兰州理工大学测控技术与仪器专业，本科学历。2007年8月参加工作，在本溪钢铁集团特钢厂工作。工程师。

寇宗武　生于1984年8月。2007年6月毕业于兰州大学计算机专业，本科学历。2007年8月参加工作，先后在兰州三毛纺织有限公司、亚信科技（南京）有限公司工作。工程师。

李林生　生于1984年12月。2008年6月毕业于天津财经大学金融学专业，本科学历。2008年8月参加工作，先后在天津大港区中信证券公司、酒钢集团财务有限公司工作。经济师。

罗崇玲　女（屈登岱之妻，原籍喜泉镇大水磴村），生于1985年5月。2009年6月毕业于甘肃农业大学资源管理与城乡规划管理专业，本科学历。2009年12月参加工作，先后在芦阳学区、县农业技术推广服务中心工作。农艺师。

周　畅　女（李金银之妻，原籍湖北省蕲春市），生于1986年6月。中共党员。2010年6月毕业于武汉科技大学医学院预防医学专业，本科学历。2010年9月参加工作，在武汉市江夏区疾病控制中心工作。中级职称。

六、获得及在读博士学位人员

李尚全　（见"人物简介·高级专业技术人员"）

贺慧霞　（见"人物简介·高级专业技术人员"）

胡桂馨　（见"人物简介·高级专业技术人员"）

胡进静　女，生于1988年7月。2010年6月本科毕业于天水师范学院生物工程专业，2013年6月获得中山大学生命科学学科硕士学位，2016年9年兰州大学生命科学学科攻读博士学位。2013年7月在兰州大学第一医院工作。

赵　静　女，生于1988年12月。2011年6月本科毕业于解放军空军工程大学网络工程专业，2013年6月获得解放军空军工程大学网络工程学科硕士学位，2017年12月获得解放军空军工程大学通信工程学科博士学位。2018年1月参加工作。中国人民解放军空军65180部队服役。工程师，少校军衔。

武小莉　女，生于1988年8月。2011年6月本科毕业于华北电力大学热能与动力工程专业；2013年6月获得西安交通大学核科学与工程学科硕士学位；2015年5月获得国家留学资金管理委员会"国家留学资金资助出国留学资格证书"，2016年3月，由国家留学资金提供资助，以联合培养博士研究生身份在美国威斯康星大学留学12个月，2017年3月获得西安交通大学工学博士学位，2017年4月在中国核动力研究设计院工作。

胡洁茹　女，生于1989年8月。2014年6月本科毕业于浙江海洋学院物理专业，2016年6月获得厦门华侨大学物理学学科硕士学位，2016年8月在山东省日照市海洋中学任教。2018年9月在华东师范大学精密光谱科学与技术国家重点实验室光学专业攻读博士学位。

李元朴　生于1989年11月。2012年6月兰州大学大气科学专业本科毕业，2012年9月兰州大学硕博连读，2017年6月获得大气科学学科博士学位，2017年9月在上海复旦大学攻读大气科学学科博士后，并从事科学研究。

胡馨予　女，生于1990年1月。2012年6月本科毕业于山东农业大学生命科学学院生物工程专业，2016年6月获得同济大学人体解剖与组织胚胎学学科医学硕士学位；2017年11月赴荷兰内梅亨大学生命科学学科攻读博士学位（学制四年）。

朱宗耀　生于1992年4月。2015年6月本科毕业于兰州理工大学自动化专业，2018年6月获得西安理工大学电力系统及其自动化学科工学硕士学位，2018年9月西安交通大学电气工程学科攻读博士学位。

七、获得及在读硕士学位人员

焦　清　（见"人物简介·地厅级领导职务人员"）

胡秉俊　（见"人物简介·地厅级领导职务人员"）

李作泰　（见"人物简介·地厅级领导职务人员"）

李　妍　（见"人物简介·高级专业技术人员"）

张治学　（见"人物简介·科级领导职务人员"）

胡桂芬　（见"人物简介·高级专业技术人员"）

寇娅雯　（见"人物简介·高级专业技术人员"）

陈　娜　（见"人物简介·高级专业技术人员"）

李志勤　生于1979年10月。2002年6月本科毕业于西藏大学数学与应用数学专业，2011年12月获得西北师范大学中国古代史学科历史学硕士学位。2002年7月在西藏日喀则市第三高级中学任教，中学一级教师。

赵科有　生于1979年11月。2001年6月本科毕业于南京邮电学院工商管理专业，2014年6月获得同济大学工商管理学科硕士学位。2014年7月参加工作，任亚太体育有限公司董事长、总经理。

李媛媛　女，生于1980年9月。1999年12月入伍，在兰州军区第一技术侦察局服役；2006年6月本科毕业于兰州大学信息学院教育专业；2012年6月获得西北师范大学课程与教学论学科教育学硕士学位。景电管理局机电处工作。

武晓晶　（见"人物简介·县处级领导职务人员"）

李芳芳　（见"人物简介·高级专业技术人员"）

焦裕龙　生于1981年12月。2002年6月本科毕业于西北民族学院外语系英语专业，2005年6月获得英国利物浦大学工商管理专业硕士学位。2008年参加工作。中央国债结算中心经济师，高级经理。

吕长红　女（寇宗武之妻，原籍喜泉镇兴泉村），生于1982年1月，中共党员。2006年6月北京石油化工学院化学工程与工艺本科毕业，2015年6月获得甘肃省委党校法学学科硕士学位。2006年7月在甘肃省知识产权事务中心工作。

刘向丽　女，生于1982年11月。2005年6月本科毕业于兰州交通大学机械设计制造及其自动化专业，2019年6月获得大连理工大学工商管理学科硕士学位。2008年在大连诺美液压件有限公司（芬兰企业）工作，主要负责船舶工程机械液压件的设计与开发；2014年在奥的斯电梯有限公司（美国企业）工作，负责电梯新产品的机械部件设计和美学开发。工程师，一级建造师。

胡洁琼 女，生于1982年12月。2006年6月本科毕业于兰州大学医学院临床医学专业，2012年6月获得兰州大学内科学学科医学硕士学位。2006年9月在河南漯河医学高等专科学校任教，2012年7月在兰州大学第二医院消化内科工作。

屈登岱 （见"人物简介·科级领导职务人员"）

胡广之 （见"人物简介·县处级领导职务人员"）

周富娟 女，生于1983年12月。2008年6月本科毕业于四川大学国际经济与贸易专业，2011年6月获得四川大学国际贸易学学科经济学硕士学位。2011年7月参加工作。中国银河证券股份有限公司鄂尔多斯营业部理财经理。

李贵琴 女，生于1984年6月。2007年6月本科毕业于郑州航空学院工业工程专业，2018年6月获得中国科技大学工商管理学科工商管理硕士学位。2007年7月参加工作。深超光电供应链管理部经理（深圳）。

胡进文 生于1985年4月。2010年6月本科毕业于甘肃农业大学水利水电专业，2013年6月获得甘肃农业大学水利水电学科硕士学位。2011年9月在甘肃省引大工程管理局工作。工程师。

方宁兰 女（王万任之妻，原籍浙江省宁波市），生于1985年9月。2008年6月本科毕业于西北师范大学广播电视编导专业，2011年6月获得西北师范大学广播电视编导学科硕士学位。2013年1月参加工作。兰州城市学院讲师。

李贵鹏 生于1986年10月。2009年6月本科毕业于天水师范学院体育专业，2014年6月获得西安体育学院体育教育运动训练学科体育硕士学位。2011年6月任河北省秦皇岛经济开发区森林网球俱乐部主教练，2013年6月任陕西省网球专业队男队教练员，2014年9月创办陕西鹏熙体育文化有限公司，任总经理

杨馥霞 女，生于1986年11月。2010年6月本科毕业于甘肃农业大学园艺专业，2013年6月获得河北农业大学果树学学科硕士学位。2013年12月参加工作。甘肃省农业科学院林果花卉研究所研究实习员。

李金银 生于1987年2月。中共党员。2010年6月本科毕业于武汉科技大

学临床医学专业，2016年9月在武汉科技大学附属天佑医院临床学院攻读硕士学位。2010年7月参加工作，曾在中国人民解放军96518部队服役。在湖北省省直机关工程管理中心工作。

胡广达 生于1987年5月。中共党员。2010年8月本科毕业于兰州商学院长青学院会计专业，2017年6月获得兰州大学管理学学科硕士学位，2011年8月参加工作。现在金昌市投融资管理办公室工作。

孙克家 生于1987年6月。2012年6月本科毕业于河西学院物理学专业，2015年6月获得河北大学光学学科理学硕士学位。2017年7月在新疆且末县教育局工作。

张兆帅 生于1987年9月。中共党员。2013年6月本科毕业于陇东学院美术学专业，2016年6月获得西北民族大学艺术（美术）学科艺术硕士学位。2016年11月在会宁县刘家寨子镇中学任教。

王怡丹 女，生于1989年1月。2012年6月本科毕业于长春师范学院会计专业，2016年6月获得兰州财经大学会计学学科硕士学位。中国移动甘肃总公司工作。注册会计师。

李雪莹 女，生于1989年6月。2013年6月本科毕业于江苏大学安全工程管理专业，2018年6月获得厦门大学企业管理学科硕士学位。2013年7月在国电科技研究院工作。现在江苏普旭软件信息技术公司工作，任董事长助理。

东建丽 女（胡广恒之妻，原籍酒泉市敦煌市），生于1990年5月，中共党员。2013年6月本科毕业于兰州理工大学制药工程专业，2016年6月获得兰州理工大学微生物与生物化学学科理学硕士学位。2017年5月参加工作，甘南州疾病控制中心检验师。

李学泰 生于1990年6月。2013年6月本科毕业于中国矿业大学银川学院英语教育专业，2017年6月获得西北民族大学中国史学科硕士学位。曾在西南交通大学希望学院任讲师，四川省南充职业技术学院工作。中国文化经济国际交流协会文史哲研究中心副理事长兼西夏文史研究室主任。

李　靖 女，生于1991年2月。2013年6月本科毕业于西北师范大学计算机专业，2014年9月—2016年11月在英国利兹大学金融数学学科学习，获得理学硕士学位。中国工商银行兰州分行工作。

武晓敏 女，生于1991年5月。中共党员。2013年6月本科毕业于兰州大学外国语学院日语专业，2013年7月在西安交通大学外国语学院外国语言文学学科攻读硕士学位，2015年3月—2016年3月在日本同志社大学攻读日本文学，2016年6月获得西安交通大学日本文学硕士学位。广东省佛山市日本汽车零部件有限公司工作。

雷勤圆 生于1992年3月。2015年7月本科毕业于天水师院体育教育专业，2018年3—8月在台湾国立体育大学公派交流学习六个月，2019年6月获得成都体育学院体育教育学科体育教学硕士学位。苏州农业技术学院体育教师。

李　倩 女，生于1992年6月。2016年6月本科毕业于陕西中医药大学预防医学专业，2019年6月获得中国医科大学（沈阳）营养与食品卫生学学科医学硕士学位。成都市青白江区疾病预防控制中心工作。

李贵琛 生于1992年12月。2015年6月本科毕业于甘肃农业大学生物工程专业，2017年6月获得西北师范大学细胞生物学学科硕士学位。曾在中国科学院生物物理研究所工作，2018年9月在甘肃农业大学任讲师。

李忠玥 女，生于1993月4月。2016年6月本科毕业甘肃民族师范学院动植物检疫专业，2019年7月获得西藏大学生物学学科理学硕士学位，期间在西南大学（重庆）交换学习二年。上海药明康德新药开发有限公司工作。

郝晋彩 女，生于1993年4月。中共党员。2015年6月本科毕业于扬州大学水利水电专业，2018年6月获得西北农林科技大学水利水电学科硕士学位。浙江省杭州市水利水电设计院工作。

焦裕佳 女，生于1993年5月。2016年6月本科毕业于北京印刷学院文化产业管理专业，2019年1月获得北京印刷学院新闻与传播学科新闻与传播硕士学位。上海艾瑞市场咨询股份有限公司（北京）工作。

李金娜 女，生于1993年5月。2017年6月本科毕业于延边大学食品检测专业，2020年6月获得宁夏大学食品加工与安全学科硕士学位。兰州润明粮油有限公司工作。

朱宗珍 女，生于1993年7月。2017年6月本科毕业于海南大学外国语学院俄语专业，2015年7月—2016年7月在俄罗斯阿斯特拉罕国立大学交换留学一年。2017年6月在兰州大学出版社从事编辑工作。2018年9月在西北师范大学攻读俄语学科硕士学位。

焦裕婷 女，生于1994年3月。2019年6月本科毕业于洛阳师范大学广播电视编导专业，2019年9月在西北师范大学广播电视编导学科攻读硕士学位。

张 靖 生于1995年2月。2018年6月青岛理工大学车辆工程专业本科毕业，2018年9月在兰州交通大学车辆工程学科攻读硕士学位。

朱宗斌 生于1995年3月。2020年6月本科毕业于山东建筑大学风景园林专业，2020年9月在西安建筑科技大学园林设计学科攻读硕士学位。

杨 敏 女，生于1995年10月。2018年6月本科毕业于甘肃中医药大学临床医学专业，2018年9月在大连理工大学病理学与病理生理学学科攻读硕士学位。

武承龙 生于1995年12月，中共党员。2017年6月本科毕业于兰州交通大学轨道交通信号与控制专业，2018年8月在兰州交通大学电气工程学院轨道交通学科攻读硕士学位。

李婷玉 女，生于1996年4月。2017年6月本科毕业于福建师范大学法学专业。2020年6月获得西北师范大学法学学科硕士学位。甘肃省知识产权保护中心工作。

李丹丹 女，生于1997年3月。2018年6月本科毕业于上海立信金融会计学院资产评估专业，2020年9月在兰州大学经济学院区域经济学学科攻读硕士学位。

李金泽 生于1998年1月。2019年6月本科毕业于南京航空航天大学工程力学专业，2019年9月在南京航空航天大学工程力学学科攻读硕士学位。

八、景泰县高考文科状元

寇娅雯 女，生于1977年5月，寇永祯之女。景泰一中高中毕业生，1996年7月高考成绩总分560分，语文108分、数学103分、英语119分、文综（政史地）74分、理综（理化生）156分。景泰县文科第一名，白银市外语类第七名。中央财经大学财政学专业录取。

张芊芊 女，生于2002年4月，张治学之女。景泰二中高中毕业生，2020年7月高考成绩总分622分，语文127分、数学129分、英语134分、文综232分。全省排名252名，景泰县文科第一名。中国政法大学法学专业录取。

九、青少年体育音乐、美术书法竞赛获奖人员

李贵鹏 生于1986年10月。李富道之子。2009年6月本科毕业于天水师范学院体育专业，2014年6月获得西安体育学院体育教育运动训练学科体育硕士学位。全球职业网球C级教练员，国际网联快易教练员，国家网球一级裁判员，国家网球二级运动员。

何珏文 生于1990年4月。何睿之子。2017年6月西北师范大学运动训练专业毕业，本科学历。现在兰州市体育运动学校任教练员。其团队获得2010年全国青年男子曲棍球锦标赛第四名、体育道德风尚奖，2011年全国青年男子曲棍球锦标赛第二名，2015年全国男子曲棍球"体彩杯"冠军赛第六名，"宏奥杯"第五届全国大学生曲棍球锦标赛第一名，2016年全国大学生"特步杯"足球甘肃赛区第二名，2017年中华人民共和国第十三届运动会曲棍球比赛第七名，全国五人制足球北区赛第一名。

杨富雄 生于1999年3月。杨作义之子。2017年6月，兰州市体育运动学院毕业，2017年9月考入西华师范大学读书，运动训练专业。国家跆拳道一级运动员。2015年甘肃省青少年跆拳道锦标赛第4名，2016年甘肃省青少年跆拳道锦标赛第1名，甘肃省体育局授予"一级运动员"称号。

李雨聪 女，生于1998年10月。李凡之女。澳大利亚南澳大学三年级学生。2011获年甘肃省第五届青少年儿童书法大赛小学A组一等奖、2013年日本每日新闻社第28届中日青少年友好交流高野山书法竞赛奖。

李雨航 女，生于2003年7月。李平之女。成都外国语学校高一学生。获第六届法国尼斯国际钢琴比赛预选赛（中国区）一等奖；2014年9月四川社会艺术水平考级省文化馆美术书法专委会美术（西画）考级柒级（起止级：2~10级）；获得2011年（第五届幼儿组）、2012年（第六届少儿组）、2013年（第七届少儿组）中华民族艺术特长生选拔大赛四川赛区幼儿组银奖、少儿组金奖；作品《川剧进校园》（版画）获2013年成都市中小学生川剧艺术展一等奖；

2014年、2015年成都市第十三届、十四届学生优秀艺术人才选拔赛美术比赛小学二组一等奖、小学三组一等奖。

李承烨 生于2003年12月。李凡之子。衡水一中兰州分校高一学生。获得"中国白银第十三届PHE国际中小学生幼儿美术书法大赛"（书法）一等奖。

武佳欣 女，生于2009年12月。武晓晶之女。兰州华侨实验学校四年级学生。2018年6月获得"第十四届青春中国—甘肃省青少年才艺大赛"甘肃总决赛扬琴比赛一等奖、扬琴合奏一等奖。2018年6月获得"一带一路国际艺术展演暨第五届香港国际音乐节"甘肃赛区少儿B组民乐弹拨扬琴演奏一等奖、民乐弹拨扬琴重奏演奏二等奖。

工作成绩突出获得县级以上奖励情况统计表

表13-6-1

序号	姓名	时间	表彰授予单位	荣誉称号	奖励级别
1	罗广荣	1977.12 1978 1982.1 2004	甘肃省人民政府 甘肃省人民政府 兰州铁路分局	甘肃省劳动模范 甘肃省工业学大庆先进个人 铁道部劳动模范、兰州铁路分局劳动模范 入选兰州铁路分局《群英谱》	省部级
2	李保卫	1987.2 1991.3 1995.6 1996.4 1997.9	武威地委、武威行署 中国林业学会 武威地委、武威行署 武威地委、武威行署 国家科技委员会	1986年度成绩显著一等奖 长期深入林业基层工作劲松奖 1994年度优秀县处级领导 1995年度优秀领导干部 全国科教兴市先进个人	地厅级 省部级 地厅级 地厅级 省部级
3	李树桂	1965.11	景泰县委、县政府	景泰县企事业单位"五好"职工	县级
4	张万宝	1965.11 1980.10 1992.6	景泰县委、县政府 武威地区、驻军部队 景泰县委、县政府	景泰县农村"五好"干部 拥军优属先进个人 担任村干部二十年以上荣誉证书	县级 地级 县级
5	杨积礼	1952.4 1954.10	新疆军区政治部 直工部	二等功1次、三等功2次	

续表

序号	姓　名	时　间	表彰授予单位	荣誉称号	奖励级别
6	寇永成	1975.7 1990.12 1997.10 2011.12	中共景泰县委 白银市人民政府 景泰县人民政府 景泰县委、县政府	优秀共产党员、先进党支部书记 全国第四次人口普查市级先进个人 第一次全国农业普查先进工作者 全县村级建立档案工作先进个人	市级 县级
7	李根堂	1965.11	景泰县委、县政府	景泰县农村"五好"干部	县级
8	李作文	1965.11	景泰县委、县政府	景泰县农村"五好"干部	县级
9	李贵石	1965.11	景泰县委、县政府	景泰县农村"五好"社员	县级
10	张承芳	1983.3	武威地区妇联	三八红旗手	县处级
11	武克玉	1996.11 2012.6	甘肃省人民政府 中共景泰县委	1994—1995年捐资助学先进个人 优秀农村党员带富致富明星	省级 县级
12	赵双文	1978.1 1997.1 2016.3 2017.3	兰州军区空军政治部 陕西省人社厅	三等功3次 优秀公务员嘉奖2次	厅级
13	胡玉梅		甘肃省关工委 甘肃省老干部局	全国关心下一代工作先进个人，甘肃省关工委特殊贡献奖，省老干部局先进工作者	厅级
14	李作国	1994.8 1997.7	西北地区城建会议 甘肃省建设委员会	优秀思想工作者 全省建设系统优秀思想工作者	厅级
15	郝廷建	1987.12	89800部队后勤部供应站	三等功1次	
16	李保军	1984.12 1985.7	武威地区行署 中共武威地委	全区先进工作者 端正党风先进个人	地级
17	胡玉玲		兰州军区	老干部工作先进个人、优秀共产党员2次 三等功3次	厅级
18	王　孝	1991.7	武警甘肃边防总队政治部	三等功1次 2008年度、2015年度民航西北地区管理局优秀公务员	厅级

续表

序号	姓名	时间	表彰授予单位	荣誉称号	奖励级别
19	胡广亚	2007.4 2011.9	公安部 甘肃省公安厅	全国公安机关先进个人 三等功1次 优秀公务员	部级
20	武晓晶	2005.10 2009 2009	中国人民银行科技司 甘肃省人民政府 中国人民银行西安分行	人民银行人民币结算账户系统建设先进个人 2008年度甘肃省政务信息工作先进个人 2008年度西安分行青年岗位能手	省级
21	李保成	1992.1 1993.5 1996.11	白银市人民检察院 最高人民检察院 甘肃省人民检察院	全市检察系统先进工作者 为检察事业做出贡献纪念证 监所检察先进工作者	厅级
22	寇永祯	1977.1 1989.1 1990.3 1992.1	84819部队 白银市人民检察院 白银市委、市政府 景泰县委、县政府	三等功2次、嘉奖1次 检察系统先进工作者 市廉洁奉公好党员、好干部 社会治安综合治理先进个人	市级 县级
23	赵天禄	1967.7	7978部队步兵二团 新疆军区	五好战士3次 学习毛主席著作积极分子	部级
24	李保升	1969.1 1974.12 1997.1 1999.1	新疆军区度独立一团 新疆军区度独立一团 景电管理局党委 景电管理局党委	五好战士 嘉奖2次 优秀共产党员 优秀共产党员	厅级 厅级
25	武克勤	1989.6 1993.1 1994.12 1996.4 2001.4	大水头煤矿 白银市公安局 靖远矿务局 甘肃省煤炭工业局 靖远矿务局	优秀党员 白银市公安保卫系统先进个人 先进纪检监察干部 全省煤炭系统反腐倡廉先进个人 全局纪检监察先进工作者	县级 厅级 厅级 厅级
26	赵天理	1997.6	景泰县人民政府	景泰县第三次工业普查先进个人	县级
27	田种刚	1992.3	白银市人民政府	1991年度市质量品种效益年活动先进个人	市级
28	胡玉琴		甘肃省民政厅 省福利彩票中心	优秀共产党员 省福利彩票发行管理中心先进工作者	厅级

续表

序号	姓名	时间	表彰授予单位	荣誉称号	奖励级别
29	屈占昌	1999.7 2002.2 2012.3	中共景泰县委 白银市人事局 白银市人民政府	优秀共产党员 白银市农业科技人才开发"十百千万"工程先进个人 2011年度白银市人力资源和社会保障工作先进个人	县级 县级 市级
30	赵斌文	2009.2 2011.2 2011.8 2014.5 2011.6	白银市公安局 白银市公安局 景泰县人民政府 景泰县人民政府 甘肃省委政法委	三等功 嘉奖 三等功 嘉奖 全省政法系统优秀党员干警	县级 县级 县级 县级 厅级
31	李志鸿	2001.5 2002.4	景泰县委、县政府 白银市公安局	2000年度禁毒工作先进工作者 全县社会治安综合治理先进工作者嘉奖1次	县级
32	徐红娟	2011 2017.1	甘肃空管分局 民航甘肃分局	共产党员模范岗 2016年度先进生产（工作）者	厅级
33	李桂锋	2015.3 2018.3 2016.1	白银市中级人民法院 最高人民法院 甘肃省高级人民法院	2014年度全市法院优秀法官 荣誉天平奖章 2014年度全省法院优秀裁判文书	市级
34	张治学	2016.2	白银市中级人民法院	2015年度全市法院优秀法官	市级
35	武晓凤	2013.12 2017.1	中冶建工甘肃勘察设计院	先进个人，授予突出贡献奖 2016年度优秀共产党员	处级
36	刘俊玲	2002.1	中国人民解放军63626部队政治处	2001年度优秀士兵	处级
37	周富娟	2018.1	中国银河证券股份有限公司	获2017年"中国银河，为你股涨""明星理财经理"	
38	杨雪	2019.6	兰州市红古区委	公务员奖励三等功1次	县级
39	王吉杰	2000.8 2003.9	景泰县委、县政府 白银市工商联	建设人民公园捐资先进个人 抗击非典踊跃捐助被评为先进会员	县级

续表

序号	姓名	时间	表彰授予单位	荣誉称号	奖励级别
40	李桂铭	2000.8	景泰县委、县政府	建设人民公园捐资先进个人	县级
41	李平		共青团武威市委	十大优秀青年企业家	县级
42	马翠	2010.3	景泰县委、县政府	十佳双学双比女能手	县级
43	吴守红	2019.5	景泰县委、县政府	景泰县劳动模范	县级
44	田健	2016.4 2015.8 2017.9	汽车76团政治处 总后勤部青藏兵站部 陆军青藏兵站部	三等功1次 汽车部件拆装与检修个人第一名 汽车部件拆装与检修个人第二名	

专业技术人员获得县级以上奖励情况统计表

表13-6-2

序号	姓名	时间	奖励单位	项目名称及奖励等级	奖励级别
1	李尚全	1998 2008	天津 江苏南京	1.《汉传佛教概论》获"北方十五省市自治区哲学社会科学优秀图书奖" 2.《当代中国汉传佛教信仰方式的变迁》获"江苏省高校第六届哲学社会科学研究优秀成果二等奖"	省级
2	蔡文琴	1998.3 1999.10	甘肃省星火奖评审委员会 武威地区科学技术进步奖评审委员会	1.在"鸣山大枣等名优枣树组培快繁及枣粮间作示范"科技成果研究和开发中做出重要贡献获二等奖 2.成果"枣苗组织培养生产技术推广及应用"获二等奖	省部级 地厅级
3	李保军	2001.7 2003.12	北方七省一市文艺图书评委会 甘肃省新闻出局	1.责编《西北大发现》获第三届北方七省一市文艺图书评选活动一等奖 2.《大开发背景下的西北出版业》评为甘肃省2003年优秀出版论文	省级

续表

序号	姓名	时间	奖励单位	项目名称及奖励等级	奖励级别
4	胡桂馨	2015.9	农业部	1."西北寒旱区苜蓿适宜品种选育及生产关键技术研究与示范"项目获农业部中华农业科技奖三等奖	部级
		2015.10	甘肃省教育厅	2.论文《不同苜蓿品种抗蚜性研究》获甘肃省教育厅自然科学三等奖	厅级
		2017.7	农业部	3."甘农9号紫花苜蓿新品种"获农业部草品种审定委员会审定登记	厅级
5	李妍	2007.12	甘肃省文化厅	1.担任总策划、总导演的纪录片《八年》获2007年中国纪录片国际选片会十优纪录片奖	省级
		2011.12	文化部信息中心	2.纪录片《凉州贤孝》获甘肃省纪录片一等奖，2011年中国纪录片国际选片会入围奖 3.担任总导演、总撰稿的三集央视纪录片《青泥岭》获甘肃省纪录片一等奖，《多彩甘肃》荣获全国电视宣传片二等奖	
6	陈娜		甘肃省教育厅	《基于地域经济发展下的图形图像制作专业实践教学模式改革》获甘肃省教学成果二等奖	厅级
7	赵武	1984.12	甘肃省卫生厅	1.甘肃省卫生系统先进个人 2.军队科技进步三等奖2次 3.个人三等功1次（兰州军区勤联部）、优秀共产党员1次	厅级 处级
		2009.5 2012.12	陕西省医保中心 西安市人社局	4.省级医疗保险先进个人2次 5.市级医疗保险先进个人1次	
8	王祯	2010.2	甘肃省卫生厅	"甘肃省实施万名支援农村卫生工程县乡联动项目"优秀医疗队员。	厅级

续表

序号	姓　名	时间	奖励单位	项目名称及奖励等级	奖励级别
9	李桂春	1998.9	甘肃省水利厅	1.水利系统优秀教师	厅级
		2003.9	白银市委、市政府	2.白银市"园丁奖"（优秀教师）	市级
		2003.10	甘肃省教科所	3.甘肃省新课程探究示范课二等奖	市级
		2004.11	白银市教育局	4.白银市"英语新课改示范课教学"一等奖	县级
		2005.9	甘肃省教育厅	5.甘肃省青年教学能手	厅级
		2007.10	中国教育学会外语教学专业委员会	6.全国中小学优秀外语教师	厅级
		2011.9	白银市委、市政府	7.白银市"园丁奖"（师德师风先进个人）	市级
		2012.9	景泰县委、县政府	8.景泰首届"十大优秀班主任"	县级
		2013.2	白银市教育局	9.高效课堂建设"先进个人"	县级
		2014.9	甘肃省人民政府	10.甘肃省"园丁奖"（优秀教师）	省级
10	姚学竹	2013.12	农业部	1.《甘肃主要灌区高效农田节水技术集成研究与示范推广》农业技术推广成果奖二等奖	部级
		2007.4	白银市人民政府	2.《优质高产双低油菜的引进及配套栽培技术研究》白银市科技进步二等奖	市级
		2017.2	白银市人民政府	3.《小口枣新品种银枣1号示范推广》白银市科技进步二等奖	
		2003.12	白银市科技进步奖	4.《景电二期灌区沙化地衬膜治理技术研究》白银市科技进步二等奖	
		2016.12	景泰县科技进步奖	5.主编甘肃省耕地质量评价系列丛书《景泰县耕地质量评价》获景泰县科学技术进步奖特等奖。	县级
11	罗彩艳	2012.9	白银区委、区政府	1.园丁奖（师德先进个人）	县级
		2015.9	白银区委、区政府	2.园丁奖（优秀班主任）	
12	赵雪灵	2014.1	甘肃省医学会	甘肃省医学会医学科技奖三等奖1次	

续表

序号	姓名	时间	奖励单位	项目名称及奖励等级	奖励级别
13	张义安	2001.5	甘肃省科技进步奖	《景泰县马铃薯覆膜早熟增产栽培技术》获甘肃省农业技术推广奖励评审委员会三等奖	省级
14	张义军	2002.5	水利部水保司	1.全国水土保持监督管理规范化建设先进人	厅级
		2005.1	《甘肃水利水电技术》	2.论文《浅谈水土保持工作在我县生态环境建设中的重要作用》获白银市水土保持学会论文交流一等奖	市级
		2005.4	《甘肃水利水电技术》	3.论文《草窝滩乡范家沟小流域水土保持综合治理》获县科技进步一等奖	县级
15	焦万盈	2017.9	人社部、教育部	获"乡村学校从教30年"荣誉证书	
16	李作身	1994.9	白银市人民政府	园丁奖（优秀教师）	市级
17	张治军	2017.9	人社部、教育部	"乡村学校从教30年"荣誉证书	
18	魏兴英	2019.8	景泰县委、县政府	园丁奖（优秀教师）	县级
19	尚凤英	2004.12	白银市教育局	1.白银市中小学市级小学骨干教师	县级
		2006.9	景泰县委、县政府	2.园丁奖（优秀教师）	
20	胡广谋	1998.9	白银市委、市政府	1.园丁奖（优秀教师）	市级
		2015.3	白银市教育局	2.优秀班主任、市级小学骨干教师	
		2015.10	白银市教育局	3.全市初中语文优质课竞赛二等奖	
21	赵机灵	2001.7	白银市教科所	1.《短绳连续跳和跨跳》教案获2001年"白银市小学体育优质教案"三等奖	县级
		2019	白银市教育局	2.全市优质课竞赛小学组（农村）一等奖	
22	寇永燕	2013.9	景泰县委、县政府	园丁奖（优秀教师）	县级

续表

序号	姓名	时间	奖励单位	项目名称及奖励等级	奖励级别
23	段桂花	2007.9	景泰县委、县政府	园丁奖（优秀教师）	县级
24	李治荣	2018.9	景泰县委、县政府	园丁奖（师德标兵先进个人）	县级
25	李春霞	2016.3	甘肃省卫计委	2015年全省医德医风建设先进个人	厅级
26	李成燕	2006.9	景泰县委、县政府	园丁奖（优秀班主任）	县级
27	杨小芹	2010.3 2012.5	白银市卫生局 甘肃省卫生厅	1.2009年度全市疾病预防控制系统先进个人 2.传染病疫情网络直报工作先进个人	县级 厅级
28	雷明霞	2012.12 2014.9 2016.12	德令哈市委、政府 海西州委、州政府 海西州委、州政府	1.德令哈市园丁奖 2.海西州先进教育工作者 3.海西州园丁奖	县级 地级 地级
29	胡桂春	2011.9 2007.5 2008.4	景泰县委、县政府 白银市教育局 白银市教育局	1.园丁奖（师德师风先进个人） 2.全市农村小学远程教育优质课竞赛二等奖 3.全市小学数学优质课竞赛三等奖	县级
30	吕长文	2007.9 2010.10 2011.9 2019.2	景泰县委、县政府 白银市教育局	1.园丁奖（优秀教师） 2.园丁奖（优秀教育工作者） 3.白银市中小学市级骨干教师 4.白银市中小学学科带头人	县级
31	周福明	2009.4 2012.9 2015.12 2017.9	巴彦淖尔市教局 巴彦淖尔市委府 巴彦淖尔市政办 巴彦淖尔市委府	1.数学学科优秀教学能手 2.全市优秀教师 3.市级优秀骨干教师 4.全市优秀教师	市级
32	刘君德	2017.10 2018.5	甘肃省普通外科质量控制中心 甘肃省医师协会	1.年度疝和腹壁外科"优秀医生" 2.年度肝胆脾胰外科"优秀医师" 3.年度血管外科"先进个人"	

续表

序号	姓名	时间	奖励单位	项目名称及奖励等级	奖励级别
33	胡广瑞	2012.9 2013.9 2018.4	景泰县委、县政府 白银市委、市政府 甘肃省教育厅	1.园丁奖（优秀教师） 2.白银市"园丁奖（优秀教师）" 3.甘肃省中小学农村骨干教师	县级 市级 厅级
34	杨作林	2011.9 2010.10	景泰县委、县政府 白银市教科所	1.景泰县"园丁奖（师德师风先进个人）" 2.《听课评课活动 功能不可小视》二等奖	县级
35	杨作飞	2017.12 2018.6	省总工会、人社厅、工信委、科技厅、国资委主办 大唐甘肃公司党委	1.甘肃省技术标兵 2.优秀共产党员	省级
36	武小莉	2013.12 2014.6 2015.6	西安交通大学	1.核反应堆系统设计技术重点实验室学术年会学术论文二等奖 2.核工程国际大会最佳论文 3.2013—2014学年、2014—2015学年西安交通大学优秀研究生；2014—2015学年获得博士国家奖学金	
37	武晓敏	2011.5	兰州大学	第六届中华全国日语演讲大赛兰州大学选拔赛二等奖	
38	朱宗珍	2014.11 2015.11	海南大学 海南省教育厅	1. 表彰为2013—2014学年度"优秀学生干部" 2. 获"2014—2015学年度国家励志奖学金"	
39	张兆帅	2013.6 2015.6	陇东学院 省委宣传部、省文化厅、省文联	1.2012年、2013年连续获"国家励志奖学金" 2.表彰为"优秀毕业生" 3.油画作品《红》获"美丽甘肃——甘肃省美术写生作品展"三等奖	

续表

序号	姓名	时间	奖励单位	项目名称及奖励等级	奖励级别
40	王博	2017.12 2017.7	兰州市城关区 省环境科学学会	1.《游离氨抑制结合pH值快速实现短程生物脱氮的方法》项目获城关区技术发明一等奖 2.《城市生活垃圾渗滤液资源化处理新技术研究》活动获"环境科学技术奖"一等奖	县级
41	王玉莉	2018.4	白银市人民检察院	2017年度全市检察机关优秀网评员	市级
42	朱宗阳	2016.11	中华社会文化发展基金会	1.陶瓷壁饰作品《一帆风顺》荣获全国美育成果展演学生组二等奖	
43	李媛媛	2000.11 2018.6 2020.9 2020.12	兰州军区第一技术侦察局 景电管理局党委甘肃省水利厅 省总工会、人社厅、工信厅、科技厅、国资委	1.优秀士兵 2."不忘初心 牢记使命"主题演讲比赛一等奖 3.水利行业泵站运行工技能赛二等奖 4.甘肃省技术标兵	县级 厅级 厅级 省级

专业技术人员发表著作论文（课题）情况统计表

表13-6-3

序号	姓名	时间	期刊名称	论文（课题）题目
1	李尚全			出版专著11部；主持完成地厅级以上科研项目5项；创办及主编学术集刊4部；在学术期刊、学术交流会发表论文多篇，其中中国知网转登33篇。（详见附录）

续表

序号	姓　名	时　间	期刊名称	论文（课题）题目
2	李保军	2003年 2014年 2015.6	《甘肃新闻出版》 《丝绸之路》 《甘肃广播电视大学学报》	《大开发背景下的西北出版业》 《景泰丝绸之路遗迹考察纪行》 《油担（油梁）考——兼议白银地区食用植物油的古法提取技术》（与人合作）
3	贺慧霞			主持国家"863"及省部级课题8项，发表论文40多篇，参加编写专著11部
4	李作泰			《中国的民主选举》 《青藏高原环境与山水文化》丛书（参加编写）
5	胡桂馨	2013年以来	《应用生态学报》 《昆虫学报》 《草业学报》	中科院生态研究所主办刊物、中科院动物研究所主办刊物、兰州大学主办刊物发表论文7篇
6	陈　娜			在国内外学术期刊发表论文18篇，获得国家实用型发明专利2项
7	赵　武		《中华肾脏病杂志》《中国中西医结合肾病杂志》《中国综合临床》	10种刊物发表论文20多篇
8	王　祯	2017.12	《中国临床研究》	《甘露醇氨苯喋啶联合应用治疗骨折后肢体肿胀》
9	李桂春	2001.4 2001.8 2006.10 2009.8 2015.1	《甘肃教育学院学报》 《甘肃联合大学学报》 《中国农村教育》 《白银教育》	《试谈如何实现依法治教》 《试谈如何利用教学传媒来促进外语教学》 《英语自主学习的特征策略与教师的角色》 《谈教师如何促进学生和谐发展》 《舒之根本以茂枝 顺其天性即得真》

续表

序号	姓 名	时 间	期刊名称	论文（课题）题目
10	姚学竹	2000.1	《甘肃农业科技》	《地膜马铃薯套种玉米高产栽培技术要点》
		2000.10	《甘肃农业科技》	《景电灌区小麦玉米带田种植栽培技术》
		2006.1	《中国农业信息》	《景泰县发展农业循环经济的模式及做法》
		2006.9	《甘肃农业科技》	《景泰县地膜西兰花无公害栽培技术》
		2007.4	《甘肃科技》	《灌区地膜覆盖免耕技术应用效果初报》
		2009.10	《甘肃农业科技》	《景电灌区小麦配方施肥研究》
		2011.4	《甘肃农业科技》	《景泰土壤养分时空分布变化及相关性析》
		2012.11	《甘肃农业》	《景泰县农田节水现状与思考》
11	罗彩艳	2010.2	《甘肃职业与成人教育》	《谨防逆向思维的误区》
		2013.5	《中学语文教学参考》	《管窥古代柳诗》
		2015.8	《语文教学之友》	《今年杜鹃啼又是，非比昨日愁煞人》
12	赵雪灵	2011.5	《创伤外科杂志》	论文1篇
		2012.1	《中国社区医师》	论文1篇
13	张义军	2005.1	《甘肃水利水电技术》	《浅谈水土保持工作在我县生态环境建设中的重要作用》
		2005.4	《甘肃水利水电技术》	《草窝滩乡范家沟小流域水土保持综合治理》
14	李有智	2009.10	甘肃人民出版社	主笔编辑出版《景泰一中校史》撰著《楷书书法异体字集锦》两册
15	张治军	2015.7	《教学研究》	《小学数学教学中渗透数学思想方法》
16	魏兴英	2013.11	《教育教学论坛》第31期	《浅议小学英语基础教学》
17	冉红梅	2018.8	《甘肃教育》第16期	《创新课堂教学方法，提高数学教学质量》
18	寇永燕	2013.9	《新课程》（总第279期）	《关注青少年心理健康》

续表

序号	姓　名	时　间	期刊名称	论文（课题）题目
19	李春霞	2017.9 2017.11	《中国医学人文》 《系统医学》	论文2篇 合作主编《妇产科常见疾病及临床诊治》
20	胡广谋	2012.10	甘肃省教育科学研究所	《班级小组评价实施方案》评选活动二等奖
21	赵机灵	2002.6 2006.12	《中国教育研究论坛》 《白银市义务教育新课程优秀论文集》	《在教学实践中学习，努力提高自身素质》 《空间观念，在活动中感知、提升、发展——"认识角"的教学感触》
22	段桂花	2013.9 2019.11	《数学学习与研究》 《教育教学研究》	《课堂四部曲，能力得提升》 《浅谈如何打造小学数学高效课堂》
23	李治荣	2016.10 2018.8	《教育现代化》 《新课程》（总第440期）	《小组合作学习在初中信息技术教学中的应用研究》 《自学能力，提升课堂教学效率的内驱力——浅谈初中计算机教学中学生自学能力的培养》
24	卢昌彩	2014.3 2015.12 2016.4 2017.12	《科学种养》 《当代畜牧》 《国外畜牧学—猪与禽》	《仔猪水肿病因与防治》 《鸡球虫病的诊治与体会》 《我国畜牧科技的推广》 《仔猪的饲养管理技术探讨》
25	李志瑞	2017.10	《健康世界》第25期	《经腹彩色超声多普勒对前置胎盘的诊断》
26	周福明	2016.12	《新课程》（总第384期）	《高中数学课堂教学有效性探析》
27	杨作林	2016.6	《基础教育参考》	《听课评课活动 功能不可小视》 《彰显自我 求同存异》
28	李富荣	1999.8	《甘肃税务》	《关于税收征管中应用计算机网络系统的思考》

续表

序号	姓名	时间	期刊名称	论文（课题）题目
29	刘学军	2010.10	《法学教育》	《单位行贿罪的司法认定》
30	李雪莹	2017.12	《中国科技期刊数据库科研》	《对企业文化建设在企业管理中的重要性研究》
31	吕长文	2018.9	《课程教育研究》	《幼儿园沙水区材料的投放与使用现状调查研究》（省教育科学规划课题立项）
32	胡进文	2012.12	《甘肃农业》	《管棚法施工在引大一干2#隧洞塌方加固工程中的应用》
33	武晓敏	2014.7		负责笔译西安交通大学航空航天学院所用专著《输电用钢管铁塔的制作标准》
34	李学泰	2015.6 2016.4	《环球人文地理》	《藏族史家的西夏观》 参与主编出版致知文化丛书《学史余韵》（光大出版社）
35	雷勤圆	2017.11		《中日青少年足球训练差异分析》在中国体育管理科学大会上以专题报告形式进行交流
36	李婷玉	2017.4	《福建师范大学校报》	《论我国违宪审查制度的完善》
37	李贵琛	2016.12 2017.6	《西北师范大学学报》（自然科学版）	《番茄红素的抗氧化活性研究》 《黄连素通过提高活性氧水平促进HepG2细胞凋亡》
38	胡广雄	2013.6 2014.3 2015.12	《酒钢科技》 《酒钢科技》 《甘肃冶金》	《优化蒸氨工艺节能减排，废水氨氮达标》 《无水氨工艺浅析》 《液氨生产》 《聚羧酸系减水剂的合成与应用性能评价》《一种实用新型吸氨塔》申请专利
39	王博	2018.5	《农产品加工》（总第455期）	《百合片低温干燥和热风干燥的品质比较》 在外文期刊发表论文2篇

附录：

1. 李尚全编著、出版主要学术专著辑录

《佛教论译集》 甘肃民族出版社，1994.5

《当代中国汉传佛教信仰方式的变迁：以江浙佛教在台湾的流变为例》

甘肃人民出版社，2006.1

《汉传佛教概论》 东方出版中心，2008.1

《人本佛教：现代化语境里的佛教话语》 甘肃人民出版社，2009.10

《正智与生活：30年闻思佛学的心力路堤》 东方出版中心，2010.1

《竺法护传略》 甘肃人民出版社，2011.11

《简明中国佛教史》 辽宁教育出版社，2011.12

《慧灯无尽照海东：鉴真大和上评传》 社会科学文献出版社，2012.5

《大学衍义》校点（《儒藏》精华编第183册） 北京大学出版社，2014.5

《明开法师：生平与著述》 甘肃人民出版社，2014.10

《人本佛教的当代价值》 人民出版社，2016.3

2. 焦清出版作品辑录

《燃烧的太阳石》（报告文学集） 敦煌文艺出版社

《临海听涛》（诗集） 北京大众文艺出版社

《红月亮》（散文集） 中国青年出版社，2009.7

《神奇的雪峰》（长篇叙事诗） 长春出版社，2019.7

《午夜阳光》（诗集） 敦煌文艺出版社

《半扇门》（长篇小说） 作家出版社，2013.7

《飞花雪墨》（长篇小说） 作家出版社

《母亲：永远的心灵驿站》（长篇叙事诗） 中国文联出版社

第七节 人物表录

1949年以来高等学校本科毕业人员统计表

表13-7-1

序号	姓名	性别	出生年月	毕业学校	毕业时间	所学专业	硕士以上学位	工作单位	备注
1	李保卫	男	1945.8	甘肃农业大学	1968.6	农学		甘肃省政协（退休）	李树桂子
2	张义安	男	1951.9	甘肃农业大学	1975.12	农学		景泰县农牧局（退休）	张万宝子
3	李元安	男	1952.9	甘肃农业大学	1976.12	畜牧兽医		景泰县农牧局（退休）	李尚银子
4	马永福	男	1950.5	西安冶金学院	1977.6	卫生工程		冶金部第二十一冶金公司（退休）	马成仁子
5	李保军	男	1957.4	兰州大学	1982.1	汉语言文学		白银市政协（退休）	李树桂子
6	胡秉俊	男	1962.12	西北师范大学	1982.1	汉语言文学	硕士	甘肃省省直机关工委	胡永义子
7	李尚全	男	1960.1	苏州铁道师范学院	1986.6	历史	博士	扬州大学（逝世）	李文林子
8	李作泰	男	1965.3	西北师范大学	1986.6	汉语言文学	硕士	中国藏学研究中心（北京）	李瑄子
9	赵武	男	1962.11	甘肃中医学院	1988.6	中医		解放军第四五一医院（西安、退休）	赵成安子
10	李富学	男	1973.12	桂林电子科技大学	1992.6	计算机		江苏丹阳昶和五金制造公司	李有仁子
11	胡桂馨	女	1968.11	西北林学院	1994.6	森林资源保护	博士	甘肃农业大学	胡秉海女

续表

序号	姓名	性别	出生年月	毕业学校	毕业时间	所学专业	硕士以上学位	工作单位	备注
12	李金贤	男	1971.1	长安大学	1995.6	建筑工程管理		白银 甘肃福门房产	李成铭子
13	李妍	女	1972.1	中国传媒大学	1996.6	新闻学	硕士	甘肃电视台	李元义女
14	李金书	男	1972.9	甘肃农业大学	1997.6	兽医		景泰县畜牧兽医局	李成新子
15	张治学	男	1974.1	甘肃政法学院	1998.6	法学	硕士	景泰县人民法院	张有仁子
16	李志存	男	1974.1	哈尔滨理工大学	1999.6	工业自动化		兰州电力修造厂	李作安子
17	赵雪灵	女	1974.9	兰州医学院	1999.6	临床医学		甘肃省中医药大学附属医院	赵经宇女
18	寇娅雯	女	1977.5	中央财经大学	2000.6	财政学	硕士	兰州文理学院	寇永祯女
19	赵科有	男	1979.11	南京邮电学院	2001.6	工商管理	硕士	上海 亚太体育公司	赵天理子
20	焦裕龙	男	1981.12	西北民族学院	2002.6	英语	硕士	中央国债结算中心	焦清子
21	李治勤	男	1979.1	西藏大学	2002.6	数学与应用数学	硕士	西藏日喀则市第三高级中学	李作泰子
22	贾威祯	女	1975.9	长春师范学院	2002.6	数学与应用数学		郑州市第一〇二中学	贾积福女
23	武晓晶	男	1980.8	兰州理工大学	2004.6	工商管理	硕士	人行兰州中心支行	武克俭子
24	李芳芳	女	1980.8	兰州理工大学	2004.6	电气自动化	硕士	兰州工业学院	李元安女
25	张鹏	男	1981.9	西北师范大学	2004.6	物理		内蒙古乌拉特前旗第五中学	张治国子
26	孙宏泰	男	1980.7	甘肃农业大学	2005.6	食品科学与工程		景泰县公安局	孙延平子

续表

序号	姓名	性别	出生年月	毕业学校	毕业时间	所学专业	硕士以上学位	工作单位	备注
27	刘向丽	女	1982.11	兰州交通大学	2005.6	机械设计制造及自动化	硕士	大连奥的斯电梯有限公司（美国）	刘学义女
28	李建秀	女	1981.3	西北师范大学	2005.6	旅游管理		景泰县委组织部	李孝忠女
29	周福明	男	1982.6	西北师范大学	2005.6	数学与应用数学		内蒙古巴彦淖尔盟临河一中	周应科子
30	郝 敏	女	1983.3	江南大学	2006.6	汉语言文学		上海 民营企业	郝廷建女
31	胡洁琼	女	1983.1	兰州大学	2006.6	临床医学	硕士	兰州大学第二医院	胡广晓女
32	李富升	男	1983.3	西北农林科技大学	2006.6	旅游		江苏丹阳昶和五金制造公司	李有信子
33	胡广之	男	1983.12	兰州商学院	2006.6	国际经济与贸易	硕士	中储粮兰州分公司榆中粮库	胡秉龙子
34	李志瑞	女	1982.2	甘肃省中医学院	2007.6	临床医学		酒泉市瓜州县人民医院	李作福女
35	刘君德	男	1982.1	甘肃省中医药大学	2007.6	临床医学		景泰县人民医院	刘建设子
36	王 萍	女	1984.2	河西学院	2007.6	化学		景泰县草窝滩中学	王吉俊女
37	王建莉	女	1981.9	河西学院	2007.6	计算机科学与技术		景泰县红水中学	王 银女
38	张 伟	男	1982.3	兰州大学	2007.6	临床医学		景泰县人民医院	张治民子
39	寇宗武	男	1984.8	兰州大学	2007.6	计算机		亚信科技（南京有限公司）	寇永国子
40	李治祯	男	1984.6	兰州理工大学	2007.6	测控技术与仪器		本溪钢铁集团	李作平子

续表

序号	姓名	性别	出生年月	毕业学校	毕业时间	所学专业	硕士以上学位	工作单位	备注
41	王万任	男	1984.6	西北师范大学	2007.6	教育技术学		甘肃省发改委	王朝杰子
42	李贵琴	女	1984.6	郑州航空学院	2007.6	工业工程	硕士	深超光电（深圳）	李富道女
43	焦玉洁	女	1986.1	北京交通大学	2008.6	环境监测		中国化工集团（北京）	焦平女
44	马昕	男	1984.1	成都信息工程大学	2008.6	网络工程		成都创想科技有限公司	马永福子
45	屈登岱	男	1983.1	甘肃农业大学	2008.6	草业科学	硕士	景泰县治沙试验站	屈占昌子
46	赵玉燕	女	1981.12	河西学院	2008.6	汉语言文学		喜泉镇人民政府	赵天理女
47	周富娟	女	1983.12	四川大学	2008.6	国际经济与贸易	硕士	银河证券公司鄂尔多斯营业部	周应科女
48	李林生	男	1984.12	天津财经大学	2008.6	金融学		酒钢集团财务公司	李保安子
49	王怡月	女	1985.2	西安翻译学院	2008.6	企业管理		兰州民营企业	王祯女
50	寇宗芊	男	1984.11	西北师大知行学院	2008.6	外国语言文学		景泰县机关事务局	寇永升子
51	杨作慧	女	1985.3	西北师范大学	2008.6	电子信息工程		景泰县人民政府办公室	杨生祥女
52	杨万芹	女	1985.12	兰州交通大学	2008.6	土木工程		甘肃省第七建筑工程公司	杨布元女
53	李宗斌	男	1987.9	甘肃政法学院	2009.6	法学		天水市人民检察院	李元平子
54	朱宗义	男	1986.8	兰理技术工程学院	2009.6	土木工程		甘肃建研建设工程公司	朱武祖子
55	李建生	男	1986.12	兰州大学	2009.6	数学		武威恒通集团	李保平子
56	李贵鹏	男	1986.1	天水师范学院	2009.6	体育	硕士	陕西鹏熙体育文化有限公司	李富道子

续表

序号	姓名	性别	出生年月	毕业学校	毕业时间	所学专业	硕士以上学位	工作单位	备注
57	李忠艳	女	1986.1	湘潭大学	2009.6	国际经济与贸易		甘肃有色金属地勘局矿研院	李桂铭女
58	胡进文	男	1985.4	甘肃农业大学	2010.6	水利水电	硕士	甘肃省引大工程管理局	胡广晓子
59	杨馥霞	女	1986.11	甘肃农业大学	2010.6	园艺	硕士	甘肃省农业科学院	杨生忠女
60	李金霞	女	1985.1	甘肃农业大学	2010.6	水土保持与荒漠化治理		甘肃鑫晶顺果业有限公司	李成龙女
61	沈靖云	男	1986.1	甘肃中医学院	2010.6	药物制剂		兰州大得利医药公司	沈渭民子
62	李金雪	女	1986.1	河西学院	2010.6	教育技术学		中国移动景泰公司	李成才女
63	胡广达	男	1987.5	兰州商学院长青学院	2010.6	会计	硕士	金昌市投融资管理办	胡秉国子
64	尚立萍	女	1987.7	辽宁大学	2010.6	广告学		甘肃中沙特旅旅行社	尚元武女
65	武克海	男	1983.2	西北师范大学	2010.6	汉语言文学		中天健商业招商运营中心	武安顺子
66	胡进静	女	1988.7	天水师范学院	2010.6	生物工程	在读博士	兰州大学第一医院	胡广智女
67	李金银	男	1987.2	武汉科技大学	2010.6	临床医学	硕士	湖北省省直机关工程管理中心	李元顺子
68	张志成	男	1986.12	兰州交通大学博文学院	2011.6	土木工程		白银市建筑管理局	张义军子
69	胡馨伊	女	1987.6	河西学院	2011.6	美术设计		甘肃省教育厅	胡秉宝女

续表

序号	姓名	性别	出生年月	毕业学校	毕业时间	所学专业	硕士以上学位	工作单位	备注
70	王菲	男	1987.3	河西学院	2011.6	思想政治教育		景泰县上沙沃小学	王积银子
71	武小莉	女	1988.8	华北电力大学	2011.6	热能与动力工程	博士	中国核动力研究设计院	武克起女
72	武成红	女	1988.11	华南理工大学	2011.6	艺术		广州市天河区东陂小学	武克玉女
73	赵静	女	1988.12	解放军空军工程大学	2011.6	网络工程	博士	解放军空军95180部队	赵双文女
74	张治婧	女	1989.1	兰州理工大学	2011.6	信息与计算科学		北京赞同科技股份有限公司	张有义女
75	李东霖	男	1986.8	青岛海洋大学艺术学院	2011.6	艺术		陕西西安铂曼网络科技有限公司	李保军子
76	李金娟	女	1987.5	中国劳动关系学院	2011.6	安全工程		上海博丽照明工程有限公司	李成龙女
77	寇宗娜	女	1986.12	兰州商学院	2011.6	旅游管理		青海省盐湖工业股份有限公司	寇永清女
78	张兆师	男	1989.9	吉林工程技术师范学院	2012.6	自动化		甘肃紫光智能交通与控制技术公司	张保林子
79	孙克家	男	1987.6	河西学院	2012.6	物理学	硕士	新疆且末县教育局	孙正泰子
80	王玉玲	女	1988.6	兰州财经大学	2012.6	公共事业管理		靖远县人社局	王仲文女
81	胡广雄	男	1989.4	兰州大学	2012.6	化学工程与工艺		新东方钢铁有限公司	胡秉仁子
82	李元朴	男	1989.11	兰州大学	2012.6	大气科学	在读博士后	上海复旦大学	李尚全子

续表

序号	姓名	性别	出生年月	毕业学校	毕业时间	所学专业	硕士以上学位	工作单位	备注
83	胡广恒	男	1989.1	兰州理工大学	2012.6	电气工程与信息电子		甘南州委组织部	胡秉凯子
84	屈登岳	男	1989.1	兰州理工大学技术工程学院	2012.6	过程装备与控制工程		景泰县农村信用社	屈占昌子
85	田伟	男	1986.8	陇东学院	2012.6	电气工程及其自动化		大唐陇东能源有限公司	田发顺子
86	胡馨予	女	1990.1	山东农业大学	2012.6	生物工程	在读博士	荷兰内梅亨大学	胡秉尚女
87	郝霞	女	1991.5	西安信息科技大学	2012.6	建筑工程管理		西安紫苹果装饰有限公司	郝廷功女
88	杨涛	男	1989.11	中国地质大学	2012.6	地球物理学		白银监狱	杨生河子
89	郝芸	女	1986.9	兰州商学院	2012.6	国际贸易与经济		一条山镇人民政府	郝廷让女
90	杨万红	女	1988.5	湖南城市学院	2012.6	建筑学		兰州新现代设计院	杨布元女
91	杨万福	男	1985.11	兰州交通大学	2012.6	物流管理		兰州顺风公司	杨莫元子
92	李志阳	男	1990.4	中国民航大学	2012.6	飞行器制造工程		北京飞机维修工程有限公司	李作禄子
93	郝涛	男	1989.11	河西学院	2013.6	生物工程		条山集团经营事业部	郝廷金子
94	胡进存	男	1988.12	吉林大学	2013.6	测量与控制技术		甘肃省交通科学研究院	胡广良子
95	李雪莹	女	1989.6	江苏大学	2013.6	安全工程	硕士	江苏 普旭软件信息	李富生女
96	武晓燕	女	1993.6	江西井冈山大学	2013.6	艺术设计		景泰县人民检察院	武克发女
97	胡洁玉	女	1989.11	昆明医科大学	2013.6	临床医学		武威市凉州医院	胡广成女

续表

序号	姓名	性别	出生年月	毕业学校	毕业时间	所学专业	硕士以上学位	工作单位	备注
98	武晓威	男	1991.7	兰州财经大学	2013.6	财务管理		交行甘肃省分行兰州支行	武克家子
99	刘宁	男	1989.7	兰州财经大学	2013.6	金融学		兰州银行	刘学泰子
100	武晓敏	女	1991.5	兰州大学	2013.6	日语	硕士	广东日本汽车零部件有限公司	武克能女
101	李金玉	女	1992.12	辽宁石油大学	2013.6	石油化工与数控技术		陕西省榆林市中煤集团	李成胜女
102	张兆帅	男	1987.9	陇东学院	2013.6	美术	硕士	会宁县刘家寨子镇中学	张保林子
103	胡进祥	男	1989.6	山东黄海学院	2013.6	建筑管理		兰州雁滩舞蹈培训学校	胡广晓子
104	李婧	女	1991.2	西北师范大学	2013.6	计算机	硕士	工商银行兰州分行	李元乾女
105	寇明华	男	1993.11	宜宾学院	2013.6	音乐		四川省资阳市雁江区保和镇初级中学	寇宗仁子
106	李学泰	男	1990.6	中国矿业大学银川学院	2013.6	英语教育	硕士	四川省南充职业技术学院	李明生子
107	郝峰	男	1987.8	仲恺农业工程学院（广州）	2013.6	工商管理		安能快递公司	郝廷强子
108	寇明娇	女	1989.2	兰州交通大学博文学院	2013.6	电气自动化		新疆阿克苏木纳尔小学	寇宗祥女
109	尚立芳	女	1989.1	大连海洋大学	2013.6	经济学		深圳建设银行	尚明武女
110	胡广德	男	1989.6	兰州商学院	2013.6	审计		白银市公安局第九监区	胡秉江子

续表

序号	姓名	性别	出生年月	毕业学校	毕业时间	所学专业	硕士以上学位	工作单位	备注
111	李金鑫	男	1989.8	北京化工大学	2014.6	安全工程		中国建筑第六工程局	李成龙子
112	李金山	男	1994.1	福建三明学院	2014.6	机械设计及其自动化		新疆神火电厂	李成胜子
113	胡进平	男	1990.12	兰州交通大学	2014.6	交通运输		兰州铁路局中卫机务段	胡广良子
114	李金琴	女	1991.5	兰州交通大学	2014.6	电子信息工程		中国邮政兰州市分公司	李元能女
115	李治婷	女	1991.5	兰州理工大学	2014.6	自动化		中国电信平川区分公司	李作胜女
116	杨作飞	男	1988.1	兰州理工大学	2014.6	电气工程及其自动化		甘肃大唐新能源有限公司	杨生才子
117	李志江	男	1987.5	兰州商学院	2014.6	物流管理与新闻学		中粮糖业股份公司	李作满子
118	马丽	女	1990.12	商丘师范学院	2014.6	广告设计		黄河石林旅游开发公司	马永禄女
119	李治楠	男	1992.1	天津城建大学	2014.6	建筑环境与设备工程		恒大集团兰州分公司	李作满子
120	胡洁茹	女	1989.8	浙江海洋学院	2014.6	物理	在读博士	华东师范大学	胡广成女
121	胡进远	男	1991.12	合肥工业大学	2014.6	土木工程		兰州恒大山水城	胡广智子
122	李金玉	女	1991.4	西北民族学院	2014.6	体育		景泰县芦阳镇响水小学	李元祥女
123	李贵琛	男	1992.12	甘肃农业大学	2015.6	生物工程	硕士	甘肃农业大学	李富荣子
124	张忠华	男	1993.4	海南师范大学	2015.6	音乐		景泰县草窝滩中学	张文子
125	杨祚兴	男	1992.1	河西学院	2015.6	电气一体化		华润雪花（甘肃）有限公司	杨生普子

续表

序号	姓名	性别	出生年月	毕业学校	毕业时间	所学专业	硕士以上学位	工作单位	备注
126	赵亚楠	女	1992.9	兰州城市学院	2015.6	交通运输		比亚迪有限责任公司（西安）	赵天敏女
127	李国鹏	男	1990.4	兰州城市学院	2015.6	数学		白银第十中学	李治虎子
128	朱宗耀	男	1992.4	兰州理工大学	2015.6	自动化	在读博士	西安交通大学	朱文祖子
129	赵玉静	女	1994.6	青岛大学	2015.6	工业工程		山东青岛维客集团	赵焕文女
130	武成贤	男	1989.6	陕西欧亚学院	2015.6	室内装修设计		西安装修设计院	武克堂子
131	杨婷	女	1993.7	陕西师范大学	2015.6	物理		白银第十一中学	杨有元女
132	杨亚莉	女	1991.8	天津商业大学	2015.6	工业设计		中国铁建大桥工程局	杨生明女
133	杨作庭	男	1990.5	天津职业技术师范大学	2015.6	电子信息工程		甘肃中太信息科技有限公司	杨生明子
134	雷勤圆	男	1992.3	天水师院	2015.6	体育	硕士	苏州农业职业技术学院	李明生子
135	赵丹萌	女	1993.4	西安外国语大学	2015.6	英语		留学培训学校	赵武女
136	王晶健	女	1990.12	西北师范大学知行学院	2015.6	英语		会宁县思源实验学校	王珠女
137	郝晋彩	女	1993.4	扬州大学	2015.6	水利水电	硕士	浙江杭州水利水电设计院	郝延女
138	李国文	男	1992.9	湘南学院	2015.6	视觉传达设计		中恩国际文化发展（重庆）公司	李治权子
139	张菁萍	女	1991.5	天津医科大学	2015.6	护理		甘肃省人民医院	张鸿雷女

续表

序号	姓 名	性别	出生年月	毕业学校	毕业时间	所学专业	硕士以上学位	工作单位	备 注
140	寇明健	女	1991.2	甘肃政法学院	2015.6	英语		泸州老窖国窖酒类销售公司	寇宗祥女
141	赵再有	男	1992.2	北京化工大学北方学院	2016.6	自动化		北京探感科技股份有限公司	赵天昌子
142	焦裕佳	女	1993.5	北京印刷学院	2016.6	文化产业管理	硕士	上海艾瑞咨询集团（北京）	焦 智女
143	李 勇	女	1994.1	甘肃民族师范学院	2016.6	历史		新疆和田市墨玉县北京中学	李元嘉女
144	李忠玥	女	1993.4	甘肃民族师范学院	2016.6	动植物检疫	硕士	上海药明康德新药开发有限公司	李桂清女
145	刘成德	男	1993.4	甘肃农业大学	2016.6	劳动与社会保障		中国银行白银分行	刘建国子
146	王玉莉	女	1992.3	甘肃农业大学	2016.6	法学		景泰县人民检察院	王仲武女
147	尚立茜	女	1993.9	河西学院	2016.6	经济管理		白银铜城新煜广告公司	尚习武女
148	胡小路	女	1993.12	河西学院	2016.6	广播电视新闻学		甘肃省电视台	胡广谋女
149	李金霖	女	1994.3	河西学院	2016.6	汉语言文学		安徽省亳州市涡阳县楚店中学	李元雁女
150	赵玉霞	女	1994.3	江西师范大学	2016.6	学前教育		甘肃省保育院	赵天胜女
151	赵博有	男	1993.4	解放军边防学院	2016.6	指挥自动化		解放军68006部队	赵焕文子
152	李国爱	女	1992.4	兰州财经大学	2016.6	投资学		甘肃国芳工贸公司	李志祥女
153	赵玉莉	女	1992.11	兰州交通大学博文学院	2016.6	自动化		平安医保科技甘肃分公司	赵天胜女

续表

序号	姓名	性别	出生年月	毕业学校	毕业时间	所学专业	硕士以上学位	工作单位	备注
154	李贵然	女	1995.11	兰州理工大学	2016.6	电气工程及其自动化		国电张掖市高台县供电公司	李富林女
155	李金恒	男	1988.9	兰州理工大学	2016.6	生物工程		宁夏伊利乳业有限责任公司	李成才子
156	王博	男	1993.4	兰州理工大学	2016.6	食品科学与工程		甘肃省轻工研究院有限公司	王积旭子
157	屈登峬	男	1992.12	兰州理工大学技术工程学院	2016.6	自动化		兰州理工检验技术有限公司	屈占虎子
158	胡进玺	男	1991.1	陇东学院	2016.6	石油化工		中国科学院兰州化学物理研究所	胡广成子
159	李国源	女	1993.5	陕西咸阳师范学院	2016.6	绘画		兰州科技职业学院	李志鸿女
160	李倩	女	1992.6	陕西中医药大学	2016.6	预防医学	硕士	成都市青白江区疾控中心	李成茂女
161	刘静	女	1992.2	天津职业技术师范大学	2016.6	视觉传达设计		甘肃财贸学院	刘学泰女
162	李国瑛	女	1993.5	西北师范大学	2016.6	数学		兰州市城关区一只船小学	李治玉子
163	李瑞瑶	女	1992.1	西北师范大学知行学院	2016.6	动漫设计		景泰县寺滩小学	李富德女
164	王怡丹	女	1989.4	长春师范学院	2016.6	会计	硕士	中国移动甘肃总公司	王祯女
165	焦裕伟	男	1992.3	重庆工商大学派斯学院	2016.6	会计		甘肃银行景泰分行	焦文子
166	李金旭	男	1993.7	兰州理工大学	2016.6	热能与动力工程流体方向		上海凯泉兰州技术中心	李元海子

续表

序号	姓名	性别	出生年月	毕业学校	毕业时间	所学专业	硕士以上学位	工作单位	备注
167	寇明亮	男	1992.5	甘肃农业大学	2016.6	应用化学		兰州科天健康科技公司	寇宗祥子
168	王永霞	女	1990.12	兰州商学院陇桥学院	2016.6	会计学		嘉峪关市财政局	王世龙女
169	李婷玉	女	1996.4	福建师范大学	2017.6	法学	硕士	甘肃省知识产权保护中心	李明生女
170	李治芳	女	1993.1	甘肃农业大学	2017.6	统计学		北京新致君阳信息技术有限公司	李作胜女
171	朱宗月	女	1993.9	甘肃农业大学	2017.6	会计		好利来食品有限公司	朱文祖女
172	李欢欢	女	1993.8	甘肃农业大学	2017.6	秘书学		上海轻轻信息科技公司兰州分公司	李清荣女
173	胡广旭	男	1995.5	甘肃政法大学	2017.6	侦查学		兰州市公安局城关分局	胡秉祖子
174	李银瑞	女	1995.3	哈尔滨商业大学	2017.6	制药工程		苏州圣苏新药开发有限公司	李金荣女
175	朱宗珍	女	1993.7	海南大学	2017.6	俄语	在读硕士	西北师范大学	朱君祖女
176	杨媛	女	1993.1	河西学院	2017.6	心理学		天津创业	杨生江女
177	郝原	男	1993.7	解放军装甲兵工程学院	2017.6	电气自动化		解放军某部（银川）	郝廷金子
178	李娟娟	女	1995.5	兰州财经大学	2017.6	信息与计算科学		北京源汇佳电子有限公司	李清荣女
179	武承龙	男	1995.12	兰州交通大学	2017.6	轨道交通信号与控制	在读硕士	兰州交通大学	武克能子
180	杨万海	男	1995.4	兰州交通大学	2017.6	土木工程		兰州新区市政投资管理集团公司	杨有元子

续表

序号	姓名	性别	出生年月	毕业学校	毕业时间	所学专业	硕士以上学位	工作单位	备注
181	李建宁	女	1994.6	兰州交通大学博文学院	2017.6	网络工程		新疆喀什疏附县兰干镇中学	李孝仁女
182	赵泽有	男	1994.6	兰州理工大学	2017.6	能源与动力工程		利欧集团浙江泵业	赵天利子
183	马晓花	女	1994.8	辽宁医学院	2017.6	康复		北京康复中心	马 勤女
184	胡进淑	女	1991.1	陇东学院	2017.6	会计		一条山镇司法所	胡广天女
185	李金冰	男	1994.3	天津职业技术师范大学	2017.6	机械维修及检测技术教育		湖北省随州市随州技师学院	李元雁子
186	王文健	男	1993.12	天水师范学院	2017.6	法学		陕西华夏招标有限公司	王 珠子
187	朱宗蕊	女	1991.1	渭南师范学院	2017.6	音乐		会宁县第二幼儿园	朱君祖女
188	何珏文	男	1990.4	西北师范大学	2017.6	足球、曲棍球		甘肃省体育运动学校	何 睿子
189	李金娜	女	1993.5	延边大学	2017.6	食品加工与安全	硕士	兰州润民粮油有限公司	李元宝女
190	梁 栋	女	1995.1	中国矿业大学银川学院	2017.6	汉语言文学		喜泉镇喜集水小学	梁蛟龙女
191	郝 倍	男	1994.5	西藏大学	2017.6	食品检测		中国人民解放军77576部队	郝廷功子
192	李金俊	男	1992.9	新疆农业大学农业技术学院	2017.6	药学		新疆农大农技学院新资产管理部	李元飞子
193	杨富麟	男	1994.6	成都理工大学	2018.6	测控技术与仪器		浙江嘉化能源股份有限公司	杨作仁子
194	李金洲	男	1995.10	甘肃政法学院	2018.6	侦查学		白银市公安局交警大队	李元宝子
195	杨 敏	女	1995.1	甘肃中医药大学	2018.6	临床医学	在读硕士	大连医科大学	杨生江女

续表

序号	姓名	性别	出生年月	毕业学校	毕业时间	所学专业	硕士以上学位	工作单位	备注
196	赵兴赟	女	1995.1	兰州财经大学	2018.6	英语		景泰黄河石林文化旅游开发公司	赵骏祥女
197	李姗姗	女	1995.10	兰州财经大学长青学院	2018.6	会计		甘肃一泽会计事务有限公司	李元森女
198	李国燕	女	1995.2	兰州理工大学	2018.6	电气自动化		新疆科汇工程设计有限责任公司	李治金女
199	胡进兰	女	1995.10	宁夏理工学院	2018.6	财务管理		甘肃银行文化支行	胡广勤女
200	李丹丹	女	1997.3	上海立信金融会计学院	2018.6	资产评估	在读硕士	兰州大学经济学院	李桂春女
201	朱宗阳	男	1995.2	四川传媒学院	2018.6	视觉传达设计		广州尚品宅配深圳分公司	朱臣祖子
202	王永香	女	1994.3	武汉第二师范学院	2018.6	广告设计		北京今日酷媒传播有限公司	王世活女
203	郝晋鸿	男	1995.1	西北农林科技大学	2018.6	机械电机工程		择业	郝　延子
204	赵娅彤	女	1994.4	西南财经大学天府学院	2018.6	会计		景泰县房屋保障中心	赵和有女
205	李治彤	男	1994.11	重庆师范大学	2018.6	体育教育		择业	李作堂子
206	杨姣茹	女	1995.2	渤海大学	2018.6	食品科学与工程		辽宁安井食品有限公司	杨生机女
207	李金瑞	女	1995.1	河西学院	2018.6	化工		内蒙古莱科作物保护有限公司	李元雄女
208	张靖	男	1995.2	青岛理工大学	2018.6	车辆工程	在读硕士	兰州交通大学	张治国子
209	张永昌	男	1993.1	内蒙古工业大学	2018.6	生物工程		择业	张鸿雷子

续表

序号	姓　名	性别	出生年月	毕业学校	毕业时间	所学专业	硕士以上学位	工作单位	备　注
210	杨作琴	女	1992.1	中国矿业大学银川学院	2018.6	英语		择业	杨生国女
211	韦昌莉	女	1995.1	兰州城市学院	2018.6	播音与主持艺术		兰州华艺艺术学校	韦兴军女
212	李金泽	男	1998.1	南京航空航天大学	2019.6	工程力学	在读硕士	南京航空航天大学	李成龙子
213	田　睿	女	1999.9	南昌大学	2019.6	医学检验		武威市人民医院	田发明女
214	李学安	男	1995.3	南京工业大学	2019.6	装饰设计		西安百合居装饰集团	李正生子
215	李海警	女	1996.5	哈尔滨师范大学	2019.6	劳动与社会保障		景泰县红水学区	李忠泰女
216	武文治	男	1997.10	兰州财经大学	2019.6	资产评估		甘肃省建设投资集团公司	武晓军子
217	李金凤	女	1995.2	河西学院	2019.6	工商管理		上海链家地产公司	李元能女
218	李学荣	男	1995.1	南京工业大学浦江学院	2019.6	交通工程		上海建工五建集团有限公司	李富生子
219	李国斌	男	1995.8	河南大学民生学院	2019.6	通信工程		郑州市小船出海教科（北京）公司	李治江子
220	寇灵琳	女	1997.12	海南大学	2019.6	学前教育		择业	寇宗义女
221	胡倬嘉	女	1997.6	长春师范大学	2019.6	计算机		择业	胡广一女
222	赵天鹏	男	1993.1	山西医科大学	2019.6	信息系统与信息管理		择业	赵　斌子
223	杨晓彤	女	1995.12	天水师范学院	2019.6	电子信息工程管理		成都金科成地理信息科技公司	杨生达女
224	焦裕婷	女	1994.3	洛阳师范学院	2019.6	广播电视编导	在读硕士	西北师范大学	焦　文女

续表

序号	姓名	性别	出生年月	毕业学校	毕业时间	所学专业	硕士以上学位	工作单位	备注
225	李治娜	女	1997.5	甘肃医学院	2019.6	医学检验技术		景泰县中医院	李作玉女
226	朱宗斌	男	1995.3	山东建筑大学	2020.6	风景园林	在读硕士	西安建筑科技大学	朱君祖子
227	李建波	男	1996.1	兰州理工大学	2020.6	过程装备与控制工程		成都空风设备集团公司	李孝仁子
228	李国玉	女	1995.10	甘肃中医药大学	2020.6	中西医临床		景泰县中医院	李治文女
229	李保军	男	1997.3	沈阳工业大学	2020.6	电子商务		择业	李树虎子
230	郝璐	女	1997.11	兰州理工大学	2020.6	电气工程与自动化		择业	郝廷成女
231	李国泰	男	1997.9	天津职业技术师范大学	2020.6	汽车维修与管理		贵州松桃县中等职业学校	李志祯子
232	李银雪	女	1997.3	吉林大学	2020.6	财会		金川集团股份有限公司	李金荣女
233	李治堂	男	1996.3	华东理工大学（江西）	2020.6	电子商务		中科软有限公司（北京）	李作胜子
234	李金盛	男	1997.2	河南理工大学	2020.6	地质工程		中建铁投总承包公司（武威）	李元能子
235	李国琴	女	1997.8	甘肃政法学院	2020.6	公共事业管理		兰州名扬网络传媒公司	李治家女
236	杨晓婕	女	1998.3	天水师范学院	2020.6	法学		择业	杨生军女
237	赵浩森	男	1996.12	武汉工程大学	2020.6	能源动力		择业	赵和有子
238	杨钰玲	女	1998.11	中国石油大学（华东校区）	2020.6	物联网		山东威海新北洋信息技术公司	杨生达女
239	李金阳	男	1996.2	兰州交通大学博文学院	2020.6	水利水电工程		水电十六局科研设计院（福建）	李元雄子

2020年高等学校本科（在读）学生统计表

表13-7-2

序号	姓名	性别	出生年月	在读学校	入校时间	所学专业	备注
1	李钊玮	男	1997.1	燕山大学	2016.8	车辆工程	李作泰子
2	张煊	男	1998.9	沈阳航空航天大学	2017.8	飞行器制造工程	张治全子
3	寇明鑫	女	1997.6	山西财经大学	2017.8	公共管理	寇宗礼女
4	武世伟	男	1998.12	兰州大学医学院	2017.8	护理	武成军子
5	赵越有	男	1999.1	大连交通大学	2017.8	电气工程及自动化	赵天敏子
6	李婷	女	1997.12	天水师范学院	2017.8	电气与自动化	李元森女
7	李学珺	女	1999.2	湖北科技学院	2017.8	应用心理学	李海生女
8	胡进昌	男	1998.3	海口经济学院	2017.8	休闲体育	胡广勤子
9	杨野	男	1999.11	西北师范大学	2017.8	网络安全	杨生淮子
10	张兴汝	女	2000.6	西安建筑科技大学	2017.8	汉语言文学	张德明女
11	李贵安	男	1998.8	兰州理工大学	2017.8	电气工程	李清荣子
12	杨富雄	男	1999.3	西华师范大学	2017.8	运动训练	杨作义子
13	尚天霞	女	1997.11	兰州财经大学长青学院	2017.8	工商管理	尚立江女
14	王宏建	男	1996.1	厦门集美大学	2017.8	航海	王玉子
15	芮文静	女	1997.11	兰州财经大学	2017.8	市场营销	李尚福女
16	李治州	男	1999.5	兰州商学院长青学院	2017.8	工商管理	李作宝子
17	王鑫键	男	1997.11	兰州城市学院	2017.8	幼儿教育	王军女
18	韦静楠	女	1997.11	长春中医药大学	2017.8	药学	韦性奎女
19	杨佑菁	女	2000.12	兰州理工大学	2018.8	建筑环境与能源应用工程	杨天林女
20	刘姗姗	女	1999.12	兰州财经大学	2018.8	国际经济与贸易	刘向云女
21	李国武	男	2000.5	成都理工大学	2018.8	核工程	李治江子
22	胡靖乔	男	1999.1	厦门大学嘉庚学院	2018.8	金融学	胡广一子
23	焦裕洁	女	2000.3	天水师范学院	2018.8	英语	焦睿女
24	李易泽	男	2000.2	湖南大学	2018.8	土木工程	李金贤子
25	李金熙	男	2000.11	天津师范大学	2018.8	美术	李元善子
26	王国任	男	1998.8	兰州理工大学	2018.8	焊接技术与工程	王忠海子
27	杨婷婷	女	2000.4	兰州城市学院	2018.8	数学与应用数学	杨生虎女
28	李蕾	女	2000.1	湖北医药学院	2018.8	麻醉	李桂锋女

续表

序号	姓名	性别	出生年月	在读学校	入校时间	所学专业	备注
29	张晖	女	2000.2	中国人民大学	2018.8	金融学	张治军女
30	李丹红	女	2000.1	甘肃民族师范学院	2018.8	社会工作	李富忠女
31	李保伟	男	2001.9	沈阳航空航天大学	2019.8	测控技术与仪器	李树豹子
32	李银昊	男	2000.9	中国民航大学	2019.8	自动化	李金荣子
33	寇宗昊	男	2001.3	西北师范大学	2019.8	数学	寇永宾子
34	尚天鹏	男	2001.7	兰州交通大学	2019.8	交通运输	尚立乾子
35	田波	男	1999.1	兰州交通大学	2019.8	建筑环境与能源应用工程	田发明子
36	马英博	男	2001.7	天津职业技术师范大学	2019.8	汽车维修	马俭子
37	马瑞敏	女	2000.4	陇东学院	2019.8	会计学	马俭女
38	武世博	男	1999.9	河西学院	2019.8	数学与应用数学	武承杉子
39	张栏	男	2000.8	石河子大学	2019.8	环境工程	张志海子
40	武丽丽	女	2000.2	兰州财金大学长青学院	2019.8	工商管理	武成刚女
41	寇明菊	女	2000.3	南京特殊学院	2019.8	英语	寇宗延女
42	孙克明	男	2000.10	锦州铁道技术学院	2019.8	动车及检修技术	孙永泰子
43	寇明双	男	2000.10	兰州理工科技技术学院	2019.8	材料成型与控制	寇宗发子
44	王钰键	男	1999.10	甘肃医学院	2019.8	临床医学	王军子
45	韦应晨	女	2001.11	西北师范大学	2019.8	教育学	韦性奎女
46	郭长清	女	2001.11	兰州财经大学	2019.8	会计学	郭永文女
47	张芊芊	女	2002.4	中国政法大学	2020.8	法学	张治学女
48	韦盛顺	男	2002.12	重庆大学	2020.8	电子信息类	韦昌茂子
49	王全建	男	2002.7	北京化工大学	2020.8	新型材料	王宝子
50	李政炜	男	2001.12	兰州理工大学	2020.8	新能源科学与工程	李建文子
51	尚立峰	男	2001.1	大连海洋大学	2020.8	生物科学	尚元武子
52	李金琳	女	2002.4	兰州财经大学	2020.8	电子商务	李元斌女
53	张重尧	男	2001.1	西安体育学院	2020.8	体育教育	张勇子
54	田丰	男	1999.1	河西学院	2020.8	体育教育	田发军子
55	杨婷婷	女	2001.4	海口经济学院	2020.8	经济学	杨作文女
56	王建森	男	2001.9	天津职业技术师范大学	2020.8	汽车维修工程教育	王得子
57	金皓	男	2001.3	北海艺术设计学院	2020.8	环境设计	金祥熙子

历年来在职进修取得本科学历人员统计表

表13-7-3

序号	姓名	性别	出生时间	毕业学校	所学专业	毕业时间	学历	工作单位	备注
1	武克俭	男	1952.2	中央党校	党政管理	1999.7	本科	武威监狱（退休）	武正顺子
2	焦清	男	1956.4	武威师范 中央党校	普通师范 经济管理	1979.9 1997.12	中专 本科	甘肃省政协（退休）	焦万益子
3	张义军	男	1957.9	临洮农校 中央党校	农学 政法	1983.7 1997.12	中专 本科	景泰县水务局（退休）	张万宝子
4	赵双文	男	1958.1	解放军西安通信学院	通信工程	1998.6	本科	陕西省人社厅（退休）	赵经基子
5	胡秉国	男	1958.12	金川技校 兰州大学	选矿 经济管理	1980.1 1992.10	中专 本科	金川集团公司选矿厂（逝世）	胡永廉子
6	焦平	男	1958.2	北方工业大学	法律	1999.7	本科	白银市公安局交警支队（退休）	焦万益子
7	屈占昌	男	1961.3	兰州大学高教自考	汉语言文学	1989.12 1998.12	大专 本科	景泰县人社局	屈作文子
8	李富荣	男	1963.6	兰州商学院	财政	1988.6	本科	景泰县税务局	李有仁子
9	王孝	男	1963.8	中央党校	经济管理	1998.12	本科	民航甘肃安全监督管理局	王天才子
10	胡秉尚	男	1964.6	武警兰州指挥学校 中央党校	后勤 法律	1983.1 2010.7	中专 本科	兰州市地税局（退休）	胡永钦子
11	赵天恒	男	1964.9	兰州工业学校 兰州理工大学	道路桥梁	1986.7 1996.9	中专 本科	武威毛针织厂（逝世）	赵俊子
12	张治军	男	1965.12	武威师范 兰州大学高教自考	普通师范 汉语言文学	1984.6 1998.6	中专 本科	芦阳学区	张有仁子
13	朱君祖	男	1965.3	西北师范大学 天水师范学院	化学 经济管理	1991.6 2015.6	大专 本科	太平洋产险白银中心支公司	朱延龙子

续表

序号	姓名	性别	出生时间	毕业学校	所学专业	毕业时间	学历	工作单位	备注
14	寇宗仁	男	1965.7	武威师范 西北师范大学	英语	1984.6 1997.6	中专 本科	景泰五中	寇永财子
15	李桂春	男	1966.9	武威师范 中央党校函授学院	英语 政法	1984.6 1995.12	中专 本科	景泰四中（退休）	李俊财子
16	刘学军	男	1966.9	甘肃政法学院	法学	2004.6	本科	景泰县人民法院	刘兴汉子
17	胡广谋	男	1968.6	武威师范 兰州大学高教自考	普通师范 汉语言文学	1988.6 2006.12	中专 本科	景泰县第四中学	胡秉蛟子
18	李富林	男	1968.9	甘肃省财经学院	财务会计	1992.6	本科	草窝滩镇人民政府	李有仁子
19	李 平	男	1970.12	甘肃省商学院 甘肃省委党校	经济管理	1991.7 2000.12	大专 本科	武威恒通实业有限公司	李保卫子
20	焦 智	男	1972.4	兰州商学院 甘肃广播电视大学	会计 财务与会计	1993.6 2001.6	大专 本科	工商银行金城支行	焦万益子
21	李治荣	男	1972.7	中央广播电视大学	计算机科学与技术	2008.6	本科	景泰县第六中学	李作鼎子
22	李桂锋	男	1973.11	甘肃政法学院 兰州大学	法学 法学	1997.6 2001.12	大专 本科	景泰县人民法院	李俊财子
23	李 凡	男	1973.2	甘肃省商学院 甘肃省委党校	经济管理	1992.7 1994.6	大专 本科	武威恒通实业有限公司	李保卫子
24	胡广亚	男	1973.2	甘肃省经济管理干部学院 兰州大学	金融 法学	1995.6 2001.6	大专 本科	甘肃省公安厅	胡秉荣子
25	李 英	女	1973.8	甘肃工业大学	计算机	2005.6	本科	景电管理局	李元义女
26	胡桂芬	女	1974.12	兰州师范专科学校 西北师范大学	艺术 艺术	1997.6 1999.6	大专 本科	兰州财经大学	胡秉海女
27	李治海	男	1975.2	甘肃广播电视大学	会计	1998.6	本科	白银市公交公司	李作国子
28	李春霞	女	1975.3	兰州大学医学院	临床医学	2011.6	本科	景泰县人民医院	李保升女

续表

序号	姓名	性别	出生时间	毕业学校	所学专业	毕业时间	学历	工作单位	备注
29	胡广垠	女	1976.11	东北石油大学	会计学	1997.6 2010.6	大专 本科	辽河油田安监中心财务科	胡秉荣女
30	郝 玲	女	1976.3	甘肃中医学院 宁夏医科大学	中西医结合 药学	2005.6 2016.6	大专 本科	景泰民康药业有限公司	郝廷良女
31	田发淑	女	1976.7	兰州医学院 宁夏医科大学	临床医学	2003.9 2013.3	大专 本科	景泰县中医院	田种刚女
32	张志帆	女	1977.12	张掖师专 西北师范大学	化学 英语	1999.6 2008.6	大专 本科	草窝滩学区	张有义女
33	李富达	男	1977.9	青海教育学院 青海省民族学院	数学 行政管理	1997.6 2002.7	大专 本科	青海省政府办公厅	李有智子
34	寇宗颖	女	1977.9	甘肃省幼儿师范学校 西北师范大学	幼教 汉语言文学	1999.6 2014.2	中专 本科	景泰县第一幼儿园（逝世）	寇永财女
35	胡桂春	女	1978.8	甘肃省水利学校 中央广播电视大学	水土保持 小学教育	2003.6 2011.6	中专 本科	景泰县第二小学	胡秉江女
36	胡广瑞	女	1980.7	长沙民政学院 西北师范大学	社会工作 汉语言文学	2002.6 2009.1	大专 本科	喜泉镇兴泉小学	胡秉军女
37	李媛媛	女	1980.9	兰州大学	教育	2006.6	本科	景电管理局	李保升女
38	杨作林	女	1981.11	甘肃省国防科技工业学校 中央广播电视大学	电子技术与应用 汉语言文学	2001.6 2010.6	中专 本科	景泰县漫水滩乡杨柳小学	杨生安女
39	杨 雪	女	1981.12	兰州理工大学	会计电算化 会计	2004.7 2006.1	大专 本科	兰州市红古区政法委	李保升女
40	胡馨丹	女	1982.6	兰州电力学校 中央广播电视大学	电算会计 法学	2003.6 2012.1	中专 本科	景泰县自然资源局	胡秉宝女
41	李 娟	女	1982.7	甘肃联合大学 中央广播电视大学	水利水电工程	2006.6 2013.6	大专 本科	甘肃省疏勒河管理局	李保平女

续表

序号	姓名	性别	出生时间	毕业学校	所学专业	毕业时间	学历	工作单位	备注
42	李国霞	女	1983.1	兰州大学医学院 石河子大学	护理	2006.6 2019.1	大专 本科	新疆巴州合静县人民医院	李治兴女
43	郝龙	男	1983.4	应征服役 华北电力大学	电气自动化	2004.6 2008.6	本科	甘肃省电力公司	郝廷成子
44	赵海有	男	1983.7	酒泉农业技术学院 甘肃农业大学	农学	2007.6 2018.6	大专 本科	宁夏恒基利马格兰种业公司	赵天武子
45	赵天伟	男	1984.4	兰州商学院	国际商务金融	2008.6 2012.6	大专 本科	景泰县农村信用社	赵文子
46	李国庆	女	1984.6	兰州城市学院 国家开放大学	汉语言文学 会计学	2006.6 2018.6	大专 本科	新疆巴州合静县幼儿园	李治兴女
47	李治澎	男	1984.1	成都电子机械高等专科校 南昌大学（成人班）	建筑电气 工程管理	2007.6 2018.6	大专 本科	江西九江联泰地产开发置业有限公司	李作金子
48	胡广亮	男	1985.5	甘肃交通职业技术学院 广西大学（函授）	道路桥梁工程技术 土木工程	2008.6 2014.1	大专 本科	兰州汉德工程机械维修工司	胡秉奎子
49	王胜	男	1986.4	兰州大学（自考） 国家开放大学	工商管理 会计	2012.10 2016.1	大专 本科	白银市文化广电和旅游局	王吉俊子
50	李宗霞	女	1986.6	新疆阿克苏职业学院 宁夏医科大学	护理	2009.6 2015.6	大专 本科	榆中县和平镇人民政府	李元平女
51	武晓凤	女	1987.6	兰州外语职业学院 中国地质大学	广告设计 法学	2009.6 2013.3	大专 本科	中冶建工集团甘肃勘察设计院	武克俭女
52	赵天信	男	1988.1	武威职业技术学院 重庆大学（网络教育）	会计电算化 会计	2012.6 2016.6	大专 本科	天祝县农商银行	赵文子
53	张瑞	女	1988.12	黑龙江司法警官职业学院 甘肃政法学院	心理咨询 行政管理	2011.7 2015.7	大专 本科	景泰县公安局	张治荣女

续表

序号	姓名	性别	出生时间	毕业学校	所学专业	毕业时间	学历	工作单位	备注
54	焦裕兰	女	1989.5	兰州职业技术学院 兰州理工大学	旅游管理 水利水电工程建筑	2007.12 2010.6	大专 本科	景电管理局	焦　文女
55	武成辉	男	1989.8	甘肃省水利水电学校 甘肃农业大学	水利水电建筑工程	2009.8 2012.12	中专 本科	甘肃省水利水电工程局	武克明子
56	陈俊年	男	1990.12	包头铁道职业技术学院 江南大学（网络教育）	交通公路运输 行政管理	2012.3 2016.7	大专 本科	宁波轨道交通集团公司	屈占昌子
57	焦裕莲	女	1990.12	甘肃省卫生学校 宁夏医科大学	影像技术 临床医学	2010.7 2018.1	中专 本科	白银市中心医院	焦　文女
58	赵国有	男	1990.3	兰州工业学院 东北财经大学	建筑工程技术 工商管理	2013.6 2020.1	大专 本科	北京企忆果教育科技有限公司	赵汉文子
59	刘小苏	女	1990.7	兰州职业学院 国家开放大学	学前教育	2014.6 2017.6	大专 本科	白银区文化馆	刘学军女
60	赵晓有	男	1991.8	山东高新职业技术学院 湖南理工大学	汽车制造 行政管理	2010.6 2017.6	大专 本科	深圳市贺恩茶文化有限公司	赵天兴子
61	张　莉	女	1991.9	兰州外语职业学院 兰州财经大学（自考）	会计电算化 金融	2014.6 2018.1	大专 本科	景泰高速公路收费管理所	张治国女
62	赵若有	男	1992.3	甘肃省水利水电学校 甘肃广播电视大学（函授）	测量 水利工程	2010.6 2014.6	中专 本科	中国水利水电十局	赵天利子
63	梁常君	女	1995.12	西安城市建设职业学院 兰州大学（网络教育）	学前教育 金融学	2015.6 2018.1	大专 本科	五佛乡泰和幼儿园	梁真龙女
64	李富安	男	1996.1	兰州理工大学（网络教育）	人力资源	2018.6	本科	兰州天成人力资源公司	李清荣子

芳草村媳妇取得本科及以上学历人员花名册

表 13-7-4

序号	姓名	出生年月	毕业学校	毕业时间	所学专业	硕士以上学位	工作单位	备注
1	蔡文琴	1946.8	甘肃农业大学	1968.6	农学		武威地区质量技术监督局（退休）	李保卫妻
2	姚学竹	1967.2	甘肃农业大学	1992.6	土壤与植物营养		景泰县农技中心	李桂春妻
3	贺慧霞	1970.1	兰州医学院	1994.6	口腔医学	博士后	解放军总医院	李作泰妻
4	段映文	1973.11	甘肃农业大学	1997.6	食品加工		景泰县农技中心	李金书妻
5	雷明霞	1977.1	青海师范大学	1998.6	数学		青海省天峻县教育局	李富达妻
6	马丽峰	1978.7	兰州理工大学	1999.6	化工		白银市第十中学	李治海妻
7	薛英	1976.8	甘肃政法学院	1999.9	法律		武威市公安局	李平妻
8	陈怡	1979.3	华南理工大学	2001.6	高分子材料		中美合资惠普电脑公司	赵科有妻
9	陈娜	1979.3	兰州理工大学	2004.6	计算机科学与技术	硕士	兰州工业学院	武晓晶妻
10	齐相民	1982.8	西北师范大学	2004.6	英语		内蒙古乌拉特前旗第五中学	张鹏妻
11	魏兴英	1966.1	甘肃广播电视大学	2005.6	英语		景泰县第二小学	赵斌文妻
12	简桂芳	1980.5	西北农林科技大学	2006.6	旅游管理		江苏丹阳富新集团	李福升妻
13	吕长红	1982.1	北京石油化工学院	2006.6	化学工程与工艺	硕士	甘肃省知识产权事务中心	寇宗武妻
14	王兴玲	1973.3	甘肃政法学院	2006.12	经济法学		景泰县农村信用合作联社	张治学妻

续表

序号	姓名	出生年月	毕业学校	毕业时间	所学专业	硕士以上学位	工作单位	备注
15	罗彩艳	1971.5	兰州大学	2007.1	汉语言文学		白银市第六中学	李金贤妻
16	杨新玉	1973.1	甘肃省委党校	2008.12	行政管理		甘肃省机关事务管理局	李 凡妻
17	李 娜	1983.12	甘肃政法学院	2008.6	汉语言文学		草窝滩乡人民政府	孙宏泰妻
18	方宁兰	1985.9	西北师范大学	2008.6	广播电视编导	硕士	兰州城市学院	王万任妻
19	吕长文	1982.3	西南大学	2009.6	汉语言文学		景泰县第一幼儿园	寇宗信妻
20	高 甜	1986.11	西北师范大学知行学院	2009.6	汉语言文学		白银区税务局	张志成妻
21	雷丽娜	1986.7	天津商学院	2009.6	法学		金川区人民法院	胡广达妻
22	罗崇玲	1985.5	甘肃农业大学	2009.6	资源环境与城乡规划管理		景泰县农技中心	屈登岱妻
23	周 畅	1986.6	武汉科技大学	2010.6	预防医学		武汉市江夏区疾控中心	李金银妻
24	高黎明	1987.12	平凉高等医学专科学校	2010.6	高护		永登县城关镇社区	胡进文妻
25	石婉莹	1990.12	西安美术学院	2010.6	艺术设计		西安口袋文化传媒公司	李东霖妻
26	李秀善	1987.9	四川外国语大学	2011.6	旅游管理		小学课外培训班	朱宗义妻
27	郭志新	1976.12	陕西师范大学	2012.6	英语		景泰县第三小学	杨生淮妻
28	罗亚男	1988.9	兰州商学院	2012.6	财务管理		甘肃省建筑科学研究院	张兆帅妻
29	李雪梅	1990.1	陇东学院	2012.6	电气工程及其自动化		大唐陇东能源公司	田 伟妻

续表

序号	姓名	出生年月	毕业学校	毕业时间	所学专业	硕士以上学位	工作单位	备注
30	闫瑞	1990.7	兰州商学院	2012.6	税务		景泰县农村信用合作联社	屈登岳妻
31	王琴	1987.1	甘肃省中医学院	2013.6	临床医学		兰州市肺科医院	胡广雄妻
32	何迈	1989.9	浙江兰亭书法艺术学院	2013.6	书法学		翰墨轩书法教育中心	李建生妻
33	东建丽	1990.5	兰州理工大学	2013.6	制药工程	硕士	甘南州疾病控制中心	胡广恒妻
34	陈其美	1989.6	西北师范大学	2014.6	教育		白银区社保局	李国鹏妻
35	杨梅	1992.5	宜宾音乐学院	2014.6	音乐表演		四川资阳保和镇初级中学	寇明华妻
36	沈丽云	1993.1	兰州城市学院	2014.6	播音与主持艺术		景泰县融媒体中心	张忠景妻
37	卢昌彩	1975.8	甘肃农业大学	2015.6	动物检疫与食品检验		景泰县畜牧兽医局	张治海妻
38	张燕	1986.9	兰州财经大学	2015.6	财会		榆中县农商银行	赵刚有妻
39	何金梅	1989.11	重庆师范大学	2015.6	汉语言文学		会宁土高山乡中心小学	张兆帅妻
40	王晶	1990.4	兰州商学院长青学院	2015.6	会计		甘肃银行白银分行	胡广德妻
41	杨琼	1993.9	浙江大学宁波理工学院	2016.6	财务管理		宁波轨道交通集团公司	陈俊年妻
42	查奕茹	1994.6	陕西电子信息技术学院	2017.6	财会		兰州教学实验药品公司	胡进祥妻

芳草村志

第十四章
艺 文

第十四章 艺 文

从条城到北山

——芳草李宗经家族

李志鸿

一、芳草李氏家族概况

芳草李氏家族，系陇西望族，咸阳名门。始祖李鉴，陕西省咸阳县高庙村人。明弘治年间，随从肃王至兰州，住井儿街，到第三代即李鉴的三个孙子，兄弟三人于明万历四年（1576年）卖掉井儿街祖宅同迁条城街（今榆中县青城城隍庙旁）。自李鉴起，其家族已有五百多年历史，历二十二世。其家族以榆中县青城镇东滩为基地，广泛分布于白银区蒋家湾、桦皮川、麻坪、川口，榆中县哈岘、上花园子以及兰州、靖远、景泰、银川、西宁、张掖和新疆等地，繁衍人口达数万人之多，为古今青城（条城）众多姓氏中的大户。

李氏家族第三世从兰州迁往条城后，艰苦创业，农商并举，经营有方，成为条城有名的富户。

李氏第五世孙李自贵，明朝肃王侍卫，明末清初归家，隐居不仕。其后人多定居于蒋家湾，在蒋家湾一带发展农业，兴修水利，修天车（水车），种烟叶，开发蒋家湾、桦皮川，麻林坪一带，组织民众修建了当时著名的"普泽渠"水流工程。"普泽渠"时称"东滩大渠"。引黄河水从青城起至黄崖口，全长近13公里，宽3米，深2.5米，可灌溉良田数百亩，造福一方。

二、蒋家湾"六德书院"

李氏家族定居蒋家湾的后人，在发展经济的同时，特别重视教育事业的发展，蒋家湾的李氏第十代孙崇德、耀德、泗德、志德、八德、凯德等兄弟六人皆事业有成，经济实力雄厚，其中崇德、凯德系国子监太学生。清道光二十五年（1845年），由凯德倡导创建以兄弟六人之名命名的蒋家湾"六德书院"。"六德书院"是李氏家族在创办青城书院之后在蒋家湾创建的又一所书院，大大方便了当地学生就近上学，为地方教育学业做出了重大贡献。时家号"源顺"。

"六德书院"立创建碑志，记录创学之由：

余族綦繁，为条邑最。其间读书获隽者，余家而外，殊甚寥寥。盖我族多寒家，里中纵有颖异之材，往往以限于脩金，遂至泅迹耕佣。即间有生资，又复斩束脩之费，俾子弟稍识丁卯，而即为改业。我邑虽有青城书院，而我族半处河朔，涉险堪虞，可若何。闻之古人有修族学者，窃慕其高风，而仿其遗志。建立义学一处，共计四十一间。亦兼俾乡邑之寒者，共得肄业其中，此则余之志也。功甫竣，里中长者，谬许为盛事。且谓余一人出资创修，何若使人人共襄义举，俾得随意捐助，略助脩金，是亦青城之一小书院也。庶乡邑来学者，悉化畛畦，岂不甚善？余以谓善与人同，人诚乐施，余何辞焉！余尤愿肄业者，咸恪师范，沉静专一，勿视为具文。彬彬焉尔雅之选也，岂不懿欤？学曰六德，堂曰德本，悉以奉遵文昌、孚佑帝君之乩尔。谨将建修费用及阖邑捐，兼李氏祀祖会捐项，并青城书院拨给修金，开列于下：（略）

督工首事李继峰，李继漆；镌字人李才祥，李彦林。

兰州府皋兰县例赠宣德郎国子监太学生李泽南撰文并叙

兰州府金县儒学增广生李玉山薰沐书丹

大清道光二十五年岁次乙巳夏四月之谷旦立时李泗德携子李继颜在北山（今芳草）已创业成功，李继颜给"六德书院"的创建捐款三百千文。

三、北山（景泰）创业记

（一）争取水源，买田置地

芳草村，清朝属靖远县管辖。嘉庆年间，蒋家湾李继颜来到这里考察开发创业。据李氏家族老一辈人讲述：村庄北面的后塬此前叫傅家塬，因大芦塘傅姓人家在此耕种得名；村庄西面有一涝坝，时称洪家涝坝，也因清嘉庆年间大芦塘洪姓人家开挖找水以灌溉土地得名。

李继颜来到芳草时，适逢大芦塘洪家在此挖水，但已无力投资，李继颜就和洪家协商，由其出资两家共同开挖，事成后共同受益，工程竣工后，双方对工程投资做了结算，洪家投入比例太低，遂放弃共享，水源归李继颜所有。李继颜从傅家购买了傅家塬（即后塬）的全部土地。在嗣后的岁月里，经过李继颜及其后代三代人艰苦努力，开发了上尖子、叕湾湾、梁梁背后，开垦拓展原傅家塬的水浇地面积并更名为福家堂，又开发、购置了村庄周围的很多旱地。据李氏家谱记载，当时的水源灌溉水田共三千亩，春灌一千亩，秋灌一千亩，歇灌一千亩，土旱地和砂地很多（具体面积略），现在沙河南面的台子梁、李宝沟沟、蔡家磴一带，东面石板咀子一带，西面东梁村一带，北面的北头梁一带，都是芳草的旱地。

另外，现在大水磴的大部分水地、旱地（面积略）和一眼泉水也为李宗经家族所有，正路乡黄崖村附近有一部分砂地，其中七八十亩砂地，当时专门种植大烟。

（二）嘉庆筑堡、铸钟

李继颜在芳草渠创业成功后，老家条城、蒋家湾的族人逐渐搬迁来居住，经营土地。清嘉庆年间，因经常有盗匪出没，李继颜投资建筑芳草堡子，堡子是夯土筑成的，基本呈正方形，堡墙底部厚约4米，顶部厚约2米多，高13米多（含女儿墙），女儿墙站台宽1.5米左右。占地总面积约20亩，堡墙有墩子8个。堡子四角各有约9平方米的炮台，堡门朝南，堡门分两层，上层为瞭望楼，堡门正前方有一道高5米多，长18米的瓮城墙（照壁）。

堡子建成后，李继颜请大靖金火匠铸钟一口，钟高约1米，下口直径约80厘米，铸造精致，铭文记述铸钟经过和铸钟人及捐资人姓名，字体工整娟秀，铸好后架在堡墙西南角的炮台上，用于报警，声音洪亮，传播非常远，使用不久，即有"芳草的钟，锁罕堡的风"之说。后来芳草学校一直用来作为学校的报时器，可惜在一个寒冬的早晨，钟被敲击开裂，弃之不用后不知所终。据村上老年人说，钟上铭文的落款是嘉庆十八年，说明芳草堡子在嘉庆十八年（1813年）已经建造成功。

（三）引水进村，开挖下涝坝水源

洪家涝坝距离村庄较远，村民吃水不方便，为了解决村民生活用水和灌溉更多的田地，李继颜和他的后代投资开挖了下涝坝水，解决人畜饮水的同时灌溉了梁梁背后附近的农田，也加大了后塬和下滩的灌溉面积。

（四）加工水烟

李氏家族在条城、蒋家湾居住期间就有加工水烟的历史，定居芳草后，因为有加工烟叶的技术，因此在堡子里面西北角建造了烟房，加工水烟，销往全国各地，出口东南亚的马来西亚、泰国、新加坡等国，这在当时是景泰县境内为数不多的民营企业之一，后虽然烟房被毁，但这一位置一直被称为烟房，时家号"源顺魁"。

（五）苏州商号

及至李继颜之孙李宗经时期，李氏家族的经济达到了鼎盛时期，据老一辈人讲述，李家在全国各地有18个商号，其中苏州的商号，经营丝绸和烟土等生意，据李琴老人（已故）和叔父李作彪讲述，当时霍元甲答应给李家商号护镖，线路是苏州到山东威海的商队，后因霍元甲比武受伤，霍元甲又委托大刀王五护镖。霍元甲和大刀王五都是清末名侠，据此推理，李家当时在苏州的商业规模还是可观的。

（六）"北大路"商业

旧时"北大路"指的是中卫至武威一线，李宗经和其子李林（时称李少爷）时期，经营"北大路"的百货生意，商队往返路线是中卫经冬青沟、营盘水、大靖等地到达武威，据李琴老人和父亲李作祯说，当时李少爷的驼队很庞大，骆驼队的头驼已经到了锁罕堡，尾驼还在芳草出圈，此时的李氏家族声名显赫，富甲一方，时家号"福家堂"。

（七）李继颜开发靖远"鳖肚子"

在"北山"（芳草）创业成功后，李继颜又在靖远考察创业，当时靖远县城东面（距城约3公里）有一片土地，虽临黄河，但无法灌溉，李继颜在那里投

▲ 光绪皇帝诏封李继颜建威将军制书（汉语部分）

资兴修水利，引黄灌溉，从此那里的人们肚子吃饱了，把那里称作"鳖肚子"（今靖远县东湾乡三合村）。同时建成十余亩的堡子一座，后其子李世与在那里经营，靖远人称之为"李七老爷"。李继颜派人给儿子送去"南院主人"匾一副（靖远县县志记载）。

（八）"白胡子"的故事

李继颜一生艰苦创业、勤俭治家，为人耿直大度、乐善好施，咸丰年间，天旱连年，加冰雹等自然灾害，芳草粮食减产，村民的生活十分困难，食不果腹，很多日月里，李继颜站在堡墙上四下观望，发现谁家烟囱不冒烟，就去询问为什么不动烟火，村民说家里没有吃的粮食了，因为老爷子经常给我们粮食，现实难向老爷子开口，李继颜说："你们先到我家伙房里吃上些。"然后又派人送去粮食。饥荒连年加重了老人家关心村民的负担，忧心忡忡，老爷子的胡子一天天地变白了，最终积劳成疾，卧不能起，不多日子就去世了，村民们感动地说，继颜老爷是白胡子老太爷，从此以后，"白胡子"成了李继颜的代名词，传颂至今。（摘自李氏家谱序）

光绪十六年（1890年）三月二十二日，李继颜因"敬以持躬，忠能启后，威宣阃外，家传韬略之书"，教育培养李宗经有功，被诰封"建威将军"。

四、"建威将军"李宗经

（一）李宗经简介

李宗经，字仿古，清道光二十一年（1841年）生，光绪三十四年（1908年）卒，清靖远芳草渠（今属景泰）人。系李氏十二世祖李世琪之子，自幼失怙，聪慧好学，其祖父李继颜为他请了两名老师，一个教文，一个教武，读《四书》《五经》，善书画，毕业于蒋家湾六德书院，国子监太学生。他自幼喜爱武艺，身材魁梧，经常一个人舞枪弄刀，从不间断，练就了一身好功夫，尤其

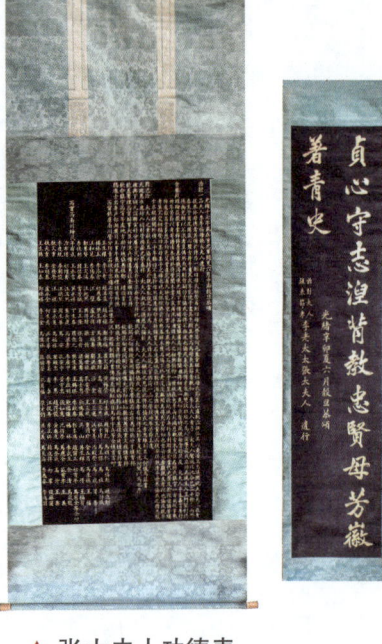

▲ 张太夫人功德表

善骑射，有"一马三箭"之功，就是说他骑在马上，驱马快跑，竟然三箭连射在同一靶孔上。

据清《皋兰县志》及现《白银市志》记载，同治六年（1867年）正月，李宗经跟随靖远县知县金麟自砂金坪攻打靖远县城，克复造反回民占领的靖远县城，以军功奖六品蓝翎，返里后，出资招募兵勇500余，率而西进，报效于哈密办事大臣文麟军前，负责河西、青海、新疆一带征剿。在收复关外各域中，屡建战功。戎马20年，曾为威仪营参将，后为副将，借补西宁南川营都司额腾依巴图鲁加四级。光绪十六年（1890年）被保荐为总兵衔，曾领兵6500名。诰封建威将军。同年，其祖父李继颜被诰封"建威将军"，其祖母寇氏诰封"一品夫人"；其母张氏，20岁丧夫，孀居近30年，教子有方，有德乡里，诰封为"一品夫人"。宗经继妻马氏、续妻武氏诰封"一品夫人"，有功德表对联颂曰："诰赐金花节操贞永，祜荣玉树福泽绵长"，宗经同堂叔世瑜之妻毛氏诰封为"五品金花诰命夫人"，同时诰封夫人有七位（还有两位失考），并封赏了土地。清光绪十七年（1891年），光绪钦差大臣奎顺，钦命西宁挂印总镇邓增为李宗经母亲"一品夫人"上功德表。由于战功显赫，其间李宗经两次应召进京，第一次觐见慈禧太后，第二次觐见光绪皇帝，光绪赐扇子一把，扇子上面有光绪的亲笔题字，褒奖宗经战功（扇子损毁于"文革"时期）。

（二）镇守芳草堡、锁罕堡

同治元年（1862年），陕西发生回乱，甘肃各地回民纷纷响应，史称"同治回乱"或"陕甘回变"。景泰（当时属靖远县）也遭受回民的侵袭，李宗经当时年方20出头，他组织村民抗击回民，据老一辈人讲，回民当时攻芳草堡子，在堡子外的泉水眼附近驻扎一月有余，打了好多次都没有打进来，一天早上回民正在起灶做饭，芳草堡子的炮台上发出的炮弹打准了回民的饭锅，从此回民撤离了芳草和锁罕堡一带，由于李宗经的精心组织和策划，芳草堡子和锁罕堡没有被攻下，有效地保护了村民生命和财产安全。

（三）夺取靖远县城

同治五年（1866年）三月，回民军攻克靖远县城，十余万汉民被屠杀，同治六年（1867年）正月，李宗经跟随靖远知县金麟克复被占领的靖远县城。

（四）金积堡之战（随左宗棠平定匪患）

同治八至十年（1869—1871年），是陕甘回族叛乱军对抗清军的一次著名战斗，也是左宗棠平定西北回民暴乱过程中重大的转折性战役。1869年，左宗棠兵分三路对金积堡形成了大包围态势，从12月份起，清军在金积堡外围与回军展开了激烈的争夺战，相继攻占了金积堡外围的一些堡寨，双方损失严重，金积堡之战历时三年，以回军失败而告终。

宗经奉命参加了这次战斗，参与攻打叛首白彦虎驻扎的堡寨，当时白彦虎用羊毛加沙子食油拌和加高堡墙，坚固难攻，久攻不下，情急之下，宗经用两把刀子爬上城墙，杀掉城门守军，打开城门，与白彦虎的回军激战，打败回军，夺取了堡寨，白彦虎率残部逃走。

（五）敦煌保卫战

清同治十二年（1873年）春，白彦虎亲率回军万余人，再次出嘉峪关围攻敦煌，清军调集四个统领的兵力攻击回军，宗经当时是镇守敦煌的清军统领，在北乡张家堡子展开激战，回军疯狂抵抗，双方损失严重。清朝统领胡鹏飞被俘，经此一战。两军相持半年之久，回军也无法攻下敦煌城。后来清军出粮200石，赎回被俘统领胡鹏飞。并约定在县城北郊漳县庙一带设立市场，准许敦煌老百姓和回军进行以物换粮等各种交易。缓兵之计既成，左宗棠迅速调集数倍于敌军的兵力，亲自到肃州督战，以断白彦虎后援。占据肃州的马文录孤军无援，城破被杀，回军被镇压。肃州既破，围困敦煌的白彦虎自成孤军，最后只能撤围。沿古丝绸之路南道进入新疆。

随着1873年肃州克复，陕甘回乱被平定，收复新疆的时机终于到来，1876年，李宗经随左宗棠大军向西挺进。在收复关外各域中屡立战功。

将军一生，戎马二十年，大小战斗数以百计，民间传流着许多有关将军征剿的动人故事。

据传将军所乘黑马甚骏，冲锋陷阵，骁勇无比，军中爱称"李黑虎"。这匹骏马在一次激烈的战斗中驮着将军冲出敌人重围，但将军仍面临单枪匹马的危险境地，只能夺路而逃。此时后面的敌人紧追不舍，将军的坐骑疾驰到一道深涧边，正走投无路之时，骏马自己转头奔跑起来。眼看和追来的敌人相遇，骏马复又转头加速奔向深涧。说时迟，那时快，只见骏马纵身一跃飞过深涧，后面追兵不知前面情况，纷纷栽入深涧。据传将军骑着这匹骏马在一次攻城战斗中，城被攻破之后，将军骑着冲进敌营，敌人看见马背上爬着一只黑老虎，在阵营中来回穿梭，勇不可挡。敌军有人说这是"黑虎显身"，纷纷从城中逃走，从此就有了"黑虎将军"的美名。有灵性的"李黑虎"。如此骁勇，将军厚爱有加，日后服役老死在军营，将军吩咐给马做了棺椁，隆重安葬，在军中传为佳话。

（六）解甲还乡、办私塾

清光绪二十年（1895年），镇守西宁的建威将军李宗经解甲归田，回到家乡芳草渠，创建私塾，私塾在堡子里面，出李府不远，左面为客厅，右面为私塾。私塾先生为李宗经的退休幕僚，更易频繁，后来由其族叔李世璈担任老师。学生主要是李宗经的儿子李林（字松亭）和其他几个家境不错的孩子。教材以《三字经》《百家姓》《四书》《五经》等为主。这是芳草村教育的开端。

第十四章 艺 文

西路军在芳草

——三十军的"后勤部"

李有智

1936年10月，中国工农红军第一、二、四方面军在甘肃会宁会师后，毛泽东和周恩来、彭德怀等中央领导经过多次协商，认为三大主力会师后，第一件事应该是一、四方面军联手攻打宁夏，从北面打通国际通道，紧靠苏联，互相支援。为了贯彻中央军委《十月份作战纲领》中的宁夏作战计划，红四方面军总直机关和五军、九军、三十军向甘肃西北方向挺进，10月28日进入景泰境内。经激战，红三十军军部于31日进驻双龙寺，政治部入驻秀水村，后勤部、卫生部及其所属的警卫战士进驻芳草（又名荒草渠）。

时芳草村西南有一大片农田，名曰"上尖子"，两条大渠（大中渠、小中渠）自西向东横穿耕地。渠宽约3米，深1.5米左右，既灌田地，又纳洪水，滩平渠深，水草丰盛，这就是"荒草渠"得名的由来。红三十军将后勤部、卫生部及其所属的警卫战士驻扎在芳草村的堡子里。

红军进村后，以坚守芳草堡为主，雷厉风行地展开了一系列的工作，主要有政治宣传、征粮支前、修筑工事、协同作战等。

红军进入芳草的次日，即召开群众大会，宣传党的政策，宣传四方面军西进的战略方针及重大意义。阐明红军是人民大众的子弟兵，要和人民群众一起战斗，打土豪、分田地。红军进村后秋毫无犯，更以实际行动证明这是一支维护人民群众利益的队伍。通过各种方式的宣传教育，村民对红军有了初步的认识，消除了一些逆反情绪及恐惧感。两三天之后，躲藏在马场山之中的农户陆陆续续返回村庄。

红军又组织青壮年村民在战台上堆积了大量的石块、沙袋，架设了机枪、土炮，在堡门瞭望楼也安置了三挺机关枪。并用几十个毛线口袋、沙包及木柜、木箱装满沙土，与瓮墙组合成一个简易的瓮城。经过短短一天一夜时间的营造，形成了一个进可攻退可守的坚强堡垒。

红军在群众大会上成立了办粮委员会，群众选举委员会由8人组成（当时称八大委员），他们是芳草村民武发顺、李玮、李文清、李焕堂、李树荣、李树珍、张巨宝、尚步泰。委员会由武发顺任主席。

芳草村耕地面积大，时仅水浇田一千余亩，加之砂地、漫水旱地、山地等四千多亩。据老辈人们讲，民国二十四、二十五两年（1935—1936年），雨量充沛，粮食大丰收。办粮委员会的成员们，胸前戴着用红布做成的代表证作为身份证，走巷串户，动员群众为红军捐献粮食、肉食、食油、衣被、草料等物资。只两天时间就捐献、征收粮食30多石。其后，按红军当时"打土豪、分田地、减租减息"的农村政策，办粮委员会组织群众打开了几家富户的仓库门，获取粮食七十多石。

芳草村先后捐、征粮食一百多石，合一万多斤。芳草粮食多，有征粮支前的基础，三十军后勤部又设在芳草堡子，堡内相对来说安全、稳定，红军有良好的征粮机遇。时任三十军后勤部长杨明华感慨地说："芳草村是三十军的'后勤部'。"——对群众捐献的粮食以及红军与办粮委员会一同征借的粮食，后勤部杨明华部长一律写了借条，并签字、加盖公章。

红军号召堡外的群众全部暂住堡内，这样既为了群众安全，又加强了防守力量。按军事部署之要求，堡子周围150米之内的民房基本被拆除，以防敌军作为攻守之据的掩体。对凡拆除的房子，红军全部登记造册，签发凭证。

鉴于清同治年间发生过敌军挖断水源，围攻堡子，欲困死堡内军民的教训，村民将所有的缸、坛、盆、罐等全部搬进堡子，盛满清水。随时准备与犯敌周旋。自10月30日起，红三十军相继展开了一条山攻守战、大芦塘攻坚战、西林阻击战、秀水夹击战、城北墩激战等战斗。芳草村的青壮年男子四五十人组成了担架队、运输队，将前线的伤病员一批又一批运回芳草战时医院抢救。医院简陋且房间又少，根本容纳不了如此之多的伤病员，经治疗的伤员只能安置到群众家中，一时间，芳草村家家户户都成了"住院部"。村民像对待亲人一样无微不至地照顾伤病员。同时军械弹药、黄米白面及馒头、炒面源源不断地由芳草村运往各前线,为战胜敌人提供了巨大的支撑。村民也加入了红军的战斗中,其中芳草村民李文林冒着生命危险,前后七天为红军做向导,指引行军路线,介绍地形地理,多次受到红军表扬奖励。战斗过程中,马家军察觉到三十军的战斗进退有序、攻守有据、供给充分、应对从容,很大程度上有赖于芳草堡的保障,遂改变战术,组织兵力,大举进犯芳草村,图谋"釜底抽薪",一举捣毁芳草堡子这个三十军的后勤供给站、卫生部。

11月2日,敌马家军的一个骑兵连、约一个步兵连带十多名工兵围攻芳草堡。战斗伊始,敌兵并未集中火力攻堡、炸堡,而是试探性地围绕堡子乱放枪。时后勤部队的警卫营,实际上只有一个排的兵力,卫生部的警卫连也只有二十来人。堡外敌军枪声四起,堡内群众惊惶万状。然只有四五十个红军战士却镇定自若,临危不惧。令人难以相信的是:他们还展开了文艺宣传活动,部分年轻战士、医院的医护人员说快板、唱歌曲、演歌舞。红军面对压境之敌而无所畏惧的精神,留给芳草村民极其强烈的印象。

其实,堡外的敌军弄不清虚实,而想用试探的方式找出防守薄弱点,然后集中火力进攻。从客观条件上讲,芳草堡尽占天时、地利、人和,炮台上早已安置好的土炮、机枪,随着指挥员的一声令下,霎时间火光冲天,炮声震地,烟雾中依稀能看见敌军人仰马翻。敌猛攻三次,得到了同样的结果,工兵也终不得靠近堡子埋雷炸堡。战斗前后只打了半个小时,我军民未伤一兵一卒,敌伤亡二十余人,最后不得不狼狈逃窜。

11月2日,敌援兵青海马元海部2万余人马,已达一条山北沙河、乢山子(今条山农场场部北面的一条小山)。

11月3日、4日是"血战一条山"历时七天战斗中最激烈、最残酷的两天。敌军所投入的兵力是红军的5倍。敌依仗人多势众,抽出一个骑兵连、一个步兵连及工兵若干,11月3日凌晨又强攻芳草堡。敌集中兵力从东西两面夹攻(其东为分散红军兵力佯攻),西面之敌用山炮、土炮、机枪、步枪集中一处攻打堡墙。击坏女儿墙后,敌军抬着云梯直冲缺口。堡墙上的战士利用断壁残垣作掩护,石块、大木棒、手榴弹、手雷似潮水般一泻而下,吼声天摇,弹发地动,敌梯折人亡。如此六七个回合,敌无法登上堡墙,且死伤惨重,无奈暂停攻堡。利用这一点间隙,红军、民兵以最快的速度转来沙袋,堵住缺口。敌人捆绑好云梯,又是一阵狂轰乱炸,当抬着几个云梯同时往前冲时,发现堡墙几乎完好如初,他们急忙丢掉云梯,狼狈撤兵。红军集中所有的火力,一阵猛烈扫射,敌阵地上死伤者横七竖八,一败涂地。随后敌孤注一掷,集中火力进攻,欲抢回伤亡者。红军予以猛烈还击,堡子四周约150米之内敌无法靠近,只得丢盔弃甲,仓皇而逃。红军打扫战场,缴获了一批枪支弹药。

芳草保卫战前后打了两次,击毙击伤敌军约一百多人。红三十军的后勤部、卫生部毫发未损,有力地支援了其他各前沿阵地。

红四方面军东进宁夏的战斗日益艰苦惨烈。三十军虽浴血奋战,然久攻大芦塘不克,死守一条山不固,已完全处于被动不利的局面。且长期滞留,给养困难;敌众我寡,难以制胜。

鉴于形势严峻,11月2日,四方面军首长徐向前、陈昌浩向总部、中央军委如实做了汇报。11月6日,红四方面军部下令:放弃一条山、五佛寺,西进平番(永登)、古浪、凉州。11月8日,中央电令:徐、陈所部组成西路军,以在河西创立根据地,直接打通远方为任务。11月8日至11日,西路军在景泰创建组成。自此,西路军自景泰悲壮西征。可谓军令如山,一路悲歌一路行;孤军奋战,千里苦难千里程。

11月6日夜,红三十军经芳草向锁罕堡(今喜泉镇兴泉村)集结。时上尖子大中二渠两边树木森森,芨芨草茂盛,草高一米多,是一片打伏击战的绝佳阵地。红88师263团作为先遣部队从蓆滩向芳草撤退。敌一骑兵营觉察后立即追赶。另一骑兵营经十里沙河沿城路西行欲堵截,至芳草上尖子滩两军相遇。时已7日凌晨4时许,月光时而朦胧,时而露明。敌骑气势汹汹飞奔而来,追至滩南面而红军踪迹全无。敌兵靠火力强大,洪水猛兽般冲过来。敌冲至伏击圈内,263团熊发庆团长一声令下,两道渠内的伏兵机枪、冲锋枪、步枪、手榴弹等万弹齐飞。一营教导员周纯麟(湖北麻城人,1955年被授少将衔,后任上海警备司令员、上海市委书记、南京军区副司令员等职)指挥战士从西向东,合围猛攻。隐藏在东部的红军自东向西夹击。敌骑兵无任何掩体,完全暴露在红军的视线之内，红军三面合击，打得敌人晕头转向，战马混作一团，横冲直撞，自相踩踏。

战斗结束，击毙敌人130多人，重创约180多人。

芳草上尖子激战，史称"熊发庆智勇打骑兵"。这场战斗缴获了一大批枪支弹药及战马，三十军取得了一次重大的胜利。上尖子战斗奠定了红军安全撤离的基础，自此，马家军不敢轻举妄动，西路军较为顺利地从景泰境内撤离。

红三十军入驻芳草期间，还发生过这样一件至今作为老一辈村民谈资的事情。就是红军进驻芳草，后勤部寻找到一笔价值不菲的宝藏的事。

原来芳草首富李林，其家统兵摄政，务农经商，连续六世，富甲一方。清同治年间，李林之父宗经以家资招募兵勇500余众，率军助知县金麟收复靖远县城。后随陕甘总督左宗棠征战甘肃、青海、新疆等地，戎马20余年，屡立战功，诰封建威将军，总兵衔。其家自此更是田地几千亩，佃农数百人。红军进村前，李林藏匿家资，躲进深山。有人将李家藏宝之事告知红军，红军遂即刻查找，经多处探索发现了地道口。事后有位知情人透露，道口深处有三个窑洞，金银珠宝、绸缎布匹数不胜数，仅黄金、白银在万两以上。因属地主豪绅之财，红军悉数没收。

红军撤走后，风云突变，李林状告李玮等人与寻宝一事有关。民国政府以"通共匪、叛党国"为罪名，逮捕李玮，关押入狱。关押3个多月后，由家人出钱，名士担保，政府以"保释出狱，以观后效"为结论，释放出狱。因芳草村对红军贡献大，被民国政府有关部门作为重点清查。为毁掉证据，芳草村百分之八九十的村民偷偷地烧毁了红军留下的借条、证据。时至20世纪60年代，在"文化大革命"运动中，红卫兵又一次清查了红军留下的凭证，当时把借条、凭据定性为"资产阶级、黑五类向无产阶级政权反攻倒算的变天账"。本来就所剩无几，经过又一次清查，红军遗留下的凭据在芳草已荡然无存。芳草人民曾经对红军做出过巨大的贡献，竟然没有留下一页值得回味、纪念的文物，至为遗憾。

西路军创建诞生于景泰，在景泰驻守、奋战历时半个月，足迹遍及全县绝大部分乡镇，谱写了一曲又一曲军民并肩、浴血奋战而惊天地、泣鬼神的浩歌。

爷爷和红军相处的半个月

尚仁武

我爷爷叫尚步泰，没什么文化，是一个诚实的农民。他的一生没有干过什么惊天动地的事，唯独20世纪30年代他和工农红军相处的半个月，是他一生之中记忆最深刻的事。爷爷虽和红军相处半个月，但他从不向他人张扬，即便在我们家族中，也只字不提。其实他和红军相处的事，村上年龄大的人都知道。还是在我上初中二年级的时候，有一次，连续下了五六天大雨，呆在家里出不了门，就是这个时候，爷爷对我讲了有关他和红军的事。

民国二十五年（1936年）十月，村里的人"跑红军"，就是人们听了"红军杀人放火"的传言，离开村子，家家都跑到马场山藏起来了。我们家也藏在马场山里，全家人藏在神洞沟里。藏了七八天，带去的粮食全吃光了。神洞沟周围就我们一家住，听说神洞沟以北有李文林家和李诚两家。家里没有吃的了，当时爷爷的母亲也就是我的太太还在，太太早年寡居，拉养爷爷兄弟几个非常不易，爷爷从来都不忍心太太受罪，就到神洞沟的北面找李家，给家里找点吃的。爷爷找粮回来，三奶奶又不见了，爷爷又得去找三奶奶。一直到第九天，大家都觉得三奶奶一定是被狼吃了，没想到就在当天中午，爷爷却在尕涝坝碰到三奶奶。三奶奶一看到我爷爷，就高兴地喊着说："咱们回家吧，红军今早到了金家大院。""你胡说什么呢，红军见人就杀，你见红军能活着！"爷爷绝对不敢相信自己的耳朵。"你不信，你看红军还给了我八块大洋呢！"三奶奶说着伸开了手，手里真的有八块银元，闪闪发亮。爷爷还是不信，三奶奶说，她很早进村，没看见一人，她就在金家大院给家里做干粮，急急忙忙慌慌张张，烙到第八个饼时，进来一个人，满脸麻子，身穿很单的衣服，腰间缠着一条单人毡，草绳系着,三奶奶还以为是一个叫花子,就对他说:"要饭往别的庄子去,我们这庄子人,全都藏到山里了,没有人了。"那人说的话,三奶奶也听不懂,只是眼呆呆地看着他。那个人突然唱着说:"我们是红军,和你们是一样的人。"一听说是红军,三奶奶顺手拿起切刀,举起来打算自卫。麻脸红军往后退了一步,说:"别害怕,红军是不杀人的!——你的饼子我拿了,一个饼子一个银元。"三奶奶看麻脸红军拿着一把银元,不知怎么切刀当啷一声掉到地上,浑身就颤开了。麻脸红军接着唱,"别怕别怕,我们都是农民,咱们是一家人",说着就给三奶奶八块银元,三奶奶颤抖着接过八块银元,退着出了金家大院。麻脸红军跟着出大门仍然唱着,金家大院周围全都身穿单衣服破破烂烂一帮人,他们对三奶奶说:"去把你家人叫来,红军是不杀人的。"

　　到了神洞沟,爷爷把三奶奶说的红军给了八块银元的事说给太太听,太太半信半疑,让爷爷再去探个虚实。爷爷只身一人来到村边趴在芨芨草中间伸长脖子看,金家大院周围躺着很多人,寇家院东也躺着很多人。爷爷慢慢站起来,往前走了几步,那些人要么没有看见,要么认为爷爷一个人对他们没有构成威胁。爷爷又往前走了几步,咳了几声,壮了壮胆,远远站着喊:"你们是干啥的,咋在墙边睡?"红军听见喊声,站起一部分人,向爷爷招手,有个高个子红军回话:"我们是杀马家队伍的,你来你来,别怕,我们是红军!"爷爷听说是杀马家队伍的,心里豁然一亮。马家队伍在我们这一带,烧杀淫掠,无恶不作,我三妈就被马家队伍抢了的。后来三妈被马家队伍杀害了。听说是杀马家队伍的,爷爷就不胆怯了,半跑着到了金家大院。那个时候我们家住在金家大院子里,后来我们才在半天水地头上盖了房子,金家大院现在人们叫金家圈圈。进到厨房屋,三奶奶和好的面还在锅台上放着,进来一个红军说:"这是你家吗?快叫你们家人来,天冷了,荒郊野外,人会冻坏的。"爷爷再出去看墙边坐的睡的是十六七岁的娃娃,三十四十岁的全是受伤的。爷爷问:"你们真是红军?""真的是红军,我们是穷人的队伍,你看我们这些人穷得穿不上,吃不上,肚子再饿非把马家队伍打垮。"爷爷抓着那个红军的手,"军爷,只要杀马家队伍……"红军打断爷爷的话,手拍着爷爷的肩,说:"老伯,照年龄你是我的父辈,你怎么叫起爷来了?咱们这样吧,我叫老哥哥,你看行不行?""只要杀马家队伍，你叫我啥都行！"爷爷突然反应过来。"老总，你说把我家人冻坏了，你看这些娃娃也冻坏了，我叫我家人回村，叫村上人都回来……""刚说了你是老哥哥，什么军爷、老总，红军不许这么叫！"爷爷连说"记住了，我找人去"。

返回的路上，爷爷在尕涝坝那里遇到了李焕堂，他俩在马场山里叫逃出的人回了村子。太太到了家，红军还是在外边待着，爷爷和太太对红军说："快进房子里！"那些红军才进了门，太太看到缸里的面和仓子里的麦子都完好无损。"快快让这些娃们吃上点东西，饿坏了。"爷爷烧火，太太做饭，饭做好后舀一碗，红军就给一块银元，太太对爷爷说："尚步泰，不要钱，你看那些人都成啥样子了，快快救救他们！"当时太太和爷爷决定，除了留好种子，家里的麦子全给了红军。爷爷又连夜到尚滩砂窑里（现在喜泉镇尚坝村），把仅有的16张羊皮拿来，用绳子捆在那些小红军的身上，红军为拿到的麦子和羊皮写了欠条（可惜这些欠条都在20世纪60年代末遗失了）。

爷爷又到堡子里，堡子里到处是红军，当时还有武发顺、李玮、李树荣、李焕堂、李树珍等几个人也忙着给红军找吃的。以后李文清、张巨宝也加入了这个行列。包括爷爷在内，一共8人，这就是当时有名的"八大委员"。红军给八个人胸前都戴了一个红布条，红军看见戴红布条的人都很尊敬，大家从红军队伍经过，红军都要给大家行军礼，有的红军还会过来握着大家的手，亲切感谢大家。

爷爷跟人说，红军里面的官，没有一点官架子，和我尚步泰也握手，问寒问暖的。李玮对爷爷说，红军里面还有很多大官，只要你想见，我把你领到条山盐务局我的铺子里，见见更大的官。当天夜里李玮就带着爷爷到盐务局，等了一天，在李玮铺子见到了李先念，还有一个大官说是李天焕，其他大官名字都没有记下。

红军在芳草一带住了十来天，爷爷和李焕堂领着红军到过永泰城，到了那里，李焕堂回来了，爷爷又领着红军到了新堡子往西的蒿沟岘，红军动员爷爷参加红军，爷爷担心太太的生活，就把情况跟红军说了，红军就让爷爷回来了。

爷爷说，红军打仗非常勇敢，不管娃娃还是大人，看见马家队伍冲杀不停。有一次，爷爷给红军筹完粮，听到后塬枪声一片，响声像炒麻子声。爷爷跑到后塬南边梁上看,当时李文林也去看,几个红军跑过来,把爷爷和李文林推到芥子坑说,"蹲到这儿不然马家队伍会开枪打你的"。他俩蹲在芥子坑,后塬黑压压一片,全是马家骑兵,边跑边向红军开枪。后塬的南边一溜全是红军,从金家院到摆坝头那么长一道沟全是红军挖的,红军在壕沟爬着打马家队伍。马家队伍骑着马叫喊着,一连冲了好几次,都被红军打垮了。马家队伍退到后塬正中,从堡子西北角飞起了三颗炮弹,正落到马家队伍中间,马家队伍人仰马翻,鬼哭狼嚎向条山方向跑了。爷爷和李文林在芥子坑看得清清楚楚,有几个马家兵从马上滚下来就死了,马家兵把打死的人驮在马上跑了,爷爷和李文林将打死的马帮红军拉回来,红军用缸煮熟吃了。

爷爷和红军相处的半个月,在他一生中的确是浓墨重彩的一笔。

千里驼队援藏行

李有智

  1951年，西藏和平解放。西藏上层中少数反动分子在外国势力的怂恿、支持下，强迫藏族群众不给解放军指战员、政治工作人员出售粮食及其他物品。他们有组织、有目的地抬高物价，进藏部队政委慕生忠将军曾列过一份当年西藏的物价表：一个银元买8斤牛粪，8个银元买1斤食盐，1斤银子买1斤面……国内外的反动派视高山大川、交通闭塞为王牌，对进藏部队实行经济封锁，扬言要把进藏军政人员饿绝困死。三万余进藏人员的生活遇到了极大的困难，形势相当严峻。粮食问题成了军政人员能否在西藏站稳脚跟的关键问题。即使在这样的情况下，毛泽东主席对进藏部队有明确的指示："进军西藏，不吃地方。"旨在不增加农奴制下饥寒交迫的西藏人民的负担。进藏先遣部队一站住脚就开荒种地，但远水解不了近渴。

  为了摆脱困境，粉碎帝国主义和西藏上层一些反动分子妄图"饿跑"我们的阴谋，遵照中央指示，1953年初，中共中央西北局与中国人民解放军西北军区在兰州召开了关于向西藏运输粮食的联席会议，甘肃省委及省民政厅厅长李培福等同志出席了会议。经过充分的酝酿讨论，会议决定：成立骆驼运输队。计划在甘、青、宁、内蒙古、新疆五省区购买骆驼27000峰，雇驼工1000余名，两年内给西藏自治区运送粮食750万斤。甘肃省以景泰、民勤两县为筹办基地，景泰县政府先后几次认真选拔驼工380余人，选购骆驼2000多峰，组成了一支浩浩荡荡的骆驼运输队。在西藏骆驼运输队组建期间，从全国各地征集粮食200万斤，由汽车陆陆续续运往青海都兰县香日德。1953年9月，甘肃、宁夏、青海、内蒙古、新疆1000多名翻身农牧民告别家乡，前往香日德集中，自此走

第十四章 艺 文

向千里风雪的运输线，担负起向西藏运送粮食的特殊使命。

运输队的大本营设在香日德，总队长是王宝珊，西北军区进藏部队政委慕生忠任总队政委，具体负责运输任务。运输总队分为十个中队，每中队下设十个小队，小队又分为若干个组，一般都是按驼工的原籍组合，景泰籍驼队成立了一个中队。所有人员的工资分为35元、30元、25元三个等级，吃饭、穿衣都是供给制，还发30元工资，其时一个县长的工资每月才30元钱。彭德怀司令员命令："进军西藏，务必站站扎连、步步张营、递次延伸。"

1953年，西北地区大旱，骆驼因无足够的青草，普遍乏瘦，新疆、内蒙古、宁夏北部距香日德1000多公里，因部分骆驼太瘦弱，空走香日德，沿途100多峰就相继死亡了。唯有景泰的骆驼膘分好，景泰属半农半牧区，骆驼历来是既放牧又喂养，即便是天旱牧草少，也有农田里的草料饲养。景泰的驼队行至兰州就到西北军区后勤部驮载了大米、面粉、被褥、衣服、药品及其他生活用品至香日德，一峰峰骆驼膘肥体壮、趾高气扬，令兄弟驼队刮目相看。各路驼队在香日德供给站装载粮食，由军方护送，沿着野战军西北独立支队进军西藏的路线步入雪域高原。

骆驼生于大漠，号称"沙漠之舟"，它极不适应跋涉冰川雪地、沼泽湿地。运输队从香日德出发四五天就与遇到了麻烦——沼泽湿地。香日德至格尔木约280公里，南面是横亘千里的布尔汉达布山，北面是浩瀚的柴达木盆地，其中诺木洪至大格勒西部的100多公里当年还是一片沼泽湿地。根本就没有路，看似草皮、沙土，而下面是泥浆，骆驼驮着重驮子，稍一疏忽就会陷入泥泽，越是用力就陷得越深。驼工们试图卸掉驮子再抬骆驼，往往连人也陷进去无法救起，乏弱骆驼终因自己使不出劲无法站起，只能长眠于此。驼把式们尽量向南紧靠山梁走，当艰难地翻过山梁走下沟壑时，同样会遇到稀泥沼泽。驼队的艰辛不亚于当年红军爬雪山、过草地。每当倒下骆驼，成群的狼即刻扑向"猎物"生吞活剥，还未断气的生灵惨痛的嚎叫，令人惨不忍睹。

10月份的柴达木盆地，地表面的雪、水都已封冻，唯独沼泽地带的稀泥因在地表之下而封冻较晚，这是事先未预料到的。驼队不得不就地休整——尽管进藏部队粮食告急。时驼队三天只前进了40公里，已靠近大格勒，竟然能见到牦牛了，只见它们上山下坡疾驰如飞，在一片沼泽地里随心所欲，坦然自若，这对于被困的驼队是一大震惊！牦牛祖祖辈辈生长在这里，它被誉为"高原之舟"，自幼就具备识别沼泽地的奇特功能。驼队策略地以高价购买了十几头牦牛，为预防意外，让自愿加入驼队的藏族汉子也一身军装。牦牛走在前面开路，如同行军时的"扫雷队"，其效果甚佳。其实与大自然及好多生物相比较，人往往显得太无知、太渺小。至大格勒西部，驼队终于走出了"死亡之地"。在两百里沼泽烂泥路途中，部分驼工为了祖国的统一献出了宝贵的生命。死亡骆驼三百多峰，驼队付出了惨痛的代价。

短暂的休整期间，军首长在动员大会上讲："前面就是格尔木，曙光即在眼前。"驼队一连走了两天，向南望昆仑山巅白雪皑皑，向北看沙丘一座连一座，恰似一望无际的墓葬群。没有一座帐篷，没有一个人影，没有一棵乔木。第三天傍晚，人们终于按捺不住发问："格尔木究竟在哪里？"只见慕生忠将军抬头远望，若有所思，把铁锹顺手插入地下，然后大喊一声："这儿就是格尔木！"吼声在云霄中荡漾……人们围绕铁锹搭起了六顶帐篷——这就是格尔木市的开端。原来"格尔木"当时只不过是地图上的一个名称而已，并无居民点存在。它的辖区面积12万多平方公里，比江苏、浙江等省的总面积还要大。

鉴于前面驼队死亡较多，部分粮食暂存格尔木兵站，准备进藏的骆驼也减少负荷，轻装上阵。驼队自格尔木出发，"叮当！叮当"的驼铃声惊动了成群的野马、野羊，野牛往往在一旁虎视眈眈，成群结队的狼按照各自的领地一批接一批一直尾随驼队等吃死骆驼。驼队越走海拔越高，要穿越昆仑山口。昆仑山主峰海拔6800多米，是驼队不可逾越的天堑。运输队来到昆仑山脚下的"风火山"，有一条长长的峡谷（后取名乃吉里沟，现有一步天险旅游景点），本来是骆驼进藏的理想之地，也是进藏的必经之路。然而，当驼队来到峡谷口茫然了，昆仑河、雪水河"会师"后形成的格尔木河从天而降、飞流直下，峡谷底部激流翻滚，发出震耳欲聋的响声，令人毛骨悚然。时驼队进退维谷，只能沿河谷两岸探索前进，时而走在河东面，时而又涉水河西面，遇到悬崖陡壁，从山侧炸石修路。有好几处还要以石砌墩，架木为桥。最大的问题在于，新疆、内蒙古等地的骆驼从未见过如此险恶的山路及如此湍急的"下山河"，一部分骆驼宁死不"趋",最终长眠于河谷。一部分骆驼越是害怕,越要靠近悬崖,所驮的东西与山崖相碰撞骆驼就顺势掉入河中。骆驼为了保命抢占有利地形,互相挤压踩踏造成伤亡。骆驼以七八峰为一链子,后面的骆驼缰绳拴在前一峰的鞍架杆上,当前一峰掉进河谷顺势又拖走第二峰、第三峰……因多种原因,乃吉里沟两年时间死亡骆驼2000余峰,就连人也不断伤亡。此时驼工们或精神恍惚,不知所措;或捶胸顿足,哭地喊天……

危险之处也是骆驼把式们冒险之时,更是景泰驼队"逞能"之处。采访中老驼工们少不了炫耀一番。景泰的驼队因世世代代运盐越秦岭,下汉中,进四川,在崎岖山路、悬崖绝壁中,驼工和骆驼都练就了一身的硬功夫。相对而言其他的骆驼就欠调教了。因之,在评选先进人物授奖大会上,景泰的驼工们总是出类拔萃,一展风采。

走出乃吉里沟,翻越海拔5000余米的昆仑山口,驼队进入了"死神主宰"的地区。从昆仑山口到唐古拉山口的300公里地带,一直都被称为"生物禁区",人类无法生存。越是往南走海拔越高。唐古拉山是世界著名的大山,主峰海拔6600多米,唐古拉山口海拔5300多米,生物禁区海拔4000多米。气候极端恶劣,大风来时能吹翻载重十吨上下的大卡车,人根本站不住脚,需尽快寻找有利地形爬倒。时正值数九寒天,晚上凄厉的寒风从山口掠过,气温会降低到零下40多度。人们睡在帐篷里如同掉进冰窖里,无论白天黑夜,人不解衣,驼不卸鞍。几乎每天都有一场大雪,雪山、高原一片冰天雪地。这里空气的含氧量只有内地的一半,不用说干活走路,就是站着说话都会上气不接下气,头晕、胸闷、气喘。海拔5000米以上的地带,因缺氧常常点不着火,点着了也很难把水烧开,水温六七十度就下饭,驼工们很难吃上一口热乎饭。好多人都得了一种怪病,周身发肿,腿上出现一块一块的紫斑,流脓出血,疼痛难忍。慕生忠政委问医求药,从兰州、西宁等地调运萝卜、白菜等蔬菜,吃了菜,肿消疮愈。后来才知道,在生物禁区只要长期不吃蔬菜,就要得这种病。在如此恶劣的环境中,骆驼驮着重驮,喘着粗气,一步三滑地向前挪动,时不时就有骆驼滑倒,无论怎样施救,最终就是站不起来。部分骆驼只要滑倒即刻晕死,在生物禁区驼队又付出了致命的代价。当驼队涉过楚玛尔河(通天河的一大支流)、沱沱河(通天河的最大支流,长江源头)时,人与骆驼都达到了生存极限。幸亏藏北重镇黑河(现那曲)驻军,乘马匹、带食品北上唐古拉山口前来接应;运输总队派出的又一批草料队也及时赶到。1953年农历腊月,驼队翻越唐古拉山口,走出绝境——"生命禁区",进入西藏境内。

青海香日德距拉萨1600多公里,沿途尽管人烟稀少,总还是要经过一些居民点、放牧区。1951年西藏和平解放,六七年之后才实行了民主改革。1953年,青藏高原上的土司农奴主、农牧民根本就不懂"解放"是个啥概念,仍处于各自为政的部落群状态。他们对驼队进藏很不理解,受上层少数反动分子的教唆,对驼队持敌对情绪。他们骑马荷枪,剑拔弩张,一路曾多次围追堵截驼队。为了贯彻中央的地方民族政策,解放军的政工人员做了许多艰苦细致的思想政治工作,一次次化险为夷。对于西藏上层反动派有预谋、有组织的几次暴力行为,人民解放军给予了应有的还击。土匪也时有骚扰,然运输队毕竟是一支强大的正义之师,对于如此威武雄壮的运输队,小股土匪也只是探头探脑奈何不得。讲到这些,老驼工们都很神气地说:"官骆驼还怕他几个小毛贼!"

穿越进军西藏的天然屏障——唐古拉山口,驼队较为顺利地到达黑河,西藏工委主要领导人张国华、范明等即刻向国务院做了汇报,得到了周恩来的赞扬。同时在黑河举行了热烈欢迎驼队胜利归来的仪式,在庆功大会上,景泰的一批驼工受到嘉奖,他们被誉为"驼工英雄"。

1954年春,大部分驼队自黑河出发经当雄、羊八井浩浩荡荡进驻西藏首府拉萨,粉碎了西藏上层少数反动势力及国外反动派妄图饿绝困死进藏部队的险恶阴谋。驻军文工团举办了盛大的文艺演唱会,以示对驼工们的热情慰问。同时向世人庄严宣告:英雄的中国人民有信心、有能力,也一定能够战胜一切艰难险阻,完成祖国的统一大业。

骆驼队运输队历时五个多月,行程五千余里,27000峰骆驼背负着从全国各地征集的粮食200万斤,背负着全国人民的一片深情厚谊,克服重重困难,终于完成了历史赋予的神圣使命。

骆驼运输队为西藏和平解放,为西藏的安宁稳定,为祖国各民族的大团结做出了巨大的贡献。

骆驼运输队是一支地理、气象、地质科学考察队,其后建筑的公路,举世闻名的青藏铁路,都是沿着驼队的足迹修建而成,驼队是筑起天路的奠基石。

骆驼运输队在沿途的诺木洪、格尔木、昆仑山口、二道沟、唐古拉山口、那曲等地设立了兵站,建立了物资供应处。后续驼队便分段运输,转运传递,避免长途跋涉,减少了一系列不应有的损失。粮食及其他物资源源不断地供给到西藏各地的军政人员及贫困农牧民手中。

慕生忠将军一直与驼队同甘共苦,并肩前进。一路之上悲壮惨烈的场面令他百感交集,尤其是先后两年半死亡驼工100多人,进藏骆驼死亡4000多峰,更令他撕心裂肺,极其悲痛。他向彭德怀司令员汇报说:"根据这几年的经验,从青海往西藏用牲口运粮困难很大,从长远考虑,非修公路不可。"1954年5月,国务院决定修筑青藏公路,大部分驼工继续拉骆驼搞运输,部分驼工转为修路民工,其中景泰约有七八十人。他们先修路,后养路,长期定居雪域高原。为了运送粮食、修建公路、筑造铁路,为数不少的驼工献了青春献终身,献了终身献子孙。

天寒地险,雪厚冰坚,山高缺氧,水急风狂,而骆驼运输队克服千难万险,力挽汹涛巨澜,创造了空前绝后的人间奇迹,在神州大地的历史上留下了光辉灿烂的一页。

而就在这次艰苦卓绝的援藏行动中,芳草村村民屈作文、张义和、李尚银、李尚元、田种英等5人,随驼队为驻藏部队运送粮食。

骆驼运输队其功不没,精神永存。千百年辉煌的运输业绩,永远是景泰人引以为豪的话题。

从事革命工作（回忆录节选）

李保成

父亲看我长大了，给了我一头驴，教我驮砂。每天天不亮就起床，搭起驮子，开始的时候他们教我如何驮砂，如何上砂，如何倒砂，后来我会做了，他也就放心了。这个活计，我从1952年冬天开始，当年冬天和第二年春播后，其他农活干完，我就去驮砂。一直到1953年冬季，芳草村老师化成就叫我去上夜校。从1954年开始，我就没有再去驮砂了，化老师跟我父亲和叔父讲好，叫我去上学。我就上了一年学。1955年春天，副区长马元到我们村，跟我十二叔说区上需要一个通讯员，希望能从我们村找个合适的。十二叔跟我说了这个事儿，我即答应要去。叔父不希望我去，因为我离开，他务农就少了一个帮手，可我坚决要去，叔父拿我没有办法，也就答应了。自此，我就到了景泰县，在县第一公所报道当了通讯员，事实上就是个勤杂工。

1955年5月份，我到区上报到时，区文书芦守躬、会计郝毅魁，看我穿的一身破衣服，一双破鞋。给一个月工资24元，郝会计领我到商店买了一身衣服的布料，随即到缝纫部做了一套衣服和一顶帽子，计12元，另外12元就交了伙食费。芦书记和郝会计对我说："任务就是每天把各个房间打扫干净，院内外打扫干净，各办公室的灯擦干净，油添好，各办公室的开水灌好，给伙房把水担好。印文件，县乡的文件要及时送到。"

我每天起床后，就将各房间和会议室地扫干净，桌椅擦净。把院内外扫干净，将水洒好，然后再把伙房大水槽的水装满，再帮炊事员买菜、烧火。一区管辖的芦阳乡、东关乡、条山乡、米山乡、响水乡、西关乡各乡的文件必须按时送到。各乡我都是步行去送。就这些事我要每天完成。领导和同志看我工作出色,团工委书记马风兰对我说:"你想入团不?我给你一份入团志愿书,再写个申请书。"我就写了份入团申请书,将志愿书填好,交给了马风兰后,由杨宣清、马扶庭(喜集水人)介绍我入了共青团。

1955年10月,撤区并乡,将区撤掉后,我就在县委当通讯员,我到县委将各区的通讯员都安排到县委和县人大。在县委当通讯员有耿贵、达永福、冯国度、石万义、罗先、王定发、罗文绥、李友梧等。我们除做好县委的杂务活,各办公室都分了工。我全县各乡都去过,就红水乡没去过。

1955年腊月初的一天,县委秘书闫永堂叫我去他办公室,我去了之后,闫秘书对我说,这会天黑了,红水乡有一封急信,你务必送到。我说这会天黑了,红水乡在哪我都不知道。闫秘书说,有一匹军马是退役下来的,这个马走过红水乡,你骑着马就能到红水乡。我不敢多说,就将信拿好,到马圈给饲养员说明即备好马,拉出西城门,从大蓆滩方向走到八道泉长城边上,放羊人给羊饮水,我就沿着长城边上小路快走,走了一会儿,天黑了不敢快走了,往西看有个月牙,地下还有马和我的身影。心想:红水乡究竟何方,今夜能否到达。就听闫永堂的话骑到了马上你不管,马就能走到红水乡。我就由马走,过了一会儿月牙落山了,夜黑得什么都看不到了,马蹄边不时有鸟儿飞起,马一惊,我被吓得头皮发麻。那时狼很多,到处都有狼吃人的事发生,我怕遇到狼,心里直嘀咕千万不要遇到狼,如果遇到狼怕是没有好结果。我时刻在担心受怕。黑夜吹着小北风,冻得我全身发抖,从马身上不敢下来,由马走吧,越走我越怕,全身越冻,脸冻得鼻涕直流。走着走着我觉得到了半夜了,马在一个山坡,听着有狗的叫声,心中即刻有了胆量,心想有狗叫就有人家或者是羊圈,就有人。当马上到坡顶时,前面就有火闪,马就往此方向走,下了山坡往前走了不多时间就有房子了,马就从巷道走进去,走到一个门前,马就停下了,我下马后两腿无法走路,稍微活动了几下,我到门前敲门,房内人将门打开,我问道:"同志,红水乡在什么地方?"开门人说:"这就是红水乡。"并问我这么晚了从哪里来的,我说县委派我往红水乡送一封信,开门人叫来了另外一个人,将马安排好,让我在火炉处取暖。叫起来炊事员给我做了汤面片,吃了饭我将信交给了文书(开大门的人),他将我安排到农户家,炕很热,我随后就睡着了。到了天亮我发高烧，全身疼痛，乡文书找来了医生给我打针、吃药，三天后我有所好转，步行回到了县委（第二天领导到县委开会，骑马到了县委）。

从小在家靠的是父亲、叔父母、姐姐、哥哥，到了区上当上了通讯员，一天把活干完后，就想家，特想叔父母，下午饭吃过后跑到芦阳城上看芳草，晚上想得流泪。我从家里出来时，哥哥已去修铁路，家中一切事都是叔父母两个人在做。父亲喜欢做生意，常年在外做生意，无人替叔父母干活，叔父曾三次到区上叫我回家替他放牛、拔草，还可以做一些农活。我想替叔父母干活是我应该做的事，可我找到一份工作，即使干勤杂活也是对我的锻炼，在家一年苦到头，吃不上饭，经常饿肚子。父亲好做生意，为了做生意，多时把一年产下来的粮食全部卖完，到头来还是赔得一场空。所以叔父每次叫我回家我都没有答应，我不想回家，我要工作。

父亲一生中做生意基本上都是赔本的，家中缺少吃穿与父亲的赔本生意关系极大。叔父母是忠厚诚实的人，对父亲的一些不当做法从来都不反对。

我到县委向有文化的干部每天早上学习两个小时的政治经济学，我们通讯员和没有文化的干部学习文化。我文化学习比较好，工作不落后别人。1955年终，县委机关将我评为先进工作者。在县委当通讯员，所有的乡镇我都走到了，全县从机关到乡干部80%的我都认识熟悉。

1956年9月，由县委机要室主任呼振起、县委秘书即办公室主任闫永堂两位同志介绍我光荣地加入了中国共产党。就这样我负责专给条山乡、寺滩乡、宽沟乡、丰乐乡、永泰乡送信，给我的专用马是我走了红水乡的那匹马。秋季有一天到寺滩乡将信送到后，吃过午饭，这次宽沟乡没有文件，从寺滩直到永泰乡，走到路途中下起大雨，我怕把信被雨水损坏，我就将穿的衣服包起信件，雨淋湿我的全身，冻得我全身直打冷战，突然间在路边有个砂坑，砂窑里住着人，我就下马走到砂坑中对主人说明了来历，那主人很热情地接待了我，叫我喝水、吃饭，用火炉将我的衣服烤干，我就在砂窑里同主人住了一宿，待明天雨停了天晴了，我给了主人马的草料钱和我的伙食费，主人不要，我说这是政府的规定，是你应该收的，主人就收下了，我将马备好，谢了主人，就往永泰乡赶路。

中午就到了乡政府,给乡文书交了信件,吃过饭后返回,在返回的途中我顺便到了芳草看了叔父母,父亲不在家,芳草村的老少看到我骑着马,都很羡慕我,特别是老年人们说:"这个没妈的娃,长大了,成人了,也有点出息了,能吃上自己的饭了。"叔父母见了我很高兴,再也没说叫我回家替他干活,并说:"你不回来就好好干去,你走后身边没有你很孤单,寂寞,现在也基本上习惯了,你干得好,我看见很高兴。"看了家里,我心里也踏实了,对叔父母想得没有以前重了,心里轻松了些。

1956年10月份,县委研究决定调我到常水乡任团总支书记,从此我每天从通讯员的勤杂工转为国家干部,心情感到特别高兴,可我每天早上两小时的文化课上不成了,心想自己多少有点基础,就到新华书店买了一本四角号码字典,告别一块的同事和县委各部委的领导,背起行囊出发去常水乡报到工作,可我从没去过胡麻水,路怎么走,只知道胡麻水在米家山南边。我就背着行李从沈家庄顺沟上盘坡,过了盘坡沿沟向东走,农历十月天,我从早晨直走到后晌到了胡麻水,找到了乡政府,文书是张兆显,安排了我的住宿,乡党委书记芦守法说:"我们乡原来没有团干部,你来了后我们乡的青年工作你就抓起来。"乡上工作是一个综合性的工作,团的工作是主要的,其他工作都得搞,所以我就包起了常生村的工作,全乡各村的青少年工作不定时去做。

1957年夏,全乡在铧尖村挖水,我组织青年突击队,书记芦守法、乡长罗善很满意,团县委对常水乡青年突击队进行了表彰。我年轻没有文化知识,更没有工作经验,我就跟乡文书张兆显交谈,跟书记乡长学习,乡长罗善对我说:"你的文化比我强,我在工作中连个数字都不会写,农村工作就是种好庄稼,农民有饭吃,有衣穿,处理一些民间是非,没有什么难搞的。"我在包常生村工作中,那时是高级合作社,夏天种田,搞好田间管理,冬天集中劳力在常生独山子炸石头,马车拉石头在黄河边砌石头,待夏天黄河涨水后澄地,扩大水地。

有次通知我到团县委开会,早饭后,我从常生北坪向米家山走,我在崖上面走,吹着大北风,沙尘迎面而来,我低着头往前走,走到崖边,往下看三个狼跟着我也走,我走慢狼也走慢,我走快狼也走快,我想今天不好,吹着沙尘大风,三只狼对我是很大的威胁。50年代的景泰县经常发生狼吃人的事件,所以我很害怕，就大声叫狗。狼听到我叫声，站着在看我，我就往山上跑，狼也跟着我的方向跑。过了一个山头，看不见狼了，我心中的也宽松了些，到中午我走到了周家窑，思想放松了，胆也正了，下午到县委按时报到，开了三天会后，我和芦守兰二人，从米家山走到了胡麻水。

1957年11月份，县委通知我到县上开会，第二天我到县委看到开会的人，有机关、各乡干部，男女老少都有，我想开的什么会，大家说是响应党的号召，回家搞生产，组织部长刘庆和看见我，将我叫到组织部长办公室说："这次会议是响应党的号召，对没有文化和文化程度较低的人要精简，你就想好了没有，是回家去呢还是干呢？"我说："我不回去，我要干呢！"刘部长说："你没有文化，叫我把你往哪里安排呢？"我说："没有文化或文化程度较低的人要全部精简吗？"刘部长说："不是全部，是部分精简，你不想回家，文化程度低，让我考虑一下，我考虑好，有适合你的单位我叫你。"我说了很感谢。

过了几天，刘庆和部长把我叫到办公室对我说："县大队你去不去？"我说："那个站岗看犯人的？"他说："站岗看犯人，每人都轮换站岗还要军训，工资不少发，还发服装，每天还有半天的文化课学习。"我听到每天有文化课学习，立即同意去县大队。我到了常水乡交了手续，返回就到县大队去报到。报到才知道，县大队原来是中国人民解放军公安军景泰县公安大队。1956年，改为中国人民武装警察景泰县中队，中队长是刘子华。

1957年12月到景泰武警中队，将我安排到一小队，小队长是杨生华，副队长是孟延录。我们班里战友后来的情况是：杨生华在武威药材公司政工科长，已退休；孟延录是会川人，退伍后回到会川。还有马骐、陈武、郝尚清、张发国等。我最好的战友是陈武，马骐。

父亲到中队来看我，吃完饭，父亲对我说："衣服发着，吃得很好，好好干。"老人家心中很高兴，我也感到很满意。

1958年5月，撤销景泰县合并为皋兰县，我们就把犯人押到皋兰县看管，一切都到皋兰县石洞寺。

第十四章 艺 文

一顶草帽的故事

李元安

1949年8月,我的家乡芳草,和全国人民一样,为庆祝家乡的解放,敲锣打鼓扭秧歌,载歌载舞唱赞歌,人人笑逐颜开,家家欢声笑语。突然有一天,一支中国人民解放军部队,经过芦阳的十里沙河,来到芳草做临时休整。部队的首长与驻村工作组、村农会协商,要求选派一名身体强壮、家庭出身好的中年人为部队运送军粮。当时报名的人也不少,但最终我的外公韦跃武踊跃承担这项光荣而艰巨的任务。

因为外公1942年从靖远山区逃荒落户芳草,他是远近小有名气的货郎客,从小跟人走村串巷,练就一副铁脚板,身体好,而头脑也灵活。因此,担任这项运送军粮的任务非他莫属了。即日,外公赶着六头毛驴,驮着军粮随部队一起出发了。部队经过两天两夜的行军,途经一条山、大格达、营盘水、小红山、干塘、沙坡头而后到目的地中卫。全程行军约120公里。

8月的天气,沙漠型气候变化无常,部队经受了酷暑的考验、沙尘暴的袭击、雷阵雨的洗礼,真是烈日一身汗,风天满身沙,雨天全身泥。恶劣的天气,未能阻挡部队前进的步伐。在行军途中,战士们互相帮助,相互关心,亲如兄弟,从没人叫苦喊累。值得一提的是,一遇沙尘、雷阵雨、战士们争先恐后帮助外公牵驴扶垛,休息时给驴饮水添料。一路上左一个韦大叔、右一个韦大伯叫个不停,嘘寒问暖,和蔼可亲,外公从没见过这样好的部队,他打心眼里感到无比快乐。根据天气,部队大约行军30公里,就要找有水源的地方休息、做饭。两天两夜的行军共安营扎寨四次,碰上有村庄的地方,战士们就露宿街头,从不扰民,没有村庄的地方,只好"盖天铺地",在这荒山沙丘旁野营。外公在这次运送军粮的过程中，第一次受到这么多人的关心和问候，享受了人生最优厚的待遇。吃饭与首长、战士们一同进餐，有的战士夹菜，有战士添饭，休息时，首先安排他睡在最好的床铺上。一张张笑脸，一句句问候，使他终生难忘。

惜别之际，部队首长双手紧紧握着外公一双粗糙的大手，千叮咛，万嘱咐，让他一路走好，平安到家，并把自己头上戴的一顶印有红色五角星的草帽送给外公，说：感谢大伯，感谢芳草的父老乡亲。战士们也不停招手，再见。顿时，外公全身感到一股暖流，激动的泪水夺眶而出，他也鼓足勇气，喊了一声再见。他呆呆地望着远去部队的身影，泪水打湿了自己的衣裳，模模糊糊的双眼一直盯着部队，也不由自主地向战士们招手致意，直到部队消失在他的视野之外，他才赶着毛驴踏上了回家的路。

今天，这顶具有特殊意义的草帽虽然被遗失，外公也福寿荣归，享年78岁，但外公送军粮、部队首长赠草帽这个真实而感人的故事，虽相隔几十年，仍被乡亲们和他的子孙后代传为佳话。

第十四章 艺 文

怀念老师张治安先生

武克能

可能是上了年龄的缘故，在工作之余，总是情不自禁地回味过去的一幕幕往事，想起我的学医之路，想起引导我走上这条道路的启蒙老师，忍不住写下以下的文字，表达对我的启蒙老师张治安先生的感恩之情。

张治安先生是20世纪50年代末开始学医的。1958年，村上派他到条山村学医，当时他拜的老师是条山村的医生化廷树先生。化大夫毕业于同济大学临床专业，毕业后到条山村当医生，为条山及周边百姓提供医疗服务。化大夫医术高明，有口皆碑。怀着悬壶济世、为父老乡亲治疗痛苦的赤诚之心，张先生到条山村，跟着化大夫，开始了自己的乡村医生生涯。由于文化程度低，加上缺少学习资料，尤其当时的医疗条件非常差，初学医学，主要听师傅看病人时讲解，边干活边听，耳听心记，死记硬背，同时记汤头、背药方，像植物汲取大地的营养一样，认真吸取学医过程中的点点滴滴。白天病人多，事务杂，比较忙乱，晚上值班，一有病人，他就来了精神，认真地听师傅讲解，默记在心，然后再写到纸上，啥病用啥药，怎么治疗，反复记，反复背，并在实践中对照比较，仔细观察，举一反三，触类旁通，在业务上进步明显，加上为人诚实，虚心好学，深得化大夫的赏识。

经过两年的学习，先生背着一个保健箱回到村里，在村上的支持下，靠着自己勤劳的双手和极大的热情，在一穷二白的基础上白手起家，创办了芳草村卫生所。当时卫生所设在大队部，房屋三间，有普通的中西药，有听诊器、血压计等简单的医疗器械。先生边干边学，边学边干，并积极参加县上、公社组织的医疗培训班，之后又投师雷百禄老先生，钻研中西医医学理论，靠师傅的言传心授，靠自己的刻苦钻研，医疗水平不断提高，在农村医疗卫生工作中做出了积极的贡献。

先生擅长中医，特别是对内科、儿科、妇科的治疗，造诣颇深，先生每天在卫生所诊治病人，还经常随身携带印有红十字的出诊箱，到病人家中巡诊。全村的父老乡亲对张先生非常尊敬，亲切地称呼他为"张先"。经他手诊治的病人不计其数，红光、三塘、兴泉、芦阳等村的病人也常常慕名而来。从事医疗工作五十多年，诊治了无数常见病、多发病及疑难杂症，挽救了无数鲜活的生命，乡亲们亲切地尊称先生为"全村生命的保护神"。

先生一生勤求古训，思求经旨，博采众方，在治疗伤寒、麻疹等农村多发疾病方面摸索了独特有效的疗法。村上几次传染病大流行，先生用自己积累的临床经验，琢磨出自己的一套完整理论体系，平脉辨证，祖方治疗，将一个个危重病人从死亡线上救了回来。1964年，小儿麻痹病毒在芳草流行，全村七八个儿童患有小儿麻痹症，小儿麻痹属于病毒侵犯患儿的神经系统导致肌肉瘫痪，患儿持续高烧，四肢软弱无力，一夜之间站立不起。在当时缺医少药的情况下，治疗小儿麻痹症没有任何成功的先例。一旦患病，基本上都以夭折告终。先生翻阅大量先贤经书，应用中医中药配合治疗，而我自己，有幸成为这场灾难中幸运儿，在先生的精心治疗下保全了性命。据家母回忆，当时我已奄奄一息，随时准备弃捐沟壑，但先生却坚持不放弃，从诊断到治疗，缜密用药，合理组方，有时三更半夜也要走访我的病情。经过先生的治疗，最后病情缓解，幸存下来。家母在世时常说："这个娃娃，不是张先生，早就喂狗了。"正是由于对先生的崇敬，加之我自己身体的原因，我对医学产生了浓厚的兴趣，读初中时就阅读医学书籍，高中毕业后，就下定决心，学习医学，拜先生为师，跟随先生学医四五年。先生传授的医术使我终生受益，先生钻研医术的精神和救死扶伤的品德我铭记至今！

1972年冬天，全县麻疹大流行，当时芳草村十岁以下的儿童几乎个个患麻疹，持续咳嗽高烧不退。先生深入钻研温病学派治疗麻疹的圣贤理论，总结出"麻疹发表透为先、形出毒解便无忧"的治疗手段，采取"透发、解毒、养阴"三个大法进行施治。在先生的精心治疗下，患者病情得到控制，提高了治愈率，降低了死亡率。1983年春天，流行性感冒暴发，全村男女老幼几乎无一幸免。病人持续发烧咳嗽，浑身酸痛无力，有的老人抵抗不了瘟疫的折磨，含恨离世。有些才呀呀学语的孩童因合并呼吸循环衰竭而夭亡。面对来势凶猛的疫情，先生根据医圣张仲景《伤寒论》的理论，以麻杏石甘汤为底方，加减应用，合理组方，提炼出一套关于治疗流感的经方、验方。芳草村家家户户煮中药，村庄上方飘浮着中药的芳香气息。在先生的全力治疗下，有效地控制了疫情，缩短了病程，减少了合并症的出现，使瘟疫的蔓延得到有效的控制。

翻开先生病案，对儿科疾病的防治占了大量篇幅。小儿之病也称哑科，以其言语不通、病情难测而得名。古云："宁治十男子，不治一妇人；宁治十妇人，不治一小儿。"先生在病案中收集了很多儿科疾病的经方、验方。在小儿脏腑辨证中，遵循小儿"稚阴稚阳，纯阳之体，肝常有余，脾长不足，心常有余，脾长不足，肾长虚"的观点，抛弃了以往医家的偏见，主张温补凉泻，各附所宜，并总结出治疗小儿常见病的经典方剂。特别是用灯火十三燋，治疗脐风（破伤风）、惊风（新生儿低血钙），确有其独特效果。

妇科病，特别是妇科杂症是基层医生最难攻克的，先生在多年的临床工作中，以《妇人大全良方》为蓝本，取其精华，对妇人三十六病总结出宝贵的临床经验，认识到"妇人脏宜藏而不泻，腑宜泻而不藏，胞宫亦泻宜藏，藏泻有时"等理论，对妇人不孕不育症有积极指导作用。先生在此理论指导下，对不孕不育症总结出经典方剂种玉汤，使不孕不育者喜得贵子，挽救了一个又一个家庭，父老乡亲称赞先生为"送子观音"。

先生在治疗脏躁症上独树一帜，卓有成效。村中有一位年轻人因患肝硬化医治无效身亡，村中各种谣言蜂起，有个别中年妇女经受不了刺激，精神高度紧张而成疾，哭笑无常，骂詈不休，口里念念有词，神经叨叨，更有甚者不思饮食，大小便失禁。先生对此紧急组方，首选圣贤名方甘麦大枣汤，药到病除，使患者精神恢复，饮食如常，各种谣传烟消云散。

对于疑难杂症的治疗，对妇科杂症如月经不调、痛经、崩漏、不孕不育、脏躁等症在经方的基础上加减应用，灵活组方，在先生的病案中更有详尽记载，他的医案分门别类，装订整齐，蔚然可观，可见先生在临床工作中的认真细致，精益求精。他的这种工作精神，实为我们学习的典范。

作为一名村医，先生肩负着全村常见病、多发病、疑难杂症、传染病的防治，以及地方病普查、妇女病防治、预防接种、县城采药等繁重工作。一年四季没有休息日节假日，而且经常有人半夜敲大门求诊。但有求医者，先生从不推辞，问清病情，备好药品，拎上药箱就走，直到病人症状缓解才回家。不管男女老幼，富贵贫贱，只要找他诊治，一律一视同仁，以最廉价的药，花最少的钱，医治疾病。

先生始终把人民群众的健康放在首位，对经检查无法医治的病人及时组织送往县医院、省医院治疗。生活困难时期，先生甚至经常拉着架子车，步行往县医院送病人，还三更半夜，步行十几里，赶到火车站，送病人赴兰州治疗。每年至少七八趟，因此在省人民医院结识了几个医疗专家，先生虚心求教，提高自己的医术，以便为病人提供更好的治疗，深受人民群众的好评。

1981年村上新修剧院，先生积极参与，在抬钢屋架时右脚不慎粉碎性骨折。在休养治疗的过程中，病人只能在家找先生看病，先生家的大门经常开着，他躺在病床上给病人看病，来者不拒。先生在平凡的工作岗位上，从不计较个人得失，一辈子默默无闻，无怨无悔，治病救人。此情此景，至今历历在目，作为学生，我真为先生的敬业精神和高尚医德感到自豪！

先生做人以孙思邈《大医精诚》为标准，处处严格要求自己，一生穷则宜坚，不坠青云之志。先生经常告诫我们，不为良相，则为良医，做医生要有宽广的胸襟，争取做好自己的本职工作，干一行爱一行，精一行专一行。先生一生钻研中西医，伏首拜阴阳，五十余载，风雨无阻，全心全意为病人服务，为芳草村医疗卫生事业呕心沥血，鞠躬尽瘁，奋斗了一辈子。

2018年农历九月初六，是先生去世十周年忌日，写了先生的点滴事迹，表达对先生的追思纪念，更是寄托崇敬感恩之情。唯愿承先生之志，治病为民，奉献力量，造福社会。

我从心底里感谢他老人家，默默祈祷他老人家在西方极乐世界笑口常开，继续悬壶济世，普度众生。

2018.7.16

第十四章 艺 文

我的语文老师

张义莲

在省财税学校参加培训时，从的话中得知老师去世了，我心头一惊——老师怎么会在这个时候、怎么会在这个年纪去世！

之后的好多天，我心里久久难以平静，老师恨铁不成钢的说话表情，老师夹着教案一日三番五次来往于教室和办公室之间的身影，老师侧耳费劲地听我们回答问题的神情，老师范爱农式的冷语言，等等，像电影的片段一样时时地浮现在脑际。

那段时间，躺在床上不时地心祭着老师，也为如果有可能写一篇悼念老师的文章而时不时地打着腹稿。可惜人懒才浅，天长日久，祭文不了了之；但一念感恩未了，总觉欠着老师。

尤其至今耿耿于怀的是——老师为我们辛劳的付出，村上的人是否真正知晓？

四年级时，老师代了我们的语文课。那是20世纪70年代末，农村人让孩子上学就像把自家羊寄放在别人家的羊群里一样，只要有人看着，每天回来就行，没有教育和重视教育的概念。因此，我认为老师那时给自己找苦吃，背众道而行，独一人执念教育，在学习上对我们与众不同的要求就可称得起是教育了。

那时，我们每晚都有语文作业，而且是要用小楷毛笔写生字。虽然没有现在小学作业繁重复杂，但比起那时其他学生的少有作业就很特殊了。而且，作业在第二天早上必须要经过检查。尽管老师严要求，可那时的孩子是村野里野惯了的飞鸟，他们宁可挨打也不放弃自由，每天都有好几个不写作业或胡乱写一点的学生。于是他们每天早上都被罚站在教室后面。老师常常被气得声音打结，怒目冒火。实在没办法，还让他们排成队在校园里走一圈示众，以此激发他们的自尊心和自觉性。

那时各种"硬化毛笔"也应运而生。同学中有人把毛笔头后半截用浓墨固化，前半截用刀子削得只剩几根毛像铅笔样，写得又快又匀称，我曾效仿过；也有人拿削尖的棍子蘸着墨写；还有人用钢笔吸了墨把笔尖劈叉刮着纸毛写。总之，同学们都为这毛笔字作业动过歪脑用过心。记得有时停电或作业多，我趴在炕桌上点着煤油灯、打着盹儿写，一迷糊就燎了头发。

老师是个吃苦耐劳、持之以恒的人，那小楷毛笔字好像要求我们一直写到五年级毕业，但当时我们班好像没一个练出手的，老师的一片苦心被集体辜负。

我之所以一直感念老师，多是因为他为教我们写作文花费的非寻常的辛劳。记得每周两节作文课。老师出个题目，他自己先写一篇范文念给我们听，然后让我们在草稿本上仿写。即使是仿写，好多人还是写不上——错字满篇、语句不通、词不达意、详略不当，没有立意、不会谋篇……大多数人的草稿，老师要改两三遍。改一遍，让重誊一遍；如此在草稿本上反复写两三次，最后才准誊写在作文本上，老师再修改，再写批语。字写不好的还要打下来重写。等到下一节作文课上，老师再选几篇写得好的，边读边讲评，谁的立意新鲜，谁的首尾照应得好，还把好词好句着重反复地念。这就是一篇作文的完成过程。老师这样教，我们得益匪浅。

在那个年代，我认为老师就堪称真正的教育家。他除了教我们背一些课外的古诗词、让我们读故事然后在课堂上复述，锻炼我们的口述能力，他还教我们这帮不怕挨打、敢上天的农村野孩子关心国家大事。记得"四人帮"被粉碎后的有一天，他拿着一张整版都是这个政治事件的报纸，给我们这些似懂非懂的顽童口干舌燥地念了一个下午。我受父亲看报的影响，听得很认真，记下了那些当事者的名字和主要罪行。后来的新闻事件和人物，我总是听了就忘了；还有那时老师教给我们的课外古诗《春夜喜雨》《题西林壁》等到现在我还能不打折扣地一气背出来，但从初中到高中，课本上不知学了多少古诗文，都被忘得支零破碎，有的提起来连印象都没有。童年，真是记忆的黄金时段！感恩老师，我至今没忘的东西都是您教的！

老师比较严肃,说话有点鲁迅笔下范爱农的味儿,又冷又硬。有一次,一个同学告老师说:"李老师,教室墙上趴着一个虱子!"老师瞥了他一眼说,"你见了个虱子,我以为你见了一个狮子!"

记得是五年级时的冬天,老师把我调在火炉边坐。一天上课,我侧身把手和脚都凑到炉子边,老师发现了,赶忙从讲台上下来揭开炉盖看火。火败了!他直直地瞪着我说:"你活人守着个死火!"

我惊悟到,我在炉子旁有享受温暖的福利,还有看火的义务!

慢慢回味老师的这些冷语言,它虽然冷,却教给我们许多不噪不喧的处事态度和豁达的人生观。

老师脾气不好。对那些经常课业、作业不达标的学生,他总是一腔恨铁不成钢的口气。他办公室离我们教室近,门后挂着一条把儿短、梢儿长的尕鞭子,记得是谁上课拿着玩他没收的。有时学生顽劣极了,他被气极了,就转身冲去拿尕鞭子。鞭子举起来了,他气得声音发抖,却很少落在谁身上;偶尔鞭子落到谁腿弯弯上了,他便被气得嘴不能说话,眼睛却迸得好像要说话似的。

老师很辛苦,也是个有责任心的人。他勤勤恳恳地教学,还要抽时间下地干农活。记得夏天下午放学,他布置完作业,操心锁好教室门窗,便急匆匆地下地去干农活。

最使我感怀的是在那个不重教育、没有"课外补习"、没有"补课费"的年代,每个寒暑假,老师每星期都要把我们集中起来去学校检查辅导一次我们的假期作业。

夏天,老师先去打开窗户,通风换气;冬天,老师先去架炉子生火,倒灰洒扫。那是从夏天的农忙中抽出的时间,是农田里劳累的延续;那是从冬天家里的温暖中挣脱出来的意志,是与彻骨的寒冷搏斗的辛劳;那是不计得失,只求教书育人的淳厚!

"辛勤的园丁"这几个字,大多数情况下可能只是个平常不过的表述,但时至今日,我要庄重地把这个光荣的称谓敬献给我的小学语文老师——李俊才先生!正是他的孜孜不倦、呕心沥血,才使得我们这个班在这个小村子里多出了几个吃公家饭的孩子!人生遇一恩师真是莫大的幸事!

感恩老师启蒙了我，使得我在初中、高中、中专一直爱好语文，成绩尚佳。感恩老师的教导，使我有了好的知识基础和人生开端，并一路前行，获得了一份安逸有为的工作，解除了老父亲的后顾之忧，也更好地实现了我的人生价值。

2018 年 6 月

第十四章 艺 文

我和干超修水泉

尚仁武

还是在1970年的8月份，有一天雷鸣电闪，沙河里山洪呼啸而下，芳草村的泉水被洪水冲毁了，全村人吃水遇到了困难，有的到条山大涝坝取水，有的到新涝坝取水。村上召开大会，动员全村人尽快修水，解决吃水问题。

当时是暑假期间，我在家里休息，生产队就叫我也到沙河边参加清修水泉的劳动。本来我想找一个本生产队的小伙子搭帮，可队长把三个生产队的人搭配开。我和一队的干超分在了一起。虽然都住在一个村子里，但以前跟他从来没有过任何接触，因此分在一起干活，觉得非常别扭，就站在一旁不知怎么办才好。还是干超先开口了："小伙子，我们一起干吧。"干超说话不是本地口音，人也长得瘦弱，但干活却非常卖力。我们是三人一组，做了一个分工，一个在井下挖沙，一个在井下铲沙，一个负责往外运沙。挖沙的活最吃力，干超自己选择了挖沙，我是负责往外运沙的，相对比较轻松。别人看到了，说"小伙子不像话！拣了个最轻省的活，让别人干重活"，又对井下的干超说，你也真是，自己挑着干累活，把轻松的活让给别人！干超笑着回答："我姓干嘛，就该多干；我名超，干活就是要超过其他人。"别人一说，我有些不好意思，就问他："你是哪里人，干活怎么这么下苦？""我芳草人啊，我给自己修水，不下苦不是跟自己过不去吗？"我感到这人很随和，也不怪我干活没眼色，"我咋称呼你呢？"我问他。"你姐姐和我老婆都在芳草大队剧团唱戏，她们两个岁数相当，你叫我姐夫就行了。"我问："干姐夫，你是哪里人，是怎么到芳草的？""我嘛，是四川人，以前老家有个织布机，我是边织布，边卖布，一路来到景泰的。先到小芦塘，然后又到了芳草，……"听他这么说，我心说："什么姐夫，可能就是一个奸商吧，投机倒把，从四川跑到芳草来了。"就没有再跟他聊下去。

以后我到了工作单位上，有一次在喜泉乡碰见了一个叫庄兴伦的老人，他走哪里都背一个帆布包，他到我跟前跟我说："你是单位工作的，我认识你你不认识我。你们芳草的干水堂和我是老乡，都是四川人。"庄兴伦的工资一直由我们单位给代办。"我们村没有干水堂呀，有个四川人叫干超。"我说。"对对，干超就是干水堂，我们是红军。"他说着从书包里掏出一个红塑料本，上面印着"红军证"三个字。我大吃一惊，庄兴伦是红军？干超是红军？我简直不敢相信自己看到的和听到的。因为我从来没有听任何人说过这个事情，也没有办法将那个瘦弱的干超跟红军联系起来。因为时间关系，也没有向庄兴伦仔细了解具体情况。当天下午我从喜泉乡骑着自行车回芳草，直接先到干超家。干超的老婆王秀芬说干超到外地搞副业去了。我问："老干是不是红军？"王秀芬说："我不知道啊，他从来没有给我说过这些。"这时我想起修水泉时，他说自己是四川人，还是织布匠，那么干超跟干水堂应该是同一个人。庄兴论说他是红军，但是他没有红军证，自己从来没说过，连他女人都不知道。没有红军证，就不是红军，也许他就是一个做生意的商人吧。但从这个时候开始，干水堂究竟是什么人这个念头就一直萦绕在我的脑海里，挥之不去。

后来我又遇到庄兴伦，我对他说："干超真的是红军吗？如果是，他老婆应该是知道的。但老干什么都没有跟她说过。"庄兴伦说，干超确实是红军失散人员，原名是干瑞堂，干超是后来他自己改的名字。原籍四川资阳县清泉乡，原红军西路军30军88师263团2营4连2排3班战士，1937年1月高台之战失利后失散，一直流落到芳草落户。从那时起就一直隐姓埋名，没有跟任何人提起过自己是红军的这段经历。在芳草，干超因为为人稳重，性格好，劳动积极，曾担任过第一生产队小组组长。庄兴伦也是失散红军，经过重新登记后，曾几次动员干超也去登记，办领失散红军证书，干超却拒绝了。干超跟他说，他对现在的生活很知足，想想长征路上死去的战友，就感到自己已经很幸福了。干超还对他说："我干瑞堂不想给共产党添麻烦，不给政府找啰嗦。"直到1985年，干超病重住院，庄兴伦、高在亭、代绍山等人和县上有关领导一起，到医院为病榻上的干超补办了红军证。

到现在我还会时不时想到干超，想起和他一起修水泉的事，想起他说话做事的神情，就觉得在他平常普通的外表下，总有一种与众不同的东西，也许，这就是他的特殊经历留给他独特的气质吧。

赵家岘感怀

张义安

赵氏家族十四世孙赵天喜、赵斌文积极配合村上修志工作，提供了该家族编写于清同治年间手稿家谱复印件等珍贵史料。通过对这些资料的认真细读、分析、研判和推演，结合族人的口传和对记忆于时光中散乱碎片的整理，感觉赵氏家族历史久远，传承厚重。同时引起了我对该家族居住、生活近四百年的赵家岘产生了一种崇敬、神秘和探究的浓烈情感。因此，利用清明节祭祖之机，又一次重游了赵家岘。

赵家岘，位于芳草村西南方向15里处，有两条道可到达。车道由村西出行，穿兴泉村，过青崖村，顺青崖沙河一直上行到牛粪岘就是赵家岘地界。人行道是从泉水眼处出村过沙河，朝蔡家磅方向行进，过大塈岘，沿大口子沙河前行，爬上大、小盘坡再前行就进入赵家岘境内，一路是连绵起伏的丘岭，陡坡和沙河，窄若羊肠小道，迂回曲折，崎岖难行。

赵家岘，西起长槽子、五道梁，东至米家山狼儿岭，南接沙井台；北毗马场山，石峡沟。南北长约7.5公里，东西宽约6.5公里，周边是石质山岭，坡陡峰高。中间呈梁峁嵝岘，沟壑纵横，是一个典型的大山中形成的"黄土湖"，一眼望去波浪起伏，空野浩荡，十分壮观。近观是黄土高坡，质地绵细、干净，没有砂石粗砾，好像用人工筛过似的。这种地质地貌的形成经过了远古时代以来的风蚀、雨淋、日晒、地震等各种外力的交替作用演化而成。这一切也隐藏着神秘的天地造化里。

赵家岘，因赵氏家族祖先曾在此居住而得名，她不仅是一个地名，她有着悠久的历史，她经历和见证了赵氏家族繁衍生息的沧桑岁月及该家族忠厚、善良、

第十四章 艺 文

勤劳、耕读、辛劳和苍凉的背影。据史料记载和族人口传得知,在明万历年间该家族有位六世先祖游宦于靖远县之北乡芦阳湖,做了芦城(芦塘城)千总,是朝廷统领戍边军队的武官。也就在此时,族人以军户名下耕占了赵家岘。

初占时,在老庄槽子挖窑修院,拓荒种地,在那兵荒马乱、战乱频仍的年代里,为了求生存,亲人们先后散离逃生,有的南下当兵,效忠朝廷,出走后杳无音信,生死未卜。有的拖家带口西出阳关,创业西疆,寿终昌地,魂难归故。家人们想尽办法,历尽艰难将遗体运回安葬。有的游学远方,读书学习,求知谋生。留居守家的亲人们以农为生,住着窑洞和泥草房,粗米淡饭,衣衫褴褛,日出而作,日落而息,大概经历了三百多年的艰苦岁月,其间也经常遭受到匪贼的袭扰和掠抢,因此决定另选栖地。在岘内又一处比较偏僻的倒朵槽子择为居地,从清同治五年(1866年),开始用了三年时间才完成了移居搬迁。

关于选栖,古代人都是逐水而居。而赵氏先人硬是选准了这块荒山僻壤作为生存之地,虽然远离了战乱的纷扰,但仍遭受了匪贼的多次掠夺与残害,有多位亲人惨死在与匪贼的搏斗中。同时还经受了地震、饥荒、疾病等天灾人祸的折磨,饱尝了人间疾苦。另一方面,赵家岘天赐一方黄土地适耕种,小麦、糜、谷、胡麻、豌豆、萝卜、土豆等,就连罂粟生长都很适宜。只要老天爷多少下点雨就有收成。族人们在这块深情无私的土地上"勤于斯,耕于斯,而于学业,无容稍疏,出就外傅,书香有季继",耕读传世。

七世祖良璧公国文渊博,周边有名;皇清诰授修职郎。逝世后兰州府入学生员受业门人张宗譓为其撰写了碑文。赐进士出身前翰林院院士工部屯田司主事兼都水司行走加一级戚维礼(景泰芦阳人)为此碑书写了碑文。该碑文中有"芳草渠"地名的出现。这也是截至目前收集有关芳草村村名最早的历史资料。八世祖同泰公获待赠文林郎,荣赐八品寿官。九世祖成朝公获文林郎。他在清同治年间亲自编撰手书的赵氏家谱系统地反映了赵氏家族在赵家岘这块土地上生活、生存、传世的真实历史。是一部以文字记载、有较高书写水平的珍贵历史资料。赵氏家族代代都有优秀读书人传家。

1957年,赵氏家族搬迁到了芳草村居住,融入到了集体生活的大怀抱中,从50年代后期开始,赵家岘作为村上一个农业生产点,由各生产小队耕种管理。在我儿时的记忆里，每年放了暑假，我和我的同伴们都由生产队组织，带到赵家岘参加一些锄草、拔麦子、培洋芋等力所能及的劳动锻炼。今天我们回过头来看这些安排，幸是当时无意中将我们这些后来之人带回到了几百年前时空当中去实地体验赵氏先祖的耕读生活。我们每天和大山朝夕相伴，天刚亮就扛着锄头下地干活，干到中午回来吃点东西，稍事休息后下午又去干活，双手粗糙，满脸汗水，不觉苦，不觉累，来回往返于蜿蜒曲折的山路上，唱着歌，说笑着，天真快乐。对于岘内的老庄槽子、车路沟、西洼掌、长梁、扁坡等各处地块地名都非常熟悉、亲切。最使我记忆犹深的是缺水的情景，每年到了农忙季节，各生产队都增派人来夏收，高峰时四五十人守着一口咸水井，还有牲口。井水本来就不大，天气一热更加变小了。每个生产队都有一个负责驮水的人，每天天不亮就赶着毛驴驮着两个木桶去驮水。有时井水一小就装不满桶了，要等好长时间或到更远的崎岖地去找水。凡是驮回来的水首先要保证大家的吃、喝需要。一般情况下男同志不洗脸或两三天洗一次脸。女娃娃们剩上些水洗梳一下，至于说洗脚、洗衣服，想都不敢想。

我喜欢大山，但我讨厌干旱和枯竭。在严酷的条件下，天天盼着下雨。终于久盼降甘霖，一场细雨淅淅沥沥时紧时慢下了一夜，清晨起来走出窑门一看，空气被洗得十分新鲜，但天空依旧苍茫，弥漫着水雾和湿气。山野里格外安静，雨水开始缓缓地滋润着连绵的山峦，滋润着遍野的芳草，滋润着我和我同伴的心田。

1982年实行土地承包到户。2010年冬开始，中国华电集团在赵家岘先后建成了一、二期风电项目工程。

今天我们置身赵家岘之巅极目远眺，座座风塔入云端，条条道路绕山间，风轮合着大山的呼吸不停地转动，鸟儿在蓝天白云下自由地飞翔。一派现代、环保、昌盛的景象。用心寻找开拓唤醒这块土地的祖先们在漫漫历史长河中居住、生活过的残窑断壁、碎瓦依稀可见，这些苦难生活的场景，就像一盘复原缩影刻制出的碟片，一幕幕出现在眼前挥之不去。窑洞里土炕上如豆的油灯下坐着孜孜不倦的读书郎。山野里农夫粗手光脚，拿着铁锹、锄头辛勤劳作，烈日当空，晒得紫红的脸腮上汗珠滴滴流下……

第十四章 艺 文

回望铁姑娘岁月

张 清

2019年，我们几个芳草姑娘组建了"芳草姐妹"微信群，很快加入三十多人，我们这些芳草姑娘，大多没有什么文化，不太会写字，全靠语音交流，一句句芳草乡音，使人备感亲切，一件件往事回忆，使我们的思绪又回到了几十年前欢乐艰苦的青春时代。自从出嫁以后，有的从无来往，有的音讯全无，如今亲如姐妹，昔日同饮芳草水，同吃苦苦菜，土生土长，说不完的家乡话，诉不尽的家乡情，听不够的家乡事，当年的大姑娘，现在年过六旬的奶奶们说得手机发烧，听得手机缺电，越说越高兴，越听越过瘾！时不时还相约而聚，叙旧话新，唱唱跳跳乐乐，共享精神大餐，还晒出姑娘时期的照片，让人们看看是谁，有的人竟然认不出自己。青春时期的生活场景一幕幕梦中再现，萦绕不去，回想过去，历历在目。

我是1961年生人，家中长女，没有上学读书，12岁就参加集体生产劳动。刚参加劳动，一天8分工，第一年挣了200多个工（10分为1个工）。第二年起，就和大人一样，每天10分工，每年出勤都在300天以上，挣300多个工。除雨雪大风天，基本是全勤，和比我大的青年一起天天劳动。我的青春正是"文化大革命"时期，农业学大寨、备战备荒是农村劳动生活的全部。当武装民兵、加入铁姑娘队是我们这些年轻姑娘的最高追求，虽然生活贫困，劳动艰苦，但是心情愉快，是芳草把我们培育成人，使我们茁壮成长。

芳草村志

武装民兵有苦有乐

我15岁就当上武装民兵,当时16岁才够条件,我个头较高,被破例吸收。我高兴得直跳蹦蹦,背起枪来连路都不会走。我们二队16人,全大队民兵连四十多人。武装民兵训练,首先训练队形:列队、向左转、向右转、向后转,齐步走、正步走、跑步,要求排列整齐,动作一致,其次是训练枪法:背枪、握枪、拔刺刀;再次是训练刺杀、瞄靶。训练苦不堪言:队形训练,站得腿直脚麻,走得小腿发软,不听使唤;训练枪法,我身单力薄,拔刺刀难度最大,瞄靶一爬到地上就是半天,前胸石子垫得难受,后背太阳晒得发烧。白天训练时动作不协调不达标,晚饭后还要在家自己练,请人指导,反复练习。一天傍晚,王明强在家中的草圈里练着练着,投入之中大声高喊口令,吓得过路行人撒腿就跑,以为要追杀自己。训练苦是苦,等到打靶时大家兴高采烈,每年春训、冬训结束都要打靶,民兵们信心满满,鼓足干劲,能打个九环、十环就像打了胜仗一样高兴。拉练最开心,尤其是夏天,我是卫生员,在背枪和简单的行李外,又加了一个小药箱,行军途中,李保平、张义平连长常常帮我背枪,我们头戴柳树枝编制的帽子,精神抖擞,去一条山、十里沙河近一点的地方,一路小跑就到了,去芦阳、城北墩、条山农场远一点的地方,也是急行军而至。实战演习、夜间射击,惊心动魄,大获全胜,喜不自禁。

夏收时节两不见日

上世纪70年代,雨水丰沛。芳草村旱砂地较多,和尚头小麦年年长势喜人。小暑一过,男人们磨刀霍霍,准备开镰,收割水地大麦。妇女们忙着炒大麦、麦子、麻子,磨炒面,当时还没有机磨,家家都用石磨磨面,筹备夏收的口粮,那时夏收得一个月左右时间,全村男女老少齐上阵,早晚在家吃饭,中午一般都是凉水拌炒面和干馒头,有的人家老人小孩多,劳动力少,到夏收时节就没有口粮了,有的人家小伙子多,饭量大,粮食也不够吃,还要找粮食接济。小伙子姑娘们也个个摩拳擦掌，等着拔麦子。夏收期间两不见日，早上天麻麻亮，随着队长一声"拔麦子走"就出发了，太阳落山后才提小麦捆子码垛，之后摸黑回家，晚饭一般都在九点以后。

在旱砂地拔小麦，长坡一战最为艰苦，这一片砂地在城路南边，东面到走前头梁的下路，西面到走前头梁的上路，上下路相距一里多，麦垄呈东西走向，与城路平行。拔小麦两人一组，叫合趟，每人拔三匹（三行），麦铺子放一块，便于回头捆小麦，一般都是拔得快的找快的，慢的找慢的，自愿结合，遇上一个拔两匹子的学生，人们早早就约好，三人合趟，学生在中间，拔在前面，这样回头捆小麦更省时省力。拔麦子技巧性强，手要快揽得多，抓得牢，会使劲，脚下也要鼓劲，脚随手进，身体前倾，动作协调，拔得快的手中攥麦适量，放麦也快，越拔越起劲。遇到受雨水冲击，地面板结变硬，用羊毛绳缠手指防止起泡很重要，一打麻烦，就落在后面。这一趟有时得多半天，小麦长势好的年份得一天时间。拔麦子期间，人们最喜欢下雨天，一来下雨天能好好睡一觉，休息一下，歇歇累气，二来雨后地软，能美美地拔一天。挨趟也很有文章，有心计的人盘算着前面哪里有砂坑（铺压砂田时取砂子的坑），哪里就有跳趟（砂坑一般有二三十米方圆），遇到砂坑就能少拔一点，歇息一会儿，不过大多数人不在乎这一点，因为砂地面积大，大多数都有跳趟，好像压砂的人有先见之明，取砂时就把砂坑布局好了。到傍晚快收工时，拔出头的人在趟头稍事休息，就给拔得慢的人接趟，人们不是左邻就是右舍，非朋友即亲戚，大家你一段我一段，很快都拔完了，然后捆捆子，码垛，太阳落山，天气凉爽，人们有说有笑，看着一个个麦垛，忘却劳累，收工回家。

回家路上别有一番景致，70年代后期，一般人家都有了自行车，有车的骑车走了，没车的三五成群走着。但是骑自行车的绝不一个人走，只要后座空着一定要带一个人，走的人你推我搡，让年长的体弱的或年龄小的先走。李尚忠有一辆飞鸽牌自行车，前面装有发电机电灯，这时就派上了用场，走在前面照明引路。李尚忠是一个劳动能手，身强力壮，心直口快，吃苦卖力，不甘人后。在方块砂地拔麦子时，麦行长短一致，大家挨趟有序，争先恐后，你追我赶，他和同伴一直拔在前面，有时给落后者隔两三趟，到最后还是拔得快的给拔得慢的接趟，人们就是这样，在竞争中开始劳动，在互助中共同收工。

拔麦子时，有专人拉水供人们饮用。罗爷是我们二队专门拉水的。一是他上了年纪，二是他家有架子车，养自留驴，有大铁桶，他每天拉水跟着拔麦子人转，罗爷一直拉上涝坝的水，因为水甜，麦田远了，他就走早一点，按时把水拉到地边。他从不提早回家，一直等到放工，人们喝完水，放掉剩下的水，车上坐满了人才回家。吃中午饭，姑娘们从不独食，围坐一起，把拿来的馒头、炒面、炒麻麦放在中间，你让他，他让你，不分你我，大家共享。

拔完旱砂地小麦，人们休息一两天，就收拾行囊转战赵家岘，两个毛驴架子车拉着铺盖灶具、面粉食物沿车路绕道兴泉村而至，其他人抄近道步行前往，过了大口子，就有人讲起牛粪岘的故事，第一次路过牛粪岘的人要抬驴粪冠，就是折一根蓆子，两端穿上驴粪蛋，让人衔在嘴上，蓆子越短，粪蛋离嘴越近。牛粪岘山高坡陡，崎岖难行，人们说这里有一个白胡子神仙，如果第一次路过的人不抬驴粪冠，就会被推倒滚下山坡摔坏，让你猝不及防，有人现身说法，说哪次差点把自己摔死，各种传言不一而足，令人毛骨悚然，我胆子小，虽然临行前妈妈说此事有诈，但我还是害怕，好事者边走边做好驴粪冠，假装好心劝道：你们还小，别让摔坏，回家不好交代。我们三个第一次来的，我和郝廷莲乖乖地衔着走，孙延梅胆子大，拿在手里，过去之后，人们开怀大笑。

赵家岘是二阴田地，土山土洼，雨水好，最害怕土地雨后板结成块，因此人们都带上羊毛缠手，防止地硬难拔手上打泡。一般年景，二十多人得拔半个月左右，这是一段集体生活，真是同吃同住同劳动，专人起灶做饭，专人拉水拾柴，队里派专人两三天送一趟菜。由于山高坡陡，有时水车停放较远，人们口渴，就在沟底低洼处找雨水，吹过羊粪蛋就喝。有一个细节我至今记得，住宿只有田爷看护粮食的一个大窑洞，只能男女同住，但那是有规矩的，大姑娘们住里面，小伙子们住窑洞门口，田爷住中间，一分为二，大姑娘们便安然入睡。晚饭后，拉水拾柴的张忠福还要讲几段古今，张爸小学文化，爱看书，视力差，记忆力好，古代四大名著都看过，故事讲得好，多是《三国演义》，也有传奇故事，年轻人都爱听，听得津津有味，听着听着就进入梦乡。

夏收期间最令人烦恼难忍的是，麦芒过敏，皮肤痒痒难捱。和尚头麦子、大麦芒最痒人。一到麦收时节，姑娘们早早就犯愁，难过这一关，这个也怪，有的人躺在衣子堆里也没有痒的感觉，有的人还没有接触麦衣，远远地就浑身发痒。过敏症状严重者，奇痒难耐，拔麦子时，一有空就挠痒，拔一把骆驼蓬（野草）在胳膊上、小腿上擦搓，狠狠用劲，皮肤都血淋淋的，但痒痒稍微缓解，晚上回家，吃成喝不成，赶紧先用热水擦洗全身，否则一夜难以睡踏实，有时人在睡梦中，手在身上不由自主地挠。姑娘们自嘲："咱们这是太太的身子丫鬟的命。"

平田整地大干快干

黄河水灌溉芳草后，正值农业学大寨时期，铁姑娘队成为平田整地的主力军。副队长杨积礼统率指挥，后墒一带是主战场。铁姑娘们扛着铁锹铁镐，拉着架子车，一年四季，除了夏收，就是平地。以前的漫水地因地形而为，大小不等，高低不同，渠道地埂弯曲不规则，平地是拉高处的土垫到低处，使之成为条田。杨爸坐镇实行包工制，一组一方块，根据土茬厚薄大小不定，有半天的，有一天的，三个人一个架子车，十来组各自为阵，我经常和孙延梅、杨生香一组，连挖带装，同拉共推，紧紧张张，才能按时完成任务。杨爸有一绝，脚底一量，铁锹一划，让你挑不出方块大小，眼力也好，地角一看，高低分明，平好的地块，平展展的。杨爸虽是队长，和社员一样干活，散土修埂，样样都干，有时也帮人们上土，只有抽一支报纸卷旱烟时才坐在地埂稍事歇息。杨爸领工走得早回得晚，最能狠活，不提前放工，时间也掌握得准，工作量也适当，人们干完包工的，就帮没有干完的，三下五除二，收拾停当，有人喊道"杨爸太阳落了"，杨爸才慢腾腾地放工。一天到晚，踏铁锹的脚，胀热生疼，一锹也踏不下去。我们的双手，满是老茧，洗脸时，一不小心，刮得脸疼痛难受。我们穿的裤子总是大腿至膝盖部分先磨破，常常是补丁摞补丁，一次母亲用缝纫机给我缝补裤子，两个膝盖上是扁圆形补丁，屁股上是一个桃形补丁，我穿出去，姐妹们都夸好看，于是有的把自己的拆了重新缝补，有的干脆拿到我家请母亲缝补，一时间，这种补丁裤成了姑娘们美服的标配。当时平地的场面热火朝天，地埂上插着红旗，预制块上写着标语："大干快干加巧干，敢教日月换新天"，三四十人，你追我赶，一条条农渠，一块块田地，在青年们辛勤劳作中形成。不论多苦多累，收工路上总是歌声不断，遇到下坡路，三五个架子车搭在一起，称之为开拖拉机，前面一人掌握方向，后面两人搡车助力，其他人坐在上面，"沿着社会主义大道向前方"。农忙时节，武装民兵集训早晚进行，白天继续劳动，铁姑娘们多数都是武装民兵，劳动时都带着枪，午休时还要练练刺杀。晚上开会学习是姑娘们的最爱，姑娘们根本不管什么"阶级斗争，一抓就灵"，图的是晚饭后再次相聚，说说笑笑，打打闹闹，玩够了回家睡觉，夏日夜晚，两三个一伙随便谁家厨房炕上一滚就是一宿。现在想来也没学习到啥，也没斗争到谁，只是快乐无尽！看电影更令人难忘，本村放电影自不必说，一有邻村放电影的消息，吃过晚饭，人们相约行动，按时入场，兴泉、一条山、蓆滩村，逢场必看，看完返回，回到家常常是半夜时分，第二天照常参加劳动，先前是步行往返，后来骑着自行车，但走得更远，十多里外的芦阳、条山农场、景电指挥部都去，但从不觉得劳累，一路歌声四起，笑声不断。更有趣的是，细看活用，把电影中的人物角色和小伙子姑娘们对接，谁像谁，有时直接以角色名直呼其人。

  一天天大干快干，一年年战天斗地，姑娘们有使不完的劲，挥洒了汗水，挥洒了青春，西至马家渠，东到石板嘴，农渠、条田、道路、林带、美丽新灌区，到处都有铁姑娘的足迹，至今还感觉这一方水土是那么诱人和亲切。回忆当年，苦中有乐，漫漫人生路，幸福到如今，唯有感恩芳草，祝福芳草！

2020年6月

第十四章 艺 文

故乡的记忆

李桂春

每次听到日本风笛大师宗次太郎的《故乡的原风景》，那清新悠扬的陶笛乐音把我的思绪自然带回了故乡。故乡的一切好像田野里的一缕缕清风，唤醒着儿时的记忆；也像蓝天中的几朵白云，飘荡在记忆的天空。

初夏的清晨

最美的是初夏的清晨，太阳还未出来，东边的天空正在慢慢地映红。故乡芳草村逐渐显现在无垠的苍穹下，正在中国西部祁连山末端寿鹿山下向东延伸的一个山梁上。山梁南北两肋是两片狭长的绿色长带，紧紧依偎着村庄，像一只大鸟的身体和两个绿色翅膀。它的脖颈细长，一直伸向东面的石板嘴，那正是大鸟的头和喙，吮吸着大自然赐予的灵气与精华。马场山、寿鹿山一南、一西，像两面巨大的屏障，守护着这只静卧的大鸟，期盼着更加美好的未来。村庄西南的两股泉水一东一西，相距七八里地，清亮亮的水汩汩地欢快地注入两个圆形的涝坝里。两个涝坝宛如大鸟的两颗心脏往身体的各个部分输送着新鲜的能量，仿佛大鸟身上流淌的血液永不停息。圆圆的涝坝似大圆镜一样与天空相互映照，和日、月、白云、星星在亲切地交谈着什么。

庄稼地、堡子、戏楼、商店、房屋、学校、麦场、大园子、饲养圈、纵横交错的、弯弯曲曲的道路、随风摇曳的麦子、树枝、烟囱里的缕缕青烟，一切显现在静谧的晨曦中，整个村子分明是一幅淡雅的水墨画。树上麻雀叽叽、喜鹊喳喳、牛哞马鸣、猪叫狗吠，琅琅书声、路上架子车的吱吱作响、屋里婴儿的哭啼，一切都弥漫在大自然美妙的和声当中，充满着安适与柔美。

上涝坝的故事

村外西南七八里地的是上涝坝，原来叫洪家涝坝，据说是姓洪的人开挖的。泉水就像新疆的坎儿井，通过地下渠将地下水自流引导至地面，它的好处是水量稳定、水质好、蒸发损失少、风沙侵害小，顺势自流。涝坝则是泉水的露天蓄水池，相当于江南一带的池塘。涝坝里没有鱼，只有蝌蚪、青蛙、癞蛤蟆和绿绿的水草。上涝坝的水自流向东向北到上尖子、孖弯弯、树树沟和后堌，常年浇灌着家乡的千亩良田。

盛夏时节，上涝坝是年轻人玩水的天堂。炽热夏日的中午时分，有不少约十三四岁以上年轻人就三五成群地结伴到上涝坝玩水。一是这里没有大人的啰嗦，没有小孩的干扰，光着身子，跳进去爬出来，自由自在，玩得尽兴；二是这里的水没有牲口和人造作，又清又深，感觉很好，即使不小心灌上几口，也不觉得恶心。小伙伴们站在高处往水里扎猛子、狗刨、自由泳、仰泳，随性而为，好不自在。玩足以后上来光溜溜贴在热烫的沙梁上或细绵沙上，虽然烫得厉害，但觉得很过瘾。

从上尖子一直到涝坝沿，从西到东的中渠坝里长满了沙枣树、柳树、榆树、白杨树。芨芨草和各种杂草与绿树相伴，几乎把整个水渠都遮盖住了。凡是有水渠的地方基本都是绿草葱葱，玩耍的、拔草的、放羊放牲口儿童、少年经常出没其间，身上、脸上被树叶和芨芨草不停地抚摸。榆钱下来的时候，大家都争先恐后爬到树上撇榆钱枝，又在树上就捋榆钱，大口大口地吃。有心的会把衣服脱下来，把榆钱捋到衣服里带回家，让大人和上面蒸焐焐吃。夏天中午太阳最毒的时候，这里便是少年儿童的乐土。大家在树下乘凉、找个细绵沙最多的地方脱掉鞋，把脚放在细绵沙蹭来蹭去，有的用细绵沙把脚埋住玩，有的用细绵堆各种造型。细绵沙里有乡村孩子的无限的快乐和遐想。细绵沙上摔跤玩乐趣无限，也有不小心把头磕破的，捂着头赶紧找大人，大人只是包扎，只问和谁玩的，很少有人找麻烦。孩子们对麻雀有无限的兴趣。常常在追逐刚会飞的麻雀。有时候还真的能捉到。于是把细线绳拴到麻雀腿上，放飞跟着跑。有时候绳子没系牢，麻雀挣脱飞走了，则望着远飞的影子遗憾着。

冬天，上涝坝里的水不浇地，就放开淌到沙河里。记得小时候冬天特别冷，涝坝里、沙河里结成厚厚的冰，在太阳的照射下发出刺眼的光。因为上涝坝水比较甜，喝起来口感比较好，村民们便到涝坝里、沙河里打冰弄回家烧开水、熬茶喝，也有讲究的，做长面时用消开冰的水调臊子汤。打冰就是砸开冻实的厚冰层，把大冰块拿回家。有的用背箕背冰块，有的用架子车拉，养牲口的会套上架子车去打冰。70年代，黄河水提上来以后，为了多装些甜水，许多人家用钢筋、水泥做成小水池，比一般的缸能多装好几桶水。冰打回来后，高高地装到缸里、水池子里。如果多了，就在冷房子的地上直接铺些报纸把大冰块码在上面。因为天冷，绝不会消融。每天晚饭后，灶膛里加把火，将冰块放在锅里慢慢融化，然后烧成开水，灌进竹篾、铁皮、塑料暖水瓶里。男人们则在茶缸里放些茯茶，搭在炉火上，慢慢地熬起故事与岁月了。

下涝坝的故事

下涝坝紧挨着村庄，在村子偏西南的地方。一年四季，泉水脑、涝坝沿、下涝坝是全村最热闹的地方，从早到晚，男女老少，来来去去，络绎不绝。从泉水脑到涝坝有二三百米的小渠，全村人家都在水坝沿上取水。大多数人家用水桶抬或者用扁担担，有个别人家用牲口驮水。后来人们在装过柴油或汽油的大圆桶壁上掏个方形孔，洗干净后，放到架子车拉水。夏天妇女们到渠边或涝坝沿洗衣服，常常随手拔些水蓬作为天然的洗洁剂。没有青草的时候，各家用水蓬衣子喂猪。因为水蓬碱性大，人们就把水蓬衣子装到芨芨草编的筐里，盖上盖子在涝坝里蒙。蒙上一两天再用水淘。这样一来，土没了、碱性小了，拿到家里用开水烫过，和上饲料，猪吃得特别欢实。

傍晚，羊群咩咩地回来了，大群牲口回来了，全村的驴马骡牛羊，不管是放牧的，还是圈养的，都赶到涝坝沿、水坝沿饮水。一时喝水的牲口、淘水蓬衣子的、拉水的、挑水的、抬水的，你来我往，好不热闹。

夏天，下涝坝变成孩子们的乐园。五六岁的男孩子就开始和小伙伴钻到涝坝里玩。刚开始就在浅浅的水边上扑腾。十岁左右就钻到涝坝水里玩狗刨。父母都担心安全,不许孩子去涝坝里玩水。但谁能待在家里呢!一想到小伙伴在水里玩,心早飞到涝坝里了。只要大人不注意就溜出家门,撒着欢子朝涝坝的方向跑。远远地听到小伙伴们在涝坝里嬉戏打闹的声音,跑得就更欢了。即使不小心绊倒,什么都不管,爬起来继续往前跑。一到涝坝跟前,三下五除二脱光就钻到水里了。有些胆大的小女孩子在涝坝边上远远的水域里挽起裤腿光着脚丫子玩水,男孩子会笑话他们不嫌羞。其实不嫌羞的是男孩子们,他们在涝坝里光着身子扑腾来扑腾去。游着游着,突然站起来,用手掌击水或撩起水袭击小伙伴,被袭击者自然也站起来还击,有的则把头钻进水了朝其他方向游走了。胆大的,还从涝坝最高处往下跳扎猛子,于是一个个像下饺子似的扑通扑通跳入水中,小脑袋在水里漂来漂去。涝坝里有淤泥,黑糊糊的带着点腥臭味。游罢后,几个人把淤泥捞出来往斜土坡漫成一条与身体同宽淤泥道,然后一个个坐上去滑"刺溜"。脸和身子都弄黑了,谁也不会觉得脏,只觉得好玩。涝坝水常常被孩子们搅合得浑浊不堪。也有妇女在出水口的石头上洗衣服,叫骂玩水的孩子们。小孩子哪管这些。所以,知趣的人,中午洗衣服的都到涝坝沿上洗衣服。到了冬天,涝坝只有中间一块能看见水,边上结成厚厚的冰,这就成了天然滑冰场。有机会孩子们就会到冰面上玩,有个别贪玩的能从下午玩到太阳落山,直到大人来叫才回家。

　　不爬水的就在水坝沿边耍涝坝。首先用备好四块方石片,其中的三片石头,下面立两个,上面盖一个,把土壅上,砌成长方形的出水口,再用一块石片堵住水口。然后顺着水口造一个四方形小涝坝,接着一条小渠,然后把水引到涝坝里。多的时候站到水渠里,双手并在一起往外泼水。也有胆大的在水渠边挖了槽,引一小股水往自己堵起来的涝坝里流。看着自己的涝坝装满了水,觉得特别得意。一起玩的总有好几个小伙伴。大家谁做谁的,有的时候会相互帮一下。更多的时候是相互比赛,看谁的涝坝大,装的水多。耍涝坝的时候最得意的是,自己涝坝里的水奔涌而出的时候,总会大声地叫出来:你们看啊,我涝坝里水多大啊!

　　大园子就在水坝沿和涝坝边上,西面、北面、南面一半用土墙围起来,东面、南面一半用沙枣枝、枸杞围着,水坝两边各有一个简易的看菜房。一到春天,从泉水脑到涝坝沿边的沙枣树、柳树、杨树最早发芽,园子里各种各样的菜也慢慢地长出来了,一片绿色十分惹眼。从春天开始到秋天的这段时光,里面的菜长得十分茂盛,人们经过这里总是留恋地向里张望。对孩子们来说,那更是一片充满神秘而又令人神往的地方。我家就在大园子边上,家里养着几只鸭子。每天早上大爹把鸭子从家里赶出来,鸭子自己就跑到涝坝里,浮在水面自由地游来游去,煞是好看。一会儿互相追逐,弄得水花四溅,一会儿倒栽在水里寻找食物。玩够了,就游到边上用嘴梳着羽毛。傍晚,鸭子不需要人赶,一起大摇大摆地往回走。也有调皮的小孩子常常追着鸭子玩,鸭子嘎嘎地张开翅膀奔跑着回家。

每年四月八前后韭菜下来的时候,生产队按人口给各家各户分韭菜。乡亲们从园子里拿着带着香味绿茵茵的韭菜,心里别提有多高兴了。吃了一冬的咸菜和酸菜,能吃到新鲜的韭菜,心里的美真的无法言喻。除了焯熟拌醋吃以外,还可以调饭,也可以做韭菜麻腐包子,烙韭菜角角。黄米㸆饭吃韭菜炒腌猪肉,口感绝佳,幸福满满,是家乡人难以忘怀的味道。不知道怎么回事,第一茬韭菜,吃起来格外地香。

泉水脑到大园子长满了沙枣树,到处是阴凉的地方。放羊人中午把羊群赶到树下休息,有的羊不会安分地卧在一处,会到处跑。羊户长经常远远用撂撒子抛石子把羊挡回来,小孩子看到羊户长的动作感觉十分潇洒,总想试试。找机会凑到跟前,说给羊户长帮着挡羊。挡羊不是目的,想的是玩玩撂撒子,还想吃羊户长的羊奶炒面。每个羊户长都有一个装炒面的小布袋,随时带在身边。想吃的时候抓住母山羊挤些奶,然后拿着袋子在外面揉一揉,这样羊奶炒面就拌好了,然后手伸进去捏成炒面棒棒往嘴里一塞,满嘴就嚼了起来,小孩子们看得直流口水。那时候的羊奶炒面,简直是极品。羊户长知道我们的心思,一般都很爽快,他们也没有指望我们挡羊。我们跑了几趟以后,就把不怎么干净的手伸进那脏兮兮的炒面袋子里,捏出一个炒面棒给我们。小孩子得到一个炒面棒棒也觉得了不起,如果拿到两三个炒面棒棒,那简直和打了胜仗一样得意,给别人炫耀。

前头梁上的故事

泉水脑南面就是一条从西往东的沙河，沙河南面的小山丘，家乡人叫前头。那是我们小时候走得最远的地方。夏秋我们去拔草、挖蜂蜜，冬天去拾粪。

夏天拔草喂猪，都已经习惯了。从家门出来南面就是一片田地，多种的是小麦。家门前不远有一条水渠，一直往前走，就是五六里的中渠坝。我们经常顺着中渠坝往上尖子走。走到有草的地方就开始拔，要拔满背斗，得转好大的圈子。猪爱吃苦苦菜、苦苣蔓、小灰条、大灰条、水蓬、刺蓬。时间长了，我们知道哪里的地里啥草多，每年不同的时候就到哪里去拔，一般都会如愿以偿。也有失望的时候。满怀信心地走到了目的地，结果一看期待中的苦苦菜不知道被谁拔得干干净净。草拔回来，还要剁碎，拌些麸子，倒到猪槽里。当看到猪腾腾欢快地吃的时候，心里十分舒服。

有一次，我和堂哥还有另外几个小伙伴去前头梁上拔草。因为到处是水蓬、刺蓬，一会儿就装满了背斗。正好大群骆驼在那里放牧。我们跟放骆驼的说好，回家的时候骑骆驼。于是我们就在土坎上挖蜂蜜。那时候，山里的野花开得不少。蜜蜂在山里的土坎上打洞、做窝、酿蜜，土坎上到处都是蜜蜂洞。先找一块小石片，找蜜蜂当年新打的洞，里面才有新鲜的蜂蜜。挖开后一见蜂蜜罐，就会高兴叫起来。小心翼翼地揭开盖子，黄橙橙一疙瘩蜂蜜就出现眼前了，常常顾不上处理里面白生生的小虫子，就直接把蜜蜂粘放到嘴里吃起来了。那个连水果糖都很难吃到的时代，能吃到又甜又香的蜂蜜，不仅是解馋、解饿，而且是难得的享受和荣耀。农村孩子都很质朴，挖到的都会给没有挖到的分享一些。那一天，好像大伙儿的收获都不错，不知是谁，还把没有吃完的蜂蜜黏在一起要带回家呢。

傍晚回家的时候，我们把背斗连上搭在驼背上，骑上骆驼悠然地往回走。我和堂哥骑着同一只骆驼，他在前我在后。谁知道走到城路上，解放军拉练的汽车过来了。骆驼一见汽车就惊了，开始狂奔，我们的身子被摇来摆去，堂哥紧抱住驼峰，我紧抱住他的身子，真是惊恐万分。幸好上坡的时候骆驼慢了下来，一群孩子谁都没有被摔下来。当时想：万一摔下来会怎样？摔下来再被骆驼踏一蹄子又会怎样？至今想起来还有些后怕！

记得我第一次拾粪的时候还很小，至少还没有开始念书。那天堂哥下午放学后，我背上尕背斗，紧跟着堂哥和他的伙伴往蔡家碥走去。刚从家里出来和大哥哥们走在一起，感觉新奇好玩。第一次拾粪，什么都不会，堂哥就给我帮忙。天黑了，总算都把背斗都拾满了，大伙一起往回走。我一开始还能将就，慢慢地就觉得背斗越来越重。我甚至产生了把粪倒掉的想法。堂哥仿佛知道我的心思，不知道啥时间抱起我的小背斗。他们越走越快，我身上没有背斗，竟然也跟不上。后来怎么样了，我已经忘得干干净净，只记得拾粪很累人，那些大孩子说的事情新鲜而迷人。

实际上，到三、四年级，拾粪才成了大部分孩子要做的事了。每天下午放学后，书包一放，背上背斗就出门了。拾粪一般都去蔡家碥、野鹿梁，因为三个小队的大群牲口都要去这里放牧。粪就在放牧点和沿路上。如果走得早，路上人少，很快就拾满了。更多的时候，大群牲口回来的时候还没有拾满。一群孩子跟着牲口抢粪。牲口走得快，大家背着背斗往前跑。一直跟到饲养圈门口，趁看圈人不注意，还往里面跑着抢几块。背斗不满的话，还得等三个小队没有放牧的牲口饮水，一个来回，背斗就满了。

周日和假期，拾粪更有意思。我们提前和放牲口的人讲好，要跟着大群牲口去拾粪。放牲口的人自然乐意，因为我们可以帮他挡牲口，也能跟他说说话，平时有谁跟他说废话。一般去的时候拿两个背斗，或者要拿装粮食的口袋装粪。口袋里必须要装干粪，不然会弄脏口袋的。有时候要收集淌过雨水的槽子里的干羊粪。因为早出晚归，所以还要拿些馍馍当午饭。一整天时间，口袋和背斗早早就装满了。回来的时候，背斗、口袋驮在比较温顺的驴背上，还要骑个驴。有胆大的竟然敢骑马，甚至撒欢儿，看起来好威风。

儿时的乐趣是无限的，故乡的美好是讲不完的。因此，不管走到哪里，每当想起故乡的晨曦、炊烟、乡音、阡陌、麦浪、雁阵、热炕、亲友的情谊、父母的嘱托与牵挂，就不禁热泪盈眶。不管吃什么美味佳肴，每当想起馓饭、面条、面片、拉条子、饺子、烙烙，就有流不完口水。上涝坝、下涝坝、上尖子、马家渠、尕弯弯、大园子、后塬等故乡的山山水水，不知道多少次在梦中出现。正如歌中唱道：故乡的山，故乡的水，故乡有我最可爱的……

芳草村志

濯濯清渠，茵茵芳草

李作泰

我出生的村庄，其方圆不过20平方公里。元朝时，大约为蒙古贵族的游牧之地。明代时，这里属于边疆地区，筑堡设防，广布耕屯，防守北方的瓦剌、鞑靼等蒙古部众。此处地名尚无可考，应算是无名未开垦的地方，可能只是一片草滩地。在其周边至今留有"教场""营盘台""派马场"等地名，以及长城的残段和零星的烽火台，可作为确认这一带为明代边陲的佐证。明万历二十七年（1599年），朝廷在景泰县北边一带开始移民屯田，始修长城，苦心经营；同时设立了响水、芦阳、兴泉。今天的景泰人，有很多是属于明代戍边驻兵及屯田移民的后裔。

芳草是一片山水好地方。村庄的整体地理形貌为，一抹坡地丘陵、一条垧、一条沙梁、一条旱沙河、一抹低矮山峦，自北向南呈东西向排列。村里房屋大部分构建在地势适宜的沙梁高地上。村子隐居过一位有名的风水先生李正山，传说是我国地质学家李四光的同学，称赞村子山水形胜，风水好，物产丰富，宜人居。

环村远眺，西、南为寿鹿、松山等大山高峰，向北为景泰川、长城、边关沙漠，东50里朝向黄河。地势西高东低。村有两股清泉，由地下坎儿井自流水汇集而成。这两股泉水，清澈干净，集聚形成上下两涝坝。上泉为甜水，下泉为咸水，开采都超过200年。两股泉水长流不竭，饮用、灌地，为村庄平添一份灵气。村东3里，原有一石头山，叫石板咀，地理上形如三国之街亭，都江堰之鱼嘴，只因炸山采石现已低矮了许多。

村名曾称荒渠、荒草渠，后来演化为芳草渠、芳草村，从名称变化上，承载村庄的演进史,可体味村子两百多年水利、田地两大建设重点。

芳草村是移民村。传说,清嘉庆年间此地有洪姓的族人居住,挖水开渠拓荒治田,挖水引渠是当时最大的农业工程,水挖到一半,水还没挖出,花费太大,难以为继,无法独自干下去。而洽逢李姓人漫游来此,发现开发投资的机会,随即进行合作挖水购地置业,这是芳草较早的规模开发。自嘉庆到光绪年间,众多李姓族人陆续自青城迁移来,还有投靠族亲、移民游牧、漂泊定居及民国时逃荒落居的。就这样自然聚集,村落形成扩大,逐渐有李、张、赵、胡、罗、朱、武、尚、何、郝、焦、沈、王、孙等数十种姓氏集聚。不同姓氏虽来自东南西北各方,却能交融共生,和谐而居。村史算来已有三百多年。至今村风和顺,尊崇诗书耕读,民俗淳朴,多为周边村称道。

清朝嘉庆十八年(1813年)前,村中建起土堡,位于村庄正中。防风沙防匪盗。此后也因社会动荡、盗匪祸行,建土堡作屏障和防御。修建城堡是那时北方边境地区民间普遍做法,大户人家及村民大多居住在城堡内。土堡是村子最大建筑体,堡子高过三丈,加有女儿墙,四角可瞭望,形势不稳时派有保安民丁据守。堡墙是用最原始的版筑土夯法夯筑而成,坚固结实,曾经防御过多次的乱事。堡子只有一出口,即向南开的门洞。堡子有时以"烟房"代称,原因是清代道光至光绪时期,村里种植生产过水烟,堡内建有烤烟加工木板房。一说烟房,便指代"堡子"。上世纪70年代初堡子还算完整,至今仅存残垣断壁和几处厚实的城墙、墙垛。

清朝光绪年间,芳草村李宗经,参加平定靖远回乱,远赴河西、敦煌、新疆、青海,征剿白彦虎,在收复关外各域中屡建战功,戎马20年,以军功钦命为建威将军,因常骑黑马,骁勇善战,俗呼"黑马将军",晚年居芳草村。

水利是农业的命脉,建村一直与水息息相关。挖水、建涝坝、兴修水利,引黄灌溉。原来修的渠都算老渠。自1971年景泰川电力提灌工程建成通水,芳草村随后修成南北贯通的新水渠西干三支渠、六支渠、七支渠、总干五支渠。高扬程提灌惠民工程,将50里远的黄河水经六级泵站提升,送往各处。流到芳草村的黄河水从一条山镇的县城自流引来,黄河水又经过芳草的地下涵洞虹吸调往十里沙河村。芳草村变成黄河水灌溉区,农业生产与经济面貌发生了大改变。由靠天吃饭旱作农业变为黄河水灌区农业，农业年年丰收，产量大幅提升。我撰写过纪实通讯《大地的丰碑》，后来甘肃省电视台拍摄的同名纪录片，对"人进沙退，沙漠变绿洲，旱地变良田"山乡巨变的情形都有报道宣传。

村子里气派又漂亮的房屋是芳草学校，于20世纪80年代新建。早在六七十年代，老学校土坯平房时尚设有小学部、初中部，我读完小学五年、初中二年半的学习，升到县城读高中。芳草学校有一群教书育人、春蚕吐丝的辛勤园丁。这所母校，启蒙心智，孕育出后来的教师、医生、作家、诗人、律师、编辑、公务员、程序员、空管员、工程师、法官、警察等学子数百名。学者李尚全就读于芳草学校，并曾任教这里，后成为扬州大学历史学博士，刻苦研究，著述丰厚，在哲学文献、佛学发展史、藏传佛教、敦煌学文献研究多有涉及，从事研究、成绩斐然。只可惜58岁却过早离世，令人惋惜。

宅心仁厚、关心他人的李树桂老人，曾任芳草村书记、后担任景泰县良种繁殖场书记场长，乐善好施，修路架桥，誉满乡里；芳草村的老书记张万宝，在任二十多年，勤勤恳恳，公而忘私。芳草村阿炳胡秉仓，一把板胡，悠扬忧怨，如泣如诉，幼时我认为板胡是最为奇巧又动人心弦的乐器。芳草剧院年年春节演唱秦腔，组织自唱请戏班，折子戏、全剧戏，演绎历史，人生教育大舞台。正月的耍社火扭秧歌打一通鼓舞狮子庆年活动，丰富热烈喜庆热闹非凡。《封神演义》《西游记》评书家周家舅姥爷，绘声绘色，手舞足蹈，讲出那么多生动神话历史故事；胡老四姨父，讲述《三国》《水浒》《隋唐》《成吉思汗》，形象描绘历史文化，草原游牧文化，传递是非成败。还有杨氏人讲《杨家将》，颂扬杨家将的忠勇节义。

村南的大沙河是记忆最鲜明又最莫名言状的。大沙河自西向东延展最终归往黄河，河床裸露、宽阔，如同一条大戈壁滩，我无数次地猜想着大沙河曾几何时应该是一条水量很大的河流，后来得知它在汉朝时为有名的古媪围河。两千年前媪围古城的辉煌，给大芦塘（今天芦阳镇，原来的景泰县城）增添了历史的光彩。据居延汉简所记，过黄河向西北方行约十五里即媪围县，再经裴家营、大靖营、土门营最后抵达武威。媪围县被称之为河西第一重镇，古老丝绸之路的一个重要驿站，保障丝绸之路安全畅通的一个军事要冲。芳草在媪围古城以西30里地。芳草大沙河，平时干涸，雨季山洪暴发，向东汇入芦阳沙河归入黄河，曾经的古媪围河，千百年来透露着一种苍凉的、不屈的凄美，但现在大沙河，过度挖砂采砂，已变得满目疮痍。

媪围古城址的发现，揭开了景泰县两千年前的繁盛的秘密。汉武帝开河西，列四郡、通西域、迁徙民众、充实边陲，发展军屯民垦，境内置媪围县，隶属于武威郡，县治治所设在今芦阳镇吊沟古城，为景泰立县之始。从黄河渡口到武威郡这条400里长的地区，成为汉朝反击匈奴的前沿战地。曾经的风雨丝路夜，萧萧班马鸣。

在芳草，压砂地是一种抗旱养墒农业发明，体现着一种生存的智慧。压砂地，既可以蓄水、保墒、保温，又可以减少水土流失。砂地里适合种植西瓜、籽瓜、和尚头（一种小麦），也有利于经济作物生长。压砂地是最苦最累的农活。芳草人坚持不断地压砂田，使得砂地到处遍布。家父李瑄，和那个年代的老人一样，都有带领全家青壮劳力铺压砂田的经历，他们勤劳一生，辛苦一辈，却把关爱哺育教诲施予。岁月留下风雨沧桑，感念时代进步，永远感恩父母。

绿树村边合，青山郭外斜。最忆村子后塬几坝沙枣老树，枝干粗壮，浓荫蔽日。春季沙枣花开幽香，秋季沙枣果酸甜可口。一坝故事，多少童年的欢乐寄托其中。站在村前张望整个后塬丰收时麦浪滚滚和玉米青纱帐，一派希望的田野。流连尕湾湾、尕台台、石板咀等地方一望无际瓜田的诱惑。我在芳草村生活学习到14岁考入县城高中。童年时代，田野马兰花四处开放，田埂上可时常采摘甘草，当甜食吃。因甘草是中药材吃多了会流鼻血，老人们不让吃。还清晰记起泉水眼、下涝坝两边的大柳树、榆树、沙枣树，浓荫匝地、郁郁葱葱的意境。生产大队时期，每年从赵家岘马车拉来一车一车的收获，带来关于遇见岩羊、黄羊的传说。

芳草村盛产西瓜、籽瓜，也种植甜瓜、南瓜、西葫芦、水葫芦。养殖猪、羊。芳草的美食有馓饭、拉条子、臊子面、灰豆面、凉面等各种面食，和炒面、干粮、烙饼、锅盔、烤锅馍馍等易带食品，有酿皮、甜酒醅、灰豆子、面豆豆等小吃。冬天腌制酸菜、咸菜、肉臊子。

芳草村是农业村，种植小麦、大麦、荞麦、糜子、麻子、玉米、谷子，还有油菜籽、大豆、黄豆、豌豆、蚕豆、油葵、孜然、糖萝卜、烟叶的种植。属自给自足的农业经济。

芳草村先后归属靖远县、红水县、景泰县。据文献记载，景泰"其地介戎夏"，为要扼咽喉，东扼芦靖，西达庄凉，南接皋兰，北控沙碛，具有"陇右雄镇之一"的战略地位。芳草村处在连接三塘、喜集水、兴泉、红光、条山、蓆滩、石城各村的中间地带。毗邻景泰新县城，交通位置便利。

1936年初冬，红军成立西路军西进河西走廊，一部分佯动部队外围策应，到芳草采购粮草，向村上李氏大户筹借银元，征集过棉衣鞋袜，数量都不少，打过的借据，后来在"文革"时不敢保留自毁。1939年，西路军战士干超（干瑞堂）在西路军西进浴血奋战失利后辗转流落到芳草村落户，当会计看菜园干农活，生活生产几十年，1984年12月临终前才公开他的红军身份。

1981年，芳草村实行联产承包制度包产到户后，村子也发生了翻天覆地的大变化。1982年，芳草大队购买了第一台9英寸黑白电视，第一次播放的是《大闹天宫》动画片，小屋子里看电视的人挤得水泄不通，知道了电视的"魔力"。从此芳草村融入改革开放大潮，不断涌现出一批搞建筑、跑市场、种植、养殖的能人。芳草村成为发展经济村。

芳草村有胡氏、李氏、武氏等房地产开发和建筑公司；有木工、铁匠、瓦工等工匠；有身怀绘画特殊技艺的李氏三兄弟，非遗传承、民间绘画艺术家，还有不少绣荷包的传统手工妇女。

如今，芳草村农业实现机械化，出行都是现代交通工具。村民居住在砖瓦房、小楼房。通上自来水，宽带进了村。通往县城的路全都铺上柏油。景泰至中川机场高速公路经村东南建成通车，过境芳草10公里。景泰至礼县高速公路正在建设中。

濯濯清渠，茵茵芳草。在干旱少雨、风大沙多的芳草，涌出的两股清泉，汇聚成上下涝坝，提供饮用水，灌溉农田，润泽田园。黄河水也能滋润到这块生态贫乏区。故乡、故土、故地，曾寄托过多少成长梦。芳草村正踏着改革的步伐，快步走进新时代。

2018年10月首稿，2020年12月修改

第十四章 艺 文

逝去的老房子

李保军

上世纪80年代初，我还在兰州上大学，得知父亲将家搬离老家到县城落了脚。据我所知，母亲对于离开老家，一点也舍不得，因此有一百个不情愿。但父亲决定搬家，母亲一个人不情愿的力量太微弱了，在父亲的决定面前，母亲的不情愿几乎等于什么也不是。到今天我也不知道，当初搬家的时候，母亲意识里有没有过向我们兄弟几个求援的想法，也许有的吧，但站在当时母亲的立场，纵有一百个不情愿，她却什么都说不出口，因为搬离老家最强有力的理由，恰恰一是为了我们，二是为了母亲自己。为我们，是因为当时大哥一家在武威，二哥远在新疆参军。我也在兰州上学。每年节假日或春节回家，不论是坐火车还是坐汽车，下了车从火车站或者汽车站再回到老家，是最令人头疼的一件事，车站离家大约十五里路，崎岖不平，而主要问题是缺乏交通工具，每年春节回家，总难免大包小包一大堆行李，这就需要家里人到车站接站，如何回到家，一是向生产队借架子车，二是向有自行车的人借自行车，这样，不管是大哥大嫂二哥还是我，下了火车，无论是否有人接站，都得步行着回到家；过完年返回去也一样，都是步行到车站才能乘火车或者汽车，因此父亲一直就有这个想法，就是将家搬到县城，也就是搬到了火车站、汽车站的附近，免去每年节假接站送站所费的周章。说是为了母亲自己，那时父母都已届晚年，而母亲的健康每况愈下，尤其是常年疾病缠身，每次犯起病来乡村大夫束手无策；父亲退休后，就几乎被母亲的病纠缠着，寸步难离，搬进县城，离县医院近了，也离父亲的那些老朋友近了……如此而已，母亲又怎能对搬家到县城提出反对的意见呢？她又怎么会希望从我们做儿女的这里寻求反对的力量呢！

但我知道，母亲真的不喜欢城里的生活，不是不喜欢，而是不习惯，不适应，不熟悉。别的不说，生活过五十多年的村庄，住了三十多年的老院子，而且住在老家的时候，一大早的，猪叫了鸡叫了狗叫了，大门外村路上有人和牲口走动的声音，住在村道对面的周家三舅奶一大早地就会推开我家大门，叫着"秀秀（二姐的小名）妈，好着没有？"还有隔壁四舅母大清早在院子里大声说话的声音，还有赵姑婶、周四奶这些几乎时时刻刻聚在一起的邻居，还有同村住着的大舅一家、二舅一家、大妈一家、尕姨娘（小姨）一家，还有村中所有相熟的邻居、乡亲，那些听了一辈子熟悉而亲切的乡音，对于从来就没有离开过家乡半步、不认识一个字的母亲而言，她怎么可能愿意离开这一切，去过什么城里的生活！

可是，我们还是搬到了城里！

那么再见吧家乡，那么再见吧老院子！但我分明知道，母亲对于家乡的依恋，对于老院子的喜爱，是所有文字都没有办法表达的。老院子的每一块土坯，每一寸柴火，每一块煤砖，都浸透了母亲深深的爱和感情呢。

在记忆里的老院子，坐北向南七间，上房为三开间，上房左手是两开间的厨房，右手是两开间的耳房，嗣后父亲又在靠东墙处盖了三间，总共十间，这在当时全村中也算是中等偏上的房产了吧。关键是我家有一个非常好的位置，我家的堂屋后面，就是村子的旧堡子，而我家堂屋的后墙，直接抵着的就是堡子的照壁；院子阔大，大概在三十多米见方，大门向西，大门前就是贯通全村的村路，隔着这条大路，右上手是生产大队的大队部。那时戏台就在大队部的院子里，每回戏院里演戏演电影，唱戏锣鼓的咚咚锵锵声，电影中的人叫马嘶声，不出门也分明在耳。因为父亲多年在外面工作，人缘好，认识不少县上和公社的领导干部，这些干部每年下队，除了住在大队部外，很多就住在我家，家中人来客去，属于那个时代少有的所谓兴旺气象。而又由于位置处于村子的中心，走动方便，傍晚邻居串门就愿意过来聊天。尤其看着我们在这个院子里一个个出生、成长，洋溢在母亲心中的幸福感和满足感，以及稳定感，岂是能够用语言可以表达的。

母亲生前，我不止一次地听她感叹道："我们这院房子，还是武发顺刚学手的时候盖的呢！"——武发顺，是一位当时在方圆很有些名头的木匠。母亲历来不善表达，但在母亲的口气里，这当然是肯定，是赞赏。意思类似我们今天说到诸葛亮出隆中的第一仗或者乔布斯开发的第一款手机一样，只能完全是肯定的语气，就是说，高手就是高手，即便刚学手，也是起点高、手艺了得的。因此母亲所说的"我们的房子还是武发顺刚学手的时候盖的"，既是表示对其手艺的无条件肯定，更是表达母亲对这院房屋的真心喜欢。

但有几次，母亲在父亲的面前表达同样的意思后，却受到父亲的明显的否定，父亲说，哪是他刚学手时盖的，明明盖这房子他都出徒好几年了！

而父亲所谓出徒好几年了的话，却不是因为武发顺出徒经年、手艺得到提高因此盖房质量和水准值得肯定，父亲的意思刚好相反，父亲的意思在于，他都出徒好多年了，盖的这房子却不敢恭维，比如上房的开间太小，进深太浅，这样的房子夏天太热而冬天又太冷，完全不是一个成熟的木工所应表现出来的水准……

父亲一直在外面工作，自然经见过一些世面，因此对这套房子质量的评价以及对老房子的情感，和母亲稍有不同，这也完全符合父亲和母亲的真实感觉和态度，但也很难就这个区别说父亲或母亲的评价哪个更准确更接近真实一些。

好在这样的话题远不是一个经常性的话题，也远没有在家庭生活中造成什么分裂或意见相左，所代表的也仅仅是对这样一件偶尔被提起但很快就过去的一个小小不然的分歧。而不管父母亲对老院子的认识评价及感情有多大的不一致，都丝毫没有影响到我们在这里的出生、成长，并随着成长而走出这个院子，走向更广阔的天地。

而不管我们走得有多远，母亲也知道，只要家在，我们就会回来的，每年的寒暑假，每年的春节，在母亲的心目中，那都是双重的节日：除了传统意义上的节日而外，她的漂泊在外的子女要归来了，为母亲的心，才能获得真正的慰藉和愉悦……

而又由于我们的四处漂泊，又由于母亲不见好转的疾病，父亲决计搬家，那存留了我们太多回忆和记忆的老屋子，几乎在别人没有意识到的情况下，一夜之间就易了主人。——新主人也是我的一个远房本家晚辈；"本家"而"远"，远到今天我都几乎想不起还有这样一个本家的程度。只有那个老院子、老房子的一草一木，在我的脑海里还清晰如昨。

其时，我还在上大学，在毫无精神准备的情况下，得到了家里的通知，到现在，我也说不清，是因为老屋子易了主人从而断了我跟它的情感纽带呢，抑或内心深处一直渴望离开那儿呢，还是由于对老房子的随意处置而在意识深处感到歉疚呢，总之是，自从知道这个变故到今天，三十多年过去了，即便也曾因为多次回老家看望那里的亲戚，还有每年清明回家乡扫墓，多少次路过那无比熟识的院子、大门、村道，却再也没有踏进去过半步，物是人非，意绪茫然，自己的心境竟是这般光景……

搬进县城，父亲通过他的朋友开始借住的是县物资局家属院的房子，为期一年多吧。也在很短的时间内，父亲联合几个要好的朋友，在县城边找地方，大家各自盖了一院房子，各家院中都开辟了一方可以种树种花种菜的园圃，用水也方便，父亲他们又在房前屋后遍植杨树、柳树、榆树，也只三五年工夫，那些树木们郁郁葱葱，蔚然可观。尤其入得夜来，风声一起，树舞婆娑，耳边竟是本地最为稀缺的树木的哗哗声响，令人惊异这些林木生长之快，之好，之易栽种管理，之给人面子。

随着时间的推移，二哥从部队转业回来，和父母同住了两三年；二哥一家搬出去之后，又是三哥三嫂与父母住在一起，在那里生下侄女侄儿。……这样的日子不可谓不红火，而且，大哥一路上升、仕途平顺，我的工作也算顺利……那么把家搬到这里，该有的都有了。如此而已，夫复何求哉！

但是——写出这个但是，我自己已然沉浸在了一种难以摆脱的深深的感伤之中，——是的，在一切都向前且向上发展的过程中，母亲呢？她过得好吗？事实是，她的身体越发地不好，健康状况亦每况愈下，而且，尤其令人难以释怀的是，自搬到县城，她的精神世界一直特别的孤寂。我记得，母亲曾埋怨过父亲，为什么要把我们一个一个地都打发了出去。以前，曾自以为是地认为，母亲会觉得孤单觉得寂寥，是因为她没有读过书，内心世界太过单调，因此才会把所有的情感寄托在子女身上，因此才会在子女不在身边的时候难过，想不开；但当我大学毕业也算读了一些书，在社会上浸淫了多少年，也算是见过一些世面，为人父亦已多年，却竟没有少体验所谓的孤独、寂寞，甚至痛苦、抑郁，在一些简单的事情上纠结，想不开，会在一个角落暗自嗟伤，走不出来或者不愿意走出来，那种痛苦，非言词所能表达；比之母亲，我们什么都没缺过，但却痛苦过，落寞过，而母亲，却在长时间的物质条件极端匮乏的背景下，承受过多少远非我们所能想象的艰辛和担忧，以及孤单，而我们又在什么时候，试图走进她的内心世界，去理解她，去替她分担、帮她排遣呢！

仅仅有一次，是一个暑假的夜晚，我陪着母亲在家里闲聊，又恰巧那晚停电，炕桌上点一盏如豆的油灯，对坐炕头，母亲的背影投射在墙面上，形成巨大的阴影，将那种寂寞无限地放大、加强……而有很多这样的时候，母亲就承受着这种寂寞和孤单，这使我的内心受到极大的触动，理解母亲在期盼什么，向往什么，至少，绝对不是因为我们的所谓发达，母亲会受到多少安慰！母亲所能期盼的，仅仅只是，大家都平安，健康，正常成家，生儿养女，每逢年头节下，能回家团聚，仅此而已，仅此而已吧。

失去了旧房子，同时也失去了多少记忆，更不用说，有多少记忆是我们有意回避和淡忘的；也正因为如此，当我走了很久、走得很远以后，猛回首，竟会对我们的人生意义产生怀疑，我们来过吗？我们都做过什么？我们为什么要做这些？等等。

对于深爱我们但我们却从来未曾尝试理解的母亲，多少次欲语无言，唯有向着高深不知处的天国，遥寄深深的追忆和祈祷。

我的母亲

寇永祯

母亲姓崔名玉兰，1918年生人，原籍甘肃省古浪县土门暖泉村。

母亲小的时候家里非常贫寒，经常吃不饱穿不暖。12岁那年，随父从土门到大靖讨饭，晚上住在一家小店里，恰逢我三爷和三奶奶杨氏赶着一头毛驴从武威路过大靖，也住在这个店里。在闲谈中，得知父女俩出来讨饭，她的父亲指着母亲说，家里困难，实在是无法养活了。三爷说，那让我们把她领走我们养活。她的父亲思索了一阵说：只要你们能把她照看好，让她有碗饭吃，你们就把她领走吧。三爷就给了他三块银元，第二天，三爷和三奶奶把母亲领上，赶着毛驴一起往回走。半路走不动了，三爷把她扶在毛驴背上，一路驮着回到了家。

当时三爷、三奶奶有个女儿（长大后嫁到了洪家，我们因此把她称为洪家娘娘），年龄跟母亲一样大，刚来那两年，母亲经常跟着三奶奶，和洪娘一起玩，三奶奶给她吃给她穿，操心照料。在这期间，她的父亲徒步来到芳草，看望过一次；隔了一年又来看望，家里人怕他把我母亲带走，就没有让他进门。从此以后就再也没有音讯了。

在她15岁那年，三奶奶突然病故，再也没有人照看她了。从此母亲就成了童养媳，承担起了繁重的家务活。当时我们家口大、人口多，推面碾米、拔草喂猪、烧火做饭、刷锅洗碗、下地干活，都落在母亲身上，稍有不慎做错了事，还要受气挨骂。

有一天，家里大人们都下地干活，就她一个人在家磨房里磨青粮食，就是把还没有完全成熟的青麦子打碾出来，用石磨磨成条索状当饭吃，又叫做拉麦索。因青粮食有点湿，磨的时候粘在磨膛上，磨不下来，她就将上磨扇抬起来，支了一截木头墩子，手伸进去往下取粘在磨膛上的青粮食，谁知不小心把支磨扇的木头墩子撞掉了，磨扇重重地砸在右手上，她挣扎着将磨扇抬起来，取出右手，指头被砸破，鲜血直流。她强忍着钻心的疼痛，烧了点棉花灰沾在伤口上，又撕了一条布简单地包扎了一下，坚持着为家里干活的人磨好了当中午饭的麦索。

当时我们家饲养着几头驴和马，时常鸡刚叫的时候，家里人就叫她出门去放牲口，她非常害怕，但又无可奈何，只有硬着头皮赶着牲口出门，牲口在渠边吃草，她蹲在一边流泪哭泣。

有时候，家里人让她一人睡在磨道里的炕上，夜里泪水湿透了枕头，可又不能向任何人诉说这苦处，在那段难熬的日子里，她不由得思念起远离的爹和娘，两眼泪汪汪。直到19岁那年，她和我的父亲结婚，嗣后的情况才慢慢有所好转。

也正是因为受过这些磨难，从小就体验过吃不饱肚子的滋味，因此母亲的心地非常善良，遇到比她更困难的人，就一定会尽力帮助。上世纪30年代末，王天才一家从靖远来到芳草落户，刚来时家境也十分困难，家里经常缺粮吃。加之家里几口人又得了伤寒病，处境非常艰难。母亲看在眼里，记在心里，就想方设法在生活上给予帮助，当时我们家生活条件相对较好，她就背着大人，把家里的米和面取上几碗，装在小布袋里，再放在背兜里，趁着出去拔草，给他们送去。有时取上几碗面藏在大衣襟衣服下面，有时在背兜里背上几块煤块，给他们送去；时间长了，被家里老人发现，就会受到委屈，但为了帮他们渡过生活上的难关，还是坚持隔三差五偷偷给他送点米面或炒面。

1939年，我大哥永成出生，因为是第一个男孙，全家人都非常高兴。也是在这个时候，三爷后面娶的一房李姓三奶奶，生下尕娘后，不到三个月就患重病身亡，留下出生几十天的尕娘没人喂养。母亲就把尕娘抱在身边，一边奶大哥、一边奶尕娘。宁肯自己吃苦受累，也要把两个婴儿哺育长大，尤其对尕娘一直视如己出，尽心养育，直到尕娘18岁出嫁。

母亲从上世纪30年代后期嫁到我家，一直到60年代初，前后生了8个儿子，一边是拉养儿女的辛劳，一边是儿女绕膝的喜悦。可是也有一个沉重的心事一直压在母亲的心头：离开娘家40多年了，再没有过任何联系，牵挂家乡、思念亲人的心情越来越强烈。母亲曾多次提出要去古浪土门子找娘家人，出于各种原因，父亲和家里人都没有同意，直到1968年春天，她收拾好行李，说要独自一人去找娘家人，家里人不得不答应，等到秋后一定去找。

这一年的秋后，母亲和二哥永海一起带着小弟满仓，踏上了找娘家的路。

从景泰坐上火车到干塘，换乘干塘去武威的火车。上车后，正好在车厢里遇到一个在景泰大格达搞副业要回家的土门人，在拉家常的过程中，得知二哥和母亲要去土门找娘家人，那个人说，我也要到暖泉下车，我们那边正好有一家姓崔。到暖泉车站下车后，那个人就直接把母亲和二哥领到崔家。这家就是母亲要找的娘家人，但不是亲房。当时主人不在家，当家的舅舅外出给生产队放羊，他们就叫来同村的一位年近70岁的陈姓亲戚，按辈分是母亲的姑舅爸（表叔），他详细地询问了当时的情况：

问：你十几岁被人领走？

答：我12岁。

问：在什么地方领走的？

答：是我爹领我讨饭到大靖的时候。

问：你被领走时家里都有啥人？

答：有爹娘、两个哥哥和一个姐姐，姐姐出嫁到山区；我家住的房子前面有几棵大柳树。

这时陈家姑舅爸肯定地说，她就是40多年前被人领走的崔家女子！此时屋里的气氛一下热闹起来，左邻右舍、乡亲都来院子里看望，谈谈议论。

不一会儿，外出的舅舅被人叫了回来，他更是格外的高兴。

母亲的父母和两个年纪大的哥哥都已过世，但姐姐还在。舅舅当天就接回了出嫁到山区的姐姐；姐妹俩一见面就抱头痛哭，诉说着自己的身世遭遇和相隔40多年的思念之苦。亲人们终于团聚了，真是喜从天降。

母亲性情平和，善良慈爱。尊敬老人，孝敬长辈。在跟三爷一起生活的日子里，正是上世纪60年代三年困难时期，为了让老人晚年少受罪，生活上她省吃俭用，想方设法给老人改善，我们每顿饭都煮的是包谷面糊糊，有时还要掺点草籽儿面，有时和着煮上些供应的红薯片，但总要省下一把白面，用小锅给三爷单另拌上些拌汤；家里养的几只鸡下的蛋，她从不舍得给孩子们吃，也舍不得卖，每天早上给老人打个荷包蛋，让老人食用。一直把老人伺候到80多岁，寿终正寝。

村上胡窑窑老人（李文茂的老父亲）常夸奖母亲是一个贤惠的好媳妇，说一个侄儿媳妇把老人伺候得这么好，好人有好报，她身后有八个儿子，就是她最大的福报。

也许是因为从小就饱受缺少粮食、没有饭吃的痛苦，母亲对粮食的珍惜，几乎到了虔诚的地步。不仅如此，她给我们兄弟八人起的小名，每一个都跟粮食有关。大哥永成出生于1939年。这一年雨水较好，我们前头梁上近百亩砂地种植的小麦，喜获丰收，前头寇家沟沟漫水地种的大烟、糜子、谷子、荞麦都有好收成，因此给大哥起名"成粮"；二哥永海出生于1942年，这年是马年，因干旱少雨，收成不是很好，但兔年的收成好，家里有一定的存粮，不怕没有粮食吃，就给二哥起名"存粮"。我排行老三，出生于1944年，这年夏天收成较好，秋后少雨偏旱，墒情不好，老人们怕下年下不了种，粮食歉收缺粮吃，就把家里现有粮食节约积存在一起，以备不时之需，母亲就给我取名"积粮"；四弟永良出生于1948年，是兵荒马乱的年代，这个时间我们和大爷、二爷、三爷还在一起生活，家大人多，加之闹荒年，田地里活受影响，庄稼歉收，好在还有几年前积存下来的粮食，温饱不会有多大的问题，因此四弟得名"有粮"；五弟永清出生于1953年，是新中国成立后，村上组建初级农业合作社，我们家率先加入初级社，初级社按人口分配粮食，添一口人增加一个人的口粮，因此五弟得名"添粮"；六弟永禄出生于1955年，是初级社转为高级社，村上逐步走上了集体化道路，大家参加集体劳动，一年庄稼下来，留够下年的籽种和牲畜饲料，口粮按人头分配，只要是在年底分粮前增加的人，就加一人的口粮，因此六弟得名"加粮"；七弟永宏出生于1958年，此时成立了人民公社，分配原则是多劳多得、按劳分配，添人添粮、加人加粮的办法停止了，因此七弟得名"住粮"；八弟永国出生于1962年，正是三年困难时期，家家缺粮，吃不饱肚子，常常挨饿，大家都盼着来年有个好收成，人人都能吃饱肚子，幸运的是，这年秋天喜获丰收，家家粮食满仓，八弟因此得名"满仓"。——村上现在有人提起来还开玩笑说，你们兄弟小名的变化，就是一部有关芳草村粮食丰歉变化的历史啊。

母亲于2001年10月去世，享年84岁。

母亲的一生，是艰辛的一生，也是平凡的一生，但在我兄弟的心目中，她老人家的一生，又是极不平凡的伟大的一生。

第十四章 艺 文

千里赴母危

张义安

　　1975年的冬天，号称中国第二个罗布泊的甘肃省民勤县，黄沙遮天盖地，狂飞乱舞。我的心、我的思绪也犹如那茫茫黄沙，晦暗无边，忧急纷扰。

　　当时，我在民勤县参加甘肃农业大学组织的毕业实践教育活动。其间，因母亲有病，我回家看望过一次，回到点上后就一直惦念母亲的病情。记得是那年冬月初二下午（1975年12月4日，周四），我在万分焦急中收到了义军弟的一封来信，信中这样写道："妈妈已经将近十天没吃没喝了，整个身子瘦得皮包骨了，翻身都很困难，看来好的希望没有了，这几天就是垂危期。我想你还是回来看看妈妈吧！来最后看看她吧！爸爸想给你发个电报，妈妈不让发，说你来了也治不好她的病，还是不要叫，让你好好学习。这封信还是我背着爸爸、妈妈给你写的。……回来吧，还是快点回来吧！"看完信后，我不寒而栗，惶恐不知所措。

　　当时，正值"学朝农、当农民"的紧张时候，因为我们还没有报名回家当农民，思想还没有冲破所谓"资产阶级传统观念"的束缚，所以学校对我们的管理也很严。在接到义军弟的信之后，经过一阵惶恐和烦躁，我努力使自己镇定下来，决定先去找张国文、罗发清二位同学商量。我从自己蹲点的四队跑到二队，找到两位同学商量后决定，事不宜迟，先找学校带队同志请假；于是我又慌慌张张跑到三雷公社找到了学校带队的郭敬祯老师，并让他看了家里来信。他认为情况特殊，允许我回家。

　　请好了假，生产队苏尔先队长当即骑着自行车带我一起买好了民勤—武威的汽车票。到了晚上，随着天黑，我的心又急又怕，一个人待着胡思乱想。没办法我又去第二生产队找张国文同学,有个人说话打岔会好些。我蹲点的四队队长和其他干部们知道我的情况后,决定晚上炸些油果子,和我一起开个简单的茶坐会,为我送行。由于我情绪极差,遂推辞。晚上十点钟苏尔先队长和会计又到二队找我,被我再次谢辞。当天晚上我彻夜未眠。

初三天刚亮,我就早早起床,回到了四队。队长为我特意安排了一顿好饭,由房东思文大哥炒了一大盘肉,我着急赶路,也就不客气,狼吞虎咽地吃了起来。这时,四队的贫下中农社员们,特别是一些年长的老妈妈,知道了我的情况后,都陆陆续续来送我,屋里屋外站满了人。大家都同情我,并好言好语安慰我,"不要紧,你妈妈的病会好的,一定会好的!"苏尔先队长也一再叮嘱我,回到家后把妈妈的病情一定来信告知他们。就这样,在难分难舍中离开了和我朝夕相处、同吃同住同劳动的贫下中农社员们,心急火燎地赶往县城搭乘班车。

下午两点左右,我坐上了民勤—武威的二号客车。五点左右到达了武威。下车后又不假思索地顺便买好了第二天早上去景泰的汽车票。出了车站,我站在我上了三年大学的熟悉的武威城街头,看着街上人来车往,穿梭不断,自己却蓦然觉得这四周是那样的陌生孤寂却又躁烦吵闹。我拖着沉重的步子在街上漫无目的地游走着、消磨着,直到太阳完全落山了,才想起该去武威师范学校找一位熟人过夜,可转念又一想,昨晚我彻夜未眠,今晚要是去了也定是一夜难熬。我归心似箭,后来打算干脆改乘火车连夜回家,第二天天亮就可以到家了。这样我又去汽车站退了票,直奔火车站去赶乘火车。到站后,因快要发车了,连票也没来得及买,就乘上了干—武线(干塘—武威)的火车。大概半夜时分到了干塘火车站,下车后又换乘包头开往兰州的火车,初四早上五点左右到达了一条山火车站。

下车后,还是夜色一片,几米以外什么也看不见。这时我犹豫,如果等到天亮再走,太急人;现在走吧,眼前一片漆黑,路又不熟,不知道朝哪走。黑暗里我努力地回忆以前的行走路线,就凭着记忆,沿着铁路边一直朝南走,到了小石山处再往东拐。按照这个大方向一直往前走。因为夜黑、心急、又没路,我在田地渠道间串着走,找来找去还是没找到路,又转到了铁路边。我感觉自己迷路了,就停了下来再辨别方向。这时,天边能看到鱼肚白的晨曦了,才清楚那是东边。我继续朝着东走,想着如果能找到景泰到兰州的大公路就好走了。又走了一会儿,发现前面有房屋、有场地。正准备绕过去,这时,突然跳出两条大黑狗,凶猛地向我扑来,说时迟那时快,我急忙伏倒身子,从地上摸起两块石头就打,之后又摔起背包又喊又打,两条恶狗被吓得退却了。我加紧步伐往前走,不一会儿找到了大公路,翻过公路就到了条山村的回回寺。这本来是我最熟悉不过的地方,但经历了黑夜迷路和恶狗惊吓,我当时怎么也辨不清楚到了什么地方,等问人后才知道已经到了条山村了,我这才放开脚步急匆匆往回赶。

十一月初四早上,太阳刚刚升起我就赶到芳草村了。在路上,我其实就想了很多——可能母亲等不及我来已撒手而去了;也可能家里正在操办母亲的丧事;还可能老天保佑母亲的病情有所好转了……

刚进村,就碰见了王生民,互相打招呼时他问我:"你怎么今天才回来?"这一问使我心情乍一紧沉,顾不上多说就往家里疾走。

进到院子,没见有治丧的迹象!跨进堂屋,我看见爸爸和哥哥正守护在病重的母亲旁,我浑身的神经才松软了下来。

母亲虽然十几天口水未进,但神志仍然清楚。她用疲惫的眼神给我示意,她老人家知道我回来了;我觉察到妈妈的眼神里透露出既痛苦又欣慰的意思,这也就是日思夜想的母亲和千里之外赶来的儿子打上招呼了!爸爸见我回来,又看了看病危的母亲,就失声痛哭,哥哥也哭了,但我没有哭,不是我没有眼泪,而是我选择了最能安慰爸爸妈妈的态度。我克制着自己,确实一滴眼泪也没掉,我无声地握住妈妈的手,守候在她身旁。母亲用微弱而颤抖的声音说:"不要哭了,等我死了以后你们再哭。"爸爸、哥哥看我这么坚强,他们也就止住了眼泪。

初四下午,已经十多天没吃没喝的母亲突然要吃东西,要做饭她不想吃,拿来家里的馍馍她也不吃,最后只吃了两口我从民勤带回来的接面酸馍,喝了两口开水,又吃了几颗我带回来的民勤大沙枣。有经验的人都知道,这种迹象叫"回光返照",说明母亲弥留的时间不多了。

初四晚上,我们姊妹一起守护母亲到十二点左右,我和爸爸到边房去休息,爸爸给我详细讲述了妈妈的病情以及去兰州检查治疗的过程。初五早上，爸爸从妈妈的眼神和表情感觉到情况严重，让我们找来了几个有经验的年长人，其中有五妈、润四奶等，给妈妈做了最后的整理工作。

1975年农历冬月初五中午12点10分（公历1975年12月7日，周日），妈妈停止了最后的呼吸，永远离开了我们、离开了这个世界。我不知道她走时是病痛大于留恋，还是留恋大于病痛，我不知道她是迷昏还是放不下……

母亲系景泰县寺滩公社官草沟村陈氏女，自幼丧母，挨饿受冻。成年后远嫁芳草。在填不饱肚子、靠借驴骑走远路的年代，妈妈很少再回她出生的故地，她常年思念她的亲人。晴朗的早晨，妈妈常带着妹妹到村后的小山上遥望西边蔚蓝处的一棵隐约的树影，她说那是井子川村的大树，外公家就在那附近。

母亲一生善良温和，爱子疼孙，睦邻友好，勤俭持家，任劳任怨，历经艰辛，为抚养我们成长付出了最深沉的爱，为教育我们做人，言传身教、用心呵护，在我们心中树立了永不磨灭的丰碑。

1977年　冬月初二

第十四章 艺 文

一曲板胡余韵长

李桂荣

离家多年了,那年回到家乡和乡亲聊天时,得知邻居胡爸去世了。突然感觉到莫名的失落和怅惘,一个在乡村路上慢慢前行的形象、一个在乡村戏台上投入地拉胡胡的形象,逐渐闪现到眼前。

很小的时候,夜里经常会听到板胡的声音,在寂静夜里显得悠远。我问是什么声音,父母说,你胡爸在拉胡胡呢。父母所说的胡爸是我们的邻居,和我家相距不远,就隔两户人家。小的时候随母亲到她家和胡奶奶喧谎,所以经常见到他。胡爸双目失明,农村人一般称为瞎子。小时候好奇地问母亲:胡爸为什么瞎了?母亲说:听胡奶奶讲刚出生的时候身体健康,一切正常。后来着上什么不干净,说被冲了一下,眼睛突然看不见东西了。四处求医无效,眼睛从此就完全失明了。胡奶奶一提起来就唉声叹气:把娃小小就亏下了!他们家原来住在五佛老湾,因为土地少,1957年政府安排搬迁到土地多的芳草。他们家分在芳草三队,一家人有明显的五佛口音。我的记忆里,胡爸老是穿着蓝色布料的中山装,经过长时间的日晒水洗已经发白,袖口有些毛边了。冬天经常双手捅进衣服袖子里,躬偻着身躯,低着头,深一脚浅一脚地摸索着前进。

从胡爸家大门朝南开,从家里出来左手是李家的菜园,顺菜园向南走几步转向东走,不远处是个小坡,左面是粪坑,右面是小坡。看到他往下走的时候,总担心他会栽到坡上,掉到坑里。遇上他的时候从坡上把他领到平处,有时也会好奇地看他自己慢慢往下走。他走得小心谨慎,一般都会平稳地走下去。有几次差点到坑的边缘,我们赶紧叫着胡爸跑过去,把他领到路中间走下去。吃过早饭后他摸索着在全村串门。村里人对他都很熟悉,碰见了都会上前打招呼,问候一下，有时也会寒暄几句。大人小孩有时也会顺路领着他走得快些，到分路时候再安顿几句，让他走稳当，不要碰到墙上、走到坑里。时间久了，谁家门在哪和路况怎样他都说得清楚，但看起来还是不太稳当。雨后天晴的日子也要出去串门这显得很重要，他总能走在干爽的路面上不湿鞋而平安回家，对于自己走过的路已经了然于胸，记得每一条路的沟沟坎坎、角角落落。

胡爸终身未婚，自然没有孩子。他喜欢和孩子们由性子玩，喜欢听孩子们的嬉戏声。他说话不紧不慢，和善可亲，小孩子们喜欢给他领路，围在他身边玩耍。有时在他坐下来时候，小孩子在他身上骑上爬下的，他从不生气，只是呵呵地笑。大人看见了就训斥孩子，说要有礼貌。胡爸听了反而劝大人：有啥关系，叫娃娃们好好玩！小孩子更加肆无忌惮了。

因为看不见，胡爸基本做不了农活，生产队有时安排他铡草，挖水的时候曾经拉过纤绳。年轻时胡爸学拉胡胡，据说是我伯父给教的。伯父比胡爸大几岁，看到胡爸年纪轻轻，因为看不见做不了活，心里很苦，就教他拉二胡。伯父把胡爸叫到家里学拉胡胡，在缺衣少食的时候经常把自己的吃的东西分给胡爸。也许是专心致志、刻苦训练的结果，也许是同情心的作用，人们逐渐发现胡爸的板胡拉得好听。

也许老天给胡爸关上睁眼看世界的大门，却加强了他用耳朵亲近世界的窗口。他耳朵极为灵敏，有过耳不忘的本事。只要他听过的曲目，就能用板胡演奏出来，能极为准确地抓住想要表达的情感。每根胡弦，每个音节，使用何种手法他都能恰如其分地表现出来。正因为他对自己的乐器了然于胸，所以才能演奏出好听的曲目。每个傍晚，都会传来板胡的声音，或欢快或哀怨，如泣如诉，或紧或慢，或急或骤，时而悠远，时而耳前。人们的内心顺着他的弦音时而热潮澎湃，时而波澜不惊，时而狂风骤雨，时而晴空万里，时而莺歌燕舞，时而万马奔腾。对于乐器演奏，我纯粹是个门外汉，觉得胡爸的板胡可以称得上技艺精湛。我听过广播、磁带、电视播放的名家演奏，也就是如此吧。总之，我觉得在偏远的乡村里，胡爸的演奏真能打动人心，百听不厌。

80年代，每逢春节，秦腔爱好者都要热心编排节目，唱传统戏剧。胡爸当之无愧担任首席板胡。正式表演都在村里的戏台上。男女老少，在演出的晚上早早地就聚坐在戏台前。舞台上唱戏的会出现一些失误，有唱错的、忘词的、愣神的，但胡爸的胡胡贯穿始终，称得上完美无缺。一开演，他就全神贯注专注，用心配合演员唱戏。不管台上演出是何种意外，他总能恰如其分地对接，丝毫不影响演奏状态。村里的人都赞他板胡拉得好，而演员演绎人物的好坏与否反倒没什么人做评价了。四里八乡的秦腔剧团经常请胡爸伴奏，胡爸在县城广场上也做过表演，懂行的都说拉得好。

人不知所措的时候，总爱抽烟。因为苦闷，无事可做，胡爸年轻时候就学会了抽旱烟。走到他跟前，就会闻到很冲很呛的烟味。不知道他从哪里弄来的旱烟渣，弄碎，找些废报纸或学生念过的旧书，裁成长条，垒在一起。想抽的时候，取上一条，摸索着把零碎的烟末堆在纸条上面，拿在手里，用他粗糙的几根手指一裹，几下卷成了手指粗的棒子。含在那张干燥的嘴里，划一根火柴，吧嗒吧嗒慢慢着，等到着旺的时候猛吸几口，然后长长地呼出来。从嘴角通过胡茬喷出一缕一缕的青灰色烟团，在他那张沟壑纵横的脸颊缭绕弥漫，看上去特别享受。喜欢听他拉胡胡的、一起唱戏的经常给他卷烟，卷好后放在嘴里点着。有时候，卷烟人吸着后再放到他的嘴里。他不但毫无嫌弃的感觉，反而觉得是很高的待遇。有纸烟以后，路上遇上抽烟者，会给他让烟，他就不客气抽起来。最潇洒的是在白事上拉完一段以后，周围的人还在叫好，就有人点上烟给他抽，那种自得的享受，无法用语言描述。

家人对胡爸一直照顾得很好。村里老老少少，都同情胡爸的遭遇。能照顾的都会照顾。口渴了，舀一碗水给喝；饭熟了，就舀一碗给吃。胡爸知道大家的好意，一般都不会过分客气。我大姑父是个大善人，济贫助弱，尽人皆知。胡爸虽然眼睛看不见，对这一点心里还是清楚的。大姑父在双龙寺繁殖场工作，周末回家有时会带点好吃的。有一段时间，几乎每个周末，胡爸都要到大姑父家拉几段曲子，吃一顿好饭。周围的小孩子们经常好奇地进门看看。

一个盲人，一把胡胡，一村善良人，想起来是那么美好。人生怎样度过才算完美，恐怕很难定论。《道德经》里说："死而不亡者寿。"一个人离开人世后，还有人念起他，念起他的好，我想这才是真正的人生意义所在吧。

人杰地灵　文脉永续
——编写《芳草村志·人物志》附识

屈占昌

2018年5月，芳草村党支部、村委会决定编写《芳草村志》。我很荣幸有机会和全体编写人员一起，为我们芳草村的第一部村志贡献力量，在参与编写、讨论、收集资料、处理信息等方面做了一些工作，尤其是接受村志人物志的编写任务，虽然涉及面广，任务量大，相对比较繁难，常常有力不从心之感，但使命光荣，责无旁贷，也正是通过完成这一工作，使我收获颇丰，感慨良多。

人物志的编写分为人物传略、人物简介、人物名录三大部分。信息采集是编写的基础工作，村上召开了专门会议，安排部署，广泛宣传，全面发动，动员广大村民积极参与，为编写村志提供资料，共享信息。编委会印发了《芳草村志》信息征集表，发出了倡议：一是请广大村民就村志的编写提出意见和建议。二是积极发掘并提供反映芳草村各个历史发展时期生产、生活的历史资料，传统物品，影像图片。三是创作反映芳草风土人情，描写优秀人物事迹，表达故乡情、师生情、亲友情的散文、随笔、诗歌等文学作品及美术、书法作品。

编委会的倡议，得到广大村民积极响应，大力支持，主动搜集整理史料，建言献策，撰写回忆文章，征集人物信息，特别是一些在外地工作、学习的人员，在繁忙的工作学习之中填写信息表，整理学历证书、荣誉证书、获奖证书、论文刊物，及时发回报送信息。如在新疆且末县工作的孙克家，晚上会后凌晨一点发来信息。一份份信息资料汇聚而来，一声声赞扬褒奖、感谢鼓劲之词溢于言表，村民们支持的行动、鼓励的心声，使我们深受鼓舞，给我们以信心和力量。

人物志的信息采集、核实确认、资料整理、归纳分类、编纂撰写，是一项艰苦复杂的工作，需要认真负责，一丝不苟，真实客观，细致准确。阅读一张张信息，浏览一份份资料，观察一件件证书，我们深受感动，信心倍增。

我们的祖先在芳草生息繁衍，薪火相传，这方水土养育了一代又一代勤劳朴实、吃苦能干的芳草儿女，人们在这里辛勤耕耘，艰苦奋斗，用汗水和智慧创造幸福美满的新家园，建设文明富裕新农村。

新中国成立以来，有600多人先后走出芳草，在祖国的各行各业发光发热，占全村人口的百分之三十以上。在全国21个省市的52个市州县工作、学习、生活，其中在甘肃省会兰州市工作学习的就有135人。芳草人以其独特的"芳草口音"在各自的岗位上扎实工作，以自己的一言一行，塑造"芳草形象"，铸就"芳草精神"。

芳草人有一种敢于拼搏、勇攀高峰的奋斗精神。这种"芳草精神"在新一代芳草学子身上表现得尤为突出。1949年以来，取得大学本科学历的人员402名，有61名获得（攻读）硕士以上学位，2名博士后、8名博士、51名硕士，其中7名出国留学。自2008年高考录取本科生15名后，每年都在递增，2012年录取28名，其中夺得景泰县高考"文科状元"2名。这些优秀学子在校期间成绩斐然，表现突出，有的被评为优秀毕业生、优秀学生干部，有的获得国家级奖学金，有的在科研领域崭露头角，撰写论文，取得成果，获得科技奖励。

胡馨予2017年11月赴荷兰内梅亨大学生命科学学科攻读博士学位（学制四年）。李元朴2017年9月在上海复旦大学攻读大气科学学科博士后，并从事科学研究。武小莉硕博连读，2017年3月获得西安交通大学工学博士学位。学习期间，2013年获得核反应堆系统设计技术重点实验室学术年会学术论文二等奖；2014年获得核工程国际大会最佳论文奖；荣获西安交通大学优秀研究生2次；获得博士国家奖学金1次。朱宗耀2018年9月在西安交通大学电气工程学科攻读博士学位。中专毕业生王胜，通过参加高等教育自学考试取得大专学历，并考录为国家公务员，而立之年获得国家开放大学本科学历，2018年已在县卫生局担任副科级领导职务，2019年选调到白银市文化广电和旅游局工作。

芳草人有一种扎实能干、勤奋努力的吃苦精神。不论是在家种地务农，发展农业生产，还是在外从事建筑业、运输业、工业生产、商贸流通等经济建设，芳草人都以吃苦能干著称。在行政机关、企事业单位的工作人员更是脚踏实地，勇于奉献，在平凡的岗位上创造工作业绩。一些学生毕业后投身到工作之中，有的进入科研领域，有的进入美国、日本等外资企业，凭着踏实吃苦，成为单位精英、部门经理、技术骨干；有的不懈努力，自主创业，如赵科有在上海创办亚太体育有限公司，如李富学、李富升在江苏创办昶和五金制造公司，产品出口国外。还有一些村中能人创办民营企业，从事建筑、运输、商业贸易，为村民提供就业岗位，助推芳草经济发展。

芳草人有一种恪尽职守、积极进取的奉献精神。在行政机关、企事业单位工作的同志团结协作，勤奋能干，服务人民，一步步走上领导岗位，其中担任地厅级领导者6名、县处级领导者18名，科级领导者51名。在专业技术领域，晋升为大学教授、主任医师、高级教师、高级工程师等高级专业技术职务26名，中级专业技术职务50名。在各自不同的工作岗位上，取得骄人的业绩，有的被评为省级劳动模范、地厅级先进工作者、省市县园丁。历年来，在各项工作中获得县级以上奖励者45名，其中村干部9名；专业技术人员获得技术成果奖励者43名，编写专著、主持地级以上科研项目、主编学术期刊、发明专利、撰写论文者39名，发表专业技术论文210多篇。李尚全出版专著11部，主持完成地厅级以上科研项目5项，创办及主编的学术集刊4部，在各类学术期刊、学术交流会发表论文多篇，其中中国知网转登33篇。胡桂馨、何慧霞等主持国家"863"及省部级课题，参加编写专著，在省部级以上刊物发表论文多篇。李桂春获得省市县园丁、优秀教师、青年教学能手奖励6次，在省市教育主管部门组织的优质课教学中获得奖励8次；姚学竹在省部级刊物上发表论文8篇，获得农业部农业技术推广成果奖二等奖1项，白银市科技进步奖3项，主编的甘肃省耕地质量评价系列丛书《景泰县耕地质量评价》，获得景泰县科学技术进步奖特等奖。李妍作为甘肃电视台主任记者，纪录片导演、制片人，甘肃电视艺术家协会会员，CCTV《影响中国》栏目总导演，兰州大方文化传媒有限公司董事长，担任总策划、总导演的多部纪录片，获得省部级各类优秀纪录片奖项。

更有一批青少年在体育、音乐、美术、书法领域，刻苦学习，扎实训练，才艺惊人，崭露头角。

在这里，我们还要特别礼赞十多名芳草籍老师，他们扎根芳草，默默无闻，为芳草的教育事业奉献一生。20世纪60年代后，学龄儿童全部入学，都达到初中以上文化程度。为青少年继续学习、茁壮成长奠定了坚实的基础，是这些辛勤的园丁培育了我们，他们的无私奉献提高了芳草人民的文化素质，为芳草的经济发展社会进步增添了活力。我们还要礼赞芳草村民尊师重教的传统美德，追求知识奋发向上的精神品格！

就这样，芳草人凭着芳草精神以敏锐的思想力、不懈的学习力、坚强的行动力英勇拼搏，奋发图强，锐意进取，砥砺前行，创造非凡业绩，谱写辉煌篇章，实现人生价值，不断地改变着自己，改变着芳草，并引领着芳草的今天，引领着芳草的未来。这是芳草人的自豪，这是芳草人的光荣！

芳草精神塑造了芳草人，芳草人为芳草增光添彩！

芳草地灵人杰，生机盎然，后继有人，充满希望！

愿芳草精神世代相传，发扬光大！

愿芳草的明天更加美好，更加辉煌！

2020.9.15

家乡的沙枣树

张义军

在我的记忆里,村子里的树木繁多,有柳树、榆树、杨树和沙枣树等树木,但数沙枣树长得最多、最普遍,对人们的生活生产影响也最大。

在新涝坝、下涝坝的过水渠中,在大园子和后塄的田间渠中,沙枣树都有大量栽植,部分农家的房前屋后、小菜园子亦有一些零星栽植。栽得多、长势好的主要在泉水眼、上尖子、树树沟、尕湾湾、大园子和后塄的几条渠坝中。下涝坝的桥子梁渠从庄子中间蜿蜒而过,一路也有许多沙枣树及其他树种。后塄是沙枣树栽植比较多而集中的地方,几条水渠,整渠都是沙枣树,长势非常好,形成了一道道的绿色屏障。

栽植沙枣树的水渠都是南北走向,渠长约500米左右,每条渠栽植有好几百棵。三个生产小队基本各占一条,一队的胡家门前,二队的摆坝,三队的大埂。因为渠道经常过水浇地,沙枣树生长旺盛,树冠大,成带成林,枝繁叶茂,郁郁葱葱。

沙枣树在西北地区是最普通、最常见的树木,适宜这里的土壤气候条件。沙枣树繁殖能力强,成活率高。从上世纪六七十年代树木长势看,树木有大有小,树干最粗直径达到一米左右,有些树木并开始腐朽老化,树龄估计在二百年左右,说明芳草有人居住就开始种植树木,种树的历史也是比较长久的,但数解放后栽植的数量最多。芳草人世代以农为本,以林为伴,上世纪前中期应该是芳草树木长势最繁盛的时期,我们这一代也是受益最大的一代,真是前人栽树后人乘凉。

黄河水上来后,由于大规模的平田整地和后来的包产到户,在芳草生长了几十年上百年的沙枣树已被砍得所剩无几,寥若晨星。就连庄子上房前房后数量不多的沙枣树也已不见踪影,不知去向。唉!真是悲哀,社会在进步,经济在发展,现在城乡满大街卖各种水果的,有北方的,有南方的,也有外国的,卖的沙枣也是新疆产的,可就没有我们本地那香甜可口的小沙枣。难道我们现代人在文明世界的发展中就不能保留住我们的祖先的一点宝贵遗产吗?而且沙枣树在农村中的作用非同小可。可沙枣树就是在芳草已荡然无存,真是令人百思不得其解。

因为工作在县城,我也经常回芳草。现在路已是柏油马路或水泥路,房屋都修成砖瓦房,高门大墙,村委会、学校也修建得非常漂亮,路边也栽植了一些现代的风景树,可就见不到儿时那熟悉的沙枣树,闻不到它的香味,吃不到它香甜的果实,回想起这些事,心里久久不能平静。但沙枣树在芳草生长的倩影依然在我脑海里常常萦绕,记忆犹新。我对沙枣树情有独钟,它伴随着我度过童年,走出了芳草,走向了社会。多希望它依然生机勃勃、开花结果,与芳草人同行。退休后想常去沙枣林中游玩乘凉,去回味童年那无尽的乐趣,这想法目前已是无法实现的了。

儿时常与年龄相仿的同伴去泉水眼、涝坝沿、后垧等的沙枣林中去放牲口、拔草、拾粪和玩耍。

春天,家乡一场一场的风每天刮得不停,有一句"一年一场风,从春刮到冬"的谚语,就是形容本地刮风情况的。沙尘暴来时更是气势汹汹,整个村庄昏天暗地,但休眠了一个冬天的沙枣树,在这春风中慢慢苏醒过来,枝条在阳光的抚慰下缓缓抽出了细嫩的叶芽,尽情地舒展英姿,形成了一片片、一道道的绿色屏障,守护者农田。我们这些孩童们也经常在沙枣林中拔草、拾粪,有时上树折上几枝细条编成圆圈,戴在头上,相互追逐玩耍,常常玩得不知时间的迟早,在大人的吆喝下才想起了回家。

进入夏季,风好像也刮乏了,不再是那么猛、那么强劲了,田野中一块一块的农田,庄稼长得绿油油的,麦浪滚滚,这时更是沙枣花香飘四野的季节,老远就能闻到她的芳香,那是一种浓浓的、淳朴的幽香,馨香随风四溢,弥漫在田野乡间,沁人心脾,令人陶醉。在这沙枣花开的季节,村里人们都要折上几枝拿回家，插在装有水的瓶中，摆在柜盖上，家里便是香味萦绕。

金秋十月，沙枣也逐渐成熟。红绿相间的果实挂满了枝头，一嘟噜一嘟噜的沙枣，红艳艳、黄橙橙，十分诱人，令人垂涎欲滴。每次路过看到树枝上挂满的沙枣，都要忍不住驻足"望枣解馋"，欣赏一会儿。

儿时由于生活困难，对食物的欲望比较强烈，常和同伴到沙枣树下拾掉落地上的沙枣解馋、充饥。大园子是在村庄中间的一个菜园子，下涝坝的两条渠从园子南北穿流而下，浇水十分方便，园子四周有围墙，村子一条主干道从园子南墙边东西贯通。园子围墙四周栽植了许多沙枣树，沙枣树的树冠大，好多树冠都伸出了墙外，沙枣成熟后，不管大人小孩都想敲打吃几颗。我们这些孩童们更是经常路过就用石头敲打沙枣，乘看园子的张老汉不注意时，就折上一石头，抓紧拾上几颗落在地上的沙枣就跑，常搞这样的游击战，真是既刺激又开心。

记得特别清楚的一次，是和润虎（李尚鹿）等几个同伴在二队摆坝渠边去拔草，看到树枝上又红又大的沙枣，忍不住就爬上树偷摘沙枣吃，吃好后又往衣服兜兜里装，然后下树。也许是做贼心虚的缘故，不小心脚踩空一滑，我倒霉地吊在了树上，不但衣裤被扯破，浑身上下多处也被树刺划破流血，疼痛不用再说，真是"上树好，下树难"，偷吃沙枣也要付出代价的。

在集体化经营的年代里，为了管好沙枣树，防止沙枣未成熟就被人们攘踏，各队所属的沙枣树林都有专人负责看管的，沙枣成熟后，由生产队根据情况分给每家两三棵沙枣树，由自己采摘拿回家中晾晒后食用，以补充食物不足。分树采摘沙枣的那天，人们都拿着简单的工具，早早地来到沙枣树林中，寻找写有自家名字的树。一般是男孩上树敲打，年龄大的和女人在树下铺上单子捡拾。几百米长的沙枣林中，树上树下都是人，人头攒动，忙忙碌碌，又说又笑，热闹非凡，背斗、筐子、盆子都装满了沙枣，那真是一派繁忙的劳动场景，更是一派喜获丰收的场景。

冬季来临，天气逐渐变冷，沙枣树在无情的寒风下摇曳颤抖，树叶也全部落地，往日那生机盎然、果实累累的景象荡然全无，然而，沙枣树粗壮的身躯依然昂首挺胸，像卫士一样，迎风傲雪，守护着农田庄舍。

冬季虽然天寒地冻，北风呼啸，可沙枣树枝头上成群的喜鹊叽叽喳喳叫着不停，那是它们的家，那是它们的天堂。这时也有些干活、放牧、拾粪、捡柴的人在树下游荡着，偶尔拾到一颗沙枣，土也不吹就丢进嘴里，吃得津津有味。这些场景、印象，历历在目，永远也抹不去。

沙枣树浑身是宝。粗壮结实的树干可做农具、桌椅、门窗等；干枯了的枝条供农家烧火做饭；叶子富含营养，秋后落地是家畜的好饲草；沙枣核被心灵手巧的人用针线一条条串起来，做成门帘，美观别致。沙枣树群体具有防风固沙、改善生态、美化环境和保护农田的作用。

沙枣树与芳草人世代同生活、同成长。但现在出现了一种奇怪现象，芳草人都住上了砖瓦房，用上了电灯电话，看上了电视，种地也已机械化，好多人家都有了小汽车，而沙枣树的身影在芳草却越来越少，濒临消失。人们对沙枣树的果实虽不再是那么需求，但人们更渴望的是沙枣树的浓荫覆盖、鸟语花香、莺歌燕舞的优美环境。

啊，沙枣树，你现在何方！真希望你能在芳草复活重生，长成参天大树，与芳草人继续并肩同行，创造更加美好的家园。

扫 煤 渣

屈占昌

小时候，常常可以看到这样一幅景象：每当清晨太阳升起的时候，你在远处眺望芳草村，只见家家户户炊烟袅袅，整个村庄笼罩在一片烟雾中，朝霞映照，蔚为壮观，你就会知道，这是家庭主妇们在忙着做早饭。那种家的味道，就立刻充溢在胸中，会让你对家产生深深的依恋。

20世纪六七十年代，农村经济落后，人民群众生活水平低下，生活燃料煤炭极度缺乏，村上没有煤炭资源，买煤要东到二十里地的响水村、北到八十里外的大格达、黑山一带车拉驴驮，由于交通不便，运输非常艰难。一方面经济条件差，没有钱买煤炭，一方面村民们都要参加集体生产劳动，很少有空闲时间。人们只得靠柴草作燃料，烧火做饭，冬季还靠柴末草芥烧炕取暖。一到冬闲时节，村民们拉上架子车，到村庄南北的山梁上挖柴。这里有野生的烟葫芦柴、米心柴，烟葫芦柴根小枝细，烟大不耐烧，米心柴根大枝粗，耐烧火力强，所以人们多喜欢挖米心柴，但烟葫芦柴多米心柴少，挖柴的人又多，只得见柴就挖，冬天挖柴总是多多益善，以备烧到来年，那时家家户户屋外院内最常见的，就是堆放整齐的柴火垛。

后来，人们发现了铁路旁边火车内燃机喷出的没有燃烧充分的煤渣，可以收集起来当煤烧，于是邻近村子的人们都到铁路边扫煤渣，先是在兴泉至条山至长城车站区间，这里距离芳草有十多里，且路平好走，但扫煤渣的人多，煤渣少，人们只得往远处走，到三十里外山大坡多的喜集水至大水磴一带去扫煤渣。

扫煤渣是一件辛苦的事情，都由强壮男子承担，至少带一个少年帮忙。我少年时就经常跟着父亲去扫煤渣。

第十四章 艺 文

冬闲时节，父亲凌晨早早起床，赶着毛驴车，顶着寒风出发。说起毛驴车，我家驴车齐备，父亲爱饲养毛驴，我们家一直养着自留驴，有一个黑骟驴，身高强壮，力气大，温顺、好使、卖力，拉起车子走得快，拉得稳，它很灵性，善解人意，且能识途，不论去什么地方，走过一两次，以后它就能顺顺当当地把你拉到目的地。架子车也是左邻右舍中最好的，鞍鞯齐备，物件俱全。我们小时候，乡亲们经常借我家的驴车使唤，父母亲从不推辞，只要闲着，谁用都行，只是前一天晚上把驴拉去加点豌豆麸皮等食料即可。我们赶天蒙蒙亮就要到三十里外的铁路边，开始紧张的工作，扫煤渣特别费力费时：首先用扫帚把煤渣扫成一个个小堆，第二道程序是用筛子分开沙子和煤渣，煤渣有黄米粒大小，沙土中筛煤渣，沙土多煤渣少，有时一堆只能筛出不到四分之一煤渣，第三道程序是把干净的煤渣装在口袋里，一袋一袋背到架子车上，由于这里山大坡陡，架子车只能停在远处，一车七八百斤，有的远到一里多，全靠父亲一趟一趟背来。父亲满身灰土，汗流浃背，忙碌一天，很少歇息，饿了啃几口干馍，渴了喝一点凉水。从早上四点多一直到夜晚七八点，才能回到家中。这一趟对我而言，就是跟在父亲后面拣出石子，帮父亲筛煤渣，撑口袋，最辛苦的是，返程跟着车子步行三十多里路，当时的道路高低不平，坑坑洼洼，坡多砂大，载重车辆，行走艰难，随行者遇沙土窝、上坡路都要搭帮操车，回到家里腿困腰酸，非常疲乏。一路上最担心的是架子车内胎被扎破，因此出远门父亲经常带着修车、补胎工具：手电筒、打气筒、扳手、改锥、手钳等等，以备不测。

乡亲们一到冬闲时节就两两相约去扫煤渣，你东段他西段，各自为阵，忙碌一天，同去同回。扫一趟煤渣，其艰难辛苦难以言状。这煤渣打成煤块生火做饭，火力强，耐用，烟少。在过去的岁月，缓解了农民无煤可烧的困难。

后来，内燃机代替了蒸汽机，铁路边无煤可扫。

随着农村经济条件的不断好转，农民冬季取暖做饭都用宁夏出产的无烟碳，夏天做饭全是家用电器：电饭锅、电蒸锅、电磁炉等等。持续了十多年的扫煤渣工作一去不返，成为历史，成为经历了那个时代的人们饭后茶余的谈资。

2020.5.20

被开垦的知青岁月

刘金春

20世纪60代末期,响应毛泽东"知识青年到农村去,接受贫下中农的再教育,很有必要"的号召,广大知识青年奔赴全国各地农村及生产建设兵团,在广阔的天地里锻炼自己。随着这一股声势浩大的历史洪流,1976年4月,我与张玉会、隋立华、姜东林、郭刚、李春华、王淑香、张凤英、张玉清等一行9人,从白银市来到景泰县芦阳社芳草大队插队落户,开始了为期四年的知青上山下乡生活。

记得第一次踏上芳草的土地,是一个晴朗的午后,随即便感受到芳草村人民的善良与质朴。来到芳草村的第一个记忆片段,就是我们受到大队书记、各生产队长及乡亲们的欢迎。文书焦清致欢迎词。会上将大家分配到了各生产小队。我们9人被分配到第一生产小队。与其他不同性格、不同生活习惯,但都处于青春年华的年轻人聚集在一起,面对陌生的环境和对今后未知的生活,每个人心里都是既新鲜又忐忑,有种迫不及待进入知青生活的急切心情。

很快,繁冗的田间劳动及其他农活,就使我们初到时的新鲜感荡然不存。严重的不适应和繁重的体力劳动,不断地击打着我们的身体,也冲击着我们的精神和心理。做同样的工作,与村里跟我们年龄相仿甚至还没有我们大的农村青年相比,我们所表现出的体力上和劳动能力上的差距,同样无时无刻地摧毁着我们初来时的自信。身体上的疲惫和心理上的压力,使想家的情绪在我们的小集体中油然而生。一到晚上,很多人在知青点的被窝里咬着被角,流出委屈的泪水。

知青们脸上无法隐藏的疲惫和表现在精神上的消极,很快被生产队的领导所发现。但他们并没有疾言厉色地批评教育，而是和风细雨般地安慰和鼓励，至今想来都令我们感动不已。记得生产队长李作福的一句话："你们这些城里娃娃，体力不行，只要能参加劳动的，就干些轻松的活吧。"言语间透露着对我们这些还青春懵懂的知青的照顾和疼惜。

那时候，因为经济条件差，老乡们的生活过得都非常清苦，但只要是逢年过节，很多老乡在家里"改善伙食"，都会到知青点喊我们一起参与。尽可能地在生活上给予我们力所能及的照顾。在当时的条件下，这样的善举多么难能可贵，毕竟我们与他们并不沾亲带故，但他们对知青的这种关心和照顾，完全超越了相互之间的界限。是啊，人都是有感情的，我们又怎么能忘得了乡亲们对我们的照顾呢？在我们的心中，至今还闪现着他们和蔼可亲的面容，像队长李作福，还有寇永成、孙延安、李作荣、寇永元、李作义、李绥、贾吉兰……

在乡亲们的悉心照料和耐心指导下，我们也不知不觉地融入了正常的生产劳动。我们了解了夏季的田间管理，掌握了田间的作业技能，熟悉了农作物的生产规律。冬季用架子车拉沙土，拉肥料，早上四五点钟起床上工。头顶月亮那叫一个明亮，照得大地都明晃晃的。还记得我们三个人一辆架子车，一人拉多少车拉完就收工，大家汗流浃背，你追我赶一路小跑，即便下工后感觉自己双腿发直，口冒烟，但也是欢声笑语不断。当时没发觉的是，起初令我们备感压力的体力劳动，竟在不自觉间得心应手。心理上自然也有了些微的轻松惬意。

时代的大潮把我们卷出城市，时代的大潮又把我们冲了回来。我们经历了"四人帮"倒台，"文革"结束，恢复高考，包产到产，招工回城。国家经济的发展和社会的进步，又让我们离开了农村，回到了城市。

现在想来，四年的知青岁月，对我这一生都是获益匪浅。四年里，我们经风雨，见世面，变得坚强，变得豁达。正是这四年的历练，加快了我们后半生的成熟，让我们懂得了，面对困难，既然无法回避，就要积极面对。不管环境如何纷杂喧嚣，也不失做人的底线。条件再苦，都要尽量保持正常的心态。尽管吃了很多苦，受了很多罪，但我们这一代人终究没有垮掉，我想这就是那几年插队知青的生活，带给我们的生命感悟，以及人生意义的滋养吧！

感谢生活，感谢芳草，感谢曾经给过我们关爱的芳草父老乡亲。我衷心地祝愿芳草村的乡亲们生活越来越富裕，同时祝愿我的知青战友们，生活幸福，健康快乐！

2020年7月19日

刘金春，女，白银籍知青。于1976年4月到芳草村下乡。1979年6月招工回城。

心中有片芳草地

焦　清

我所以格外青睐芳草
不仅是绿色意蕴很美好
而是地缘亲缘诱惑着我
故乡——芳草将旧梦萦绕

也许是怀故之情犹未了
也许想用草绳把往事打捞
当我咀嚼着草根味道
记忆就长出一片困扰……

在我——
缝满补丁的漫漫时光里
在那东奔西波的求学小道
同学们曾将我的村名炫耀
似乎芳草就是一座绿岛

其实——
这块贫土地难觅绿草
而是四季风吹着沙石跑
乡亲们挑着褴褛的岁月
四处寻求着一丝温饱……

芳草村志

那时——
我心中绿的希冀日趋减少
总渴望家乡有天满地皆绿
哪怕长满深深的野草
亦会解除当初的浮躁

然而——
多彩的梦幻很意境也很缥缈
故乡依然被荒秃笼罩
翻阅着游移的大漠风暴
荒原遮挡了苍凉的视角

于是——
我毅然和我的父辈们
诀别虚无自嘲的祈祷
举起信念锻造的铁锹
投入引河入川的拼鏖……

看那——
一双双松枝般大手的纹理
纵横着开拓者的创造
铁肩耸立的座座山峰上
激涌的血液奔突咆哮

从此——
滔滔河水涌入大漠怀抱
芳草这片有名无草的土坳
大漠绿洲成熟了樱桃
我便孳生临池习诗之情操

视野——

不再是乏味而是诗的微笑

碧草轻摇张扬着一身骄傲

黄土地不再担忧漠风熏陶

家园有了柔情的风骚……

向往——

也就是在这种裂变中

在这千万次的呼唤里

令我倍加珍爱如诗的小草

企盼阳光把芳草照耀

因为——

那是我残旧的一顶草帽

是我土炕上升华的崇高

心中永绿的那片芳草地

她的芬芳成为我笔耕的坐标

那翠绿欲滴的根根芳草

那生命长河中的朵朵浪啸

无不源于我对故园的怀恋

来自我悠悠寸草心的回报

那野火烧不尽的丛丛芳草

是不是我剪了又生的发梢

那一重又一重泛光的绿涛

能否将一种表达融化掉

芳草村志

我试想收割一茬茬芳草
将它堆积成一座绿色山包
让阳光熔炼这生硬的思考
浓缩为精美泛黄的诗稿

我企盼用一棵棵小草
编织成一柄激越的长号
用小草组成的灿烂音符
吹奏一曲绿茵茵的歌谣

我渴求将一粒粒草籽
播撒于每一块空白的角落
使它撑起一杆杆绿旗
让大地充满生机和富饶……

啊芳草，我心中的春潮
你的柔情流韵浪漫情调
经历了太多太沉的煎熬
终于昂立于季节前哨

我爱诗写诗的情怀
出自三月透明的芳草
笔端里流着磨砺的自豪
给读者一串青杏酸涩的味道
我愿成为诗苑的小草
让缤纷将绿野永远拥抱

2000年9月27日晨于兰州
（诗集《临海听涛》自序）

荒 草 渠

李保军

家乡名叫芳草,又叫荒渠、荒草渠,曾经是一个青草遍地、绿树成荫的地方。——题记

荒草渠,荒草渠……
是一渠一渠的萋萋荒草吗
久远的传说不仅仅是传说
所有的渠道都有荒草笼罩
碧草如茵连绵无际
云雀停在半空炫歌
风吹草低,现出身形矫健的黄羊
芳草深处,更是野兔和稚鸡的天堂

荒草渠,荒草渠
那是我曾经的家乡
一道清流自地下涌出
涌流一曲玲珑透彻的低吟浅唱
唱出了白杨的挺拔
柳树的娥娜
一串串银钱缀满了老榆树枝头
沙枣树也佩饰了一身的珠玉翡翠的衣裳

芳草村志

蒲公英的花絮乘着梦想飞舞

打碗花的窃窃私语

传诵着关于四季的故事

苦苣菜流出乳汁一样的泪水

比它更多愁善感的水蓬

依偎过来低声地抚慰

——泪水苦涩未必就是心生惆怅

花有花的幸福

叶有叶的梦想

走过那弯弯曲曲的田埂

脚步轻些再轻些

如果你愿意细细倾听

可听到它们的梦想多么五彩缤纷

而性格倔强粗粝外向的酸刺果

将一颗颗鲜红的心脏袒露出来

你是在向这个世界宣示你的忠贞的爱吗

只有风知道

因为这个世界值得爱

才使你积攒了如许饱满的激情

所有的感恩都写在灿烂的笑脸上

天性快乐想法简单的冰草们

吃饱喝足就知道快乐地疯长

平地上沟坎上都有它们快乐的身影

下得了沟也上得去坡坡坎坎

而那些坚韧孤傲的芨芨草们

几乎要跳起脚

躲避它们挤挤挨挨

三五成群漫向天边
将快乐的呐喊传向更远的远方
将故乡的名声播向四野八荒

可是，你们去向了哪里
难道走得远了忘了回家的路
哪怕春风又吹了多少次
可遇春风而生的芳草呢
是岁月刈净了无尽的碧绿吗
只将一个名字遗留至今
——荒草渠
陪伴它的只是黄沙扑面无尽苍凉
难道连那些树也耐不了寂寞
纷纷离开这里
泉水畔的杨柳呢
后垧的沙枣树呢
为何也会一夜之间远离家乡
莫非你们又在远处
找到新的可以安放梦想的地方

你的名字叫芳草也叫做荒草渠
我的故国我的家乡
所有的传说已难觅踪迹
多少次却在梦里依稀造访
即便所有的梦想残破如霜
即便命运如风人生如蓬
无数次迷失了回家的方向
芳草——荒草渠

荒草渠——芳草……
不管我走到哪里
在梦里，在心中
为何在我深情回首的时候
总是悠长如秋雨般不绝如缕的忧伤

> 2014年10月2—3日 白银

故乡行（八首）

李保军

其一　赵家岘

赵家岘，原名土岘，因芳草赵氏家族曾在此居住、耕作百多年，故称赵家岘。

白云悠悠碧连天，马场深处隐土岘。
披星戴月日复日，胼手胝足年更年。
耕耘稼穑图温饱，诵经读史慕前贤。
百年一梦恍如昨，后来奋勉赋新篇。

其二　泉水眼

先民初居芳草，在村西数十里外寻找到水源，掘井百余眼，井底互相串通，将水引进村子。

清流涌地出，汩汩逾百年。
花明柳暗处，宛然有桃源。
遥想创业初，不输愚公难。
饮水不忘本，嘉德代代传。

其三 后墕

后墕紧临村庄北边,平坦肥沃,是村上最主要的产粮地之一。

平畴数十里,渠坝纵横连。
沙枣花飘香,麦浪随风翻。
村以田为本,民以食为天。
莫道劳作苦,悠然见夕烟。

其四 堡子

当初堡子筑成,屡拒贼匪侵扰。铸钟一口,置炮台之上,声音洪亮,数十里可闻其声。

拼却移山力,换得百世功。
坚固若金汤,贼匪徒望风。
十里见巍峨,百里闻钟声。
堡子今安在?长留口碑中。

其五 戏台

最初唱戏并无戏台,村民将堡门两扇门板卸下,搭做戏台,演出连本大戏。

门板秦腔演连本,高亢浑厚欲遏云。
唱念做打英雄事,生旦净丑寻常人。
三尺戏台关天下,五寸高靴走古今。
笑说芳草多俊杰,敢为人先更无伦。

其六　石板咀

石板咀在村东四五里处，原为独立石山，亦与外村之边界。祖辈采石，已成平地。

　　独冈突兀数丈高，夤夜但见鬼灯飘。
　　门阶炕面多出此，乱冢荒磜尽为宝。
　　古来先民拓地难，沟坎梁漥讨丰饶。
　　万斛石板今殆尽，夷平依然是芳草。

其七　尕湾湾

此处是最早在芳草开垦住耕先民的居住地，曾绿树成荫，水草丰茂，因村庄扩大，已面目全非矣。

　　往昔佳处何所有，屈指首推尕湾湾。
　　绿树环绕草茵茵，禾稼匝地水潺潺。
　　迁徙初开栖息地，耕作渐成丰乐园。
　　旧地重游觅无踪，梦中犹觉泪潸然。

其八　芳草村志

2018年5月，村上正式启动编修村志工作，历时近三年，进展顺利。

　　先辈负重砥砺行，坚守卓绝是精神。
　　拓荒垦殖建勋业，踏铁履石遗印痕。
　　开卷孜孜寻史迹，拨杂隐隐望其门。
　　但书荣光于万一，此生不枉芳草人。

▲ 翰墨青丹（树皮笔画　92cm×180cm）　李尚秀

▲ 和满天下（树皮笔画　70cm×130cm）　李尚秀

▲ 源远流长（树皮笔画 67cm×100cm） 李尚仁

▲ 墨雅（树皮笔画 67cm×67cm） 李尚仁

▲ 富山贵水聚祥瑞（树皮笔画） 180cm×92cm 李尚义

▲ 水色清心 （树皮笔画 92cm×180cm） 李尚义

▲ 祥瑞富贵（树皮笔画 70cm×130cm） 李尚义

永和九年歲在癸丑暮春之初會於會稽山陰之蘭亭修禊事也群賢畢至少長咸集此地有崇山峻嶺茂林修竹又有清流激湍映帶左右引以為流觴曲水列坐其次雖無絲竹管弦之盛一觴一詠亦足以暢敘幽情

是日也天朗氣清惠風和暢仰觀宇宙之大俯察品類之盛所以游目騁懷足以極視聽之娛信可樂也夫人之相與俯仰一世或取諸懷抱晤言一室之內或因寄所託放浪形骸之外雖取舍萬殊靜躁不同當其欣於

所遇暫得於己快然自足曾不知老之將至及其所之既倦情隨事遷感慨系之矣向之所欣俛仰之間已為陳迹猶不能不以之興懷況修短隨化終期於儘古人云死生亦大矣豈不痛哉每覽昔人興感之由若合一

契未嘗不臨文嗟悼不能喻之於懷固知一死生為虛誕齋彭殤為妄作後之視今亦猶今之視昔悲夫故列敘時人錄其所述雖世殊事異所以興懷其致一也後之覽者亦將有感於斯文

書聖王羲之《蘭亭集序》
李有智敬書於乙酉秋月

▲ 兰亭集序（书法　27cm×130cm×4）　李有智

景泰赋

景泰,融衢悠立笑山龙寿佛物地生玉俱开宏
景融衢人张寿鹿腾梧宝产全液泛茂立
泰献大园至龟山千千民液举与德国
胡人园景水黄叶年尊丰玉德法相
绸兰流县合山河五千岁景与商繁
路长石止河森五色景电捉名荣
重银数景林林韵窝长挺依依
镇长源揭合色气露鹿淮人工
鲜宁扬器园形漫岭世园
氏涼深招天三鬼浸未和奇
结源明生奇茶泰水界昌异
盟远汉三神形地寺景政
西筑碑奇佛五家泰通
咽长峰呼域岳山最盛
喉城景喷广兄到科
民腰奇景庵滩百天
族历景泰广五余赋
汉五桐遍山
中桐老虚

景泰赋(书法 65cm×130cm) 李有智 撰并书

▲ 冰清玉洁　梅放早春（水彩画　35cm×88cm×2）　胡秉海

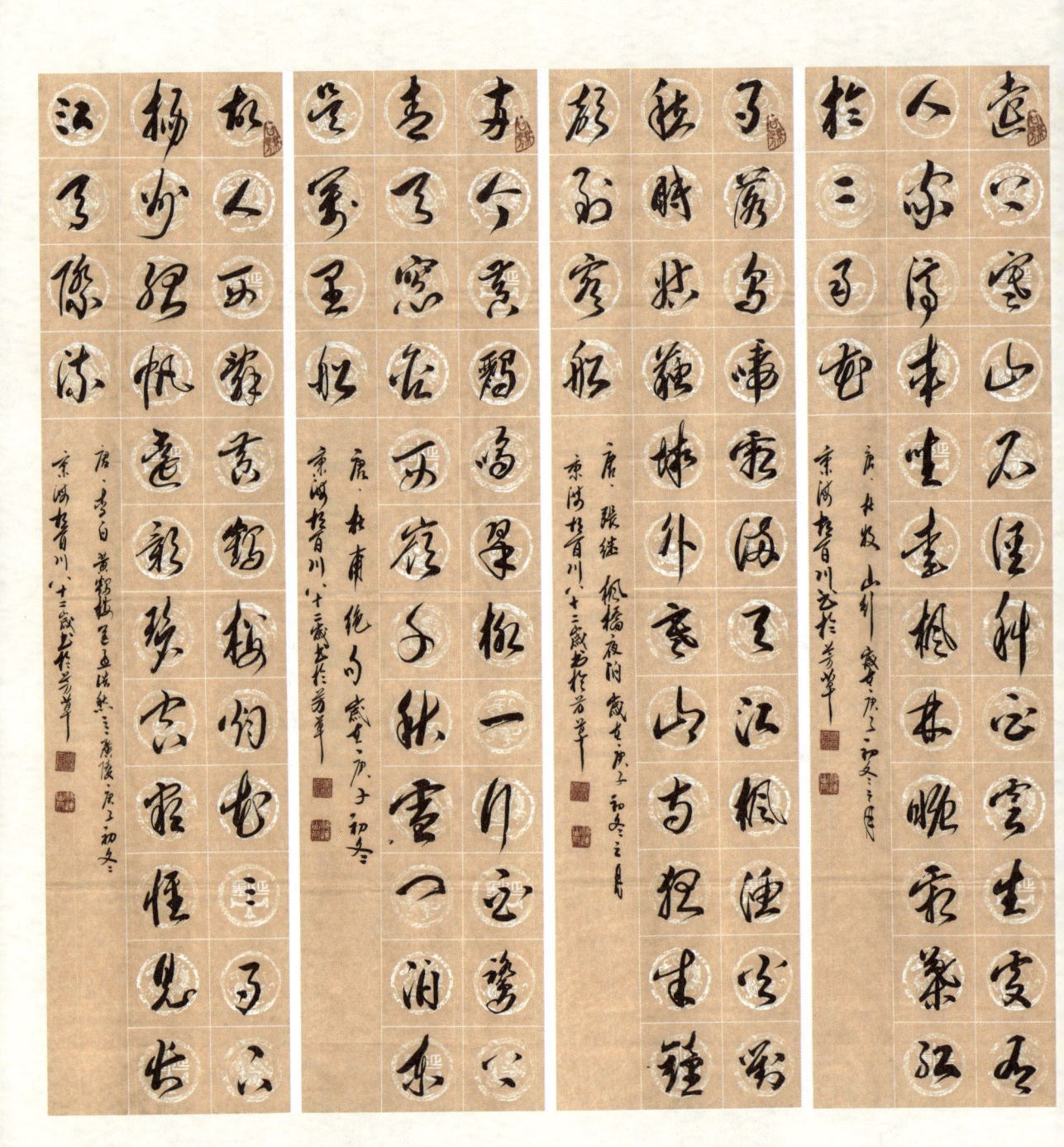

▲ 古诗四首（书法　35cm×138cm×4）　胡秉海

▲ 芳草（书录王安石诗） 回乡偶书（书法 53cm×173cm×2） 焦 清

▲ 占尽人间第一香（国画 170cm×84cm） 马永泰

▲ 牡丹图（国画 32cm×130cm×4） 马永泰

般若波罗蜜多心经

观自在菩萨，行深般若波罗蜜多时，照见五蕴皆空，度一切苦厄。舍利子，色不异空，空不异色，色即是空，空即是色，受想行识，亦复如是。舍利子，是诸法空相，不生不灭，不垢不净，不增不减。是故空中无色，无受想行识，无眼耳鼻舌身意，无色声香味触法，无眼界，乃至无意识界，无无明，亦无无明尽，乃至无老死，亦无老死尽，无苦集灭道，无智亦无得。以无所得故，菩提萨埵，依般若波罗蜜多故，心无挂碍，无挂碍故，无有恐怖，远离颠倒梦想，究竟涅槃。三世诸佛，依般若波罗蜜多故，得阿耨多罗三藐三菩提。故知般若波罗蜜多，是大神咒，是大明咒，是无上咒，是无等等咒，能除一切苦，真实不虚。故说般若波罗蜜多咒，即说咒曰：揭谛揭谛，波罗揭谛，波罗僧揭谛，菩提萨婆诃。

时在戊戌年夏月 李保平沐手敬书

▲ 心经（书法 137cm×34cm） 李保平

千字文（书法　27cm×130cm×4）　李保平

古诗四首（书法　35cm×138cm×4）　何　迈

芳草村志

附 录

附 录

附录一

清故徵君赵老夫子墓表

夫子讳良璧，字聘三，大业老太公季子也。

太公三子，长良珠，妙年游泮，创业西江；次良瑜，隐迹农桑，含贞抱朴，所在皆以俊杰目之。惟夫子英才卓跞，尤巨擘焉，生尔颖敏，性与道契，初涉艺文，即窥典奥。甫弱冠，食饩胶庠，因棘闱战北，遂隐于昌马湖之石室中，潜心经史，日夕勉励，不遑安处，家中人或旬月不相睹也。性孝友，一归省即返原处，途中辄闻吟诵声；劳神苦志，矻矻骨立，虽宁越之勤、董生之笃，无以加矣。刻志三年，阐通道理，议论讲解间，居然周程张朱所酿成，而举业制艺，浑雄古老，反复驰骋，穷尽事理，有识者曰：是陈大士金振希诸先辈后身也！惜乎不悦于时，累试乡闱，见抑有司，仅以贡士终老。而夫子英气勃勃，绝不以此辍读吟，虽三辟广文，坚辞弗就。训子侄、授生徒，启迪恳勤，始终弗懈，即再三叩渎，略无厌倦，得列门墙者，莫不捷然精进，有点雪洪炉之速。至于事二兄，友恭相将，析家私推多就寡，抚育诸侄，甚于己出，维持调护，无微不至，即今若侄若孙得以足衣食、光门庭、相安于无事之天者，夫子之力居多矣。夫智以自立，仁以觉人，勇以向道，义以亲亲，夫子可谓君子矣也！然而处闲若亨，应变如常，尤足见夫子之道学浓醇。幼出富室，中年而婆，食贫衣浣，讽咏自若，嚣嚣有浮云富贵之概。且耋年丧子，是又人所难堪者，夫子安于所遇，脱然无累，平居不惰其业，窘困不易其素，数十余年未尝须臾释卷也。享年七十有八，豁然而逝，临卒犹闻诵易者再，孔子云，造次于是，颠沛于是，夫子有焉！

原配王孺人，季配李孺人，皆塞渊温惠，悉获贤誉。虽孺人之德性娴雅，亦夫子之型于有素也！

夫子先茔芳草渠，乃有遗命，卜葬斯土，且再三叮嘱，侄莫敢违，爰茔兆于兹而葬焉。噫！岂九京之不可归耶，夫子或有隐志欤，今年侄等欲文其琪珉，丐序于予，余固不谙行状，因忝列宫墙，略知夫子之概梗，遂不辞谫陋，而为之序。

兰州府儒学生员受业门人张宗譔若渊甫顿首拜撰

赐进士出身前翰林院庶吉士工部屯田司主事兼都水司行走加一级眷再晚戚维礼[①]履伯甫顿首拜书

清道光壬寅岁二十三年桂月

（公历一九六四年农历四月上浣　十二世孙赵福安　谨录）

（1843年农历八月立　公元2016年清明重立）

[①] 戚维礼，1807年生，字履白，甘肃靖远县大芦塘（今景泰县芦阳镇）人。清道咸年间水利官员。道光十五年（1835年）乙未科第2甲第81名进士，入翰林院任庶吉士，再授中宪大夫，任工部主事。后升任员外郎、督水司等职。

附录二

景泰县芳草赵氏源流总家史

（清）赵城朝

自 叙

  且谱系之修，由来尚矣，昔人每以四字分列先后，以四本载书明晰，恒用鲜幅铅行其规格，咸以五世一起，题清眉目，惟如此，始不失立谱之常法也。朝常远观往哲，近目名贤，岂竟不知其模范，而苟且了事哉！但谱纸不精，兼无助资之族；遗考不详，又乏搜稽之党，经回乱后，若仍似前狼藉不振，吾氏之来历，再无恃整理矣。爰就小方便簿，仅将朝臆想所及者，聊志始末。因叙吾家来芦之大略，以晓后并与各处阖户。以往丘垄，所占之域，逐以另序，序明其章法、条件，层次虽不大，凛然而亦不至于混淆，故按户数房分，挨次题清，殆暂目为谱牒焉。嗣有令子，庶改修之可。

  同治十一年桂月朔一日九世孙 城朝撰并书于馆舍小方几

自 记

  朝者，我赵氏迁芦之九世孙也。粤稽来此之由。朝生也晚，亦乏木主世系谱集图次，缘先世久经播迁，又无从考察，惟就曾祖大业公有朝堂。曾祖庠生，讳守基者，原撰墓志铭，略曰"余家世系，出于天水，五代时入籍太原，嗣曰宦游，留寓五原（即固原也。——原注），其后迁于八营、双河等处者，难以枚举。迨明季间，余六世祖始游宦于靖远县之北乡芦阳湖（即芦塘城也。——原注），遂家焉，耕读为业，积善传家，余兄弟辈聚族二百余年"云云。朝目击此，稍悉梗概，然犹可恨者，始祖以下凡三传，仅有丘垄，而俱忘其名，若始

531

祖妣以下数传，虽皆随夫一茔并厝，亦不知为谁氏之所出也，以及生卒年月，皆欲考，而莫由。言念及此，心滋痛矣！况失讳忘名，皆后人之咎也，究不足为前人累，则于此成家者，不可不尊，为始祖而次列焉。

至第四世系，朝高祖讳进福，生子三，曰鋭、曰鉴、曰锐，朝即二房鋭之嫡派也。长房、三房，居芦有年，虽各贻厥孙谋，或更异世而发祥，或越数传而泯绪，辈充本营目兵，效力王家。迄九世孙城联，系三房门。十世孙大绪、大智等，出兵南方，阵亡未归，从兹大、三两门俱斩其祀矣。

芦城南巷旧有老屋庐舍、祖先木主什物，时留朝嫂孀妇张氏（翰继娶妻。——原注），现年六旬有六，聊继香火，而支撑门户焉。奈贼氛未息，族人散逃，未议承祧。

先是朝曾祖大业公，三岁失祜，从母他适老崖水彭门寄养，年十五立志，聘室于老龙湾罗翁讳森次之女，及娶，自理家私，内助有章，遂入籍龙湾，置产业，率修龙祖庙，监凿天桥崖石路，顿出私家饩粮，以充石工饥，树榆杨于庙左，如今材成栋梁，人不擅伐为用者，咸以甘棠遗爱自之。曾祖母罗氏举子三，曰良珠、良瑜、良璧，年甫七岁，罗为延师授读，各遂厥志。

伯祖珠公，于国朝乾隆年间，先游泮靖籍巩昌府学，复于后日创业西疆，又入籍玉门，得游泮县学。叔祖聘三公，继在玉门县同游泮水，食饩胶庠，三辟广文，嗣以文章明经名世。唯朝祖瑜公，业儒归田，勤谨教稼，乐业畎亩，含贞抱朴。时人共目为三杰，非窃誉也。

伯祖后携全眷赴玉门，于县南昌马湖之西湖脑，家其处立业焉，子孙青细绍世，于今滋生，较族人独蕃。而朝曾祖父母亦欲赴昌，尽卖湾邑产，携全眷至尾泉，尾人尚公三重挽留，既而乐业斯土，仍置田安户。时朝大伯祖为省亲来家，拜扫讫，遂驾轻车，遥接父母于西疆。是以二大人年俱过花甲，寿终昌地，祖及伯叔祖等扶柩归芦，爰茔兆于芳草渠而葬焉。后伯祖仍卒西疆，其柩亦归先人之兆葬。曾祖后，朝诸祖等缘家政分投，未便治理，始析家私。伯祖赴昌，朝祖及叔祖尽变尾业回芦，路经锁堡古墩地面，被村人愚，朝祖悉出现资，置买庄地一段，并典有水田半分，俾朝胞二伯耕稼，令朝父业儒三年于兹，未谙里俗，赔累较重；惜朝祖之疾愈笃，于嘉庆十五年寿终。归兆后，朝胞二伯居芦，朝父及除禫期，缘试籍在玉，遂奉祖母唐携全眷赴玉，于道光元年幸游泮宫，越七年，而祖母逝，暂葬昌邑。惜此际家道寒素，度用维艰，偕朝母付胼手胝足之下，辛苦备尝，几历年所。我兄弟会、朝、郊三人虽相继而生，而年尚稚弱，生计愈穷，朝父母莫得已，以故整装归靖。时朝叔祖聘三公徙居龙湾，艰于遇尚，刚强善饭，侍奉有年，并迁居别业土岘，于道光壬辰叔祖告终，卜葬庄左右石湾，即以朝胞兄城会承嗣。缘土岘原系朝高祖首报之遗业也，朝父子勤于斯、耕于斯、庐于斯、穴于斯，数十年来，家政小康，百废俱举，朝父为朝辈畴衣食、谋生计、完婚配、操家务，自少而壮，殆费尽心力矣！况朝少瘦弱，父母惟其疾之忧，每需药饵，不惜资财，而于学业，无容稍疏，传授一部四字书者，朝诵之益勤，父讲之益精。及弱冠，出就外傅，不掣挈于诵读间者，厥考之力居多。于咸丰癸亥，朝亦列胶庠，朝父嘉其书香有季继，从兹领贻弄孙，以乐余年，不设意外之想。朝每游学远方，而于朝之妻孥倍加焦劳焉。孰意好事多生瘣瘴，逆回忽然犯顺，朝父闻乱生信，属家人而告曰：是不比寻常屑小之微患也。经权两便，惟人宜向机而作。越明年，由老龙湾避乱回，仍归土岘故庐，身染重疾，于同治岁次甲子三年十二月初二日丑时告终，寿享七旬有三，爰茔兆于羊肠沟脑聚脉掌而葬焉，一求高圹，一求隐暗。葬后第九日，东回由大路直抵锁堡，偕同土回，几陷芦城。是际，朝七弟城郊因染疫病，革随父俱逝，亦棺敛掩葬，朝俟三日全祭丘垄讫，奉母氏付，暂藏南郊碳巷，余眷匍从。越明春寅正，送寓龙湾，聊以糊口尔。时朝母精神尚健，家政犹靠料理，朝向北山百计经营，且舍命冒险，仍在土岘界内倒朵漕，于七、八、九三年，率次子步善耕，希图得获收储，无非为供母需，而兼活余眷计。至葫水堡堡成后，又于庚午冬十月复迁母水堡居，孙步富自构小舍，合儿孙遂家焉。何天不裕，而长子步富于壬申五月朔四日死因贼战，朝母忧深成疾，并加腿患，常怨迁住水堡，时或者晦，行北不利耳。每告家人曰，步富有子廷祯，年甫周岁，以是孤儿尤赖汝等全家怜爱。幸家人唯唯，母意稍安，时年八秩，目明耳亮，颜色尚怡怡焉，庶腿疾或愈，期颐可臻也。

方今流回顿侵，朝年五旬，恐失所记，遂不计工拙，而挨叙之以晓后。

同治十一年九月十六日九世孙城朝、缕撰并书

附录三

光绪诰封李继颜建威将军、寇氏一品夫人制

（奉天诰命）

奉天承运，皇帝制曰：策勋疆圉，昭大父之恩勤；锡赉丝纶，表皇朝之需泽。尔李继颜，迺花翎留甘尽先副将借补西宁南川营都司额腾依巴图鲁加四级李宗经之祖父，敬以持躬，忠能启后，威宣阃外，家传韬略之书，泽沛天边，国有旗常之典，兹以覃恩，封尔为建威将军，锡之诰命，于戏！我武惟扬，特起孙枝之秀，赏延于世，益征遗绪之长。

制曰：树丰功于行阵，业著闻孙，锡介福于庭闱，恩推大母，尔冠氏，迺花翎留甘尽先副将借补西宁南川营都司额腾依巴图鲁加四级李宗经之祖母，壸仪足式，令问攸昭，表剑珮之家声，辉流奕播，丝纶之国典，庆衍再传。兹以覃封尔为一品夫人，锡之诰命。于戏！翟茀用光，膺宏庥于天阊。龙章载焕，昭异数于皇朝。

光绪十六年三月二十二日

附录四

恭颂诰封一品夫人张太夫人遗行表

贞心守志　涅背教忠　贤母芳徽著青史

广厦芘寒　仁粟周急　荣封极品锡丹纶

光绪辛卯夏六月榖旦恭颂诰封夫人旌表节孝李老太太张太夫人遗行

西宁镇属南川四营千把经额书传旗目马步守兵、西宁大小南川十三族等堡暨西川各庄绅士耆民等仝叩

光绪十七年，岁在重光单阏，夏六月中瀚榖旦，恭颂诰封一品夫人李年伯母张太夫人遗行。

从来咏母德者，莫备于诗，乃一则曰母氏劬劳，再则曰母氏劳苦，何也？盖童稚失怙，母氏节哀茹痛，饮泣抚孤，其心最苦，其志堪悯，况夫离夫正在青春，生子甫及周岁，心盟古井，手画寒灰，卒能使子尽其忠、显其孝；而为母表其节者，孰如李大夫人者乎！

太夫人驾返瑶池，今已二十余载，而潜德幽光，赖以不泯者，岂偶然哉！然则哲嗣仿古协戎，安得不推述也！协戎秉姿英伟，才气无双，效班超之为人，投笔从戎，立功异域，生入玉门关，对扬金銮殿，经纶岳岳，事业铮铮，景慕者饥渴同怀。

光绪丁亥，借补西宁镇属南川营都阃，礼得相遇，一见如故，自时厥后每会晤，谈及太夫人平生嘉言善行，卅年苦节，以身寄疆场，未得终侍萱闱，未尝不哀痛流涕。礼谓：夫人之相与，俯仰一世，只在忠孝两大端。历观古来忠臣名将，或镇守一方，或从事战阵，远离高堂，多历年所，色笑常违，定省久缺，能勿望白云而感，陟岵屺而咨嗟乎！洎至功收绝域，名垂竹帛，封赠褒于当代，光荣及于后世，诵芳躅者莫不交相称赞，曰某母，某子之母也。视夫依依膝前，徒恋春晖，未几而牖下终老，没没无闻，其得失当何如也！古云"大孝显亲"，良有以也！协戎统率士卒，纵横关外积二十年，虽曰不遑将母，然谨

遵母命，膺锋镝、冒矢石，速荡妖氛，敦煌酒泉诸郡，亿万生灵危而复安，得睹清平世界，协戎之精忠报国，已洽太夫人之素愿矣。且协戎归美于亲，当凯旋之日，即为太夫人请五花之官诰，荷一品之荣封，卅年苦节，上达天廷，恩准建坊入祠，彤管扬徽，光荣桑梓，太夫人淑慎之德，历久弥彰，太夫人顾复之恩，从此得报。协戎之孝思维则，其又何憾焉！兹当旌典下颁，凡谊联寅好，分属子民，所属员弁士卒，佥登堂拜祝。

礼凤钦太夫人之节与协戎之忠且孝，有相得盖彰者，爰综述所闻，以为之序。

  钦差署理西宁办事大臣甘凉兵备道愚侄奎顺顿首拜
  钦赐花翎备授商州协副将管带镇西右旗愚侄张世才顿首拜
  钦命镇守西宁等处地方挂印总镇愚侄邓增顿首拜
  钦赐花翎运同衔分省尽先前即补知县世愚侄童文旌顿首拜
  赐进士出身户部湖广司主事年愚侄来维礼顿首拜撰
  赐进士出身特授陕西邠州武功县知县年愚侄张琦顿首拜书
  西宁镇属南川营分防青石坡卡亦杂石营千户庄堡各汛千把经制额外书传拨差领红旗目马步守兵等全顿首百叩
  西宁西南川绅民（132人，姓名略）等仝叩

附录五

克服困难，奋发图强

坚持常年压砂　粮食获得丰收
——芳草大队铺压砂田的经验总结
1965年

景泰县芦阳人民公社芳草大队，位于县城十华里的西南角上。全大队下属三个生产队，166户，1010人，男女全半劳力409个；有各种大家畜186头，其中役畜173头，集体养羊683只，养猪57口，耕种着水、旱、坡、砂、土地5873亩（包括新压砂田）。农具锄9辆皮车和42辆架子车外，其他农具基本俱全。

芳草大队在自力更生的基础上，依靠集体力量，克服重重困难，坚持常年压砂，在改变干旱面貌斗争中，取得了很大的成绩。从1961年以来，共铺压砂田1419亩，每人平均有1.57亩。基本上控制了干旱威胁，把昔日的黄毛碱滩变成了今日的砂田连片。这项成绩的取得，是经过了一番艰苦斗争过程的。

坚持生产自救，初战获胜

1961年秋，正当大队党支部提出了"铺压砂田，多打粮食"的号召以来，一场不幸的事故发生了，在农历七月初四（8月14日）下午一场雹雨，把全大队在一条山滩上抢种的700多亩长势良好的荞麦和糜子，打得一干二净。其他地的粮食也收成不好，这给芳草大队的工作上和安排社员生活上带来了困难。特别对于大队提出开展压砂造成了更大的困难。因此，在决算以后，组织压砂时，有些人说："人连肚子都吃不饱，哪里还有心劲压砂呢。"也有社员说："眼看人都要饿死了，压砂有什么作用呢？"在这种情况下，有的队干部也背上了灾情包袱，不敢大胆工作。大队党支部书记张万宝同志，针对这种情况，立即召开了党支部会，认真讨论了生产救灾的办法，提出了大力扫草籽，解决人的口粮和牲口饲料不足。于是，由干部亲自带领组织社员开展了扫草籽工作，经过20天的战斗，共扫草籽24万斤，给解决社员生活、牲口饲料提供了物质基础，加之党和国家的关怀，给全大队统销粮食98000多斤，大大地安定了社员的情绪，鼓起了救灾建设的信心，于是抽调了社员用背斗背砂。但是用人背砂，这在芳草来说是解放以来的第一次，因此不习惯，受不了，所以有些社员讲怪话，说什么"把人变成了驴，这是驴驮的叫人背开了"，"这样背下去少活十年"。有些社员晚上回来腰疼腿疼，连炕都上不去，第三生产队社员杨瑞山晚上回来，叫女人给他放手搓腿。有的背了两天不见了。党支部发现这些情况后，针对社员思想上存在的问题，分别召开了各种会议，宣传了生产救灾的方针，并用红军爬雪山、过草地、克服困难的决心，启发了社员克服困难的信心。这年，芳草社员克服了困难，坚持了压砂，共铺压了30亩新砂田。

趁热打铁，再鼓干劲

1961年压的30亩新砂田，除第一生产队种了棉花外，第二、三两队种了小麦，每亩收了120多斤。社员看到了砂田抗旱增产的威力，1962年压砂的劲头就更大了。为了有计划地铺压砂田，大队选择了土滩平、砂质好、离村近的尕台台进行大战。并组织社员讨论了如何克服困难大战尕台台的问题。在讨论中，第二生产队贫农社员李焕堂老农说："我们芳草是一个干旱地方，水地也少，若要吃饱饭，必须年年压砂田。"第一生产贫农孙元说："砂田是个吃饭宝，压得越多我们生活越好。"第一队老农社员李树荣说："砂田是土里埋金不锈，只要压的砂多，就打的粮多，给国家卖得多，我们吃得也多。"

通过讨论，进一步鼓舞了大家铺压砂田的信心，于是一个群众性的压砂高潮迅速掀起来了，参加背砂的男女老少共有270多人。第三生产队贫农女社员毛秀英，每天比别人早去半个小时。由于她去得早，没人给他上砂，便用双手壅满背斗再背，手指头流了血，腿也疼，走路不带劲，队长换她休息，她坚持不肯，社员都叫他"毛模范"。由于毛秀英的带动，有些社员听到鸡叫就上工。

大队党支部怕去的太早，影响安全，限制不准早去，可是有些社员仍然偷偷提上了灯笼去背。第三生产队贫农社员、复员军人李孝约定联络暗号，同社员李作身天天早去背砂，暗号是只喊"明早上"三字，两人就会意了。他们的行动被社员闫得福、田种玉发现了，比他们去得更早，晚上开完会就偷偷地走了。

背砂运动正在形成高潮之中，下一场厚雪。按照当地的习惯，落雪以后就不能背砂了，如果压上就要起碱。在这种情况下，大小队干部带头去扫雪背砂，带动了社员，使压砂工作没有因此而中断。第一生产队为了鼓励女社员的情绪，建立了背砂评比台，并采取了没娃娃的妇女背远处，有娃娃的妇女背近处，22个妇女一个冬天背了30亩新砂，等于全大队1961年压砂的总和。芳草社员就以这种干劲，在人背、驴驮、车拉的情况下，1962年冬压砂274亩。1963年冬又继续大战。原任务300亩，结果完成了400亩，超额100亩，完成了任务。

提出新任务，采取新措施

1964年冬天，大队党支部提出了"当年铺压砂田400亩，加上原有的，实现每人1亩新砂田，并争取到1967年每人达到2亩新砂田"的口号以后，有的社员又产生了歇一歇的思想，错误地认为忙了几年了，应当歇一歇。他们说，"压砂是个饿死鬼活，吃的饭多，流的汗多，出的力多，费的衣多"；有的社员还提出，开春热了再压。为了扭转这种情况，大队党支部召开了党员、团员、贫下中农、干部社员等各种会议。除了认真地传达了上级党委的有关指示外，还认真地分析了有利条件和不利因素，向社员进行了形势、爱国主义、社会主义、集体主义教育，并组织社员专题讨论了"如何把冬闲变为冬忙，如何向干旱做斗争，保证每人达到1亩新砂田"的奋斗目标。在讨论中，大家明确了形势，认识到压砂是"早上栽树、晚上歇凉"的好事，"是我们的铁饭碗"，"若要吃饱饭，年年压砂田"。第二生产队贫农社员李焕堂说："多压一亩砂田，就能多打200斤粮食，我们队里如果不是前几年大家克服困难压些新砂田，今年就不会打这么多的糜子，社员就吃不上黄米徽饭。"不少社员还回忆了过去给地主驮砂吃不饱、穿不暖的悲惨情景，对社员启发教育很大，思想认识统一了。第一生产队贫农社员寇世英、李瑄、李有禄、康秀英、寇世杰等,把预分的钱省吃俭用拿出来购买了架子车,社员寇世杰还从芦阳亲戚家借来木料,做上了车排。三队贫农社员杨积广把自己的一只自留老羊没有舍得吃,出卖后和预分的钱买了一辆架子车。在他们的带动下。全队社员私人共买了19辆架子车,投入压砂运动。大队妇女主任李文华是7个孩子的妈妈,也积极参加了压砂,带动了不愿压砂、挑着轻活的李莲英、王春香、孙延梅、余怀莲等妇女。由于芳草干部社员树立了改变干旱面貌的信心,因此压砂进度快,质量好,县上为推广他们的经验,推动全县的压砂工作,在这里召开了铺压砂田现场会,表扬了他们,教育了大家。现场会议以后,由于现场会议的促进,社员的压砂情绪越来越高,干劲越来越大。60多辆架子车你来我往,川流不息地战斗在盐路梁和下滩里。

节前不松劲,节后加油干

时间进入古历腊月了,有些社员和干部松了劲,认为完不成任务了。过罢春节压还不是一样吗?一些受高线控制的户,错误地认为,高线530斤粮食是糜子不够吃,说什么"粮食有定量,压砂劳动也应该有定量","丰收了不能多分,多劳了不能多吃",还有些社员说什么"一到腊月天,下地干活心不安"等,所以,有的社员不好好出勤,出了勤的劳动效率不高。如第二生产队富裕中农李尚秀,在决算前每天拉五六十趟砂,决算后,他家应控制高线粮3900斤,每天才拉30多次。另外一部分社员在现场会议以后,又产生了骄傲自满情绪。针对上述思想,党支部认真地分析了这种情况后,接着召开了贫下中农会议,向他们传达了县贫下中农代表会议精神,结合当地实际情况,以回忆、对比、算账的方法,反复讲了为什么要实行粮食高线控制。实行高线控制,对国家、集体、个人有什么好处,同时还提出了"节前不松劲,节后加油干"的响亮口号,启发社员讨论。在讨论中,贫农社员寇世英说:"我们现在积极压砂,粮食打得多了,大家有了吃的,顶如天天过年。"在认真解决思想问题的同时,并对社员过年的烧煤、烧柴、推磨、碾米、杀猪等具体问题,一个一个进行了解决，给社员拉烧煤12万多斤，及时进行了决算分配兑现，调动了社员的压砂积极性。就连双目失明的胡秉仓也调动了起来，每天跟上推车子。由于大家的努力，在两个多月的时间内，按春节前完成了407亩，超额完成了1.75%。春节后至夏收前的任务是120亩，结果不到两个月的时间，就完成了150亩。

总结经验，不断改进压砂方法

芳草大队为了把压砂田搞得又多、又快、又好、又省，1964年秋季，组织社员在认真总结以往压砂经验的基础上，还提出了新的压砂措施。第一，必须改人背为车拉；第二，车拉人背必须有机结合。做到车拉平趟远趟，人背近趟陡坡；第三，必须在统一调配使用劳力的前提下，以劳分摊压砂任务；第四，及早做好一切准备工作。根据这些意见，全大队三个生产队共组织了架子车60多辆，背的30多人，采取了"任务到劳，以亩计算，分段包干，以趟远近，按劳付酬，统一调配，统一验收"的办法，积极选择了压砂滩底子，在压砂前进行了平整，挖掉了柴草，填平了壕沟，规划了取砂地点，提开了码行，选择了压砂有经验的老农进行技术指导，固定了一名队长专门加强领导。这样一来，责任具体，任务明确，好检查好验收。节省了用工，每亩比往年省工28个。同时保证了压砂质量，克服了以往土块多、石头大、远趟撒、近趟码、厚薄不一的做法，减少了层次，干部跳出了事务圈子，参加了劳动，领导了压砂，增强了干部社员之间的团结。调动了社员压砂的积极性，充分发挥了私有架子车的作用。不仅如此，而且还注意了一些常年压砂和临时突击相结合、群众运动与专业队相结合、其他农活与压砂相结合的办法，加快了压砂进度，使铺压砂田由少到多，由人背到车拉，由近到远，铺成了一滩一滩的优质新砂田。

百年大计，质量第一

砂田是干旱地区抗旱保收的保险田。只要压得好，作务好，可以耕种100年左右。因此，一开始就要坚持"百年大计，质量第一"的原则，保证压好，不出废品。可是在几年的铺压砂田的实际工作中，有少数社员只顾挣工、不顾质量的现象不断发生。为了保证砂田的质量，大队党支部采取了：第一，干部带头压好砂；第二，坚持了勤检查、勤验收；第三，规定了统一验收的标准是：砂的厚度要达4~5寸。铺砂时要做到三净、三不准和五不记工的过硬要求（即三净、三不准是：土母子要铲净，不准把多年生的杂草压在底下；砂质要净，不准带土；大石头要拣净，不准混在砂内。五不记工是：杂草铲不净不记工；土块拣不尽不记工；大石头挖不尽不记工；撒不匀不记工；验收不过不记工）。第四，达不到标准的坚决返工；第五，选举了有了技术的老农检查，随时纠正；第六，发动社员互相监督。由于采取了上述措施，砂田的质量得到了保证。

艰苦的劳动，夺取了大好收成

芳草人民在党的领导和三面红旗的指引下，奋战四年，铺压新砂田1419亩。1964年秋季雨水适时，粮食获得了大丰收，总产达到758259斤，超过了1958年总产量708910斤的6.97%。副业收入31213元。他们在丰收后不忘国家，不忘积累，不忘遭灾社队，全队除完成国家分配的50000公斤公购粮任务，又给国家超卖余粮42503斤，本队留了储备粮15048斤，给其他困难队卖21400斤。提取了公共积累7810元，全队社员每人平均口粮466斤，每人净分现金22元。今年的夏田又取得了好收成，秋田也生长很好。目前，一个以夺取1965年农牧业生产全面丰收的更大高潮，正在芳草大队形成和深入发展着。

学习火烧沟，不断向前进

芳草大队经过几年来的艰苦奋斗，砂田增多了，生产发展了，人民生活改善了，广大干部和社员得到了锻炼，得到了提高，学到了和干旱做斗争的真功夫、硬本领。但是，在最近组织社员和干部学习了皋兰县武川人民公社武川大队火烧沟生产队发扬硬骨头的精神，他们填沟造田铺砂、农业生产大发展的先进事迹后，大家深深地感到，在改变干旱面貌、革大自然命的革命干劲上不如火烧沟；在铺压砂田、平整土地等准备工作上不如火烧沟；在砂田的作务上不如火烧沟；在坚持每年铺压砂田、提高砂田质量上不如火烧沟；在每年铺压沙田，提高沙田质量，牲畜发展等也不如火烧沟。为了克服上述存在的问题，在比学赶帮的社会主义竞赛运动中，要大学大寨，大学五十里铺，大学火烧沟。他们最近制定了远景规划，计划到1970年，再压新砂田2956亩，每人平均口粮达到800斤，储备粮达到40万斤。为了实现上述奋斗目标，他们已下定决心，高举党的三面红旗，高举毛主席思想伟大红旗，学习火烧沟，不断向前进。

附录六

芳草村土改至70年代末住户统计

一、土改时原住户及成分（66户）

1. 雇农 19 户

李　银　李文仓　李兴财　李尚福　李树恩　李思恒　李福元　李德有
杨生禄　张　正　张巨宝　张国忠　张耀玉　武正顺　武兴顺　金玉明
周积德　郝有义　郝有仁

2. 贫农 32 户

王天才　韦跃武　闫得福　孙　元　孙　宝　李　英　李　忠　李　泉
李　宽　李　瑄　李文明　李文奎　李文科　李文俊　李文彩　李文清
李作田　李有祯　李有福　李根堂　李焕堂　张万玉　张万德　张义生
张有福　武佰顺　武宝顺　郝有生　郝有铭　郭统宗　寇世英　曾希孝

3. 下中农 3 户

李树桂　李树祥　寇世俊

4. 中农 4 户

李文林　李文珍　尚步泰　焦风元

5. 上中农 4 户

李　诚　李保国　李树荣　胡永杰（畜牧业）

6. 自由职业 2 户

李正山　杨瑞山

7. 手工业 1 户

干　超

8. 地主 1 户

李作祯

二、1952—1962年迁入户及成分（45户）

1.雇农2户

沈玉林　张正麟

2.贫农25户

马成仁	王开倍	王有义	王怀智	王朝得	朱 璋	刘文奇	刘延来
刘兴汉	闫得财	李 铜	李存道	杨兆林	杨积礼	杨意清	何沛英
张廷艺	张学有	陈国有	陈忠万	罗鸿魁	屈万寿	胡永涛	贾大兴
梁得才							

3.下中农17户

王怀珉	王科举	王朝义	韦秉海	田有忠	田有智	杨积宽	杨积堂
沈序林	沈渭涛	赵 俊	赵永安	赵成安	赵保安	赵得安	赵瑞安
赵福安							

4.中农1户

杨积动

三、1964年全村户数统计（167户）

1.第一生产队（49户）

干 超	王天才	韦秉海	刘文奇	孙 元	孙延年	沈玉林	沈渭涛
陈国有	李 泉	李 宽	李 英	李 瑄	李 琴	李正山	李存道
李兴财	李作栋	李有福	李有禄	李树荣	李保升	杨兆林	杨生禄
杨积昌	杨积宽	何沛英	张万玉	张月英	张正麟	武正顺	武兴顺
武祥顺	周积德	周志国	周治家	郝有铭	胡永忠	胡永钦	胡永杰
胡永信	胡永廉	赵国珍	贾积福	寇世全	寇世英	寇世杰	寇世俊
曾希孝							

2.第二生产队（59户）

马亚男	马永泰	王开倍	王科举	工生财	刘兴汉	刘延来	田有智
孙 宝	孙 财	朱 璋	陈忠万	何正英	金玉明	李文仓	李文林
李文明	李文弟	李文珠	李文珍	李文茂	李文科	李文奎	李兰秀
李陈兰	李作祯	李根堂	李焕堂	李有义	李有礼	罗鸿魁	杨积礼

杨积动	张　正	张万宝	张万德	张廷艺	张有仁	张有福	张国忠
武　元	郝有义	郝有生	屈万寿	尚步泰	尚奉武	尚有文	尚有运
尚有模	尚有美	武佰顺	郭统宗	梁得才	梁金山	焦凤元	焦万益
焦万福	焦万盈	莫淑秀					

3. 第三生产队（59户）

王朝义	王万福	王朝全	王朝得	王怀珉	王怀智	韦跃武	刘玉花
田有忠	田种玉	闫得财	闫得福	李　忠	李　孝	李　诚	李　钰
李　铜	李文英	李文彩	李文清	李尚功	李尚宽	李尚源	李尚福
李作田	李作文	李得有	李树珍	李树珠	李树恩	李树祥	李保国
李有祯	李有权	李俊发	李俊财	沈序林	杨积堂	杨积广	杨积芳
杨瑞山	杨意清	张万珍	张万珠	张义气	张义升	张学有	张耀玉
胡永涛	胡玉英	赵　俊	赵永安	赵保安	赵福安	赵德安	赵瑞安
赵经乾	赵经纪	赵国英					

四、1977年户数统计（267户，含插队知识青年25户）

1. 第一生产队（86户）

干　超	王天友	王　银	韦兴勇	韦兴刚	刘学义	刘学忠	孙　财
孙延年	孙延平	孙延安	陈国有	何沛英	李　绥	李全海	李作贵
李作栋	李作玉	李作义	李作财	李作良	李作荣	李作福	李作禄
李春生	李成德	李成玉	李保刚	李保平	李保秀	李桂森	李桂彬
沈渭成	沈祥云	杨积元	杨积潮	杨积银	杨生泰	杨生茂	杨生华
杨延贵	武祥顺	武克金	武克能	张义清	张鸿云	张秀凤	周应龙
周应科	周应虎	郝廷军	胡秉海	胡秉荣	胡秉庆	胡秉魁	胡秉仁
胡秉江	胡秉凯	胡秉军	胡秉蛟	胡秉华	胡秉明	赵福成	赵贵成
贾积福	寇永成	寇永财	寇永元	寇永福	寇永良	寇永录	寇永海
寇永和	寇永虎	韩宗花	焦兰芳	曾希孝	曾正安	王淑香	刘金春
李春华	张玉会	张漪清	姜东林	郭　刚	隋立华		

2. 第二生产队（88户）

马永泰	马永禄	马兆秀	王明书	王明强	王明军	王生明	王忠文

田种广	田种林	田种刚	孙延清	刘兴汉	刘延来	朱延龙	陈俊智
金得福	金得贵	罗义忠	李 文	李 武	李有义	李有礼	李有智
李有信	李有川	李有国	李文苍	李文茂	李文弟	李尚秀	李尚忠
李尚仁	李尚义	李尚国	李尚荣	李尚虎	李尚刚	李尚军	李尚栋
李尚春	李作祯	李陈兰	李兰秀	屈作文	尚有文	尚有谋	尚有美
尚有运	尚学武	尚元武	尚凤武	武安顺	武保顺	武克荣	武克华
武克福	杨积动	杨积苍	杨积奎	杨积礼	张兴德	张义平	张义军
张有仁	张有义	张治安	张忠福	张宝贵	郭积善	郝廷良	郝庭功
郝廷让	谈玉珍	梁金山	焦凤元	焦万益	焦万录	焦万福	焦万盈
王胜东	刘宝林	齐玉林	张 惕	苑玉英	郑金海	柴 伟	高鹏远

3. 第三生产队（93户）

王怀珉	王吉泰	王吉银	王朝全	王朝杰	王万存	王万福	王万录
王 梅	韦守仁	田种英	田种玉	田发尧	闫有信	闫得福	闫有义
安有梅	李作泰	李作鼎	李作兴	李作铭	李作身	李作家	李作安
李作国	李作文	李文英	李尚功	李尚宽	李尚敏	李尚会	李尚银
李尚源	李尚武	李元刚	李元强	李元志	李树恩	李保安	李保国
李保顺	李保兴	李俊发	李俊财	李有祯	李有权	李成英	李成新
李成民	李孝义	李孝忠	李得有	李作田	沈渭军	沈渭民	杨意清
杨生秀	杨生海	杨生忠	杨生国	杨布元	杨积凤	张义升	张义气
张义有	张治理	张治林	张世清	张世科	张兴炎	张承芳	胡秉贵
赵 铭	赵 雄	赵 财	赵 文	赵经纪	赵经业	赵经乾	赵经本
赵天务	赵天喜	赵天恩	赵兴文	王建忠	冯忠良	孙明英	李桂婷
李海梅	杨俊山	张 堪	张国辉	张淑杰			

附录七

村规民约

第一章 公民道德

一、凡本村村民，必须遵守党和国家的法律法规，自觉履行公民的权利和义务，不越级上访或集体上访，不阻碍公务人员执行公务。

二、自觉维护社会秩序和公共安全，做到遵纪守法，诚实守信。全体村民必须弘扬正气，谈吐文明，行为端正，待人礼貌。

三、倡导文明新风，破除陈旧陋习，提倡婚事新办，丧事简办，神事不办。

四、邻里之间团结互助，和谐相处，他人遇到困难应及时伸出援手。民事纠纷应主动接受调解，严禁打架斗殴，侮辱谩骂，造谣生事。

五、提倡勤劳致富，反对好逸恶劳。严禁聚众赌博，自觉远离"黄、赌、毒"。

六、坚持婚姻自由，反对包办干预。夫妻地位平等，反对家庭暴力和性别歧视。家庭成员之间应当敬老爱幼，互相帮助，和睦共处。

第二章 公共环境

一、不乱堆乱放，要养成良好的卫生习惯。

二、不乱搭乱建，要维护好房前屋后秩序。

三、不乱丢垃圾，要保证自家门前整洁。

四、不乱倒污水，要保持街道清洁畅通。

五、不乱采花木，要做好庭院绿化美化。

六、不破坏设施，要维护好本村公用设施。

第三章 公共安全

一、实行"四员"联防，村民应积极主动参加"义务消防员、治安联防员、交通协管员、义务护水员",遇到重大灾害事件,应立即发出信号并向村上报告。

二、自觉遵守交通法规,严禁在公路上设置障碍,时刻保持道路畅通无阻。

三、严禁田间焚烧秸秆麦草,注意防火安全。冬季室内取暖要保证通风良好,避免造成一氧化碳中毒。

四、车辆行驶村内要注意慢行,保证行人和微型车辆出入安全。

五、自觉遵守交通法规,所属车辆规范停放,时刻保持消防道路畅通无阻。

第四章　农家风貌

一、积极支持并主动参与农村人居环境改善,房前屋后勤打扫,齐心打造新风貌。

二、自觉搞好家居卫生,落实门前"三包"责任制(包卫生、包秩序、包绿化),生活垃圾分类定点存放,室外农具排放有序,室内用品摆放整齐。

三、自觉保护耕地,村民建房必须报有关部门审批同意,严禁违法占地、用地和违法建设。村民不得买卖或者以其他形式非法转让农村集体土地所有权。

四、为保障环境卫生保洁工作有效开展,村民实行卫生费众筹制度,垃圾清运费按5元/月每户的标准执行。

附则:奖惩制度

一、成立村规民约执行小组,成员由村支监"三委"成员和村民代表构成。

二、对村规民约执行好的村民年终由村民代表大会评选出6名每户奖励500元。

三、对村规民约不执行者或者故意对抗本条约者暂停享受有关优惠政策,对情节严重、触犯法律法规的交由司法机关处理。

2019年11月

附录八

为《芳草村志》捐款、为村史馆捐物人员名单

(以姓氏笔画为序)

一、为编纂出版《芳草村志》捐款人员名单

马永禄1000元　马永福1000元　马珠兰1000元　王　孝2000元
王　宝　500元　王　胜1000元　王　祯2000元　王万任1000元
卢昌彩1000元　田发淑1000元　田种刚1000元　朱君祖1000元
刘学军1000元　刘建国1000元　闫有义1000元　李　平5000元
李元安1000元　李元乾1000元　李元善1000元　李正生1000元
李有智1000元　李成龙（李有权子）1000元　　李志鸿1000元
李芳芳2000元　李作身1000元　李作国2000元　李作泰3000元
李作静1000元　李林生1000元　李尚义1000元　李明生1000元
李治存　200元　李治祥5000元　李建文1000元　李春霞2000元
李保卫3000元　李保升1000元　李保平1000元　李保军2000元
李桂春2000元　李桂铭5000元　李桂锋1000元　李海生1000元
李富达2000元　李富荣1000元　杨生先1000元　杨生淮1000元
杨新玉1000元　何　睿1000元　余淑芳1000元　张　文10000元
张　伟1000元　张义安1000元　张义军1000元　张文治1000元
张治玲1000元　张治海1000元　武克玉3000元　武克俭2000元
武克起1000元　武克能1000元　武克勤1000元　武晓萍1000元
武晓晶2000元　尚仁武1000元　屈占昌1000元　屈登岱1000元
赵　武3000元　赵天东2000元　赵天录1000元　赵天理1000元
赵双文3000元　赵双玲1000元　赵机灵1000元　赵雪灵2000元
赵斌文1000元　郝庭成1000元　郝庭建2000元　胡广亚2000元

胡广良2000元　胡秉宝3000元　胡秉祖1000元　姚学竹2000元
徐红娟1000元　梁真龙　500元　寇永祯1000元　寇宗荣1000元
寇娅雯2000元　焦　清2000元　雷明霞1000元　蔡文琴2000元
薛　英1000元　魏兴英1000元

二、为村史馆捐献物品人员名单

王　宝7件　孙　强（红光村）4件　孙锦锦1件　李元贤2件
李元琛4件　李元鹏1件　李作宝1件　李尚义1件　李保安7件
李保军6件　杨生俭3件　杨积苍5件　吴守红8件　张　文1件
张世清2件　尚仁武2件　尚立荣10件　赵天元2件　赵天喜7件
高启安（红水乡）3件　梁兴龙3件　刘正荣（红光村）1件

人名索引

1.本索引的主题词（标目）只列入《芳草村志》正文（除《艺文》外）中出现的人名。
2.本索引按汉语拼音顺序排列。
3.本索引标目之后的数字，表示该标目在正文中的页码。
4.部分标目在多个页码中出现，本索引以列入两个页码数为限。
5.序言、人物表录、附录、跋、后记中出现的人名，不作为标目列入索引。

A
安　庆　137

B
白新云　166

C
蔡文琴　336、366
曹继相　175
曹新安　164
曹银贵　168
柴　伟　137
常守斌　125
常自胜　166
陈　娜　347、367
陈国有　093、143
陈仁贤　166
陈文霞　092
陈晓聪　137
陈忠万　143
程艳丽　137
丛培龙　166

D
东建丽　358
杜梅兰　016、192
杜有德　125
段好奎　089
段好鑫　166
段好秀　092
段映文　351

F
范振中　166
方宁兰　357
冯国梅　166
冯建明　137
冯宜宾　144
冯宜淑　166
冯忠良　137
付廷海　144
付云霞　137
付仲莲　166

G
干　超　093、329
高　铎　166
高鹏远　137
苟彩霞　166
苟月英　189、197
关凤霞　137
郭　刚　137
郭　辉　142
郭　婷　166
郭秀兰　168、190
郭永娥　166

郭志新　352

H

郝　玲　181
郝洪孝　141
郝晋彩　359
郝廷成　148
郝廷功　197、198
郝廷建　148、201
郝廷军　102
郝廷良　197、198
郝廷玉　148
郝有铭　015、317
郝有生　193、197
郝有智　154
郝宗功　165
何　睿　341
何　文　090
何珏文　361
何沛英　103、143
贺慧霞　346、373
胡秉宝　006、098
胡秉国　165、350
胡秉海　104、349
胡秉俊　336
胡秉凯　093
胡秉奎　094
胡秉龙　337
胡秉民　065
胡秉荣　006、332
胡秉尚　149、342
胡秉银　102
胡秉祖　149、342

胡光亚　364
胡广斌　191
胡广成　091
胡广达　358
胡广德　345
胡广良　099、100
胡广谋　348、369
胡广萍　203
胡广勤　099、100
胡广瑞　371
胡广顺　099、190
胡广雄　376
胡广学　149
胡广亚　338
胡广之　339
胡广智　099、100
胡桂春　353、370
胡桂芬　347
胡桂馨　346、373
胡洁琼　357
胡洁茹　355
胡进静　354
胡进文　357、376
胡馨予　355
胡永杰　012、192
胡永涛　143
胡永先　166
胡永信　093
胡永义　003、336
胡玉玲　337、363
胡玉梅　335、363
胡玉琴　341、346

胡振炜　006、142
化　成　155、164
化　敦　166
化得芳　166
化得萍　166
黄玉香　007、215

J

贾大兴　143
贾积福　202
贾积兰　197、203
贾菊花　137
贾威祯　352
姜东林　137
焦　爱　350
焦　虎　102
焦　花　351
焦　平　337
焦　清　019、335
焦　荣　188、190
焦　淑　165
焦　智　338
焦凤元　012、197
焦生库　142
焦万录　198
焦万益　194
焦万盈　004、349
焦裕佳　359
焦裕龙　356
焦裕婷　360
金　鳞　003、010
金玉明　142

K

康文琴	190
康秀英	005、326
寇　强	031、141
寇　氏	010
寇兰英	192
寇世杰	154、167
寇世俊	012、197
寇世全	154、193
寇世英	019、197
寇娅雯	347、360
寇永宝	007
寇永财	157、349
寇永成	015、331
寇永芳	193
寇永海	189、197
寇永虎	180、333
寇永良	093
寇永泰	198
寇永燕	348、374
寇永元	194
寇永祯	148、339
寇宗玲	350
寇宗鹏	150
寇宗仁	348
寇宗荣	342
寇宗伟	345
寇宗武	354
寇宗义	350
寇宗银	150
寇宗颖	344
寇宗友	149、190

奎　顺	010

L

雷百仁	168
雷明霞	352、370
雷勤圆	359、376
雷卫星	137
李　诚	034、192
李　锋	165
李　婧	358
李　钧	144
李　楷	005、088
李　宽	015、189
李　林	004、328
李　茂	168
李　平	092、366
李　倩	359
李　强	094
李　琴	015
李　绥	198
李　铜	143
李　玮	003、011
李　文	188、189
李　武	094
李　孝	003、158
李　瑄	105
李　妍	347、367
李　英	172
李　英	343
李　钰	146、198
李　忠	034、204
李保成	339、364
李保军	019、337

李保平	125、341
李保升	148、340
李保卫	016、335
李保兴	103、177
李财生	090
李朝栋	175
李成财	149
李成凤	165
李成龙	090、128
李成龙	344
李成铭	089、202
李成新	102
李成燕	166、352
李承烨	362
李春华	137
李春生	102
李春霞	349、370
李春雁	166
李翠英	197
李存道	143
李丹丹	360
李得玉	141
李发荣	141
李芳芳	347
李奋银	143
李福元	142
李富彩	165
李富达	338
李富强	091
李富荣	342、375
李富英	197
李根堂	015、363

李贵琛	359、376	李金银	357	李世忠	142
李贵鹏	357、361	李金泽	150、360	李树恩	112、197
李贵琴	357	李金洲	191	李树桂	007、322
李贵石	016、363	李进鹏	181	李树虎	090
李桂春	343、368	李俊财	004、320	李树荣	003、167
李桂锋	343、365	李俊发	175	李正山	004、328
李桂海	149	李开先	156、164	李树祥	012、192
李桂林	148	李奎英	166	李树珍	003、089
李桂铭	006、097	李兰英	168、189	李泗德	002、327
李桂森	093	李莲英	158、193	李谭宗	141
李桂婷	137	李林生	354	李婷玉	360、376
李桂源	175	李明高	155、164	李文苍	093、193
李国民	191	李明生	091、334	李文华	015、187
李国武	150	李乾德	141	李文俊	005、088
李国霞	354	李尚成	198、215	李文林	003、176
李海梅	137	李尚福	158、197	李文茂	148、194
李海生	343	李尚虎	093、204	李文清	003、011
李焕堂	003、318	李尚杰	154	李文英	034
李吉武	137	李尚宽	094	李文珍	034、153
李继丑	034	李尚鹿	169	李溪千	005、176
李继渠	031	李尚全	165、346	李溪泰	005、087
李继孝	141	李尚仁	005、176	李孝义	102、158
李继颜	002、316	李尚信	003、146	李新莲	165
李建华	137	李尚秀	005、176	李兴财	142、168
李建秀	345	李尚义	005、176	李学国	091
李金春	102	李尚银	004、198	李学仁	190
李金娜	359	李尚元	004、198	李学泰	358、376
李金全	149	李尚忠	082、103	李学信	190
李金书	351	李生香	007、214	李雪莹	358、376
李金伟	090	李世珙	010	李有川	091、105
李金贤	349	李世璈	004、153	李有国	190
李金香	197	李世琼	141	李有礼	102

李有禄　102	李正生　090	李作静　148、340
李有权　089、325	李志鸿　342、365	李作梁　194、198
李有仁　154、321	李志勤　356	李作林　011、154
李有义　112、198	李志荣　092	李作荣　188、323
李有祯　016、331	李志瑞　353、375	李作身　159、349
李有智　159、349	李志祥　099、100	李作泰　197
李雨聪　361	李治成　149	李作泰　336
李雨航　361	李治存　351	李作堂　190
李玉春　137	李治刚　190	李作文　015、363
李玉嘉　103	李治国　129	李作兴　188、215
李玉梅　193	李治海　344	李作义　102、198
李元安　125、340	李治金　190、198	李作英　193
李元宝　102	李治奎　129	李作玉　089
李元朝　091	李治宁　191	李作祯　154
李元成　091、198	李治权　090、190	李作柱　154
李元春　102	李治全　194	梁德才　142
李元飞　090	李治荣　351、370	梁真龙　090、092
李元福　102	李治润　149	刘宝林　137
李元嘉　189、149	李治祯　354	刘海燕　349
李元军　190、200	李忠泰　099、100	刘华堂　168
李元能　198	李忠艳　345	刘家模　155、164
李元朴　355	李忠玥　359	刘建国　089、102
李元乾　089、342	李宗经　003、316	刘金春　137
李元善　091	李宗生　091	刘君德　354、370
李元顺　149、189	李作安　102	刘俊玲　149、365
李元泰　204	李作才　093、112	刘美英　165
李元雁　091	李作鼎　065、197	刘生花　180
李元义　148	李作栋　103、197	刘文奇　143
李元忠　198	李作芳　165	刘向丽　356
李媛媛　149、356	李作福　065、200	刘兴汉　093、143
李长春　137	李作贵　017	刘学军　165、342
李长敦　004、178	李作国　148、336	刘学淑　159

刘学泰	128	马永福	159、350	尚立荣	190
刘延来	065、193	马永禄	092、197	尚立忠	090
刘在贵	164	马永泰	104	尚灵武	159、165
刘振汉	143	马珠兰	159、350	尚庆武	198
卢昌彩	351、375	毛秀英	005、180	尚仁武	159
卢昌平	144	毛振发	166	尚学武	105
卢昌随	166	毛振忠	166	尚有文	112、197
卢有君	166	莫淑秀	094	尚有信	154、165
卢有舜	166	**N**		尚有秀	013、197
卢玉霞	007、215	牛 红	137	尚有运	094、105
卢云山	166	**O**		尚元武	148
芦有蓉	190、203	欧阳怡君	154、165	尚月英	193
罗 莅	344	**Q**		沈富云	149
罗彩艳	348、368	戚维礼	038	沈景林	165
罗崇玲	354	齐相民	353	沈可信	166
罗光荣	188、330	齐玉林	137	沈渭军	197、198
罗希仁	143	祁 武	166	沈渭涛	143
罗晓玲	166	乔国强	137	沈文莲	189
罗秀英	192	屈登岱	345	沈文云	150
雒有祥	144	屈万寿	142、165	沈序林	143
吕长红	356	屈占昌	159、341	沈榆云	150
吕长文	353、376	屈占虎	091	沈玉兰	165
吕子亮	012、187	屈作文	004、093	沈玉林	094、143
M		**R**		师重勋	165
马 翠	007、366	冉红梅	348、374	石生强	143
马 俭	149	仁雅丽	166	宋承芳	166
马成仁	143	**S**		宋杰锋	165
马登兰	190	尚步衡	105	苏方旭	144
马登霞	092	尚步权	154、165	苏建国	137
马丽峰	352	尚步泰	003、192	隋立华	137
马如杰	164	尚凤武	093、198	孙 宝	172、192
马桃凤	137	尚凤英	350	孙 仓	141

孙　勤	143	王　孝	149、338	王明月	148
孙　元	193、197	王　银	089、198	王鹏昌	150
孙国泰	159	王　永	164、165	王生才	198
孙锦锦	194	王　钰	089	王生财	197
孙克家	358	王　翟	137	王胜东	137
孙明英	137	王　祯	347、367	王世国	190
孙延安	189、197	王　忠	143	王世虎	102
孙延芳	204	王爱国	166	王世普	142
孙延平	198	王彩霞	192	王淑香	137
孙延清	198	王朝德	143	王天虎	149、190
T		王朝全	197、198	王天慧	150
谈玉珍	094	王朝顺	148、189	王天龙	090
田　健	150、366	王朝义	143	王天有	157、179
田　武	090	王富仁	155、164	王万福	093
田发贵	089	王耿云	166	王万军	090
田发军	198	王海芬	166	王万奎	099、191
田发丽	353	王怀恩	155、164	王万林	198
田发荣	089	王怀珉	142	王万灵	198
田发淑	352	王怀宪	166	王万禄	089、093
田发顺	148	王怀智	142	王万任	339
田有智	142	王吉杰	006、365	王锡霞	007、214
田有忠	142	王吉泰	093、165	王兴玲	351
田种刚	125、341	王积祥	148、204	王秀凤	168、193
田种广	094	王吉银	194	王怡丹	358
田种林	098	王集云	165	王英萍	090
田种英	004、197	王继英	005、180	王永春	190
W		王建忠	137	王永红	150
王　宝	190、198	王开倍	143	王永奎	165
王　博	372、376	王开玉	143	王有义	143
王　琪	166	王科举	142	王玉宝	166
王　胜	345	王丽霞	137	王玉昌	150
王　霞	166	王美行	166	王玉莉	372

王占兵	128、137	武克能	334	杨馥霞	357
王昭升	150、190	武克起	149	杨国仁	166
王忠海	165、351	武克勤	340、364	杨积苍	102、103
王忠兰	194、203	武克荣	158、198	杨积昌	197
王作信	189	武克堂	092、100	杨积动	197、197
韦秉海	089、143	武克玉	006、333	杨积风	094
韦兰英	189、203	武祥顺	015、204	杨积宽	193、197
韦守仁	012、325	武小莉	355、371	杨积兰	169
韦晓波	351	武晓凤	345、365	杨积礼	015、330
韦兴勇	089	武晓晶	338、364	杨积银	102
韦跃武	088、105	武晓敏	359、371	杨积元	189
魏晋佳	166	武晓萍	345	杨俊山	137
魏世玲	166	武兴顺	158、172	杨莫元	194
魏万泰	166	武正顺	015、197	杨瑞山	088、328
魏小萍	166	**X**		杨生安	148、198
魏兴英	348、369、	熊发庆	011	杨生成	149
文　麟	003	徐红娟	343、365	杨生福	142
吴克智	144	徐少鹏	166	杨生海	065、091
吴守红	192、366	薛　英	344	杨生恒	090
武佰顺	168	**Y**		杨生华	198、202
武承龙	360	闫得福	093、193	杨生淮	343
武承杉	149	闫得财	105	杨生军	090、102
武承庚	192	闫福海	141	杨生禄	142
武发强	103	闫梅兰	193	杨生茂	179、204
武发顺	101、168	闫有平	198	杨生普	090
武国玖	031、141	闫有信	105、165	杨生奇	149
武佳欣	362	闫有义	350	杨生乾	090
武克发	090	杨　敏	360	杨生清	090、094
武克福	065	杨　雪	365	杨生润	192
武克华	094	杨布元	148、189	杨生泰	094
武克俭	148、337	杨昌辉	137	杨生伟	125
武克金	198	杨富雄	361	杨生先	344

杨万红	190	张　武	181、215	张学珍	094、165
杨显玲	166	张　雁	150	张亚岚	166
杨小芹	352、370	张　勇	128	张耀玉	093、142
杨新玉	338	张　正	088、142	张漪清	137
杨兴花	197	张　治	128	张义安	125、340
杨学俭	141	张承芳	165、332	张义和	004、172
杨延财	091	张承先	165	张义军	341、369
杨延荣	148	张存明	141	张义平	157、204
杨意清	143、201	张凤山	015、188	张义气	015、202
杨孜敏	166	张凤英	137	张义清	172、200
杨作飞	371	张国辉	137	张义升	073、180
杨作林	371、375	张好学	165	张永东	150
杨作懿	090	张鸿菊	166	张永林	137
姚凤英	004、319	张建国	166	张永山	165
姚学竹	343、368	张建宁	137	张永胜	143
殷世娥	166	张巨宝	003、011	张有仁	137、197
余　斌	137	张兰英	193	张有禄	012、339
余淑芳	341	张明红	166	张兆帅	358、371
袁祥林	130	张芊芊	360	张正福	096
苑玉英	137	张廷艺	143	张正麟	088、168
Z		张荣泰	089	张志荣	149
曾树堂	164	张瑞莹	166	张治安	004、324
曾希孝	142	张世才	010	张治帆	352
曾振安	197、198	张世忠	166	张治富	191、200
张　靖	360	张淑杰	137	张治国	090
张　堪	137	张万宝	007、319	张治海	344
张　鹏	353	张万珍	197	张治虎	150、190
张　锐	141	张文蔚	011、154	张治军	348、369
张　氏	010、327	张文治	340	张治理	188、200
张　惕	137	张显忠	165	张治良	128
张　伟	353	张晓虹	165	张治林	148、189
张　文	006、100	张兴德	198	张治玲	353

张治梅	165	赵建民	128	周　畅	354
张治民	202	赵进福	141	周翠香	166
张治顺	104	赵经本	146、148	周福明	353、370
张治学	344、365	赵经纪	102	周富杰	150
张忠恩	203	赵经坤	339	周富娟	357、365
张忠福	093	赵经乾	093、094	周积德	142
张子忠	158、166	赵经宇	065、197	周世伟	159、164
张宗庆	142、164	赵科有	356	周应弟	149
赵　静	355	赵良璧	327	周应发	194
赵　俊	104	赵仁有	150	周治国	193
赵　俊	141	赵生花	012	周治家	180
赵　铭	089、197	赵双灵	350	朱　璋	142
赵　武	346、367	赵双文	148、335	朱臣祖	149、191
赵　雄	094、103	赵天昌	198	朱桂祖	128
赵斌文	342、365	赵天东	338	朱金花	137
赵博有	150	赵天恒	347	朱君祖	346
赵凤花	203	赵天花	352	朱文祖	148
赵福成	172、177	赵天理	159、341	朱延龙	017、197
赵光花	007、214	赵天禄	148、339	朱宗斌	360
赵贵成	018、198	赵天敏	149	朱宗阳	372
赵国珍	172	赵雪莲	190	朱宗耀	355
赵和有	089104	赵雪灵	349、368	朱宗珍	359、371
赵慧有	150	郑金海	137	左宗棠	010
赵机灵	348、369	郑军花	137		

耕耘在希望的田野上

(代 跋)

前几年,由于工作关系,有机会到外地参观考察学习。每到一地考察学习,都被那里农村的发展程度和发展水平所震撼,因此每一次考察参观都有收获,有感想,而且也确实对自己有一种真切的推动作用。但同时,对我来说,除了这些,我更感兴趣的,是所有参观过的那些地方,在农村文化建设方面所做的工作,以及所取得的成就。尤其对有些乡村建设起来的村史馆、民俗博物馆,每一次遇到,我都会看得津津有味,流连忘返。每当这个时候,我都会萌生这样的念头:什么时候,在我们的家乡,也应该建成这样的村史馆、民俗馆,一来可以记载和传承芳草的历史,二来可以让后人们更好地了解芳草文化,让我们的后代能够看到村子发展的脉络该多好。

说起乡村的文化建设,芳草村还确实是有这个传统的。过去活跃在戏台上的连本大戏,从正月初要到十五的社火,各种富有特色的民俗节日,熏陶着我们的成长。而给我印象最深刻的是,家母年轻的时候,一直是活跃在家乡戏台上的积极分子,在我们的印象中,母亲那美好的扮相,清亮的唱腔,至今想起来还好像就在昨天,让我们非常感动,非常骄傲。

为了继承这些好的传统,这些年来,芳草村委会按照上级有关建设美丽乡村的精神,在做好农村经济工作的同时,一边对村中道路硬化、净化,环境亮化、绿化、美化,一边在着力打造乡村文化环境上下功夫,建设文化广场,新建村委会和老年人文化活动中心,新建灯光球场,平时鼓励村民开展形式多样的文娱活动，在每年春节期间抓社火，抓年戏，这样做的目的，就是为了营造一个欢乐祥和的文化氛围，让村民在繁忙的劳动之余，唱起来，跳起来，欢乐起来，幸福起来……

而如何将乡村文化提高一个层次，在乡村文化建设上有所作为，我们一直也在思考，在努力，但就是苦于找不到一个突破口。

令我至今想起来还激动不已的是，就在2018年的5月份，在县上退休的李保升、张义安、张义军等芳草籍老干部和还在职的屈占昌来找我，建议我们编纂一本家乡的村志！这确实让我喜出望外，异常兴奋，虽然我也感觉到这会是一项充满着重重困难的任务，但仍然在第一时间就表示愿意跟他们一起，共同完成这个光荣而艰巨的使命。

从提起修村志的话题到今天，刚刚过去还不到整三年的时间。三个年头后的今天，村志的编写者们，为我们呈现了一部几十万字的煌煌大著。在编写村志的这个过程中，与其说我是一个参与者，不如说我只是一个旁观者，是一个见证者。如果不是亲眼看到他们所做的一切，就根本想不到编写者所付出的努力，所付出的辛苦，而这些都是我根本无法用语言能够表达得出来的。而且说实话，就在这个工作进展的过程中，有几次我都忍不住产生了这个工作究竟能不能完成的疑问，但在大家的共同努力之下，终于完成了这样一部芳草人自己的志书。尤其出乎所有人预料的是，在他们跟相关出版社联系出版事宜并将初稿交给出版社审读的时候，出版社的领导和编辑，一眼就看上了这本西北边陲小村的村志，决定常规出版，向全国公开发行！这就充分说明了这部村志所具备的质量和水平，真的值得我们为之高兴，为之骄傲。

也正是有了这部村志的编写工作，促成我们在2020年9月份建成"芳草村史馆"，村史馆吸引了很多方面的关注和好评。如果没有编写村志的这些基础工作，就无法设想在这么短的时间里，完成村史馆的设计、布置和陈列。

在这里，我要着重表达对本书主编李保军先生的感谢。当时我们决定编纂村志而大家异口同声推荐他做村志主编的时候，他正在西安带孙子，我跟他通电话，表达了这个意愿，他毫不推辞地就答应了。他离开家乡四十多年了，退休也好几年了。为了做好这个工作，每年至少不下五趟从西安或者兰州回到家乡，和大家一起商量讨论，他对这项工作的认真精神令人感动。比如他编写"芳草方言"这一节，每次大家一起交流的时候，他都会从我们说的话里发现好几个方言词汇，并立即记下来，而平时我们对这些常常挂在嘴边的"土话"就根本没有感觉，不会留意。不仅如此，他还请兰州大学攻读文字学的研究生为芳草方言标注国际音标，为了准确注音，他又让我自己读音，制作读音音频，做注音的参考。

也特别感谢从芳草走出去的第一个大学生李保卫先生，他离开家乡的时间更久，但一直非常关心家乡的建设和发展。早在1998年，为了修通景泰县城至芳草村道路，通过他的支持，芳草村争取到甘肃省计委在以工代赈项目内戴帽下达建设资金30万元。而在更早的20世纪60年代末，他大学毕业刚参加工作不久，就用自己的工资，为全村乡亲每家每户购买一幅年画相赠。此次编修村志，他自始至终都予以高度的关注，在百忙之中，他两次通读村志全稿，两次都提出了非常具体的具有指导意义的书面意见，并借回家乡扫墓的机会，和大家座谈讨论；村上建成村史馆，他又亲笔题写村史馆馆名予以鼓励，无不让大家深受感动和鼓舞。

我还要借这个机会，对张义安先生表示深深的敬意和感谢。多少年来，不管是在职的时候还是退休以后，对村上的发展，他都一直非常关注，有过很多具体的指导和帮助。尤其这次修村志，他在其中所做的组织、统筹、协调工作，非常重要，有目共睹，得到了大家的共同尊重。

感谢每一位为村志的编纂做出贡献的村志编写人员、顾问，感谢为村志的编写慷慨解囊资助的人，感谢每一位家乡的父老乡亲，正是大家的共同努力，才有了今天这一部芳草人自己的历史著作。每一位参与者都功不可没。在你们的身上，我们看到了芳草精神的延续，看到了芳草精神的发扬和光大。

几次浏览这部村志的书稿，虽然对具体内容我没有办法做出准确的评价，但看到我们的历史，我们祖先一代代的奋斗、奉献，看到今天我们芳草人创造美好新生活的努力，就会让自己深受感动。我深深感到，我们祖祖辈辈耕耘、生活的这片土地，是一片充满着希望的田野，每年夏秋，从上尖子到石板咀，从梁梁背后到后堖，庄稼地绿浪翻滚，呈现出一片丰收的景象，充满了欣欣向荣的勃勃生机，这片土地养育了我们，我们无不为之感到自豪和骄傲，热爱、保护、善待这片土地的责任感、使命感油然而生，我们有责任为自己的家乡歌功颂德，树碑立传。

李保军的大学同学、在首都师范大学做教授的朱贻渊先生，得知我们编纂村志、建村史馆，非常赞赏，他发给李保军的短信这样说：

"值得大赞！修史实在是一件大功大德的盛事。往小里说，至少你的家乡三十年不会出现大奸大恶之人。往大里说，那可就是几辈子的正统得续，几代人的正气得立。"

这确实是对我们这个工作的极高评价，也是肯定，更是期望，是鼓励和鞭策，乡村文化建设永远在路上，我们没有理由不爱护我们的家乡，没有理由不让我们的家乡永葆青春，更加美好！

张　文

2020年10月　于芳草

编后记

2018年清明节回老家扫墓期间，听二哥保升说起，有一次他去一家印刷厂办事，看到他们正在印刷喜泉乡喜集水村编写的《喜集水村志》。当时我们兄弟四人都在，说起这个话题，大家都觉得，老家芳草也早就应该编写一部自己的村志。可惜时至今日，随着对村庄历史有记忆的老一辈的老人越来越少，编写工作的难度也会越来越大，没有很大的决心就难以完成这样的任务。无不感慨万千。但也仅限于感慨，谈话也就没有下文。

扫完墓，大家各自回家，我自己也到西安看孙子。没想到过了不几天，二哥打来电话，说村上决定组织编写村志。原来清明节后，二哥见到几位住在县城的老乡，又说起有关村志的话题，大家都觉得非常有必要编纂一部《芳草村志》。他们当即就这个想法，与芳草村党支部书记张文进行沟通，得到首肯并确定进行这个工作。他们又找到曾经主笔编写过《景泰一中校史（1945—2008）》（《景泰一中校史》编纂委员会编，甘肃人民出版社2009.10）的李有智老师，进行沟通，也得到李老师的完全支持。同时大家都有一个共同的想法，就是希望我能加入。

得到这个讯息，我自己首先感到非常高兴，早在十年以前，《景泰一中校史》成稿后，由我作为责任编辑，在我所供职的出版社出版。当时我和李有智老师还就芳草村编写村史或村志的必要性和可能性进行过交流。李老师说他自己也曾做过相关的努力，但当时由于力不存心而不了了之。十来年过去，现在这个话题又被提起，且村上领导表达了非常积极的态度和明确的信心，或许，这一次机会是芳草村编纂村志一个重要的机会，也是一个非常难得的机会，如果由我们抓住这个机会，完成这一光荣使命，必将成为一件具有重大意义的大事。

但同时就我的具体情况而言，也还是有很大的顾虑；抽出一定的时间参与村志的编纂工作，其他困难都在其次，但我离开家乡时间太久，对家乡的很多情况已经不甚了了；其次就我所知，有关村子的历史，一无任何历史文献记载，二无任何出土文物。在这种情况下，编写的难度显而易见。虽然如此，我还是表达了一个明确的意向，如果村上已经下定决心着手该项工作，则应立即动手。因为如果现在我们不做，这项工作就有可能被推向遥遥无期甚至有可能再无机会。正因为如上文说到的先天不足外，对村子的历史有记忆的老人相继离世，而且包括李有智老师、胡秉海老师在内的就这项工作有一定经验的老师们也已年事渐高，都无形增加了这项工作的紧迫性，因此，我当即表达了"时不我待，说起就做"的态度，同意参与这项工作。

于是，成立以村党支部书记为编委会主任的编写机构，编写人员以在县上工作而已经退休、具有一定的专业能力以及责任心和影响力的人员为主，配以少量仍在上班的人员，以及对此事能起到帮助作用的相关人士。

但下决心做是一回事，而真正动手做又完全是另一回事。首先，历来编史修志，都是一个任务浩繁的大工程，需要动员与此有关的各方面的力量，必须具备相关人力、资金诸方面的强有力的支持，没有一个团结的高质量的具有责任心和使命感的团队，而仅仅依靠几个人的力量是根本不可能完成的。其次是缺乏基本的相关可资参考的文献资料，芳草虽然立村时间不算太悠久，其相关历史更多的是来自口口相传的口述历史，还有零零星星的家庭谱牒，但大都是语焉不详，需要通过各方面的证据借鉴互证。而最难者，莫过于以下几点，第一，芳草最早什么时候开始有人居住，并在此繁衍生息。第二，养育数十代芳草人的两个涝坝究竟开挖于何时。第三，在很长时间内对保护芳草人民生命和财产安全的芳草堡子，究竟建于何时，由何人所建，等等。尤其令人遗憾的是，20世纪30年代中国工农红军进入河西地区，曾经在芳草有过驻军，同时有过激烈的战斗，红军方面也有过一定程度的牺牲。芳草人民为中国革命的胜利做出过自己的贡献和牺牲。但由于各种原因，红军在芳草活动的所有证据，都在嗣后特殊的时代背景下而渐次消散直至湮灭一尽，至为遗憾。所有这些，无不为村志的编写，带来极大的困难。

但令人备感欣慰的是，这个工作一开始就得到了芳草村党支部和村委会尤其是村支部书记张文的大力支持，得到芳草村广大村民的充分理解和最大支持，给了编写者以极大的鼓励。其次，在整个编写过程中，所有参与者表现出了极大的工作热情和极强的责任心。大家把这个工作既当成一项崇高的事业又完全当作个人的事情来完成，令人无不感受到作为芳草人身上所传达的非常优秀的一面：热情，认真，执着，谦逊，相互尊重，通力配合。在整个编纂过程中，以上精神的种种，缺一不可。尤其是，参与编写的大部分人，都是第一次做这个工作，同时各自都有主客观方面这样那样的困难，其中有些编写人员，白天带孙子，所有的编写工作只能在晚上做，有时候甚至通宵达旦，非常辛苦。但大家以高度的责任感和使命感对待这个工作，没有一个人叫苦，没有一个人打退堂鼓。对所分配的内容，都是不打推辞地欣然接受，又利用一切时间采集资料，深入调查，反复考证，认真撰写，反复修改，力求准确翔实，保证了这项工作的顺利进展。可以毫不夸张地说，《芳草村志》的编纂班子，是一个团结的、高素质、高水准的编纂班子，我为能够跟他们一起完成这个光荣的使命而感到莫大的荣幸和欣慰。

编写工作既有明确分工，又有交叉合作。在编写过程中，通过交流，对有些内容的编写也做过相机调整。同时就编写人员的构成，也有几次重要的扩大、充实。编委会就编写的进度、稿件的完成、稿件的质量多次开会讨论，集思广益，反复修改。目的只有一个，就是把这个背负着全体村民愿望的工作做得好些，再好些。每一位参与者的全力以赴和倾情投入，是这部《村志》能够顺利完成的最大保障。

编写工作按照分工进行。其中分工情况如下：（以章节编排为序）

胡秉海负责编写"大事记"；

李有智负责编写"建置"；

张义安负责编写"自然环境"，另参与编写"乡村建设"之"乡村的形成与

变迁"部分及"商贸流通 建筑业"之"建筑业"一节;

姚学竹负责编写"农业 畜牧业 林业"主要章节;

李元安负责编写"农业 畜牧业 林业"之"畜牧业"一节、"商贸流通 建筑业"之"工匠"及"风俗民情·生活习俗"一节中"调味品"部分;

李明生负责编写"商贸流通 建筑业"之"商贸流通"一节;

张义军负责编写"水利 电力";

赵斌文负责编写"交通 运输 通讯";

李保平负责编写"人口"主要章节;

李桂春负责编写"文化 教育 医疗",并参与编写"人口"之"姓氏来源及构成";

寇永祯负责编写"党政群团";

武克玉负责编写"乡村建设"主要章节;

李保军负责编写"概述"和"风俗民情"之"节日习俗""生活习俗""禁忌""亲戚关系及称谓"四节及"方言俗语"之"方言";负责附录部分相关历史资料的移录和校点。

尚仁武负责编写"风俗民情"之"庆礼习俗""丧葬习俗""游戏"三节、"方言俗语"之"谚语 歇后语"一节,负责"建置"之"村属地名及由来"一节中"村外部分"地名的搜集整理;

屈占昌负责编写"人物"章及"农业 畜牧业 林业"之"林业"一节;

书中采用的影像资料由李保军、张文、马永禄、李明生摄影或提供。相关芳草村地图、卫星图片、有关示意图的采集、绘制、修改,由李保军、姚学竹、尚仁武、屈占昌等完成。

李保军负责全书的统稿。

《芳草村志》正文共14章,内容涵盖了芳草自立村至今的政治、经济、文化、教育、卫生、环境,以及芳草人生产、生活的方方面面,基本厘清了芳草村有史以来发展的一个大致轮廓和线索。最后第14章"艺文",大多属于新创作的文学作品。作品的主题以表现乡愁、父母之爱、故乡情、师生情为主。选登这部分作品的标准有二,一是只限于表现家乡人和故乡情的内容,二是只限于写实的散文而不是虚构的作品。我们试图以这样一些对现实生活进行描写的文学作品，作为对史志内容的补充。

我们期待，这部倾注了太多人感情和心血的村志及其所涵盖的内容，能够作为所有芳草人对故土的集体记忆，作为所有离开故乡的游子的深永乡愁，作为我们对生斯长斯的桑梓之地的微薄回报，能够告慰我们祖先和先贤的在天之灵，能够激起芳草人对自己故乡的深切追忆，激发所有今天的芳草人和后来者热爱家乡、保护家乡、建设家乡的热情，在美好乡村的建设中起到些许助推作用。

在这里，我们要感谢芳草党支部、村委会和所有对这项工作给予大力支持的全体村民，感谢所有为村志的编写提供无偿帮助的人。感谢韦守仁先生，一直在去世前都多次提供非常可贵的口述资料；感谢焦万盈老校长，提供了大量的有关芳草教育事业的珍贵史料；感谢寇永成先生，在他作为大队文书和村支书的任上，保存了数百份新中国成立以来可谓完整的芳草村历史档案，成为此次村志编写最重要的历史资料之一。

编修工作开展伊始，编委会曾邀请村上十几位德高望重的前辈作为本志的顾问，也曾就相关问题在会上会下多次征求他们的意见和建议。而在村志即将完成、正式付梓之前，几位顾问中，先后有韦守仁、李有权、李文华、李作梁等前辈不幸辞世，在这里对他们表示深切的怀念和哀悼。

还要感谢李保卫、车安宁、高启安三位特邀顾问，感谢他们在百忙之中拨冗通读全稿，提出了很多非常珍贵的修改意见和建议，并分别为本书作序，他们的序言，为这部《芳草村志》增色良多。

感谢景泰县地方志办公室、景泰教育志编写人员给予的关注和帮助。感谢芦阳镇党委和镇政府给予的鼓励和支持。

感谢西北师范大学武江民教授、西安建筑科技大学谢洋博士的指导和支持。

感谢研究出版社的领导和本书的责任编辑张琨女士，在他们读到这部村志初稿的第一时间，就给予了积极的评价和肯定，并研究确定作为本版图书常规出版，向全国发行。他们的信任和鼓励，使得我们对书稿的质量更加不敢有丝毫的懈怠，只能力争做得更好一些。

感谢我的大学同学吕发成先生对该书出版事宜给予的关心和指导。

感谢甘肃旌御宫餐饮服务有限公司董事长俞宗富先生为《芳草村志》编写工作提供的支持和关照。

感谢所有为此次编写、出版村志提供支持的人。

还需要说明的一件事是，此次编纂、出版村志，从一开始就考虑到相关经费问题。为了不增加村上的负担，经编委会讨论决定，倡议所有出现在村志人物简介中、行政职务和专业技术职务分别在科级和中级以上人员通过捐赠的方式筹集经费。这一倡议得到了积极的响应。村上领导和部分村民也积极捐资支持。在这里对他们的热情和慷慨表示诚挚的感谢。（集资捐款人名单见附录八）

经过两年多的努力，虽然数易其稿，反复修改，大家都做到了自己最大的努力，但还是由于资料的缺乏、编者认识及专业水平和能力所限，成书之后仍然会有诸多纰漏和不尽如人意之处。这些缺陷只能期待今后有机会再版时修订或后来者补修时予以完善。

李保军

2020年11月于兰州